景慕宮儀軌

일러두기

1. 이 책의 번역 대본은 《교감표점(校勘標點) 경모궁의궤(景慕宮儀軌)》(한국고전번역원, 2013)이며, 서명은 《경모궁의궤》로 하였다.
2. 《교감표점 경모궁의궤》의 저본(底本)은 서울대학교 규장각한국학연구원 《경모궁의궤》(도서번호 : 奎 13632)이다.
3. 원문에 차자(借字)로 표기된 물명(物名) 등은 가능한 우리말로 바꾸어 표기하고 별도의 주석은 달지 않았다.
4. 내용이 간단한 역주는 간주(間註)로, 긴 역주는 각주(脚註)로 처리하였다.
5. 한자는 필요한 경우 이해를 돕기 위하여 넣었으며, 운문(韻文)은 원문을 병기하였다.
6. 맞춤법과 띄어쓰기는 한글 맞춤법과 표준어 규정을 따르는 것을 원칙으로 하였다.
7. 이 책에서 사용한 부호는 다음과 같다.
   ( ) : 번역문과 음이 같은 한자를 묶는다.
   〔 〕 : 번역문과 뜻은 같으나 음이 다른 한자를 묶는다.
   " " : 대화 등의 인용문을 묶는다.
   ' ' : " " 안의 재인용 또는 강조 부분을 묶는다.
   「 」 : ' ' 안의 재인용을 묶는다.
   《 》 : 책명 및 각주의 전거(典據)를 묶는다.
   〈 〉 : 책의 편명 및 운문·산문의 제목을 묶는다.

경모궁의궤

오세옥 박헌순 옮김

景慕宮儀軌

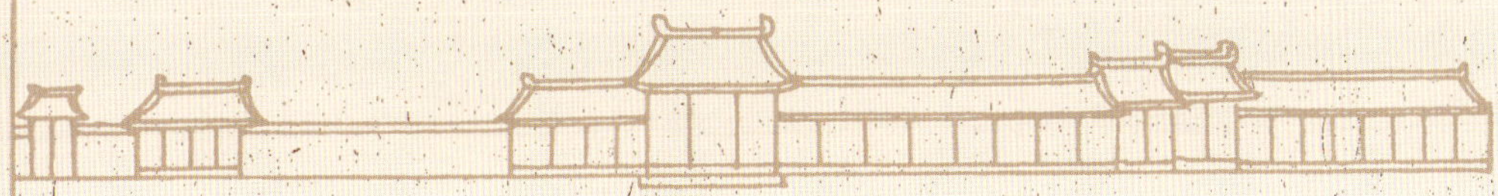

한국고전번역원

수선전도

개인소장, 수원화성박물관 자료 제공

〈수선전도首善全圖〉는 고산자古山子 김정호金正浩가 제작한 것으로 추정되는 목판 인쇄본 서울 지도이다. 서울의 종로거리를 중심으로 도로와 궁궐·종묘·사직·문묘 등 주요 건축물 및 시설의 이름과 위치를 정확하게 기록하였다. 화면의 중앙에 위치한 창덕궁과 창경궁의 담장 우측에 사도세자의 사당인 경모궁이 있다. 19세기 경모궁의 위치와 규모를 파악할 수 있는 지도 중의 하나이다.

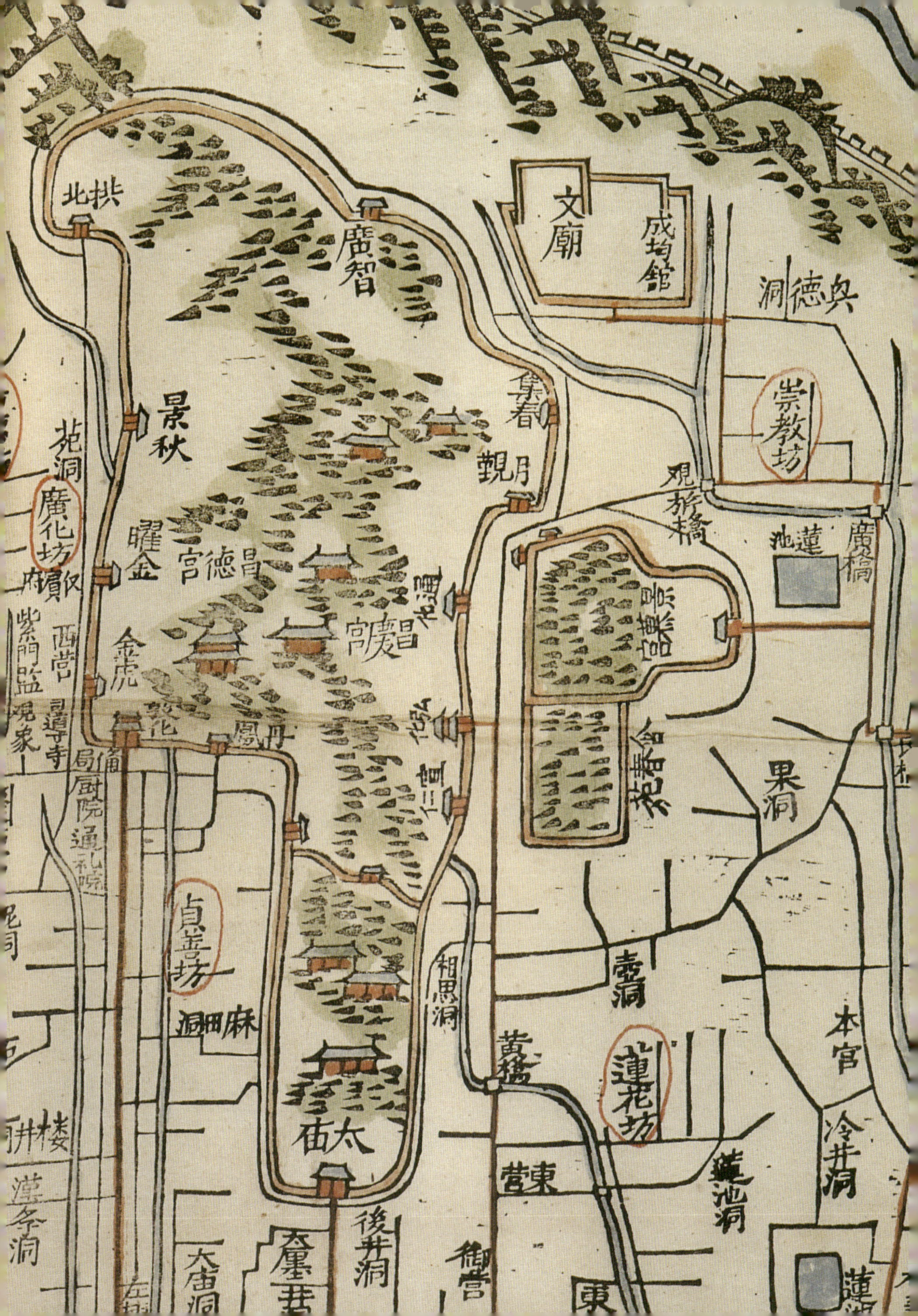

文廟
成均館
崇教坊
廣智
拱北
景秋
集春
昌德宮
曜金
昌慶宮
金虎
敦化
丹鳳
觀旂橋
蓮池
廣橋
果洞
相思洞
黃橋
本宮
蓮花坊
冷井洞
東營
蓮池洞
太廟
後井洞
御營
麻田洞
貞善坊
廣化坊
苑洞
西營
觀象

동궐도

고려대학교박물관 소장

〈동궐도東闕圖〉는 창경궁과 창덕궁의 모습을 16권의 화첩에 나누어 담은 궁궐도이다. '동궐'은 창경궁과 창덕궁을 합쳐 부르는 별칭이다. 동궐에는 창경궁 집복헌集福軒을 비롯하여 사도세자가 태어나 삶을 마감할 때까지 평생을 지낸 흔적이 곳곳에 남아 있다.

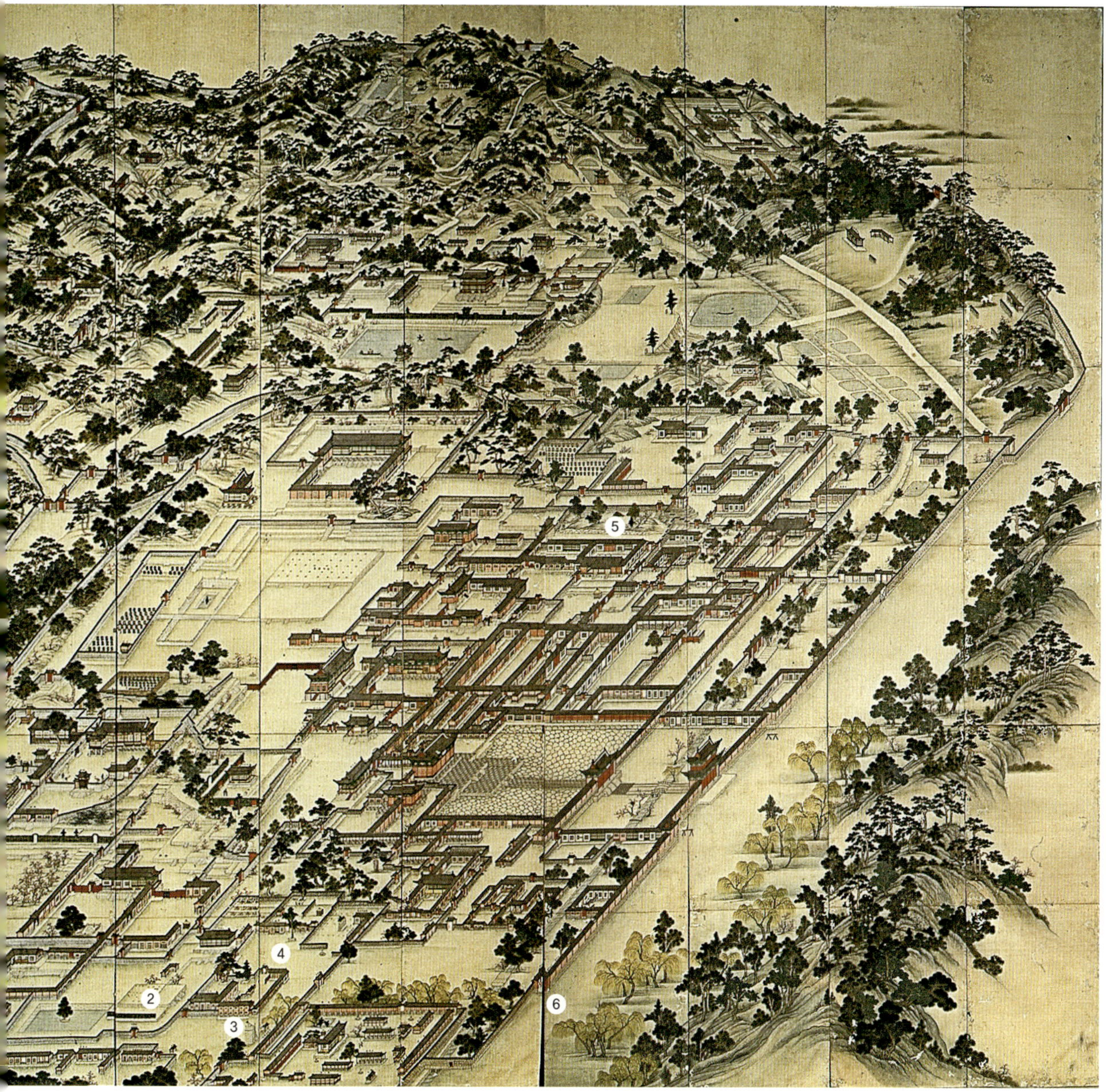

1 인정전 : 창덕궁 정전
2 시민당 : 대리청정 시 집무소
3 춘방 : 세자시강원
4 계방 : 세자익위사
5 집복헌 : 사도세자 출생 장소
6 선인문 : 왕세자가 머무는 동궁의 정문

장조 왕세자 책봉 교명

국립고궁박물관 소장

1736년(영조 12) 사도세자가 세자로 책봉될 당시의 책봉 교명이다. 장조莊祖 이선李愃은 영조와 영빈暎嬪 이씨李氏의 소생으로 태어난 지 1년 만에 왕세자에 책봉되었다.

장조 왕세자 책봉 죽책

국립고궁박물관 소장

1736년 3월 15일 사도세자가 세자로 책봉될 당시 국왕 영조가 왕세자 책봉을 선언하고 당부하는 말을 대쪽에 새겨 엮은 문서이다. 죽책은 6개의 첩으로 되어 있으며, 각 첩은 5개의 죽간으로 이루어져 있다.

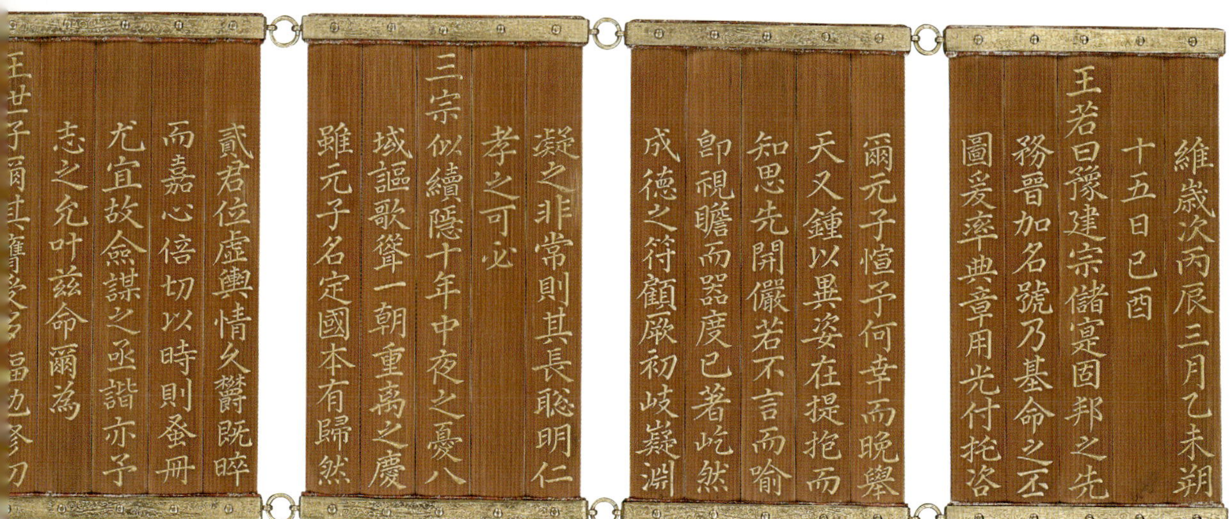

진하도

국립중앙박물관 소장

〈진하도陳賀圖〉는 1783년(정조 7) 사도세자와 혜경궁 홍씨에게 존호를 올린 행사를 기념하고자 제작한 8폭 병풍이다. 이때 사도세자에게는 '수덕돈경綏德敦慶'이라는 존호를, 혜경궁 홍씨에게는 '자희慈禧'라는 존호를 올렸다.

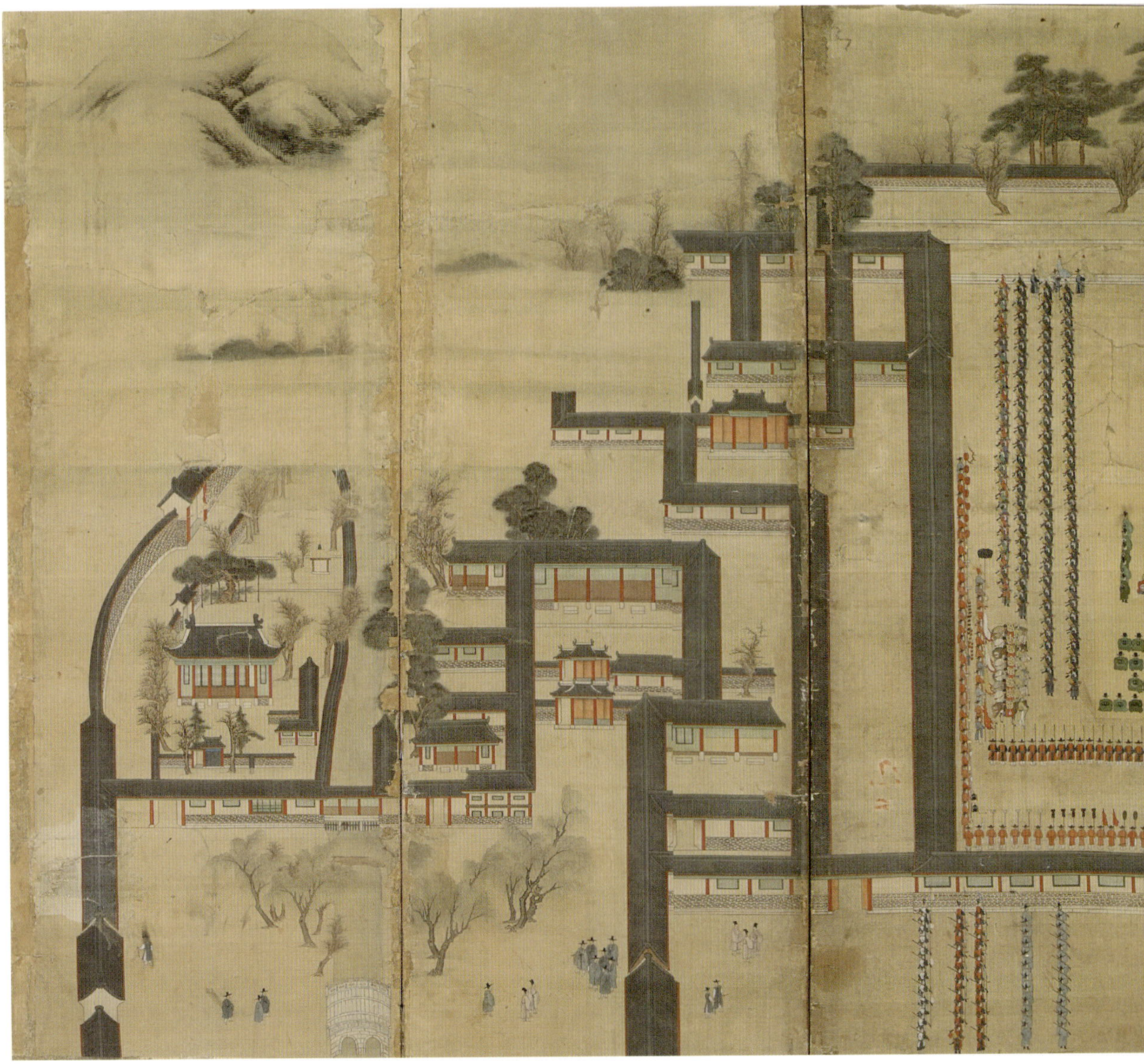

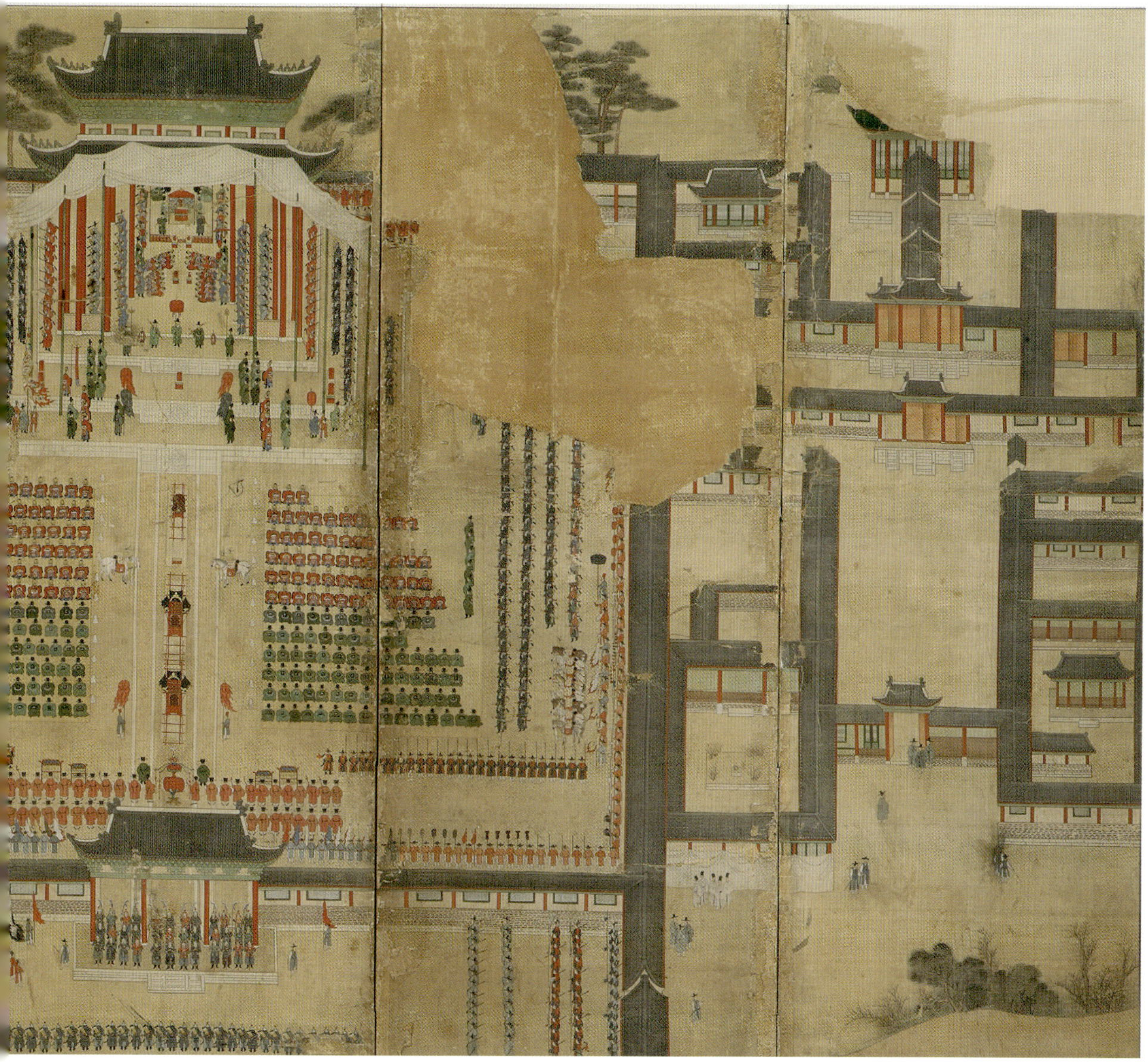

장조 옥인

국립고궁박물관 소장

1736년(영조 12) 사도세자를 왕세자로 책봉하면서 제작한 어보이다. 인면의 내용은 '왕세자인王世子印'이다.

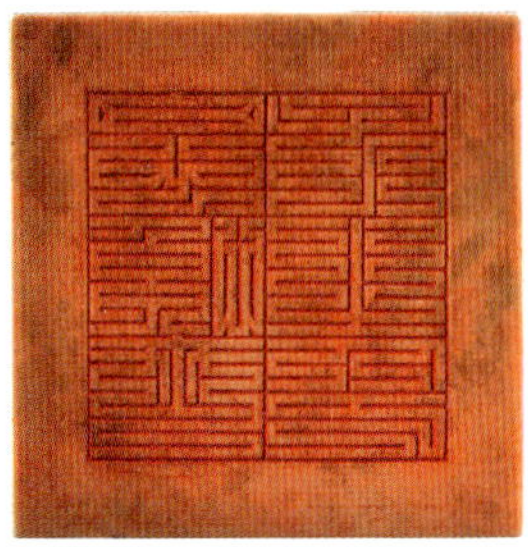

1762년(영조 38) 사도세자가 사망한 뒤 영조가 '사도'라는 시호를 내리고 제작한 어보이다. 인면의 내용은 '사도세자지인思悼世子之印'이다.

1776년(정조 즉위년) 사도세자에게 '장헌'이라는 시호를 추상하고 제작한 어보이다. 인면의 내용은 '사도장헌세자지인思悼莊獻世子之印'이다.

1783년(정조 7) 정조가 사도세자에게 '수덕돈경'이란 존호를 올리면서 제작한 어보이다. 인면의 내용은 '사도수덕돈경장헌세자지인思悼綏德敦慶莊獻世子之印'이다.

정조 어필 경모궁 현판

국립고궁박물관 소장

1776년(정조 즉위년) 정조가 생부 사도세자의 사당인 경모궁에 친히 써서 걸었던 현판이다.

경모궁지

사진 권태균

현재 서울특별시 종로구 연건동 28-2 서울대학교병원 본관 뒤편에 위치한 경모궁지이다. 사진에 보이는 계단, 석축, 기단은 경모궁 내삼문 안뜰의 하월대에서 상월대로 오르는 계단, 상월대 석축, 정당 기단으로 추정된다.

화성 융릉

사진 권태균

경기도 화성시 효행로 481번길 21에 위치한 사도세자와 혜경궁 홍씨의 합장 능이다. 옆에 있는 정조의 건릉健陵과 함께 사적 제206호로 지정되었다. 사도세자는 처음 경기도 양주군 배봉산에 안장되었는데 정조가 즉위하자 지금의 위치로 천봉하며 현륭원顯隆園이라 개명하였다. 1899년 사도세자가 장조로 추존되면서 현륭원도 융릉으로 격상되었다.

경모궁의궤

서울대학교 규장각한국학연구원 소장

1783년(정조 7) 사도세자의 사당인 경모궁에 관한 기록과 의식을 정리한 의궤이다.
의궤는 도설圖說, 사전祀典, 고실故實, 금제今制로 구성되었다.

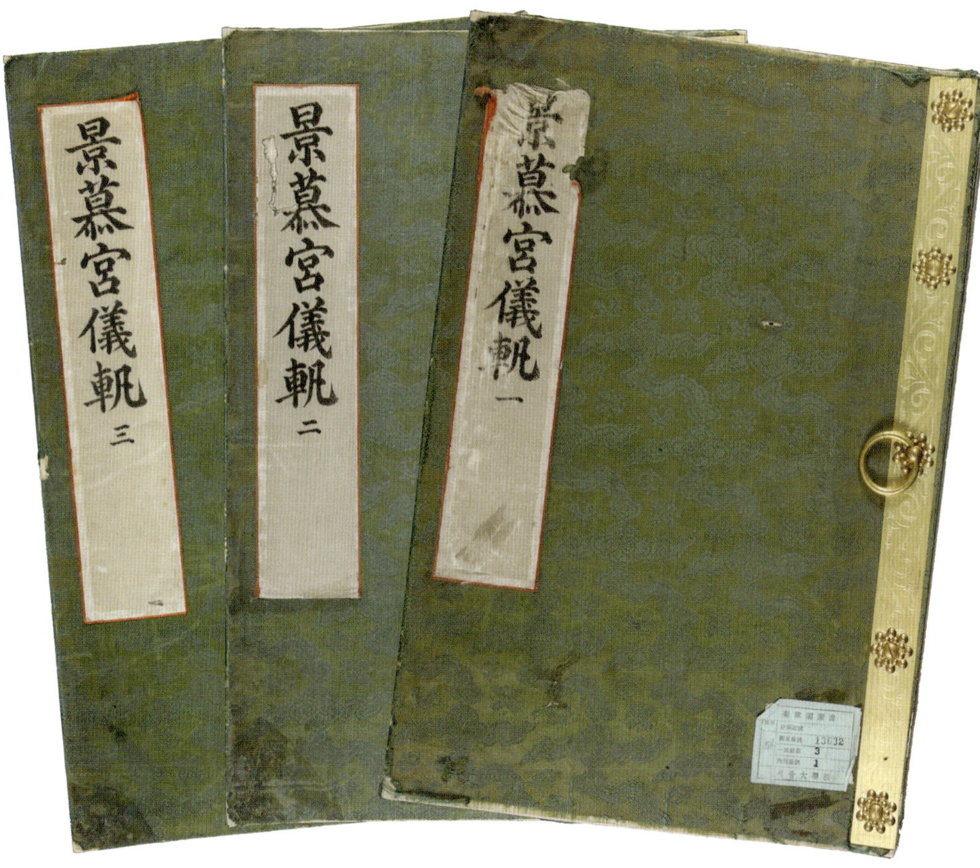

차례

화보

해제

장헌세자의 사당, 경모궁 | 이현진

제1권 도설

제2권 사전

제3권 고실

제4권 금제

해제

장헌세자 莊獻世子 의 사당, 경모궁

이현진 | 서울시립대학교 서울학연구소 연구교수

1. 경모궁의 연혁

경모궁은 정조의 생부인 장헌세자(莊獻世子, 1735~1762)의 신위를 봉안하고 제사 지내던 사당이다. 또 경모궁은 장헌세자를 가리키는 칭호로 사용된다.

장헌세자는 영조의 둘째 아들로 영빈(暎嬪) 이씨(李氏)의 소생이다. 이름은 선(愃)이며, 자(字)는 윤관(允寬), 호는 의재(毅齋)이다. 영조의 첫 번째 비 정성왕후(貞聖王后) 서씨(徐氏)는 후사가 없었고, 정빈(靖嬪) 이씨(李氏)에게서 첫째 아들인 효장세자(孝章世子, 1719~1728, 후일 진종(眞宗)으로 추존)가 태어났으나 1728년(영조 4) 10세의 나이로 요절하였다. 한동안 후사가 없다가 7년 만인 1735년 사도세자를 얻자 왕실의 기쁨은 이루 말할 수 없었다. 세자빈은 영의정 홍봉한(洪鳳漢, 1713~1778)의 딸인 혜경궁(惠慶宮) 홍씨(洪氏)이다. 그러나 이후 사도세자는 정치적 논란에 휘말려 뒤주에 갇혀 죽고 말았다. 그의 나이 28세였다.

1762년(영조 38) 윤5월 21일 자시(子時)에 왕세자가 창경궁에서 훙서하였고, 영조는 그에게 '사도(思悼)'[1]라는 시호를 내렸다.[2] 시호가 정해지자 그를 '사도세자'라고 칭하다가 1776년 3월 정조가 즉위하면서 '장헌(莊獻)'이라는 존호(尊號 여기서는 시호)를 올리자 이후에는 '장헌세자'라 일컬었다. 시호는 죽은 뒤 이름을 대신하여 부르는 명칭이다.

1762년 7월 사도세자를 경기도 양주 중량포 배봉산(拜峯山 현 서울시립대학교 구내)에 장례를 치른 뒤 그의 무덤을 '수은묘(垂恩墓)'라고 일컬었다. 그의 상례(喪禮)가 끝날 무렵인 1764년(영조 40) 그의 사당이 조성되기

1 **사도** 일반적으로 '사망한 아들을 생각하고 애도한다'는 뜻으로 풀이하고 있지만 시법(謚法 시호를 의논하여 정하던 방법)에 따르면, '자신의 과오를 반성하고[思], 요절하다[悼]'라는 의미이다. 최성환, 〈사도세자 추모 공간의 위상 변화와 永祐園 천장〉《朝鮮時代史學報》 60, 2012, 145쪽 참조.

2 **1762년……내렸다** 《思悼世子禮葬都監儀軌》(奎 13605) 〔時日〕; 《英祖實錄 38年 閏5月 21日》

까지 영조나 신하들은 '사도묘(思悼廟)'라고 했다. 이해 5월에 비로소 영조가 '수은(垂恩)'이라는 사당 칭호를 내렸고 이후에는 '수은묘(垂恩廟)'라고 칭하였다. 《영조실록》에는 사당의 위치와 명칭, 관리에 대해 다음과 같이 기록되어 있다.

> 사도세자의 재기(再朞)가 이미 끝났으므로 홍화문(弘化門) 동쪽에 사당을 세우라고 명하고, 묘호(廟號)는 '수은(垂恩)'이라고 내렸다. 수위관(守衛官) 2인을 두어 다른 궁원(宮園)의 예(例)와 같이 하였다.[3]

이는 어디까지나 《영조실록》의 기록이다. 《승정원일기》에 1764년(영조 40) 1월 16일부터 7월 26일까지 '사도묘(思悼廟)'라는 기록이 나오고, 《수은묘영건청의궤(垂恩廟營建廳儀軌)》에도 6, 7월까지 '사도묘'라고 했다.[4] 영조가 5월에 '수은'이라는 묘호를 내렸음에도 한동안 '사도묘'라고 일컬은 것이다. 1780년(정조 4) 편찬된 《궁원의(宮園儀)》에는 1764년 6월 29일에 영건하고 '수은묘'라고 칭호했다고 되어 있다.[5]

수은묘는 1764년 봄, 처음 영건할 때에는 북부(北部) 순화방(順化坊)에 지었다가 이해 6월 29일에 경성(京城) 내 동부(東部) 숭교방(崇敎坊 현 창경궁 동쪽 서울대학병원 자리)으로 옮겼다. 이후 1776년 3월 10일 정조가 즉위하고 열흘 뒤인 3월 20일에 무덤 수은묘를 '영우원(永祐園)'이라 봉호하고, 사당 수은묘를 '경모궁(景慕宮)'이라 했다.[6] 또 정조는 4월에 경모궁의 개건(改建)을 위한 공역을 시작해서 8월에 마쳤다.[7] 정조는 수은묘·수은묘에서 경모궁·영우원으로 바꾸면서 그 위격을 승격시켰다.

경모궁 건물의 규모에 대한 변화를 영조 대 수은묘부터 시작해서 의궤에 남아 있는 것을 중심으로 제시하면 28쪽 상단의 그림과 같다.[8]

왼쪽의 그림은 1764년 수은묘를 건립했을 때, 가운데 그림은 1776년 정조가 즉위한 뒤 경모궁을 개건하였을 때의 모습이다. 오른쪽의 그림은 1784년 《경모궁의궤》에 실린 경모궁의 전체 모습이다.

경모궁의 정당 건물부터 부속 건물까지 건물이 점차 늘어났음을 알 수 있고, 정당의 북쪽 담장에 문이 더 생긴 것도 확인할 수 있다. 경모궁의 건물 변화는 정조의 생부에 대한 마음의 변화가 건물에 반영된 것이기도 했다.

3 **사도제자의……하였다** 《英祖實錄》 40年 5月 19日 "思悼世子再期已訖 命建廟于弘化門之東 賜廟號曰垂恩 設置守衛官二人 如他宮園例".

4 **수은묘영건청의궤에도……했다** 《垂恩廟營建廳儀軌》(奎 13631) 垂恩廟移建時儀軌 承傳秩.

5 **1780년……있다** 《宮園儀》(下)(藏 K2-2428) 卷上, 景慕宮儀 〈總敍〉 "景慕宮在都城內東部崇教坊東向 甲申六月二十九日營建 號曰垂恩廟".

6 **열흘……했다** 《正祖實錄 卽位年 3月 20日》

7 **정조는……마쳤다** 경모궁의 개건 과정에 대해서는 《景慕宮改建都監儀軌》(奎 13633) 참조.

8 **경모궁……같다** 《垂恩廟營建廳儀軌》 《景慕宮改建都監儀軌》 《景慕宮儀軌》 참조.

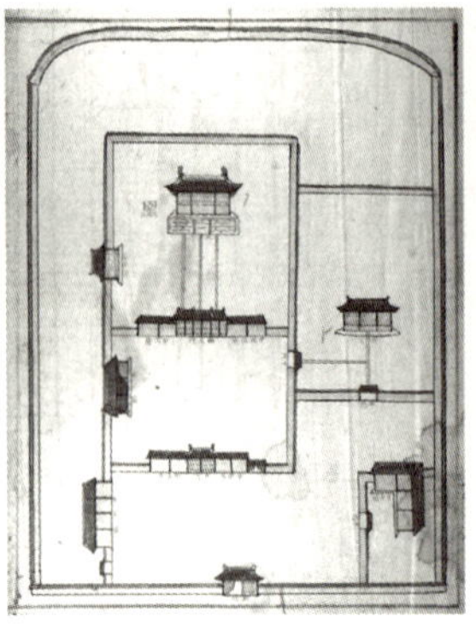

수은묘(1764)

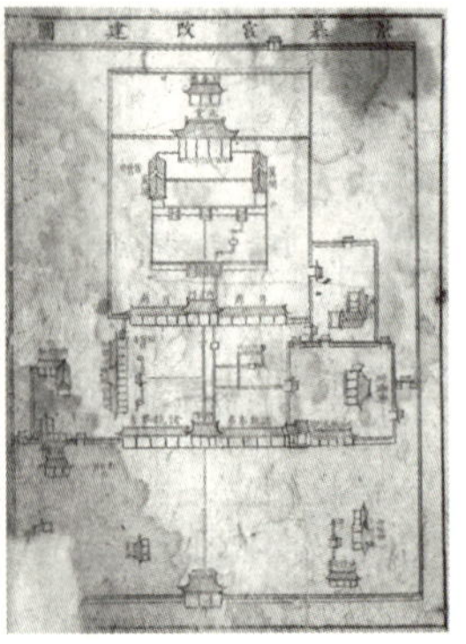

경모궁(1776)

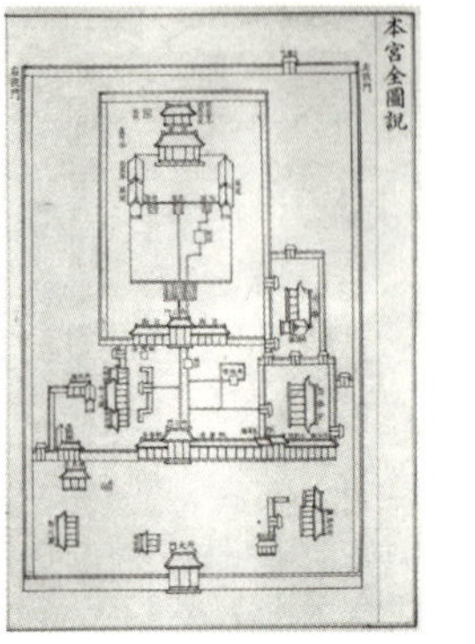

경모궁(1784)

경모궁은 이후 장헌세자의 사당으로 계속 존속하다가 1899년(광무3) 10월(양력11월) 장헌세자를 '장종(莊宗)'으로 추숭하면서 그 기능을 상실하였다. 경모궁에 있던 장헌세자의 신주는 융릉(隆陵)에 매안하고, 장종으로 추존되면서 새로 조성한 신주는 종묘에 봉안하였다.[9] 이로써 경모궁은 더 이상 장헌세자의 사당이 아닌 다른 용도로 사용되었다.

장종을 종묘 정전에 부묘한 뒤 종묘 정전의 신위 봉안 상황은 아래 표와 같다.[10]

1실	2실	3실	4실	5실	6실	7실	8실	9실	10실	11실	12실	13실	14실	15실	16실	17실	18실	19실
태조	태종	세종	세조	성종	중종	선조	인조	효종	현종	숙종	영조	장종	정종	순조	익종	헌종	철종	
태조+불천지주(不遷之主)												1세	1세	1세	1세	1세	1세	

제후국 조선의 종묘는 태조 및 현 국왕의 1대조부터 4대조까지 봉안하지만 천자국 대한제국의 종묘는 태조 및 현 국왕의 1대조부터 6대조까지 총 일곱 국왕의 신주를 봉안하였다.

일제강점기 경모궁 일대에 경성제국대학이 세워지면서 경모궁 원래의 모습을 대부분 잃었고, 한국전쟁으로 그마저 모두 불타 버려 더 이상 그 모습을 볼 수 없게 되었다. 경모궁지는 원래 함춘원이 있던 터로 '함춘원지(含春苑址)'라고 불렀으나 함춘문(含春門)만이 함춘원에 관련된 유적이고, 이곳에 남아 있는 석단(石壇)은 경모궁의 유적이다. 문화재청은 2011년 7월 28일 자로 '함춘원지'를 '서울 경모궁지'로 명칭을 변경하였다.

9 **경모궁에……봉안하였다** 이현진, 〈대한제국의 선포와 종묘 제도의 변화 –七廟의 구성과 황제 추존, 신주 改題를 중심으로–〉《韓國思想史學》 40, 2012, 513~515쪽.

10 **장종을……같다** 제13실, 14실에 봉안되어 있는 신주에 '莊宗', '正宗'이라고 표기하였다. 장종과 정종은 1899년(광무3) 11월(양력12) 황제로 추존되면서 '장조'와 '정조'로 묘호를 고쳐 올렸다.

2. 《경모궁의궤》의 편찬 경위

《경모궁의궤(景慕宮儀軌)》는 장헌세자의 사당인 경모궁에 관한 제반 사항을 모아서 정리한 의궤이다. 그런데 《경모궁의궤》는 그 체제와 성격이 일반 의궤와는 다르다. 일반 의궤에는 책의 체제와 내용의 대체, 편찬 동기를 보여 주는 범례(凡例)가 수록되어 있으나 《경모궁의궤》에는 그와 같은 내용이 없다. 《승정원일기》에는 《경모궁의궤》의 범례를 수정(修整)했다는 기록이 있지만[11] 현전하는 《경모궁의궤》에는 수록되어 있지 않다. 그 때문에 《경모궁의궤》의 편찬 과정을 알려면 이전에 편찬된 유사한 성격의 책자를 살펴볼 필요가 있다.

의궤는 일반적으로 왕실 및 국가의 중요한 의례나 행사를 치른 뒤 그 전말을 그림과 함께 기록하여 차후의 전범으로 삼고자 편찬한 책이다. 그런데 《경모궁의궤》는 경모궁에서 이루어진 제례 등의 행사만을 기록한 것이 아니라 도설(圖說), 사전(祀典), 고실(故實), 금제(今制) 등 다양한 내용을 담고 있다. 이러한 성격의 의궤는 1706년(숙종32) 편찬된 《종묘의궤(宗廟儀軌)》가 최초였다. 이후 지속적으로 편찬된 여러 《종묘의궤》와 《종묘의궤속록(宗廟儀軌續錄)》뿐 아니라 1783년(정조7) 편찬한 《사직서의궤(社稷署儀軌)》 역시 그러한 성격의 의궤이다.

주목할 점은 《종묘의궤》의 체제를 따라 편찬된 책이 의궤만이 아니라는 사실이다. 영조 대 궁·원과 관련한 규정을 기록한 《궁원식례(宮園式例)》, 《궁원식례보편(宮園式例補編)》이 대표적이다. 영조가 자신의 사친(私親) 숙빈(淑嬪) 최씨(崔氏)를 왕후로 추존하지 못하는 대신 사당과 무덤을 기존 후궁의 것과 다르게 '궁'과 '원'으로 조성하면서 편찬한 책자가 바로 《궁원식례》, 《궁원식례보편》이다. 이는 궁·원과 관련한 그림과 그 그림에 대한 설명, 각 예제의 역사적 변천, 관련 규정 등 궁·원과 관련한 종합서로서의 성격을 띠었다. 이 책들이 《경모궁의궤》의 전범이 되었을 것이므로 이들의 편찬 과정과 체제, 내용을 살펴보면 《경모궁의궤》를 이해하는 데 큰 도움이 된다.

조선 시대에 쓰인 '궁호(宮號)' 관련 용례는 매우 다양하다.[12] 그중 사당에 궁호를 붙인 경우는 세자나 세자빈의 신위를 봉안한 사당이 일반적이

11 승정원일기에는……있지만 《承政院日記 正祖 8年 3月 13日》

12 조선……다양하다 궁호 관련 용례에 대해서는 이현진, 〈영·정조 대 육상궁의 조성과 운영〉 《震檀學報》 107, 2009, 2장 1절 참조.

었다. 이를테면 인조의 장자 소현세자(昭顯世子, 1612~1645)의 사당을 '소현궁(昭顯宮)', 영조의 맏아들 효장세자의 사당을 '효장궁(孝章宮)'이라 일컬었다. 세자의 시호에 '궁' 자를 붙여 사당의 명칭을 정했던 것이다.

그러다가 영조가 숙빈 최씨를 위해 육상궁(毓祥宮)과 소령원(昭寧園)을 조성하면서 묘(廟)·묘(墓)가 아닌 궁·원 체제가 등장하였다. 이후 국왕의 사친을 모신 궁과 원이 점차 생겨났고, 생모에 그치지 않고 정조는 생부인 장헌세자를 위한 궁과 원을 마련하였다. 정조는 사당에 '경모궁'이라는 궁호(宮號)를, 무덤은 '영우원'이라는 원호(園號)를 붙였다. 경모궁을 명명한 방식은 소현궁·효장궁과 같이 세자의 시호에 '궁' 자를 붙인 것과는 다르지만 세자의 사당에 궁호를 붙였다는 점에서는 동일하다고 볼 수 있다.

궁·원은 국왕과 왕후의 신주를 봉안한 종묘와 그들의 시신을 안장한 왕릉보다는 한 등급 낮지만 묘(廟)·묘(墓)보다는 위격(位格)을 높이는 제도적 장치였다. 특히 정조는 장헌세자의 사당과 무덤이 종묘와 왕릉보다는 한 단계 위격이 낮은 것임을 천명하면서도 한편으로 국왕의 사친이나 조모를 모신 일반적인 궁·원보다는 더 높게 했다. 곧, 경모궁과 영우원의 체제가 여타 궁·원과 차별화되어 종묘·왕릉에 버금가도록 변개한 것이다.

영조가 사친을 위해 육상궁·소령원이라는 궁·원을 조성하고 그와 관련해서 《궁원식례》와 《궁원식례보편》 등을 편찬하면서 그 방식이 확립되었다. 이에 따라 정조는 경모궁과 영우원을 조성하면서 각종 도설과 의절(儀節), 향사(享祀)를 위한 제반 사항 등을 정리한 책을 편찬하도록 명하였다. 1776년(정조 즉위년) 4월 경모궁과 영우원의 제반 예절이 고금을 참작한 결과 다소간의 차이가 있다는 점을 지적하며 그와 관련한 일정한 규례를 마련할 것을 명한다. 정조는 특히 《황단의(皇壇儀)》, 《궁원식례》의 예(例)를 따라 후세가 기반으로 삼을 만한 책자를 만들라고 예조에 분부하였다. 비로소 《궁원의》의 편찬이 시작되었다.[13]

《궁원의》는 영조 대에 편찬된 《궁원식례》, 《궁원식례보편》보다 좀 더 체계를 갖춘 의례서로, 1780년(정조 4) 편찬이 완료되었다. 세 책 모두 구성 면에서 《종묘의궤》와 거의 유사하고, 특히 《궁원의》는 1784년 편찬된 《경

13 1776년……시작되었다 《궁원의》의 편찬 과정과 체제, 내용에 대해서는 이현진, 〈이복원의 궁원의(宮園儀) 편찬 과정〉 《문헌과해석》 56, 2011, 3~4장 참조.

모궁의궤》의 바탕이 되었다. 상·하 2책으로 구성된 《궁원의》는 제1책에서 경모궁과 영우원 관련 도설을 수록하였고, 제2책에서는 봉안 규제(奉安規制), 제향 식례(祭享式例), 변사(辨祀), 시일(時日), 축식(祝式), 악장(樂章), 각종 의주(儀註) 등을 수록하였다.

《궁원의》의 구성과 내용을 보면, 영우원 관련 내용을 제외하고는 거의 대부분이 《경모궁의궤》에 계승되고 있다. 《경모궁의궤》는 숙종과 영조, 정조 초에 걸쳐 편찬된 《종묘의궤》, 《궁원식례》, 《궁원식례보편》, 《궁원의》, 《사직서의궤》의 구성과 내용 기술 방식을 따름으로써 일반적인 의궤와 다른 성격을 띠게 되었다.

마지막으로 편찬 시기와 편찬 담당자에 대한 내용이다. 먼저 편찬 시기는 1784년 3월부터 9월 사이로 추정된다. 3월에 범례 수정, 윤3월에 정조의 '본궁 의궤의 책자(冊子)를 들이라'는 하교, 10월에 편차(編次) 및 교정(校正)한 사람들에게 논상하는 등의 내용이 나온다. 그런데 9월 17일에 추상한 존호인 '홍인경지(弘仁景祉)'가 《경모궁의궤》에 들어가 있지 않은 것으로 보아,[14] 적어도 3~9월 사이에 편찬되었을 것으로 추측된다.

《경모궁의궤》의 편찬을 담당한 사람은 도제조 김상철(金尙喆, 1712~1791)과 제조 윤숙(尹塾, 1734~1797)이었다. 그 밖에 전례(典禮) 및 저술에 익숙한 낭청으로 봉사 정후조(鄭厚祚)가 있었고, 특히 윤숙과 정후조는 편차 및 교정에도 참여한 인물들이었다.[15]

14 9월 17일에……보아 《正祖實錄 8年 9月 17日》

15 경모궁의궤의……인물들이었다 《承政院日記 正祖 8年 3月 13日, 10月 13日》

3. 《경모궁의궤》의 서지 사항 및 내용

1) 서지 사항

《경모궁의궤》는 현재 필사본 3종이 남아 있다. 한국학중앙연구원 장서각에 2종(K2-2411, K2-2410), 서울대학교 규장각한국학연구원(이하 규장각)에 1종(奎 13632)이 전해지고 있다. 〈K2-2411〉본은 권1, 2를 수록한 두 책이 남아 있는 영본(零本)이고, 〈K2-2410〉본은 4권 3책 완질본으로 남아 있다. 본서의 번역 대본인 규장각본 역시 4권 3책으로 된 완질본이다.

먼저 〈奎 13632〉본과 장서각 〈K2-2410〉본의 완질본의 비교이다. 두 의궤는 테두리가 붉은 인찰선(印札線)으로 되어 있고 책 크기 또한 비슷하며, 어람용(御覽用)이라는 공통점이 있다. 그러나 〈奎 13632〉본의 책의(冊衣)는 구름 무늬가 있는 초록 비단인 데 비해 〈K2-2410〉본은 구름 무늬가 있는 청색 비단이다. 두 본을 분명히 구분하고 있는 것으로 보아 이에 대한 좀 더 면밀한 검토가 필요해 보인다. 한편, 영본(零本)인 〈K2-2411〉본은 테두리 선이나 책 크기로 보아 완질본 두 책과 다르고, 또 용도 면에서 어람용이 아닌 분상용(分上用)인 것으로 추정된다.

소장처	형태사항
규장각 〈奎 13632〉본	線裝, 4卷3冊: 圖, 四周雙邊, 半郭34.8×23.9cm 有界, 朱絲欄寫, 半葉12行26字, 註雙行, 無魚尾, 49×33.5cm
장서각 〈K2-2410〉본	鐵裝, 4卷3冊: 圖, 四周單邊, 半郭35.1×24.8cm 朱絲欄, 半葉12行27字, 無魚尾, 49×33cm
장서각 〈K2-2411〉본	線裝, 2冊存(卷1, 2): 圖, 四周單邊, 半郭45.3×24.2cm 烏絲欄, 半葉12行26字, 註雙行, 無魚尾, 46×30.4cm

규장각·장서각 소장 《경모궁의궤》의 형태사항 비교

국가의 중요한 의례나 행사를 치른 뒤 편찬하는 일반 의궤에는 그 의궤 자체를 소개하는 '의궤(儀軌)' 혹은 '의궤 사목(儀軌事目)'이라는 항목이 있다. 이를테면, 의궤 몇 건을 만들어서 어디에 보관하는지, 책의나 종이 재질은 어떠한지 등등을 제시해 놓았다. 그런데 《경모궁의궤》에는 그러한 항목이 없어서 각 기관에 소장된 책자를 일일이 비교해서 공통점이나 차이점을 확인해야 한다.

현존하는 《경모궁의궤》는 규장각과 장서각에 소장된 본이 공통점도 있지만 차이점도 있음을 알 수 있었다. 따라서 규장각과 장서각에 소장된 본을 대조 및 교감하는 자료로서 《경모궁의궤》는 서지학적 가치도 적지 않다고 하겠다.

본서의 번역 대본인 규장각본은, 책의는 구름 무늬[雲紋]가 있는 초록 비단이고, 표제는 책의에 덧댄 흰 비단 위에 '景慕宮儀軌 一·二·三'으로 쓰여 있다. 변철(邊鐵)은 개장하였고, 개장한 변철은 국화동(菊花童)

5개와 원환(圓環)이 있다. 국왕이 보는 어람용 의궤이다.

판심 사항을 살펴보면, 붉은 인찰선으로 된 사주쌍변(四周雙邊), 행관(行款)은 12행 26자, 주(註)는 쌍행(雙行), 판심은 없고, 장차(張次)가 있다. 판심제(版心題)는 경모궁의궤1 목록(景慕宮儀軌一目錄), 경모궁의궤1 도설 목록(景慕宮儀軌一圖說目錄), 경모궁의궤1 도설(景慕宮儀軌一圖說), 경모궁의궤2 사전 목록(景慕宮儀軌二祀典目錄), 경모궁의궤2 사전(景慕宮儀軌二祀典), 경모궁의궤3 고실 목록(景慕宮儀軌三祀典故實目錄), 경모궁의궤3 고실(景慕宮儀軌三故實), 경모궁의궤4 금제 목록(景慕宮儀軌四今制目錄), 경모궁의궤4 금제(景慕宮儀軌四今制) 등이다.

2) 내용

《경모궁의궤》는 형태상 4권 3책으로 구성되어 있다. 제1책은 권1 도설(圖說), 제2책은 권2 사전(祀典)과 권3 고실(故實), 제3책은 권4 금제(今制)와 부록(附錄)이 각각 실려 있다. 내용을 좀 더 구체적으로 살펴보면 다음과 같다.

제1책은 권1로 구성되어 있고, 경모궁과 관련한 각종 그림과 그 그림을 설명한 도설이 실려 있다. 《경모궁의궤》의 전체 목록과 '도설 목록(圖說目錄)'을 나열한 뒤 각종 도설을 수록하였다.

본궁전도설(本宮全圖說), 봉안 의물 도설(奉安儀物圖說), 정당 내 좌우 의장 도설(正堂內左右儀仗圖說), 향사 반차 도설(享祀班次圖說), 설찬 도설(設饌圖說), 속절·삭망 설찬 도설(俗節朔望設饌圖說), 작헌례 설찬 도설(酌獻禮設饌圖說), 제기 도설(祭器圖說), 악기 도설(樂器圖說), 무기 도설(舞器圖說), 악 도설(樂圖說), 일무 도설(佾舞圖說), 제복 도설(祭服圖說), 이의 도설(肄儀圖說), 일첨문 도설(日瞻門圖說), 유근문 도설(逌覲門圖說), 유첨문 도설(逌瞻門圖說), 궁지 도설(宮池圖說), 척도 도설(尺度圖說) 등이 있다.

경모궁 건물 전체를 보여 주는 배치도를 비롯하여 경모궁에 봉안하는 의물, 즉 인장과 인장에 들어가는 옥인, 옥인의 전문(篆文), 책장과 책장에 들어가는 교명축·교명문·죽책·죽책문, 정당 안 좌우의 의장(儀仗), 향사할 때 참여하는 사람들의 위치[班次], 오향 대제(五享大祭)·속절(俗節)과 삭망(朔望)·작헌례(酌獻禮)를 행할 때의 제수(祭需) 진설,[16] 제수를 담

16 **오향 대제……진설** 원문에는 '設饌圖說', '俗節朔望設饌圖說', '酌獻禮設饌圖說'이라고 되어 있는데, 그중 '설찬 도설'은 어떤 제사를 위한 것인지 분명하게 기재되어 있지 않다. 1785년(정조9)에 편찬한 《宮園儀》와 비교해 본 결과 '오향 대제(五享大祭)'를 지내기 위한 설찬 도설과 동일하여 '오향 대제'라고 해제하였다.

는 제기, 음악을 연주하는 악기, 춤을 출 때 사용하는 무구(舞具), 악기를 편성한 등가(登歌)와 헌가(軒架), 제례 의식을 위한 춤인 일무(佾舞), 제사에 참여하는 국왕·왕세자·사관(祀官)·종친 및 문무 배향관(文武陪享官)·악공(樂工)이 입는 면복(冕服)·제복(祭服)·관복(冠服), 의식을 미리 익히는 이의(肄儀), 궁궐과 통하는 문인 일첨문·유근문·유첨문, 연못, 포백척(布帛尺)·주척(周尺)·영조척(營造尺)·조례기척(造禮器尺) 등등에 대한 그림 및 그 그림에 대한 설명을 상세하게 기록한 것이다.

제2책은 권2 사전(祀典)과 권3 고실(故實)로 구성되어 있다. 권2 사전은 경모궁에서 행하는 여러 제사에 대한 규정을 정리한 것으로, 맨 앞에 '사전 목록(祀典目錄)'을 제시한 뒤 이어서 사전과 관련한 각종 규정을 기록하였다.

봉안 규제(奉安規制), 제향 식례(祭享式例), 탄일(誕日), 기신(忌辰), 변사(辨祀), 시일(時日), 축식(祝式), 향식(香式), 악장(樂章), 생뢰(牲牢), 찬품(饌品), 폐백(幣帛), 망료위(望燎位), 오향제를 친제할 때의 의절〔五享親祭儀〕, 작헌례 때의 의절〔酌獻禮儀〕, 전배할 때의 의절〔展拜儀〕, 일첨문을 통해서 들어가 전배할 때의 의절〔由日瞻門展拜時儀〕, 오향제를 섭사할 때의 의절〔五享攝事儀〕, 속절제 및 삭망제 때의 의절〔俗節及朔望祭儀〕, 이안제와 환안제 때의 의절〔移還安儀〕, 고유제 의식〔告由祭式〕, 천신할 때의 의절〔薦新儀〕, 진상하는 식례〔進上式例〕 등 23항목이 있다.

봉안 규제는 경모궁의 정당 내부에 봉안하고 설치하는 의물(儀物)에 대해 소개한 항목이다. 곧, 신장(神欌), 주렴(朱簾), 내면장(內面帳), 신탑(神榻), 앙장(仰帳), 익장(翼帳), 중면장(中面帳), 의자(椅子), 외면장(外面帳), 찬탁(饌卓), 관지통(灌地筒), 책장(冊欌), 인장(印欌), 작선(雀扇), 청개(靑蓋), 외주렴(外朱簾), 준소탁(尊所卓) 등을 어디에 봉안하고 설치하는가에 대해 설명하였다.

제향 식례는 제복(祭服), 헌관(獻官), 재계(齊戒), 희생과 음악 및 춤, 제기(祭器), 망예(望瘞)·망료(望燎), 오향제 친행(親行) 및 친전향(親傳香), 봄·가을 전배(展拜), 제향의 축문과 악장문, 이의(肄儀), 전배의 장소, 향사할 때 비나 눈을 만날 경우 등의 규정에 대한 내용을 담았다.

탄일은 을묘년(1735, 영조 11) 1월 21일 사도세자가 태어난 날, 기신(忌辰)

은 임오년(1762, 영조38) 윤5월 21일 훙서한 날을 제시하였다. 변사(辨祀)는 제사의 등급을 나타내는 것으로, 국가의 제사 중 경모궁 제사가 중사(中祀)에 해당하고 국왕이 친향할 경우 대사(大祀)임을 규정지었다.

국가 제사는 제사 대상의 격에 따라 대사·중사(中祀)·소사(小祀)로 구분되었다. 1474년(성종5) 대표적 국가전례서인 《국조오례의(國朝五禮儀)》에 수록된 조선의 국가 제사를 등급별로 제시하면 아래와 같다.

출 전	대사(大祀)	중사(中祀)	소사(小祀)
국조오례의 (國朝五禮儀)	사직(社稷) 종묘(宗廟) 영녕전(永寧殿)	풍운뇌우(風雲雷雨) 악해독(嶽海瀆) 선농(先農) 선잠(先蠶) 우사(雩祀) 문선왕(文宣王) 역대시조(歷代始祖)	영성(靈星) 노인성(老人星) 마조(馬祖) 명산대천(名山大川) 사한(司寒) 선목(先牧) 마사(馬社) 마보(馬步) 마제(禡祭) 영제(禜祭) 포제(酺祭) 칠사(七祀) 둑제(纛祭) 여제(厲祭)

《국조오례의》에 규정된 대사·중사·소사 체계

조선 시대 국가 제사 가운데 종묘와 영녕전에서 지내는 제사는 대사에 해당되었다. 국왕이나 왕후가 승하하면 종묘에 봉안되므로 이들에 대한 제사는 자연스럽게 대사에 편입되었다. 국왕 다음의 위계인 세자·세자빈도 국가전례서에 식례가 기록되지만 이들에 대한 제사는 국가의 사전 체계에 들어가지 않았다.

그러다가 영조와 정조 대에 중사나 대사에 편입되는 제사들이 생겼다. 그중 국왕의 사친을 봉안한 사당에서 지내는 제사도 국가의 사전 체계에 편입되는데, 육상궁에서 지내는 제사가 중사로 편입된 것이 처음이었다. 육상궁 제례를 국가의 제사 체계에 편입시킨 이가 바로 정조로, 이와 같은 조치는 경모궁을 염두에 둔 것이었다.

정조는 경모궁에서 지내는 제사를 중사에 편입시켰다. 국왕이 직접 제사를 지낼 때에는 대사에 분류되도록 별도의 조건을 두었다. 따라서 경모궁에서 지내는 제사는 중사 혹은 대사로 분류되기 때문에 경모궁의 위상은 종묘와 영녕전에 버금가게 되었다. 정조 사후 즉위한 국왕들도 경모궁을 각별하게 대우하여 그 위상은 다른 사당에 비해 매우 높았다.

시일은 오향과 삭망, 속절 등 제사 지내는 시기이다. 오향은 춘향(春

享)·하향(夏享)·추향(秋享)·동향(冬享)·납향(臘享)을, 삭망은 초하루와 보름을, 속절은 정조(正朝)·한식(寒食)·단오(端午)·추석(秋夕)·동지(冬至)를 말한다. 오향 중 춘·하·추·동향은 사중월(四仲月 2월, 5월, 8월, 11월) 상순(上旬) 안에 날을 점쳐서 지낸다. 납향은 납일(臘日)에 지내는데 납일은 동지 후 세 번째 미일(未日)이다.

축식은 제사 지낼 때 신명에게 고하는 축문을 쓰는 방식이다. 제사를 주관하는 정조 자신은 '종자국왕어휘(從子國王御諱)', 제사를 받는 장헌세자는 '황숙부(皇叔父) 사도수덕돈경장헌세자(思悼綏德敦慶莊獻世子)'라 표기하였다. 정조가 영조의 첫째 아들 효장세자의 후사가 되었기 때문에 생부에 대해 자신을 '종자'라 하고, 생부를 '숙부'라 일컬은 것이다.

향식은 향과 관련한 규식이다. 향의 종류와 무게를 규정하고, 향축을 전하는 경우 여러 묘(廟)·묘(墓)보다 우선한다고 제시하였다. 여러 묘·묘보다 우선한다는 것은 경모궁의 위상을 보여 주는 일면이다.

악장은 제사를 지낼 때 연주하는 음악에 맞춰 부르는 가사로, 대제학 이휘지(李徽之, 1715~1785)가 지어 올렸다.

생뢰는 오향의 대사와 속절·삭망 때 사용하는 희생, 찬품(饌品)은 오향 대제와 속절 및 삭망과 친림하는 작헌례를 거행할 때 올리는 찬수(饌需), 폐백(幣帛)은 오향 대제와 고유제(告由祭) 때 드리는 예물 등 각각에 대한 규정을 수록하였다.

망료위는 제사를 지내고 축문을 태우던 곳으로, 감(坎)의 조성과 축문의 처리에 대해 규정하였다.

오향제를 친제할 때의 의절〔五享親祭儀〕, 작헌례 때의 의절〔酌獻禮儀〕, 전배할 때의 의절〔展拜儀〕, 일첨문을 통해서 들어가 전배할 때의 의절〔由日瞻門展拜時儀〕, 오향제를 섭사할 때의 의절〔五享攝事儀〕, 속절제 및 삭망제 때의 의절〔俗節及朔望祭儀〕, 이안제와 환안제 때의 의절〔移還安儀〕, 고유제 의식〔告由祭式〕, 천신할 때의 의절〔薦新儀〕 등은 이 의식들을 행할 때 구체적인 절차를 규정한 의주(儀註)이다. 그중 천신은 햇과일이나 햇곡식을 먼저 사당에 올려 조상에게 감사의 뜻을 표하는 의식이다. 달마다 나는 물품, 분량, 담당 부서 등을 상세하게 기록하고, 마지막에 1777년(정조1) 5월 17일, 9월 14일·19일·30일 천신과 관련해서 결정한 사실을 수록하였다.

진상하는 식례는 번육(燔肉)의 각 전(殿) 진상과 궁 안팎의 각종 과일 진상 등에 대한 규정을 수록하였다.

다음은 제2책 권3 고실(故實)이다. 사도세자 관련하여 주요 사실을 정리한 것으로, 맨 앞에 '고실 목록(故實目錄)'을 제시한 뒤 이어서 고실과 관련한 각종 사실을 기록하였다. 을묘년 위호를 정하는 의절〔乙卯定號儀〕, 병진년 책봉 의절〔丙辰冊封儀〕, 임술년 입학 의절〔壬戌入學儀〕, 계해년 관례 의절〔癸亥冠禮儀〕, 갑자년 가례 의절〔甲子嘉禮儀〕, 기사년 대리 의절〔己巳代理儀〕 등 6항목이 있다.

을묘년 위호를 정하는 의절은 1735년(영조 11) 사도세자의 원자(元子) 정호(定號)와 관련한 사실을 기록하였다. 사도세자가 1735년 1월 21일 창경궁의 집복헌(集福軒)에서 태어나자 영조는 그날 바로 '삼종혈맥(三宗血脈 효종, 현종, 숙종)'이 의탁할 바가 있게 되었다고 기뻐하며 원자로 정호하도록 전교하였다. 주요 내용은 다음과 같다.

사도세자의 원자 정호의 전교, 원자 정호한 사실을 종묘와 사직에 고하고 진하(陳賀)·반교(頒教)할 때의 절목(節目), 경과(慶科)는 증광시(增廣試)로 설행하라는 하교, 대전(大殿)에 진하하는 경외의 전문(箋文), 원자의 보양관(輔養官)을 설치한 사실, 보양관의 상견례(相見禮) 절목, 보양관으로 차출된 이진망(李眞望)·이재(李縡)·윤순(尹淳) 중 이진망의 상소, 원자와 보양관의 상견례 날짜를 9월 11일 사시(巳時)로 결정한 일 등이다.

병진년 책봉 의절은 1736년 사도세자의 세자 책봉과 관련한 사실을 기록하였다. 주요 내용은 다음과 같다.

1월 1일 영조가 책례(冊禮)의 길일(吉日)을 3월 중으로 정하여 들이라는 하교, 1월 2일 관상감에서 책례 길일을 3월 15일 사시로 택일(擇日)한 일, 1월 4일 빈청 회의에서 올린 왕세자 정명 단자(定名單子), 1월 5일 경오년(1690) 경종을 왕세자로 책봉한 예(例)를 따라 수책의(受冊儀 책을 받는 의식)를 결정한 일, 왕세자 책례 때의 응행 절목(應行節目), 1월 22일 교명문(教命文)과 죽책문(竹冊文)의 규식을 결정한 일, 3월 11일 왕세자 책례 다음 날 수하(受賀)·반교(頒教)의 길한 때를 3월 16일 진시(辰時)로 정한 일 등이다.

임술년 입학 의절은 1742년(영조 18) 사도세자의 태학(太學) 입학과 관련한 사실을 기록하였다. 주요 내용은 다음과 같다.

신유년(1741) 11월 20일 왕세자의 입학을 내년 봄에 시행하라는 하교, 12월 29일 입학 길일을 내년 3월 26일로 택일한 일, 임술년 1월 21일 왕세자의 문묘(文廟) 작헌례의 일시는 3월 26일 묘시(卯時)로, 입학은 이날 오시(午時)로 결정한 일, 왕세자의 문묘 작헌례 시행 후 입학할 때의 절목, 왕세자의 입학 다음 날 반교하고 진하할 때의 응행 절목, 3월 27일 왕세자 입학 다음 날 대전(大殿)에 진하할 때 경외에서 올린 전문(箋文) 등이다.

계해년 관례 의절은 1743년 사도세자의 관례와 관련한 사실을 기록하였다. 주요 내용은 다음과 같다.

임술년(1742) 11월 25일 왕세자의 관례 길일을 3월 안으로 택하여 들이라는 전교, 11월 26일 관례 길일을 3월 17일로 택일한 일, 11월 28일 왕세자의 자(字)를 정하는 길일을 오는 2월 26일로 택일한 일, 왕세자 관례 때의 응행 절목, 왕세자 관례 다음 날 삼전(三殿)[17]에 조알(朝謁)할 때의 절목, 왕세자 관례 다음 날 반교하고 진하할 때의 절목, 12월 10일 원량(元良)의 관례를 행할 장소는 시민당(時敏堂)으로 하라는 전교 등이다.

17 **삼전** 대전(영조), 대왕대비전(숙종의 두 번째 계비 인원왕후), 중궁전(영조의 비 정성왕후)을 가리킨다.

갑자년 가례 의절은 1744년 홍봉한(洪鳳漢)의 딸과 가례를 올리는 일과 관련한 사실을 기록하였다. 주요 내용은 다음과 같다.

계해년(1743) 2월 21일 9세부터 13세 사이의 처녀는 금혼(禁婚)하라는 전교, 7월 17일 경중과 외방에 세자빈의 간택 단자(揀擇單子)를 올려보내는 날짜와 단자의 규식(規式)을 결정한 일, 9월 28일 세자빈을 1차 간택할 때 궐에 나온 처녀의 인원수, 10월 28일 사시(巳時) 2차 간택할 때 궐에 나온 처녀의 인원수, 3차 간택에 든 처녀 이외에는 모두 혼인을 허락하라는 비망기, 오는 11월 13일 3차 간택을 한 뒤 별궁(別宮)에 나아갈 때의 절목, 11월 13일 왕세자빈의 3차 간택을 할 때 궐에 나온 처녀의 인원수, 11월 13일 세마(洗馬) 홍봉한(洪鳳漢) 집안 처녀로 세자빈을 결정한 일, 11월 13일 세자빈이 옥교(玉轎)를 타고 별궁으로 간 일, 11월 14일 왕세자 가례의 친영(親迎) 길일을 오는 1월 11일로 택일한 일, 11월 14일 친영례는 어의동(於義洞) 본궁(本宮)에서 하고, 동뢰연(同牢宴)의 행례(行禮) 장소는 통명전(通明殿)으로 결정한 일, 11월 14일 조현(朝見)·집지(執贄)의 행례 장소 또한 통명전으로 결정한 일, 왕세자 가례 및 책빈(冊嬪)할 때의 절목, 11월 17일 관상감에서 육례(六禮)의 길일을 택일한 일, 왕세자의 가례 친영 다음 날 백관이 진하하고 성상이 반교할 때 거행하는 예조의 절목, 갑자년 1월 2일, 이번 1월 17일에 종묘·영녕전·대전(大殿)에 왕세자가 전알(展謁)하는 의절 및 빈궁(嬪宮)이 묘현례(廟見禮)를 할 때의 절목, 1월 7일, 이번 1월 12일에 왕세자빈이 대왕대비전·대전·중궁전에 조현례를 행할 시각을 이날 사시로 결정한 일, 1월 13일 가례에 참여한 사람에게 시상한 내용 등이다.

기사년 대리 의절은 1749년(영조25) 사도세자의 대리청정(代理聽政)과 관련한 사실을 기록하였다. 주요 내용은 다음과 같다.

기사년 1월 23일 모든 일을 정유년(1717, 숙종 43)의 전례에 따라 거행하라는 대리청정의 절목을 수정하라는 전교, 1월 23일 입시했을 때 써서 내린 청정 절목(聽政節目), 1월 24일 왕세자 청정의 조참(朝參) 길일을 1월 27일로 택일한 일, 1월 27일 왕세자가 시민당에서 조참을 받을 때의 의주는 정유년의 예(例)를 따라 마련하라는 하교, 왕세자 청정 절목 별단 등이다.

제3책은 권4 금제(今制)로 구성되어 있다. 경모궁의 개건으로부터 본 의궤가 편찬된 시점까지 경모궁과 관련하여 새로 제정한 각종 제도를 정리하였다. 맨 앞에 '금제 목록(今制目錄)'과 부록의 목록을 제시한 뒤 이어서 금제와 관련한 각종 사실을 기록하였다.

개건할 때의 도감 설치에 관한 의절〔改建時設都監儀〕, 당저 즉위 후 휘호를 추상할 때의 의궤〔當宁卽祚後追上徽號時儀軌〕, 원자의 위호를 정한 뒤 휘호를 가상할 때의 의궤〔元子定號後加上徽號時儀軌〕, 어제(御製), 어필(御筆), 전교(傳教), 봉심 규제(奉審規制), 수개 규식(修改規式), 각 처소의 현판〔各所懸板〕, 궁문 개폐(宮門開閉), 본궁 관원(本宮官員), 인신(印信), 솔속과 노비〔率屬奴婢〕, 내외 장원에 대한 설명〔內外墻垣說〕, 나무를 심은 데 대한 설명〔植木說〕, 주맥에 전석을 깐 데 대한 설명〔主脈鋪石說〕, 하마비(下馬碑), 궁로와 교량〔宮路橋梁〕 등 18항목이 있다.

개건할 때의 도감 설치에 관한 의절은 경모궁을 고쳐 세울 때 도감 설치에 대한 의절을 소개한 항목이다. 이미 《개건의궤(改建儀軌)》[18]가 있기

18 개건의궤 경모궁의 개건 과정을 기록한 《景慕宮改建都監儀軌》(奎 13633)를 말한다.

때문에 간략하게 기록하였다. 1776년 4월 8일 경모궁 공사 내역에 관한 전교, 4월 21일 예조 참판 김화진(金華鎭, 1728~1803)을 경모궁 개건청 당상으로 차임하라는 전교, 어재실(御齋室)·재실(齋室)·정당(正堂)의 개건 택일(擇日) 및 신련(神輦)으로 신주를 이봉(移奉)·환안(還安)하는 날짜 등을 수록하였다.

당저 즉위 후 휘호를 추상할 때의 의궤는 1776년 정조가 즉위한 후 사도세자에게 '장헌(莊獻)'이라는 휘호를 추상하는 과정을 기록한 의궤이다.[19] 주요 내용은 다음과 같다.

1776년 3월 10일 사도세자의 아들로서 생부에 대한 정(情)을 펴지 않을 수 없다는 정조의 전교, 3월 20일 존호(尊號), 궁호(宮號), 원호(園號)를 의망하여 각각 '장헌', '경모궁', '영우원'으로 수점(受點)한 일, 3월 20일 상시봉원도감(上諡封園都監)의 도제조·제조·도청(都廳) 명단[20], 4월 1일 인장(印章)은 은인(銀印)이 아닌 옥인(玉印)으로 하도록 한 전교, 4월 2일 경모궁의 제기(祭器)는 육상궁(毓祥宮) 제기의 예(例)에 따라 주성(鑄成)하되 전궁(殿宮)에 있는 원래의 제기 이외에 부족한 수효만 더 주성하도록 한 일, 4월 8일 경모궁 개건에 대한 전교, 4월 12일 경모궁에 음악을 쓰기로 이미 결정했다는 전교, 4월 17일 경모궁의 제례 의절에 대해 옥당에게 역대의 전례(典禮)를 살피게 하라는 전교, 5월 3일 경모궁과 영우원의 축문과 악장문은 대제학이 지어 올리라는 전교, 5월 11일 경모궁의 신주를 창의궁(彰義宮)으로 옮겨 봉안한 뒤 봉안제(奉安祭)를 지내고 이봉할 때 의장(儀仗)은 도가 의장(導駕儀仗)으로 결정한 일, 6월 12일 경모궁에 나아가 친제(親祭)를 지내는 일은 8월 16일에 하고 8월 17일에 경모궁의 신련(神輦)을 받들고 창의궁에 나아가 친제를 지내고 환궁한 뒤 반교한다는 전교, 6월 12일 경모궁에 시호를 올리는 길일을 8월 17일로 택일한 일, 시책인(諡冊印)을 도감에서 궐내에 들이고 궐내에서 내올 때의 절목, 시책인을 올리고 창의궁에 옮겨 봉안할 때 응당 행할 여러 집사(執事) 차출 인원, 임금이 친히 책인을 올린 뒤 친제와 겸하여 고유제를 행한 다음 창의궁에 옮겨 봉안하고 봉안제를 행할 때의 응행 절목, 시책인을 궐내에 들이는 의절, 시책인을 받들고 경모궁에 나아가 임시로 봉안하는 의절, 임금이 친히 책인을 올리는 의절, 임금이 친히 책인을 올린 뒤 친제와

19 당저……의궤이다 사도세자에게 '장헌'이라는 시호를 추상한 과정을 기록한 《莊獻世子上諡封園都監儀軌》(奎 13337) 참조.

20 3월 20일 상시봉원도감의……명단 《莊獻世子上諡封園都監儀軌》(奎 13337)의 〈座目〉 참조.

겸하여 고유제를 행하고 창의궁으로 모시고 나아가 봉안한 다음 또 친제를 행할 때에 출궁하고 환궁하는 의절, 8월 17일 도감 당상과 낭청의 별단을 써서 들인 뒤 시상(施賞)하라는 전교 등을 수록하였다.

원자의 위호(位號)를 정한 뒤 휘호를 가상할 때의 의궤는 1783년(정조 7) 원자의 위호를 정한 후 사도세자에게 '수덕돈경(綏德敦慶)'이라는 휘호를 가상(加上)할 때의 의궤이다.[21] 주요 내용은 다음과 같다.

1783년 3월 8일 원자인 문효세자(文孝世子)의 탄생이 선조의 덕분이라며 존호를 가상하도록 한 전교, 존호의 가상을 담당할 도감의 도제조·제조·도청 명단, 존호는 '수덕돈경', 인장(印章)에 쓰는 방식은 '사도수덕돈경장헌세자지인(思悼綏德敦慶莊獻世子之印)'으로 결정한 일, 경모궁의 존호를 가상할 일자는 4월 1일 묘시로 결정한 일, 3월 13일 신주에 쓴 글이 선조(先朝)의 어필(御筆)이므로 지난 병신년(1776, 정조 즉위년)의 예(例)를 따라 고쳐 쓰지 않도록 한 전교, 3월 19일 책인(冊印)을 올릴 때 음악을 사용하기로 결정한 일, 3월 29일 존호를 가상할 때의 응행 절목, 추상 존호 책인을 궐내에서 내오는 의절, 추상 존호 책인을 받들어 내올 때 전하가 지영(祗迎)하는 의절, 추상 존호 책인을 경모궁에 나아가 임시로 봉안하는 의절, 추상 존호 책인을 친히 올리는 의절, 4월 1일 경모궁의 존호 추상에 참여한 사람에게 시상하라는 전교 등을 수록하였다.

어제(御製)는 국왕이 지은 글이다. 정조의 어제 중 〈영우원표석음기(永祐園表石陰記)〉와 〈궁원의인(宮園儀引)〉을 수록하였다.

〈영우원표석음기〉는 정조가 1776년 즉위한 뒤 사도세자의 무덤을 수은묘에서 영우원으로 봉원(封園)하면서 세운 표석 뒤에 새긴 글이다. 내용은 탄생, 원자 정호, 왕세자 책봉, 대리 청정, 홍서(薨逝), '사도'라는 시호를 내린 일, 장례, 장헌이라는 시호를 추상한 일, 궁호·원호를 올린 일, 빈(嬪)과 자녀에 대한 소개 등이다.

〈궁원의인〉은 1776년 정조가 즉위한 뒤 장헌세자의 사당과 무덤을 수은묘(垂恩廟)·수은묘(垂恩墓)에서 경모궁·영우원으로 격상시킨 뒤 궁원 관련 각종 도설과 의절, 향사를 위한 제반 사항 등을 정리하여 편찬한 《궁원의》의 서문에 해당하는 글이다.

어필은 국왕이 직접 쓴 글씨로, 영조와 정조의 것을 각각 수록하였다.

21 **원자의……의궤이다** 장헌세자에게 '수덕돈경'이라는 존호를 추상한 과정을 기록한 《貞純王后莊獻世子惠嬪尊號都監儀軌》(奎 13311) 참조.

영조의 어필은 구(舊) 정당(正堂) 정문(正門) 위 현판(懸板)이고, 정조의 어필은 경모궁의 대문 위 현판이다.

전교는 국왕이 내린 명령이다. 1776년 6월 5일부터 1784년 4월 3일까지 경모궁 관련 주요 전교를 모으고, 신하의 주어(奏語)를 덧붙였다. 주요 내용은 다음과 같다.

1776년 12월 20일 예조 판서 채제공(蔡濟恭, 1720~1799)의 주장에 따라 경모궁의 봄·가을 전배(展拜)를 맹춘(孟春)과 맹추(孟秋)에 하기로 결정한 일, 1778년(정조 2) 1월 18일 경모궁의 생신이 21일이니 전배하고 작헌례를 하겠다는 전교, 1779년 10월 10일 영묘(英廟 세종) 때 종묘 북장(北墻)과 궁성의 남장(南墻)이 교차되는 지점에 문 하나를 세워서 자주 전배례를 행했던 것처럼 정조 자신도 궁궐 담에 문을 내어 간소하게 자주 전배하고 싶다며 하나의 문을 조성하라는 전교, 1781년 10월 17일 태묘에 친향(親享)하지 못하여 본궁의 제사 또한 직접 행하기 곤란하다는 전교, 1782년 1월 23일 신어(神御)의 기물을 훔치는 이례(吏隷)들을 단속하라는 비망기, 8월 3일 전배 후 궁문(宮門)에 친림하여 궁 아래에 사는 백성들을 불러 안민(安民)할 방도를 물어보고, 이어서 본궁 방계(坊契)에 새로 들어온 민호를 돌보아 줄 방안을 의논하라는 전교, 8월 3일 비변사에서 새로 들어온 어물전(魚物廛) 민인(民人)이 고한 바에 따라 양주(楊州) 누원(樓院) 점막(店幕)을 모두 독점하고 있는 건방(乾房)의 혁파를 아뢰자 정조가 이를 '난전(亂廛)'의 폐단이라며 엄한 법으로 중하게 다스리도록 한 전교 등을 수록하였다.

봉심 규제는 경모궁을 살피고 돌보는 일에 대한 규정이다. 1777년 3일마다 봉심하던 경모궁을 종묘의 예에 따라 5일마다 봉심하자는 예조 판서 홍낙성(洪樂性, 1718~1798)의 의견이 받아들여졌다. 이어서 봉심의 세부 규정을 제시하였다.

5일마다 입직관(入直官)이 흑단령(黑團領) 차림으로 정당 안에 들어가 봉심할 것, 대소(大小) 향사(享祀) 후 초차(初次)를 행한 날에 감실(龕室) 안을 봉심할 것, 일차 봉심(日次奉審)은 치재(致齊) 1일 후 거행할 것, 매년 봄·가을 중삭(仲朔 2월, 8월)에 본궁 제조와 호조·예조 당상이 정당 안팎 및 제기를 봉심하고 탈이 있는 곳은 개수하고 정비할 것, 매년 봄·가을 계삭(季朔 3월, 9월)에 본궁 제조와 병조·공조 판서, 한성부 판윤이 경모궁의 외장(外墻)을 순심(巡審)할 것, 정당 안에 새는 곳이 있으면 본궁 제조와 예조 당상이 봉심한 뒤 초기(草記)할 것 등이다.

수개 규식은 경모궁을 수리하고 보수하는 규정이다. 수개의 세부 규정을 제시한 뒤 1776년 6월 11일 1건, 1777년 4월 21일 2건, 4월 24일 1건, 5월 6일 1건, 1778년 5월 13일 1건, 5월 14일 1건, 1781년 5월 27일 1건, 1783년 4월 5일 1건의 관련 기사를 수록하였다. 수개의 세부 규정은 다음과 같다.

매년 봄·가을 중삭에 본궁 제조와 호조·예조 당상이 봉심한 뒤 탈이 있는 곳은 수개하되 정당 안의 수개는 기일에 앞서 고유제를 거행할 것, 궁 안에 뜻밖의 탈이 생기면 입직관은 먼저 도제조·제조에게 품의한 뒤 한편으로는 예조에, 한편으로는 정원에 달려가 고할 것, 내삼문(內三門) 안에 담장이 무너지거나 지붕이 손상되면 날을 가리지 않고 위안제(慰安祭)를 행한 뒤 택일하여 수개할 것, 내삼문 밖의 각 장소에 탈이 있는 곳은 담당하는 영선소(營繕所) 관원이 훼손되는 대로 수개하되 고유제는 행하지 않을 것 등이다.

각 처소의 현판은 경모궁 각 처소의 현판과 현판을 쓴 사람을 기록하였다. 그 내용은 다음과 같다.

어필 현판은 2건이고, 망묘루(望廟樓)는 각신(閣臣) 정지검(鄭志儉, 1737~1784), 일첨문(日瞻門)은 훈련대장 구선복(具善復, ?~1786), 유근문(逌覲門)은 영부사 김상철, 유첨문(逌瞻門)은 병조 판서 채제공, 좌액문(左掖門)은 훈련대장 구선복, 우액문(右掖門)은 호조 판서 김화진 등이다.

궁문 개폐는 경모궁의 문을 열고 닫는 데 관한 규정이다. 궁문을 새벽에 열고 저녁에 닫는 것은 궐문과 같지만 밤중에 왕명을 받은 이가 문밖에 이르면 성교(聖教)에 따라 선전관이 받든 개문 표신(開門標信)을 궁사(宮司)와 부장(部將)이 같이 받은 후에 열며, 적간패(摘奸牌)만으로 문을 열고 받아들여서는 안 된다는 내용이다.

본궁 관원은 경모궁의 관원에 대한 규정이다. 시원임 대신 가운데 낙점을 받은 도제조 1원, 정2품 이상 가운데 낙점을 받은 제조 1원, 5품 문신인 영(令) 1원, 7품인 직장(直長) 1원, 8품인 봉사(奉事) 1원으로 구성되어 있다. 그중 직장과 봉사는 모두 음관(蔭官) 출신으로 근무일을 계산하여 승진시킨다는 내용이다. 이어서 1776년(정조 즉위년) 5월 26일 1건, 1779년 8월 30일 1건, 1782년 8월 10일 1건, 1784년 1월 21일 1건 등 관련 사실을 재록(載錄)하였다.

인신은 경모궁 관원이 사용하는 인신에 대한 규정이다. 1782년(정조6)년 8월 14일 도제조 서명선(徐命善, 1728~1791)이 경모궁에 인신이 필요하다고 아뢰자 인신을 조성하게 되었다는 기사 1건이 수록되어 있다. 인면(印面)의 내용은 '경모궁인(景慕宮印)'이다.

솔속과 노비는 경모궁 소속 노비에 대한 규정이다. 또한 1776년 5월 27일 1건, 1782년 8월 10일 1건의 관련 기사를 재록하였다. 소속 노비의 규정은 다음과 같다.

번을 나누어 수직(守直)하는 수복(守僕) 8인, 서원(書員)·고지기(庫直)·방지기(房直) 각 1명, 동산지기(東山直) 1명, 안산지기(案山直)·연지기(蓮直) 각 1명, 사령(使令) 4명, 수직군(守直軍) 12명, 노비 200구(口) 등이다.

내외 장원에 대한 설명은 경모궁의 안팎 담장에 대한 설명이다. 1776년 경모궁을 개건할 때 삼군문(三軍門 훈련도감·금위영·어영청)이 담당한 내외 담장은 둘레가 340칸, 내장(內墻)의 둘레는 93칸, 어재전(御齋殿)·재실(齋室)·향대청(香大廳) 및 각처 담장은 모두 합해 109칸이며, 일첨문 담 밖에 있는 함춘원(含春苑)은 1780년 4월 훈련대장 구선복이 왕명을 받아 담장을 쌓고 유근문(逌覲門)·유첨문(逌瞻門) 및 좌우 액문(左右掖門)을 설치하며, 매년 봄·가을 계삭에 본궁 제조와 병조·공조 판서, 한성부 판윤이 담 안쪽을 순심하고 이어서 궁 밖의 담장을 살핀다는 내용이다.

나무 심은 데 대한 설명은 경모궁 안팎에 원래 심어져 있던 나무와 새로 심은 나무 및 수호(守護) 산지기(山直)에 대한 내용을 수록하였다.

주맥에 전석을 깐 데 대한 설명은 주맥의 훼손된 곳에 돌을 깐 사실을 수록하였다. 관현(館峴)이 경모궁의 주맥인데 고개[峴]가 잘려서 길이 되어, 1778년 3월 어영청 대장 구선복이 주맥을 간심한 뒤 파손된 곳에 보토(補土)하고 전석을 깔았다는 내용이다.

하마비(下馬碑)는 경모궁 앞을 지날 때 말에서 내리라는 뜻을 새겨 세운 비석이다. 1776년 동구(洞口) 밖에 있던 하마비를 1777년 5월 26일 태묘와 육상궁의 보수례(步數例)에 의거하여 동구 안으로 옮겨 세웠다는 내용이다.

궁로와 교량은 국왕이 경모궁으로 거둥할 때 통과하는 길과 교량에 대한 설명이다. 교량은 관기교(觀旂橋), 광례교(廣禮橋), 응란교(凝鑾橋), 장경교(長慶橋), 조양교(朝陽橋) 등이다. 동가(動駕)할 때 어의동(於義洞) 입구를 경유하면 조양교가 제1교가 되고, 장경교가 제2교가 되며, 관현을 경유하면 관기교가 제1교가 되고, 광례교가 제2교, 응란교가 제3교가 된다는 내용이다.

마지막으로 부록이다. 직방을 설치한 일〔直房設置事〕, 궁 아래에 민가를 모집하여 들인 일〔宮底民家募入事〕, 각 전을 설치한 일〔各廛設置事〕 등 3항목이 있다.

직방을 설치한 일은 경모궁 대문 밖 좌우에 경모궁을 수호하는 수직방(守直房)을 설치한 사실을 기록하였다. 왼쪽에 병조와 호조 직방을, 오른쪽에 선혜청과 훈련도감 직방을 각각 설치하였고, 1782년 1월 훈련대장 구선복이 역사를 감독하고 금위영·어영청에서 도와 조성하였다는 내용이다.

궁 아래에 민가를 모집하여 들인 일은 경모궁 주위에 인가(人家)가 매우 적어 허전함을 염려한 정조가 궁문 밖 좌우에 직방을 설치하고, 궁문 좌우 및 각소(各所) 직방 남북에 민인(民人) 10호를 모집하여 살게 했으며, 담장 밖과 응란교·장경교 상하좌우에 여점(旅店)과 현방(懸房), 우방전(牛肪廛) 등을 운영하는 백성들이 응모하여 거주하게 된 자가 107호라는 내용을 기록하였다.

각 전을 설치한 일은 경모궁 주변에 각종 여점(旅店)과 전(廛)을 설치한 사실과 이들의 사정을 듣고 논의한 내용을 기록하였다.

4. 《경모궁의궤》의 역사적 의의

《경모궁의궤》는 정조의 사친에 대한 존숭 과정을 살펴볼 수 있다는 점에서 영·정조 대에 제도적으로 정착된 궁원제의 연구에 반드시 참고해야 하는 책이다. 또 《경모궁의궤》에 수록된 그림은 1785년(정조 9)에 편찬된

《궁원의》 및 1788년 기존의 국가전례서를 집대성한 《국조오례통편(國朝五禮通編)》, 《춘관통고(春官通考)》의 그림과 거의 다르지 않다. 명나라 태조의 칙명으로 편찬된 국가전례서인 《대명집례(大明集禮)》의 영향을 받은 듯한데, 영조 대 편찬된 《궁원식례》, 《궁원식례보편》을 정조 대 편찬된 《궁원의》와 비교하고, 더 나아가 《국조오례통편》, 《춘관통고》까지 비교해 본다면 영·정조 대 예서(禮書)에 수록된 도설의 변화도 알 수 있는 등 《경모궁의궤》는 18세기 국가전례 연구에 중요한 책임에 틀림없다.

《경모궁의궤》는 다양한 정보들을 수록하고 있다. 그에 따라 조선 시대 왕실 의례를 비롯하여 건축, 음악, 복식, 춤, 조경 등 여러 분야에서 주요 자료로 활용하여 학제 간 연구가 활발히 이루어지기를 기대하는 바이다.

참고문헌

원전 자료

《承政院日記》

《日省錄》

《朝鮮王朝實錄》

《景慕宮改建都監儀軌》(奎 13633)

《景慕宮儀軌》(奎 13632, 藏 K2-2411, 藏 K2-2410)

《國朝五禮通編》, 이화여자대학교 도서관 소장, 181.214 이89

《宮園儀》(藏 K2-2428, 奎 2035)

《宮園儀》(藏 K2-2429, 奎 1891)

《思悼世子禮葬都監儀軌》(奎 13605)

《垂恩廟營建廳儀軌》(奎 13631)

《貞純王后莊獻世子惠嬪尊號都監儀軌》(奎 13311)

《莊獻世子上謚封園都監儀軌》(奎 13337)

《春官通考》, 성균관대학교 대동문화연구원 영인본, 1975.

논저

이현진, 〈영·정조 대 육상궁의 조성과 운영〉《震檀學報》 107, 2009.

〈이복원의 궁원의(宮園儀) 편찬 과정〉《문헌과해석》 56, 2011.

〈대한제국의 선포와 종묘 제도의 변화 – 七廟의 구성과 황제 추존, 신주 改題를 중심으로 –〉《韓國思想史學》 40, 2012.

최성환, 〈사도세자 추모 공간의 위상 변화와 永祐園 천장〉《朝鮮時代史學報》 60, 2012.

전자 자료

국사편찬위원회(http://sillok.history.go.kr)

국사편찬위원회(http://sjw.history.go.kr)

규장각한국학연구원(http://e-kyujanggak.snu.ac.kr)

한국고전종합DB(http://db.itkc.or.kr)

경모궁의궤

제1권 도설(圖說)

본궁전도설本宮全圖說

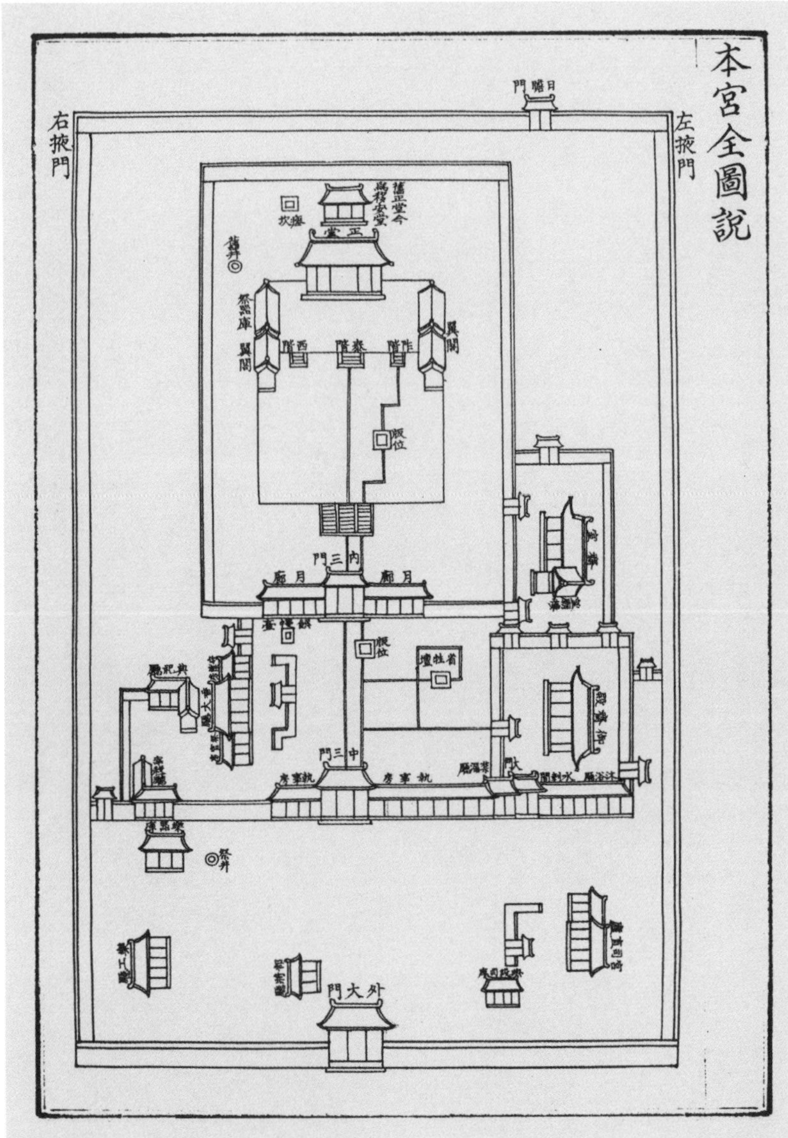

경모궁은 경성(京城) 내 동부(東部) 숭교방(崇敎坊)에 동향(東向)으로 위치하고 있다. 갑신년(1764, 영조 40) 6월 29일에 영건하고 이름을 수은묘(垂恩廟)라 하였다. 영종(英宗)[1] 40년인 갑신년 봄에 처음에는 북부(北部) 순화방(順化坊)에 영건하였다가 이때에 여기로 이건(移建)한 것이다. 병신년(1776, 정조 즉위년) 8월 17일에 개건(改建)하고 유좌(酉坐)이다. 이름을 '경모궁(景慕宮)'이라 하였다.

정당(正堂) 20칸(間) 이안당(移安堂) 6칸이고 예전의 정당이다. 좌익각(左翼閣) 5칸 우익각(右翼閣) 5칸. 그중에 위 3칸은 제기고(祭器庫)이고 아래 2칸은 익각(翼閣)이다. 제기고(祭器庫) 위에 보인다. 월대(月臺) 세 계단이 있으니, 가운데의 태계(泰階)는 신로(神路)이고 왼쪽의 조계(阼階)는 어로(御路)이고 오른쪽의 서계(西階)는 사관(祀官)이 다니는 길이다. 내판위(內版位) 조계 아래에 서향으로 있다. 내삼문(內三門) 3칸 문 좌우의 월랑(月廊) 10칸 외판위(外版位) 내삼문 밖에 있다. 성생단(省牲壇) 외판위의 동북쪽에 있다.

어재전(御齋殿) 15칸 재실(齋室) 10칸. 그중에 망묘루(望廟樓)가 1칸이다. 망묘루(望廟樓) 위에 보인다. 목욕청(沐浴廳) 3칸 수라청(水剌廳) 4칸 재전 대문(齋殿大門) 2칸 향대청(香大廳) 8칸 찬만대(饌幔臺) 향대청의 서북쪽에 있다. 망예위(望瘞位) 예전의 정당 오른쪽에 있고 예전 자리 그대로이다. 제정(祭井) 악기고(樂器庫) 북쪽에 있으며 담장을 두르고 문을 설치하였다. 예전 제정 정당 남쪽 뜰안에 있는데, 지금은 쓰지 않는다. 전사청(典祀廳) 6칸 재살청(宰殺廳) 6칸 제관방(祭官房) 3칸이고 바로 향대청의 동쪽 협실이다. 수복방(守僕房) 4칸 반이고 향대청의 서쪽 협실이다. 제집사방(諸執事房) 10칸 금루청(禁漏廳) 2칸 중삼문(中三門) 오량(五樑) 3칸 악기고(樂器庫) 6칸 악공청(樂工廳) 10칸 궁사 직려(宮司直廬) 16칸이고 예전 자리 그대로이다. 전설사고(典設司庫) 2칸이고 또 헛간(虛間) 2칸이 있다. 수문장청(守門將廳) 3칸 외대문(外大門) 오량 3칸

어필(御筆)[2]인 '경모궁(景慕宮)' 석 자가 새겨진 현판이 걸려 있다.

1 **영종** 조선 제21대왕 영조(英祖)를 지칭한다. 영종은 1890년(고종 27)에 '영조'로 고치기 전까지 사용된 본래의 묘호(廟號)이다.

2 **어필** 정조(正祖)의 친필이다.

봉안奉安 의물儀物 도설

신의 神椅

신탑(神榻) 위에 봉안하는데, 길이는 2자(尺), 너비는 4치(寸) 5푼(分)이다. 다리가 셋이며, 다리 높이는 5치이다.

신탑 神榻

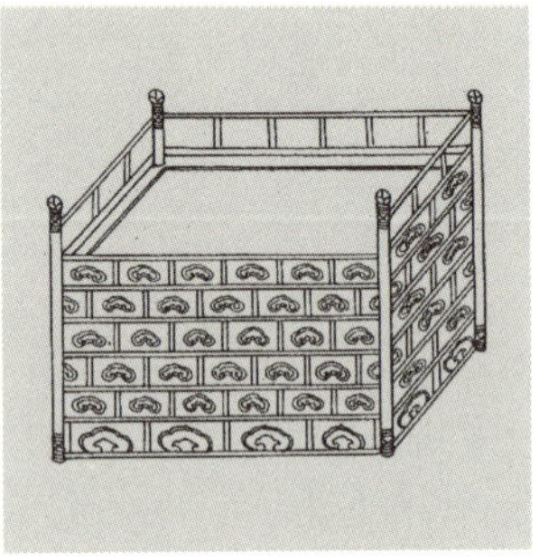

신장(神欌) 앞 내수렴(內朱簾) 및 내면장(內面帳) 밖에 있다. 내면장은 6폭(幅)으로 위에 앙장(仰帳)을 설치하고 좌우에 익장(翼帳)이 있는데 모두 3폭이다. 탑 앞에 중면장(中面帳)은 7폭으로 왼쪽이 3폭, 오른쪽이 4폭이다. 외면장은 9폭으로 왼쪽이 5폭, 오른쪽이 4폭이다. 설치한다. 모두 목홍방사주(木紅方紗紬)[3]로서 길이는 각각 12자 5치이다. 탑의 길이는 7자 4푼이고 너비는 2자 9치이며 높이는 2자 7치 3푼이다. 난간의 높이는 6치 6푼이며, 왜주홍칠(倭朱紅漆)로 도색한다. 탑 위에는 황화석(黃花席)[4]을 깔고 황화석 위에는 자적방주(紫的方紬)[5] 요를 깐다. 안감〔內拱〕은 홍주(紅紬)이다. 요 위에는 황화석을 깔고 황화석 위에 신의(神椅)를 봉안한다.

3 **목홍방사주** 다목〔丹木〕을 끓여서 우려낸 붉은 물을 들인 비단이다. 다목은 소목(蘇木) 혹은 소목(燒木)이라고도 하는데, 땔감으로 쓰는 잘게 쪼갠 참나무를 말한다.

4 **황화석** 노란 꽃무늬를 넣어 짠 돗자리를 말한다.

5 **자적방주** 자주색의 네모난 모양으로 짠 명주를 말한다.

인장 印欌 도설

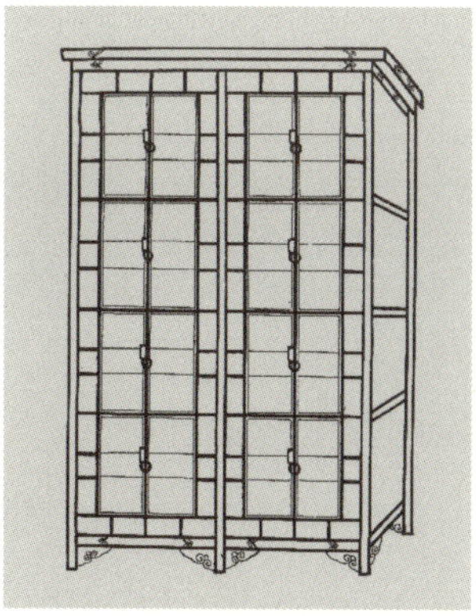

인장은 신장(神欌)의 왼쪽에 있다. 4층 8칸으로 길이는 8자 5치이고, 너비는 3자이고, 높이는 다리를 합쳐 11자이다. 조례기척(造禮器尺)을 쓴다. 진칠색(眞漆色)[6]의 납염(鑞染)[7]으로 장식한다. 제1층에는 병진년(1736, 영조 12)[8]의 책봉 옥인(冊封玉印)을 봉안하고, 제2층에는 증시 옥인(贈諡玉印)[9]을 봉안하고, 제3층에는 병신년(1776, 정조 즉위년)[10]의 추상 시호 옥인(追上諡號玉印)을 봉안하고, 제4층에는 계묘년(1783, 정조 7)[11]의 가상 존호 옥인(加上尊號玉印)을 봉안한다.

책봉 冊封 옥인 玉印 도설 병진년(1736, 영조 12)

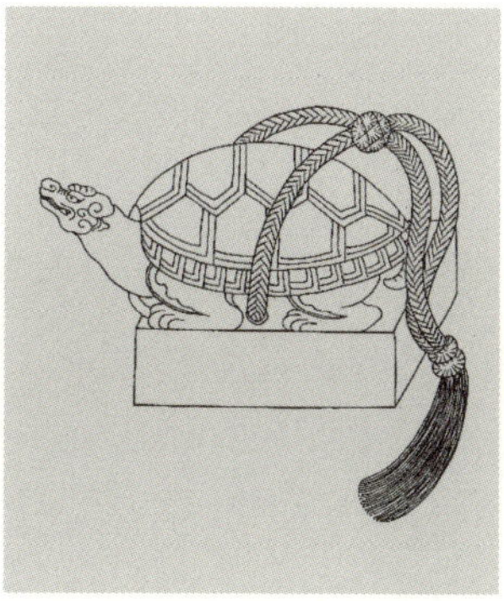

인(印)은 청옥(靑玉)으로 되어 있고 귀뉴(龜鈕)[12]가 있다. 길이와 너비 및 꼭지[鈕]를 합친 높이는 3치 5푼이며, 귀두(龜頭)의 길이는 1치 5푼이다.

6 **진칠색** 진한 옻칠 색을 말하는 듯하다.

7 **납염** 땜납으로, 납과 주석의 합금을 말한다.

8 **병진년** 병진년(1736, 영조 12) 3월 15일에 원자 선(愃)을 왕세자로 책봉하였다.

9 **증시 옥인** 임오년(1762, 영조 38) 윤5월 21일에 왕세자가 훙서하자 사도세자(思悼世子)의 시호를 내렸다.

10 **병신년** 병신년(1776, 정조 즉위년) 8월 17일에 장헌(莊獻)의 시호를 추상하였다.

11 **계묘년** 계묘년(1783, 정조 38) 4월 1일에 수덕돈경(綏德敦慶)의 존호를 가상하였다.

12 **귀뉴** 거북 모양으로 장식한 도장의 손잡이 부분(꼭지)을 말한다.

13 **내록** 안쪽에 있는 작은 궤를 말한다. 녹(盝)은 작은 궤이다.

14 **금전지** 경사에 사용하는 끈이나 보자기의 네 귀에 다는 장식으로, 금종이를 세모나게 접어 한쪽에 붉거나 푸른 명주실의 술을 물려 사용한다.

15 **호갑** 보인(寶印)을 보관하는 최후의 상자로, 보록(寶盝) 또는 인록(印盝)을 여기에 담아 보관한다. 보통 짐승의 가죽으로 만들었다.

16 **주록** 인주(印朱)를 담는 작은 궤를 말한다.

옥인 전문篆文

왕세자인 王世子印

인주합(印朱盒)은 사방 4치이고 높이는 1치 2푼이다.

내록(內盝)[13]은 사방이 5치이고 높이는 5치 3푼이다. 합(盒) 및 녹(盝)은 놋쇠〔豆錫〕이다.

내복(內袱) 단폭(單幅)의 겹보자기〔甲袱〕 및 내록 안에는 진홍대단(眞紅大緞)을 바른다. 외복(外袱)에는 홍광직(紅廣織)을 바른다. 2폭짜리 홑보자기〔單袱〕에 금전지(金剪紙)[14]가 각 4개씩이고 실은 녹융사(綠絨絲)를 쓴다. 끈 2개씩 맨다. 자적방주(紫的方紬)이고 금전지는 12개이며, 초록사(草綠絲)를 쓴다.

외록(外盝)은 높이가 6치 7푼이고 사방이 6치 5푼이다. 바깥은 어피(魚皮)로 싼 다음 흑칠(黑漆)을 하고, 안은 홍랑릉(紅浪綾)을 바르고 놋쇠로 장식한다. 호갑(護匣)[15]은 황록비(黃鹿皮 누런 사슴 가죽)로 만든다.

인주(印朱)의 내·외록(內外盝)은 인록(印盝)의 제도와 같다.

증시贈諡 옥인 전문 임오년(1762, 영조 38)

사도세자지인 思悼世子之印

청옥(靑玉)으로 되어 있고 귀뉴가 있다. 길이와 너비는 3치 6푼이고 꼭지를 합한 높이는 3치 3푼이며, 귀두의 길이는 1치 5푼이다. 내·외복 및 내록 안은 모두 홍주(紅紬)로 바른다. 내복은 단폭이고 외복은 2폭이다. 금전지는 각각 4개씩이며 남융사(藍絨絲)를 쓴다. 내외에 각각 끈 2개씩 맨다. 자적주(紫的紬)이다.

내록은 놋쇠로 만든다. 길이와 너비가 5치 8푼이며, 높이는 6치이다.

외록은 길이와 너비가 7치 6푼이고, 높이는 8치 5푼이다. 바깥은 어피로 싼 다음 흑칠을 하고, 안은 홍주(紅紬)를 바르고 장식은 놋쇠로 만든다. 위에는 도금한 금거북〔金龜〕이 있다. 외복은 목홍주(木紅紬)를 쓴다. 3폭이고, 금전지는 4개이며, 남융사를 쓴다.

주록(朱盝)[16]과 호갑(護匣)이 모두 없다.

추상追上 시호諡號 옥인 전문 병신년(1776, 정조 즉위년)

사도장헌세자지인
思悼莊獻世子之印

인뉴(印鈕) 및 길이와 너비는 위와 같고 높이는 3치 8푼이다. 내·외 겹보자기 및 내·외록의 안은 모두 진홍운문대단(眞紅雲紋大緞)을 바른다. 두 보자기는 모두 단폭이고 금전지가 각각 4개씩이며, 남융사를 쓴다. 내외에 각각 끈 2개씩 맨다. 자적주(紫的紬)이고 금전지는 각각 12개씩이며, 남융사를 쓴다. 내·외록의 제도는 모두 위와 같고, 외복은 진홍방주(眞紅方紬)이며 3폭의 겹보자기이고 금전지는 4개이며, 남융사를 쓴다. 주록은 내록과 같고 안에는 당주홍(唐朱紅)[17] 1봉(封)이 있다. 호갑은 황록비(黃鹿皮)로 만든다.

17 당주홍 중국에서 수입한 비싸고 빛깔이 고운 주홍색 안료를 말한다.

가상加上 존호尊號 옥인 전문 계묘년(1783, 정조 7)

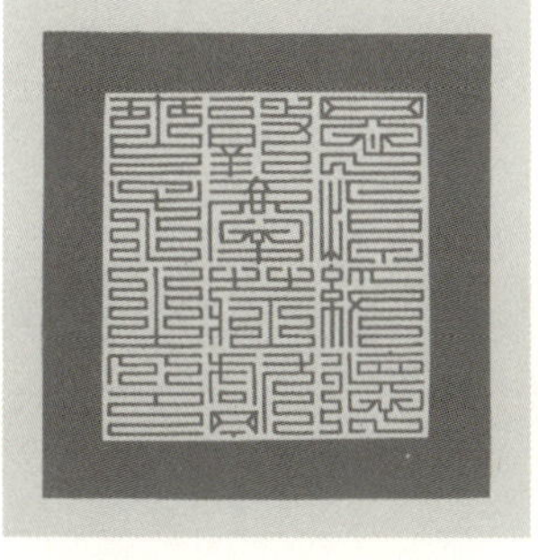

사도수덕돈경장헌세자지인
思悼綏德敦慶莊獻世子之印

인의 길이와 너비는 3치 7푼이고, 귀뉴를 합한 높이는 4치 5푼이며, 귀두의 길이는 1치 7푼이다.

내록 놋쇠로 만든다. 의 길이와 너비 및 높이는 모두 6치 7푼이고, 내·외 겹보자기 및 내록의 안은 모두 진홍광직(眞紅廣織)을 바른다. 내복은 단폭이고, 외복은 3폭이며, 금전지는 각각 4개씩이고, 남융사를 쓴다. 내외에 각각 끈 2개씩 맨다. 자적주(紫的紬)이고 금전지는 각각 12개씩이며, 남융사를 쓴다. 외록의 길이와 너비는 9치이고 높이는 1자 1치 3푼인데, 안은 홍랑릉(紅浪綾)을 바르고 바깥은 어피(魚皮)로 싸고 흑칠(黑漆)을 하며 싸개용 보자기〔裹袱〕는 홍방주(紅方紬)로 한다. 3폭의 겹보자기이다. 끈 2개씩 맨다. 홍융사를 쓴다.

주록은 인록과 제도가 같고 호갑은 위에 보인다.

책장 冊欌 도설

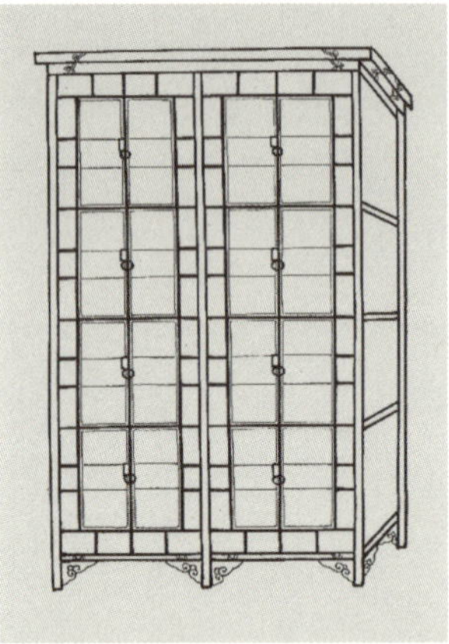

책장은 신장(神欌)의 오른쪽에 있으며 인장과 제도가 같다. 제1층에는 병진년의 책봉[18] 교명축(敎命軸)을 봉안하고, 제2층에는 병진년의 책봉 죽책(竹冊)을 봉안하고, 제3층에는 병신년[19]의 추상 시호 죽책을 봉안하고, 제4층에는 계묘년[20]의 가상 존호 죽책을 봉안한다.

18 **병진년의 책봉** 1736년(영조 12) 왕세자 책봉을 말한다. 53쪽 주8 참조.

19 **병신년** 53쪽 주10 참조.

20 **계묘년** 53쪽 주11 참조.

교명축 敎命軸 도설 병진년(1736, 영조 12)

교명축은, 축은 백옥(白玉)이고 첨(籤)은 놋쇠〔豆錫〕이며, 원체(原體)는 상방(尙方 상의원)에서 짠 교명단(敎命緞)으로 만든다. 길이는 7자이고 너비는 1자 3치이며, 양단(兩端)에 오르내리는 용 무늬가 있고 양 폭 가장자리에는 나는 봉황 무늬가 있다. 배접(褙接)은 백초(白綃)로 하고 폭 가장자리에는 남대단(藍大緞)으로 장식한다. 양단은 먼저 백화문단(白花紋緞)으로 장식하고 다음에 흑운문단(黑雲紋緞)으로 장식한다. 축은 용문금선단(龍紋金線緞)을 입히고 오색실로 꼬아 만든 끈〔五色帶子〕을 달아매고, 거기에 놋쇠 첨을 단다.

축궤 軸樻

궤의 길이는 1자 8치이고 너비는 8치 5푼이다. 안은 진홍운문단(眞紅雲紋緞)을 바르고 바깥은 흑칠(黑漆)을 한다. 뚜껑 윗면에는 이금(泥金)[21]으로 서린 용을 그려 넣고 뚜껑 네 모서리에는 각각 나는 봉황을 그려 넣는다. 궤의 앞뒤에는 매화와 대나무를 그려 넣고 양 측면에는 난초를 그려 넣는다. 놋쇠에 도금한 장식, 목홍주(木紅紬)로 만든 싸개용 보자기[裹袱] 4폭의 홑보자기 가 있다.

교명 병진년(1736, 영조 12)

왕은 이르노라. 아, 상제(上帝)께서 우리나라를 내려다보시고는 조종(祖宗)이 여러 대를 쌓아 온 인(仁)은 마땅히 그 후손에게 이어져야 한다고 여기시고, 신명(神明)과 사람들이 오래도록 바라 왔으니 마땅히 그 정성에 답해야 한다고 여기셨다. 이에 박덕한 나를 돌아보시어 드디어 자손이 태어나게 하시니, 나라의 운수가 처음에는 비색(否塞)하였다가 나중에는 형통하게 되고 왕실의 계통이 끊어질 뻔하다가 다시 이어졌다.

태어난 초기에 바로 원자(元子)라는 명호를 정하매, 온 나라 사람들의 노래가 돌아갈 데가 있고[22] 만세토록 부탁할 데가 있게 되었으니, 이는 실로 동방 우리나라의 더 없이 큰 경사인 것이다. 이듬해 정월 초하루에 대소 신료가 모두 대궐 뜰에 나아와 한목소리로 청하기를 "오직 우리 원자께서는 태어나면서 총명하시고 덕용(德容)이 엄연하여, 겨우 첫돌이 되었는데도 옥 같은 자질이 일찍 성취되고 사물을 대하여 일일이 가르치지 않았는데도 뛰어난 지혜가 점점 넓어지니, 이는 하늘이 우리나라를 아끼고 도우시어 성명한 임금의 후사가 태어나도록 돈독히 은혜를 베푸신 것입니다. 의당 미리 세우는 법도를 따라 일찍 왕세자의 지위에 나아가도록 하여 하늘의 아름다운 명령에 답하고 백성들에게 희망을 주어야 합니다." 하였다.

내 생각에도 오직 종사(宗社)가 소중하므로, 서둘러 여러 사람의 의론

21 이금 아교로 갠 금가루 물이다.

22 온 나라……있고 하(夏)나라 때 우왕(禹王)이 천하를 그 신하 익(益)에게 전해 주려 하였으나 구가하는 사람들과 옥송을 하는 사람들이 모두 우왕의 아들인 계(啓)에게로 향하였다는 데서 온 말로, 《맹자》〈만장상(萬章上)〉에서 인용된 말이다. 민심(民心)이 원자에게로 향하였다는 뜻이다.

을 따라 좋은 날을 택하여 빛나는 책봉을 선포하고, 너 원자(元子) 선(愃)[23] 을 왕세자로 삼도록 명하니, 오래 잠겨 있던 동루(銅樓)[24] 가 거듭 열리어 한없는 보록(寶籙)[25] 이 더욱 끊임이 없을 것이다. 오직 그 철명(哲命)[26] 을 처음 내리면서 편안하게 하는 계책을 후손에게 물려주지 않을 수 있겠는가.

아, 우리 성조(聖祖)와 성고(聖考)께서 정일(精一)로서 서로 전하셨으므로, 이에 오직 우리 가법(家法)을 지금 내가 너에게 전하여 주노니, 어리다고 말하지 말고 잘 공경하여 받들며, 어린 나이에도 장난을 좋아하지 말고 올바른 도리로써 어린 마음을 기르고, 고귀한 신분이라 하여 오만함을 키우지 말며, 화려한 생활이라 하여 방탕한 데로 빠지지 말고, 어린 마음을 버리고 덕성을 기르며, 정직한 선비를 가까이하여 묻고 배우기를 의뢰하도록 하라. 천만 가지 변화가 반드시 한 마음에서 근원함을 알고 나라를 다스리고 천하를 평정하는 것도 반드시 자기 몸을 수양하고 가정을 안정시키는 데에 근본을 둠을 알아서, 잘 공경하고 밝혀서 시종일관 한결같은 덕으로 우리 선대의 공렬(功烈)을 빛나게 함으로써 내가 기대하고 희망하는 바를 저버리지 말아야 할 것이다. 힘쓸지어다. 그러므로 이에 교시하노니, 모두 잘 알 것이라 여긴다.

병진년(1736, 영조 12) 3월 15일, 시명지보(施命之寶)를 찍다.

제술관(製述官) 우의정 송인명(宋寅明)

---

23 **선** 원문에는 이름을 휘하였는데, 《영조실록(英祖實錄)》 12년 3월 15일 기사에 근거하여 보충하여 번역하였다.

24 **동루** 동룡루(銅龍樓)의 준말로 한(漢)나라 태자궁(太子宮)의 누각 이름이다.

25 **보록** 전설에 봉황이 전후로 황제(黃帝)와 요제(堯帝)에게 가져다 주었다는 도록(圖籙)을 가리키는 말로, 왕위를 계시(啓示)하는 천명(天命)을 상징한다.

26 **철명** 하늘이 내려 준 어진 명이란 뜻으로, 소공(召公)이 성왕(成王)에게 고하기를 "왕께서 처음 일을 시작하시니, 아, 마치 막 태어난 자식이 처음 태어날 때는 스스로 어진 명을 품부받지 않음이 없는 것과 같습니다. 그러니 지금 하늘이 어짊을 명할지, 길흉을 명할지, 오랜 국운을 명할지는 지금 처음으로 일을 시작하는 데에 달렸습니다.〔王乃初服 嗚呼 若生子 罔不在厥初生 自貽哲命 今天其命哲 命吉凶 命歷年 知今我初服〕" 한 데서 온 말이다. 《書經 召誥》

책봉 죽책 竹冊 도설 병진년(1736, 영조 12)

죽책은 길이가 9치이고 너비가 5치이다. 6첩(帖)인데, 첩마다 5간(簡)이고, 홍금선단(紅金線緞)을 입혔다. 위아래 장식은 놋쇠에 도금한 것이고, 첩 사이에는 각각 운문대단(雲紋大緞)을 넣었다. 겹보자기(甲袱) 1건 도합 7건이다. 자적녹비(紫的鹿皮)로 된 연결 끈, 내·외복(內外袱) 각 1건, 쇄금진홍공단(灑金眞紅貢緞) 겹보자기로, 금전지가 각각 4개씩이고, 남융사(藍絨絲)를 쓴다. 바깥 연결 끈 1개 자적경광주(紫的輕光紬)이다. 가 있다.

책의 제도는 모두 같다. 따라서 병신년과 계묘년의 책에는 그림을 넣지 않는다.

죽책 내궤 內樻

궤는 길이가 1자 7치이고 너비는 1자 1치 3푼이며 높이는 1자 1치이다. 안은 진홍운문대단을 바르고 바깥은 흑칠을 하였다. 뚜껑 윗면은 이금(泥金)으로 쌍봉(雙鳳)을 그려 넣었고, 네 모서리에는 각각 국화를 그려 넣었다. 궤의 앞뒤에는 매화와 대나무를 그려 넣고 양 측면에는 난초를 그려 넣었다. 싸개용 보자기 2건 1건은 진홍공단(眞紅貢緞) 3폭짜리 홑보자기이고, 1건은 자적경광주(紫的輕光紬) 4폭짜리 홑보자기이다. 금전지가 각 4개씩이고, 남융사를 쓴다. 이 있다. ○외궤(外樻)는 길이가 2자이고 너비는 1자 4치이며 높이는 1자 3치 5푼이다. 흑칠을 한 납염(鑞染) 장식과 보자기 1건 목홍주 5폭짜리이다. 이 있다.

병신년과 계묘년의 죽책 궤는 왜주홍칠(倭朱紅漆)을 하고 쌍룡(雙龍)의 그림을 그려 넣었다. 계묘년에는 책갑(冊匣)이 있고 내복(內袱)과 외궤는 없다.

책봉 죽책문 병진년(1736, 영조 12)

유세차(維歲次) 병진년 3월 을미삭 15일 기유에, 왕이 이르노라. 미리 왕세자를 세우는 것은 실로 나라를 튼튼히 하는 데 있어 제일 먼저 해야 할 일이요, 명호(名號)를 올려 더하는 것은 바로 천명(天命)을 받은 터전을 닦는 데 있어 큰 계책이다. 이에 전장(典章)에 따라 천명의 부탁을 빛내고자 한다.

아, 너 원자(元子) 선(愃)[27]은 내가 매우 다행스럽게도 늦게나마 얻었고, 하늘이 또한 특이한 자질을 부여하였다. 품에 안겨 있어도 지각과 사려가 먼저 열려 말은 하지 않아도 엄연히 깨우침이 있는 듯하였고, 바라봄에도 기국과 도량이 이미 드러나 우뚝이 성대한 덕을 이룰 징표[28]가 있었다. 돌아보건대, 그 태어난 처음에 높고 깊음이 비상하였으니, 그 장성하여 총명하고 인효(仁孝)할 것을 기필할 수 있었다.

삼종(三宗)[29]을 이었으니 10년 동안의 한밤의 근심을 감추게 되었고 팔도가 기뻐 노래 부르니 온 조정이 중리(重離)[30]의 경사에 고무되었다. 비록 원자의 명호가 정해지고 국본(國本)이 돌아살 곳이 있기는 하지만 왕세자의 자리가 비어 있어 여정(輿情)이 오래도록 답답해하였다. 이미 첫돌이 지났으니 기쁜 마음이 갑절이나 간절하며, 시기로 보면 일찌감치 책봉하는 것이 더욱 마땅하다. 이 때문에 여러 신료들의 논의도 속히 합의되었고 나의 뜻에도 진정 흡족하였다.

이에 너를 명하여 왕세자로 삼노니, 너는 많은 복을 받고 어린이의 의절을 힘써 닦아서 적자지심(赤子之心)[31]을 따르고 대인의 학문에 나아가도록 하라. 보고 듣고 말하고 행동함에 있어서는 근시(近侍)들의 비속한 관습에 물들지 말 것이며, 예악(禮樂)과 시서(詩書)를 익힘에 있어서는 반드시 빈사(賓師)가 인도하는 바른길을 따라서, 밤낮으로 부지런히 힘쓰되 성실과 공경을 좇아 공부를 더하고 일취월장(日就月將)하되 높고 밝음을 다하여 성인의 경지에 이르도록 하며, 조종의 정일한 법도를 잘 계승하여 부모가 높이 기대하고 희망하는 마음을 저버리지 말도록 하라. 그러므로 이에 교시하는 것이니, 모두 잘 알 것이라 여긴다.

제술관 대제학 윤순(尹淳)

27 **선** 58쪽 주23 참조.

28 **성대한……징표** 《맹자》〈양혜왕 상(梁惠王上)〉 집주(集註)에 "용모와 사기는 덕의 상징이니, 그 외모가 이와 같다면 그 가슴속에 보전한 것을 알 수 있다.〔蓋容貌辭氣 乃德之符 其外如此 則其中之所存者可知〕"라고 한 데서 인용한 말이다.

29 **삼종** 효종(孝宗)·현종(顯宗)·숙종(肅宗)으로, 소현세자(昭顯世子)의 계통이 아닌 효종의 계통으로 이어지는 왕통을 말한다. 경종 원년(1721)에 연잉군(延礽君)을 후계자로 정하는 과정에서 당시 왕대비로 있던 인원왕후(仁元王后) 김씨가 내린 언문 교지에 "효종대왕의 혈맥과 선대왕의 골육은 주상과 연잉군뿐이니, 어찌 딴 뜻이 있겠소."라고 하였다.《景宗實錄 元年 8月 20日》

30 **중리** 《주역》〈이괘(離卦) 상사(象辭)〉에 "밝은 것 둘이 이를 만드니, 대인이 그것을 인하여 밝음을 이어서 사방에 비추나니라.〔明兩作離 大人以 繼明 照于四方〕"라고 한 데서 온 말로, 성명(聖明)한 임금이 서로 이어지는 것을 의미한다. 곧 부자가 왕위를 상속하게 된 것을 이른다.

31 **적자지심** 천진하고 거짓이 없는 마음을 말한다. 《맹자》〈이루 하(離婁下)〉에 "대인은 그 적자지심을 잃지 않는 자이다.〔大人者 不失其赤子之心者也〕"한 데서 나온 말이다.

가상 시호 죽책문 병신년(1776, 정조 즉위년) ○책은 모두 10첩(帖)이고 첩마다 6간(簡)으로 되어 있다.

유세차 병신년 8월 경자삭 17일 병진에, 종자(從子)[32]인 국왕 어휘(御諱) 은 머리 숙여 재배하고 책을 올립니다.

삼가 제사를 차례대로 올려 공경함을 널리 펴는 것은 나라의 떳떳한 법이고, 아름다움을 드러내어 수고로움에 보답하는 것은 바로 예로부터 전해 온 아름다운 법입니다. 이에 정성과 예법을 모두 극진히 하니 감동과 기쁨이 더욱 깊어집니다.

삼가 황숙부(皇叔父) 사도세자께서는 엄중한 의범(儀範)과 의연한 성품을 타고나셨습니다. 기수(綦綬)가 가지런하니 참으로 숙종에게 신손(神孫)이 있는 것이요, 유패(瑜佩)가 쟁쟁하니[33] 진실로 영고(英考 선왕인 영조)께서 원자로 책봉하신 것입니다. 지혜롭고 총명함으로 모든 나라의 정사를 대신하게 되었고, 온화하고 예의 바름은 남긴 업적에 더욱 드러났습니다. 빈대(賓對)[34]를 열어서 조정 대신들의 계모를 물었으니 하문하는 말씀이 극히 광대하였고, 임금을 대신하여 국가의 일을 다스리매 송옥(訟獄)이 다 안정을 찾았습니다. 14년에 걸쳐 현단(玄端)[35] 차림으로 조정 일을 살피는 자리에 임하여 천만세토록 붉은 슬갑〔朱芾〕을 차고 천명을 받는[36] 상서로움을 기대할 수 있게 하였습니다.

생각건대 지금 변변찮은 이 몸이 동(同)을 받은 것[37]은 실로 동궁에서 복을 길러 낸 소치입니다. 단의(丹扆)[38]에 구장(九章)의 의복[39]을 이었으나 쓸쓸히 애통해하고 청개(青蓋)[40]에 칠류(七旒)의 빛나는 관(冠)[41]을 생각해도 슬픔은 더욱 깊어만 갑니다. 왕위를 계승하라는 밝은 명을 공경히 따라서 이미 종통을 높이는 정성을 다하였으나 머리를 어루만진 지극한 은혜[42]를 아득히 생각함에 어찌 근본에 보답하는 도리가 없겠습니까. 이에 의절을 상고하여 마침내 궁원(宮園)을 세웠으니, 아악(雅樂) 3성(成)[43]을 연주하되 중려(仲呂)와 고선(姑洗)[44]을 아울러 연주하고, 청묘(清廟)[45]에서 1등급을 낮추되 대무(大武)와 유모(柔毛)[46]의 희생을 갖추어 진설하였습니다.

이에 아름다움을 선양하는 정성으로 책을 올리는 예를 크게 거행합니다. 엄숙한〔莊〕 연후에 굳센 덕을 능히 성취할 수 있으니 순수한 모습을

32 **종자** 정조가 영조의 맏아들 효장세자(孝章世子)의 후사가 되어 생부인 사도세자와는 숙질간이 되므로 사도세자는 숙부라 칭하고 본인은 조카 즉 종자라고 호칭한 것이다.

33 **기수가……쟁쟁하니** 기수는 패옥을 연결하는 끈이고, 유패는 패옥으로 차는 미옥(美玉)인데, 모두 세자의 복장을 말한다. 《예기》 〈옥조(玉藻)〉에 "세자는 패옥으로 유옥을 차고 여러 가지 색의 문채가 나는 끈을 단다.〔世子佩瑜玉而綦組綬〕" 하였다.

34 **빈대** 차대(次對)로, 매월 여섯 차례씩 의정(議政)·대간(臺諫)·옥당(玉堂)들이 입시(入侍)하여 중요한 정무(政務)를 상주(上奏)하는 것을 말한다.

35 **현단** 흑색 예복으로, 제사 때에 천자, 제후, 사대부들이 입는데, 천자는 편안히 거처할 때에도 현단을 입는다고 하였다. 《禮記 玉藻》 여기서는 임금을 대신하여 섭정하였다는 말이다.

36 **붉은……받는** 주불(朱芾)은 천자 또는 제후의 복색으로, 《시경》 〈사간(斯干)〉의 "붉은 슬갑(膝甲)이 빛난다〔朱芾斯煌〕"라는 구절에서 나오는 말이다. 사도세자가 임금이 될 기상임을 말한 것이다.

37 **동을 받은 것** 동은 작(爵 술잔)이다. 사위(嗣位)하여 선왕의 고명(顧命)을 받은 것을 말한다. 《서경》 〈고명(顧命)〉에, 강왕(康王)이 선왕인 성왕(成王)의 유명(遺命)을 받아 사위하는 의식에서 동을 받아 신에게 올리는 절차가 나온다.

38 **단의** 천자가 제후를 인견할 때 천자 뒤에 둘러치는 붉은 빛깔의 병풍으로, 곧 군왕(君王)을 일컫는다.

39 **구장의 의복** 9가지의 수를 놓은 임금의 면복(冕服)을 말한다. 의(衣)에는 산·용·화(火)·화충(華蟲)·종이(宗彝)의 5가지, 상(裳)에는 마름·분미(粉米)·보(黼)·불(黻) 등 4가지를 수놓았다.

40 **청개** 푸른 생초(生綃)로 만든 일산(日傘) 모양의 의장 용구로, 용이나 학(鶴)의 그림이 그려져 있다.

41 **칠류의 빛나는 관** 술〔旒〕이 일곱이고 술마다 구슬이 7개씩 달린 면류관을 말한다.

42 **머리를……은혜** 부자의 인연을 말한 것이다. 《예기》 〈내칙(內則)〉에 "아기가 태어난 지 3개월이 지나면 아버지를 뵙게 한다. 다만 서자(庶子)에 대해서는 머리를 쓰다듬고 웃으며 이름을 지어주는데, 세자의 아우와 예가 똑같다.〔但庶子撫首咳而名之 與世子弟同〕" 한 데서 인용한 말이다.

43 **3성** 성(成)은 음악 1곡(曲)이 끝나는 것을 말한다. 즉 음악 3곡을 가리킨다.

44 **중려와 고선** 모두 고악(古樂) 12율려(律呂)이다. 중려는 육려의 하나로 음성(陰聲)에 속하며 소려(小呂)라고도 칭하고, 고선은 육률의 하나로 양성(陽聲)에 속한다.

45 **청묘** 종묘(宗廟)에서 연주하는 악장(樂章)을 가리킨다.

46 **대무와 유모** 제사에 쓰이는 소(牛)를 일원대무(一元大武)라 하고 양을 유모(柔毛)라 한다. 원

뵈옵는 것 같고, 헌(獻)이라 함은 지혜와 자질이 단정하여 모두 선행에 부합한다는 것입니다. 삼가 죽책을 바치고 시호를 가상(加上)하여 '장헌(莊獻)'이라 합니다. 삼가 바라오니, 한번 밝으신 혜안(慧眼)을 돌려 미미한 충심을 굽어살펴 주소서. 금빛 전자(篆字)가 밝고 아름다우니 성신(星辰)과 아울러 드높이 빛나고 죽책(竹冊)이 향기롭게 드날리니 천지와 더불어 오래 보존되소서. 어휘 머리를 조아려 재배하며 책(冊)을 올립니다.

제술관 좌참찬 황경원(黃景源), 서사관 부사직 서명선(徐命善)

가상 존호 죽책문 계묘년(1783, 정조 7) ○책은 모두 8첩이고 첩마다 6간으로 되어 있다.

유세차 계묘년 4월 신유삭 1일 신유에, 종자인 국왕 어휘 은 머리를 조아려 재배하며 책을 올립니다.

삼가 선대의 빛나는 업적이 유곤(裕昆)[47]의 덕을 길러서 길이 아름다운 빛을 발하고, 하늘이 손자를 안는 상서를 내려 주니 크게 호(號)를 드러내 알립니다. 삼가 죽책을 받들어 떳떳한 법에 따라 올립니다. 삼가 생각건대, 황숙부(皇叔父) 사도장헌세자(思悼莊獻世子) 저하(邸下)께서는 덕성이 깊고 크며 의용(儀容)이 장중하였습니다. 동궁에서 학문을 쉬지 않고 강론하자 영묘(英廟)께서 그 온화하면서도 문아(文雅)한 것을 기뻐하셨으며, 중전께 아침저녁으로 부지런히 문안하니 홍릉(弘陵)[48]께서 유독 사랑하셨습니다.

이윽고 세자로서 모든 정사를 대신 행하게 되자 사방에 은택이 고루 미치게 되었습니다. 요(堯) 임금 같은 선왕을 대신하여 조화로운 정치를 널리 펴니 원근의 온 나라가 크게 변하고, 우(禹) 임금 같은 선왕을 계승하여 공경하는 도리를 닦으니 옥송(獄訟)이 모두 제자리를 찾아 안정되었습니다. 학문이 이미 밝은 경지에 오르니 훌륭한 계책이 오래도록 전할 만하였으며, 한결같이 순수한 덕을 지니시어 귀신과 하늘의 마음을 매우 흡족하게 하였습니다.

백세를 내려온 집안에 어찌 왕자가 탄생하는 경사가 없겠습니까. 이에 상제(上帝)의 도우심으로 마침내 원자가 탄생하였습니다.[49] 이는 대체로 14년 동안 정사를 대신 하는 동안에 어질다는 명성이 천하에 충분히 퍼졌기 때문입니다. 이에 천만세토록 인도하고 도우시어 경성(景星)이 태미

원(太微垣)에 빛났습니다.[50]

울음소리가 길고 우렁차니[51] 이미 나라를 계승할 아들이 태어났으며, 의지할 데가 있고 우익(羽翼)이 있으니 복록을 길이 누릴 것입니다. 이에 절문을 상고하여 책보(冊寶)를 만들었습니다. 아름다운 미덕으로 편안히 다스리니 일찍이 총명함의 상서로운 응험이 나타났고, 경사를 기른 아름다움을 돈독히 하니 모두들 소명(昭明)한 석류(錫類)[52]를 우러러보았습니다. 삼가 죽책을 받들어 '수덕돈경(綏德敦慶)'이란 존호를 가상합니다.

삼가 바라건대, 명철하신 혜안을 돌리시어 부디 아름다운 명호를 받아주소서. 금니(金泥)로 휘호를 칠하니 일월과 같이 빛나고, 죽첩(竹牒)에 경사를 밝히니 천지의 신과 함께 오래도록 존재할 것입니다. 어휘 머리를 조아리며 재배하고 책을 올립니다.

제술관 대제학 황경원(黃景源), 서사관 개성 유수 서유방(徐有防)

(元)은 머리이고, 무(武)는 발자국으로, 소가 살찌면 발자국이 크기 때문에 대무라 칭하고, 양이 살찌면 털이 가늘고 부드럽기 때문에 유모라 칭한다.

47 **유곤** 후손에게 덕행을 많이 남겨 준다는 뜻으로, 《서경》〈중훼지고(仲虺之誥)〉에 "의로 일을 바로잡고 예로 마음을 바로잡아 후세에 덕행을 남겨 주소서.〔以義制事 以禮制心 垂裕後昆〕" 한 데서 나온 말이다.

48 **홍릉** 영조의 원비(元妃) 정성왕후(貞聖王后, 1692~1757) 서씨(徐氏)의 능호이다.

49 **원자가 탄생하였습니다** 원자는 문효세자(文孝世子, 1782~1786)를 말한다. 정조의 첫째 아들로 순조의 이복형이다. 휘는 순(𤏡), 시호는 문효이다. 원자 나이 2세인 이해에 왕세자로 책봉되었다.

50 **경성이 태미원에 빛났습니다** 경성은 상서로운 별〔瑞星〕로서, 대성(大星), 덕성(德星)이라고도 하며, 도(道)가 있는 나라에 나타난다고 하였다. 태미원은 북두성 남쪽에 있는 별자리 이름으로, 조정 혹은 임금의 거소(居所)를 뜻하는 말로 쓰인다. 왕실에 상서로운 조짐이 나타남을 말한다.

51 **울음소리가 길고 우렁차니** 《시경》〈생민(生民)〉에 "울음소리 길고 우렁차서, 그 소리가 길에 가득하였다네.〔實覃實訏 厥聲載路〕"라고 한 데서 인용한 것이다.

52 **석류** 효자가 효도를 다함이 없이 하여 널리 미치게 하므로 복을 받을 사람이라는 뜻이다. 《시경》〈기취(旣醉)〉에 "효자의 효도 다함이 없는지라, 영원히 복을 받으리로다.〔孝子不匱 永錫爾類〕"라고 한 데서 인용한 것이다.

정당正堂 내 좌우 의장儀仗 도설

작선 雀扇

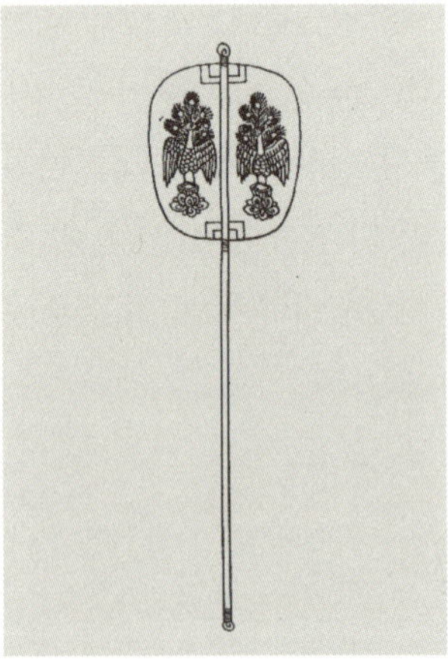

작선 2개를 정당 내에 좌우로 나누어 세운다. 자루는 흑칠(黑漆)을 하고, 붉은 바탕의 양면에는 공작(孔雀)을 각각 2마리씩 그려 넣는다.

청개 青蓋

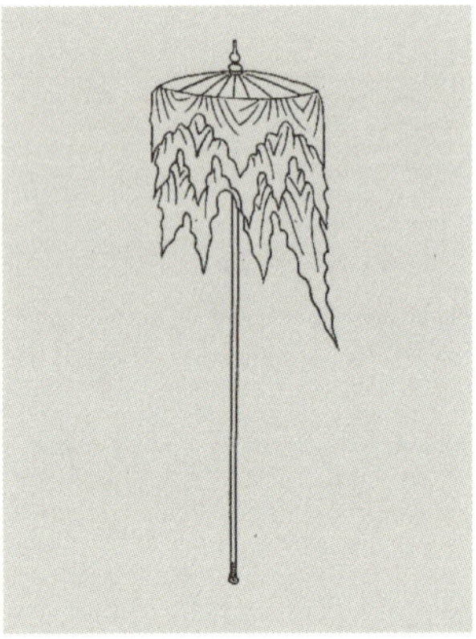

일산 2개를 정당 내에 좌우로 나누어 세우는데, 작선과 같은 받침대〔架〕를 쓴다. 검은 비단〔黑繒〕으로 만들며, 3층의 휘장을 만들어 황색으로 채색하고 운룡(雲龍)을 그려 넣는다. 금정자(金頂子)[53] 와 대나무에 칠을 한 자루가 있다.

53 **금정자** 정자는 보통 모자 위에 꼭지처럼 만들어 붙이는 꾸밈새를 말하는데, 여기서는 일산의 자루 위에 붙인 금으로 도금한 꼭지를 말한다.

내주렴 內朱簾 도설

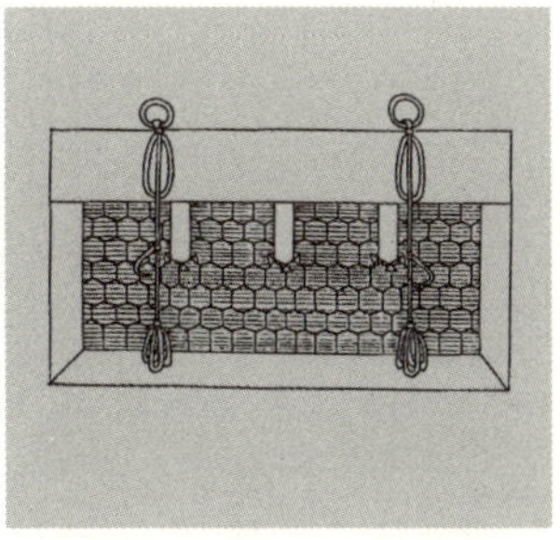

주렴은 신장(神欌) 앞에 설치한다. 진홍색 칠을 바르고 청사(青絲)로 짠다. 길이는 4자 6치, 너비는 9자이다. 초록화화주(草綠禾花紬)로 가선(縇)을 두르는데, 너비는 3치이다. 주렴 위쪽 횡타(橫拖) 속명(俗名)은 동달이(同道里)[54]이다. 는 초록화화주 1폭을 쓴다. 낙영(絡纓)[55]이 셋인데, 길이는 각각 1자 8치, 너비는 각각 3치이다. 금전지가 각각 3개씩이고 남융사(藍絨絲)를 쓴다. 고리(鉤)가 2개이다. 놋쇠로 만들고, 오색실을 단다.

외주렴 外朱簾 도설

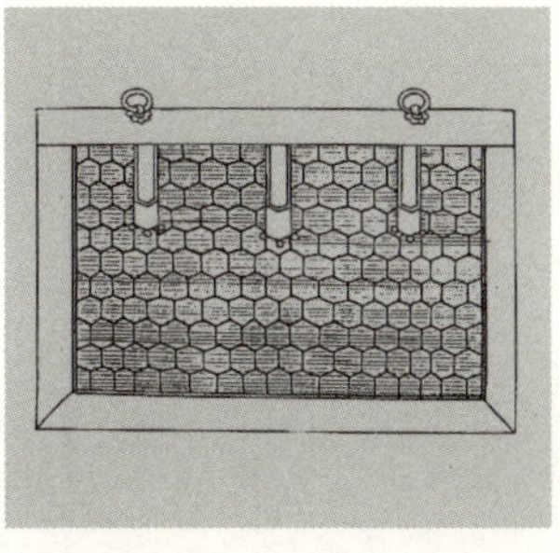

주렴에 번주홍(燔朱紅)[56]을 바르고 청사(青絲)로 얽어맨다. 정문의 주렴은 너비가 11자 3치이고 동·서문의 주렴은 너비가 8자 8치이고 길이는 모두 11자이다. 녹주(綠紬)로 가선을 두르고, 주렴 위의 횡타는 녹주 2폭을 쓴다. 속명은 동달이이다. 낙영이 각각 셋이고, 낙영 끝에 면령(綿鈴)[57] 각각 셋을 단다.

54 **동달이** 보통 조선 시대 무관의 공복(公服)의 일종으로 좁은 소매를 단 도포를 칭하는데, 여기서는 주렴 상단에 가로로 동을 단 것을 말하는 듯하다. 동은 저고리 소매 끝에 이어 대는 천조각을 말한다. '횡타'라는 호칭은 근거가 불분명하여 그대로 번역하였다.

55 **낙영** 늘어뜨려 장식한 주렴(珠簾)이다.

56 **번주홍** 단청에 사용되는 붉은색의 흙을 말하는데, 황해도 평산(平山)에서 생산된다.

57 **면령** 방울처럼 둥글게 만든 솜뭉치를 말한다.

향사享祀 반차班次 도설

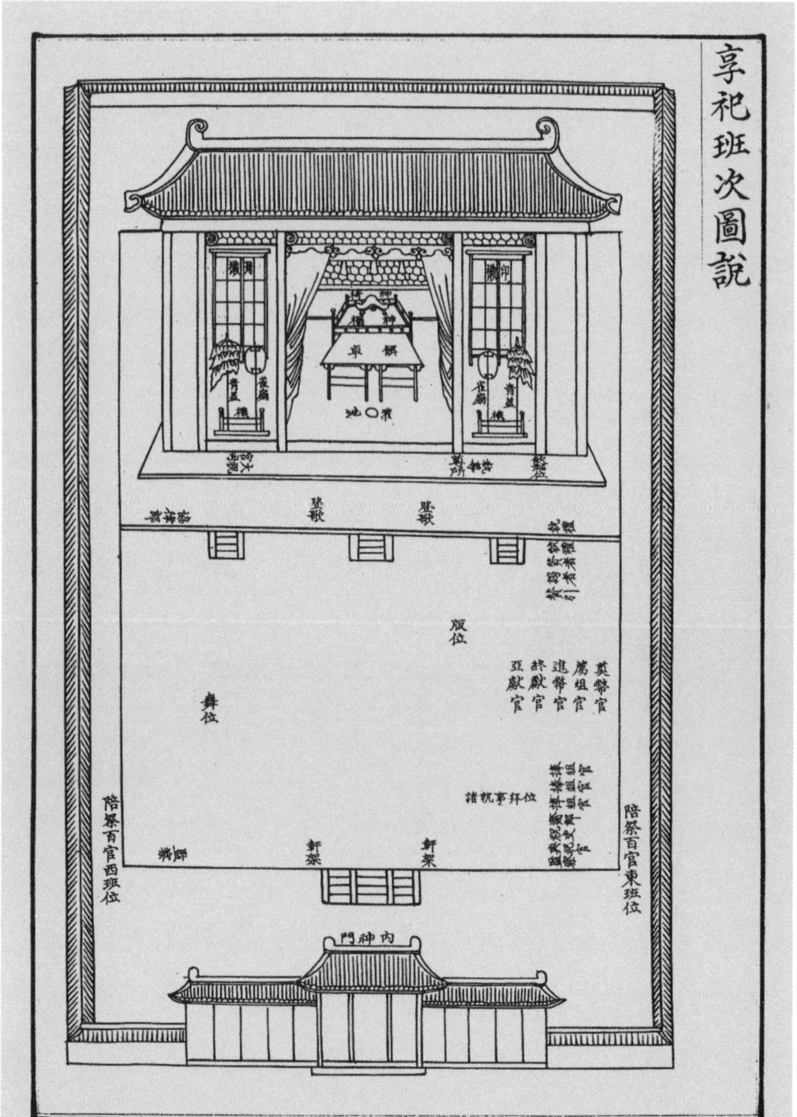

정당 내의 의물(儀物) 배설은 봉안 규제(奉安規制)에 자세히 보인다. 계단 위아래의 반차(班次)는 이의 도설(肄儀圖說)에 자세히 보인다.

설찬設饌 도설

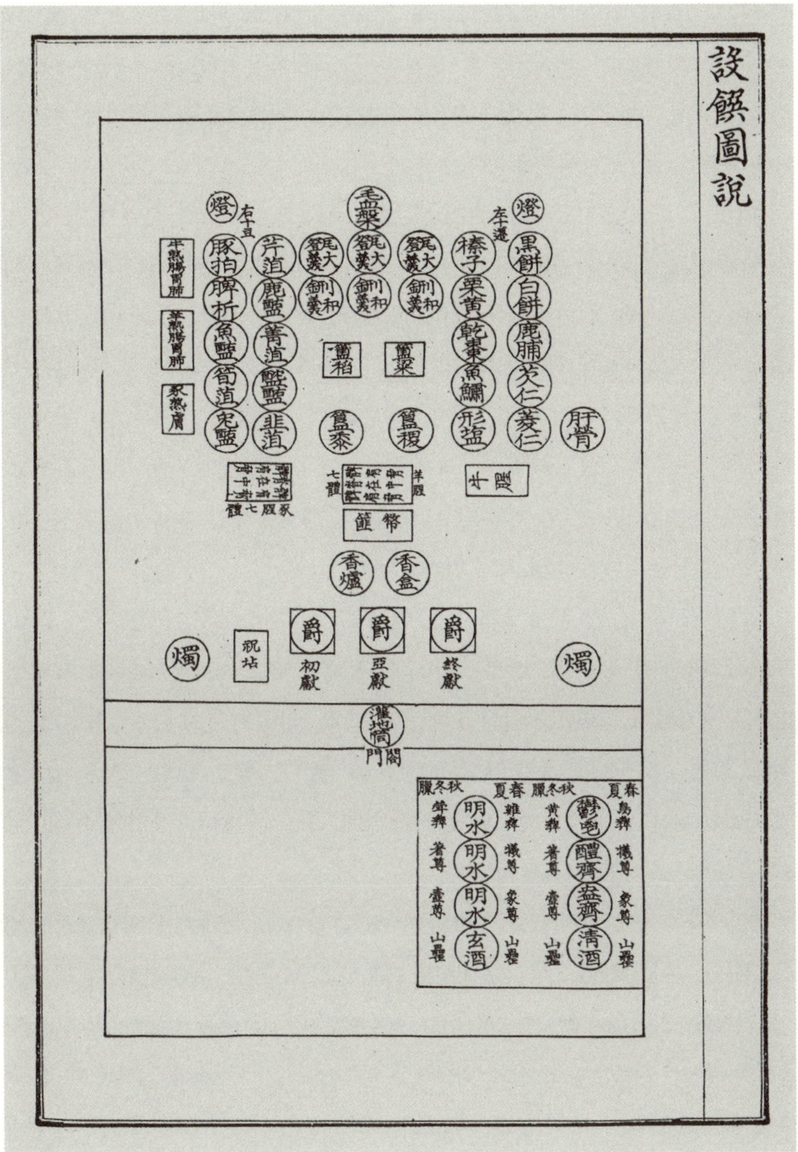

변(籩) 10개를 왼쪽에 놓는데, 두 줄로 놓고 오른쪽을 상위(上位)로 한다. 제1행에는 형염(形鹽)[58]을 앞에 놓고, 다음에 어수(魚鱐 말린 생선), 건조(乾棗 말린 대

58 **형염** 제사 용도로 쓰는 호랑이 형상의 소금 덩어리를 말한다. 소금이 뭉쳐서 호랑이처럼 생긴 것이라고도 하고, 염지(鹽地)에서 저절로 형성된 덩어리로 된 소금을 후에 사람들이 호랑이 모양으로 조각한 것이라고도 한다.《星湖僿說 卷21 祭物》

추), 율황(栗黃 깐 밤), 진자(榛子 개암)를 차례로 놓는다. 제2행에는 능인(菱仁 마름 열매)을 앞에 놓고, 다음에 검인(芡仁 가시연밥), 녹포(鹿脯 사슴고기 포), 백병(白餠 흰떡), 흑병(黑餠 검정떡)을 차례로 놓는다.

두(豆) 10개를 오른쪽에 놓는데, 두 줄로 놓고 왼쪽을 상위로 한다. 제1행에는 구저(韭菹 부추김치)를 앞에 놓고, 다음에 담해(醓醢 육장〈肉醬〉), 청저(菁菹 무김치), 녹해(鹿醢 사슴고기 젓), 근저(芹菹 미나리김치)를 차례로 놓는다. 제2행에는 토해(兎醢 토끼고기 젓)를 앞에 놓고, 다음에 순저(筍菹 죽순김치), 어해(魚醢 생선젓), 비석(脾析 소의 처녑), 돈박(豚拍)[59]을 차례로 놓는다.

조(俎)는 3개인데, 2개는 변(籩)의 앞에, 1개는 두(豆)의 앞에 놓는다. 변의 앞에 있는 조(俎) 가운데 하나에는 우성(牛腥 생 쇠고기)을 담고, 다른 하나에는 양성(羊腥 생 양고기)을 담는다. 칠체(七體)는 양쪽 비(髀 볼기), 양쪽 견(肩 어깨), 양쪽 협(脅 갈비)과 척(脊 등심)인데, 비(髀)는 양 끝에, 견(肩)과 협(脅)은 그다음에, 척(脊)은 가운데에 놓는다. 두의 앞의 조에는 시성(豕腥 생 돼지고기)을 담고, 칠체는 양과 같게 한다. 두의 오른쪽 조는 3개이다. 하나에는 소의 익힌 장(腸)·위(胃)·폐(肺)를 담고, 하나에는 양의 익힌 장·위·폐를 담고, 하나에는 돼지의 익힌 부(膚 껍질)를 담는다. 돼지는 앞에 놓고 다음에 양, 소를 차례로 놓는다.

보(簠)와 궤(簋)는 각각 2개인데, 변과 두 사이에 놓되, 궤는 앞에 놓고, 보는 그다음에 놓는다. 보에는 도(稻)와 양(粱)을 담고, 궤에는 서(黍)와 직(稷)을 담는다. 등(甑)과 형(鉶)은 각각 3개인데, 보와 궤의 뒤에 놓는다. 형은 앞에 놓고 등은 그다음에 놓는다. 등에는 대갱(大羹)[60]을 담고 형에는 화갱(和羹)[61]을 담고 모활(芼滑)[62]을 더한다. 작(爵)은 3개인데, 향로(香爐)와 향합(香盒)의 앞에 놓는다. 각각 점(坫 받침대)이 있다.

봄과 여름에는 계이(鷄彝) 1개 명수(明水)를 담는다. 조이(鳥彝) 1개 울창(鬱鬯)을 담는다. 희준(犧尊) 2개 하나에는 명수를 담고, 하나에는 예제(醴齊)[63]를 담는다. 상준(象尊) 2개 하나에는 명수를 담고, 하나에는 앙제(盎齊)를 담는다. 산뢰(山罍) 2개 하나에는 현주(玄酒)를 담고, 하나에는 청주(淸酒)를 담는다. 를 놓되, 네 줄로 놓는다. 제1행에는 계이와 조이, 제2행에는 희준, 제3행에는 상준, 제4행에는 산뢰를 놓는다.

가을과 겨울 및 납월에는 가이(斝彝) 1개 명수를 담는다. 황이(黃彝) 1개 울창을 담는다. 착준(著尊) 2개 하나에는 명수를 담고, 하나에는 예제를 담는다. 호

59 **돈박** 돼지의 어깻죽지 살을 말한다.

60 **대갱** 소금, 채소 등으로 가미하지 않은 고깃국〔肉汁〕을 말한다.

61 **화갱** 소금, 채소 등으로 가미한 국을 말한다.

62 **모활** 국이나 찌개를 만들 때 맛을 내기 위해 넣는 채소나 고기붙이를 말한다.

63 **예제** 제사용으로 빚은 술의 일종이다. 예(醴)는 술을 빚어 하룻밤을 묵혀서 익힌 것이고, 제(齊)는 누룩과 쌀의 비율로 술의 농담(濃淡)을 조절하는 것을 말한다. 농도에 따라 5종의 술〔五齊〕이 있는데, 농도가 진한 순으로 범제(泛齊), 예제, 앙제(盎齊), 제제(緹齊), 침제(沈齊)이다. 《周禮 天官冢宰 酒正》

준(壺尊) 2개 하나에는 명수를 담고, 하나에는 앙제를 담는다. 산뢰(山罍) 2개 하나에는 현주(玄酒)를 담고, 하나에는 청주(淸酒)를 담는다. 를 놓되, 네 줄로 놓는다. 제1행에는 가이와 황이, 제2행에는 착준, 제3행에는 호준, 제4행에는 산뢰를 놓는다. 모두 작(勺)과 멱(冪)을 더하여 호(戶) 밖의 왼쪽에 두는데, 모두 북쪽을 향하게 하고 서쪽을 상위로 한다.

속절俗節 ·삭망朔望 설찬 도설

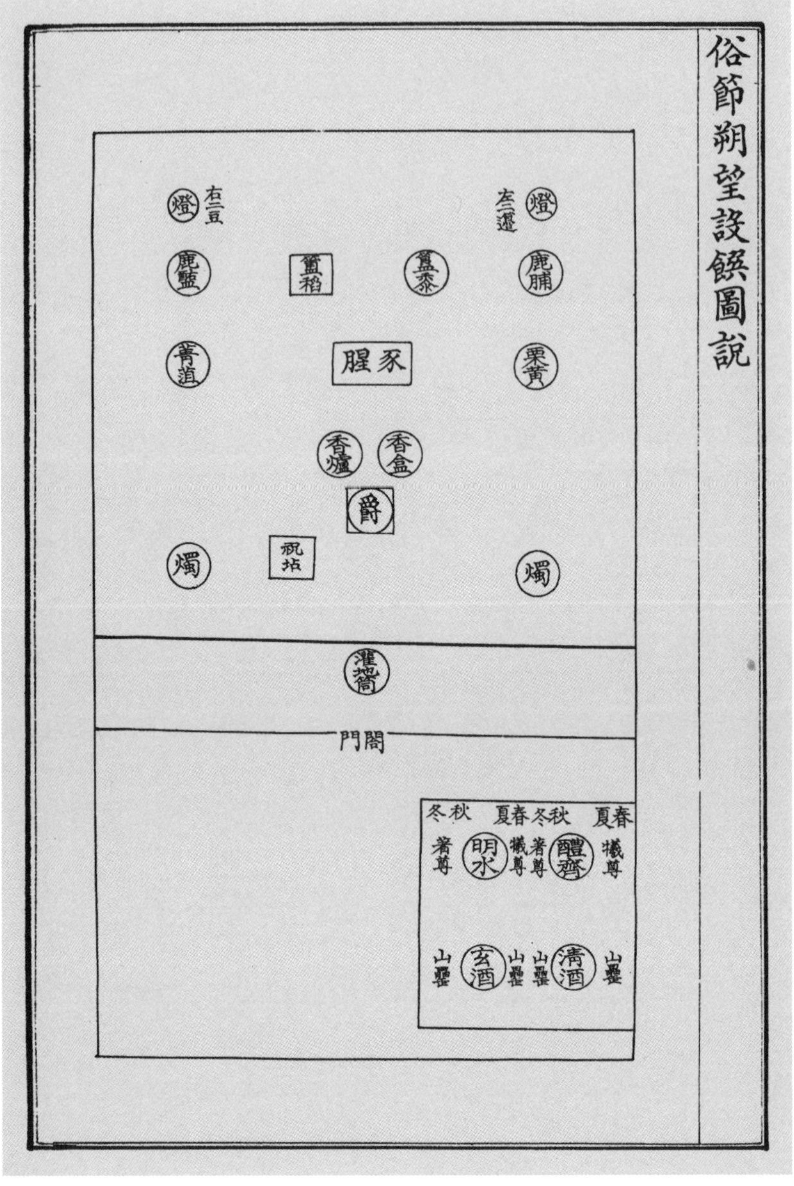

왼쪽에는 2개의 변(籩)을 놓고 율황(栗黃)은 앞에, 녹포(鹿脯)는 다음에 놓는다. 오른쪽에는 2개의 두(豆)를 놓는다. 청저(菁菹)는 앞에, 녹해(鹿醢)는 다음에 놓는다. 보(簠)와 궤(簋)는 각각 1개인데, 변(籩)과 두(豆) 사이에 놓되, 궤는 동쪽에, 보는 서쪽에 놓는다. 보에는 도(稻)를 담고, 궤에는 서(黍)를 담는다. 조(俎) 1개는 보와 궤 앞에 놓고 시성(豕腥)을 담는다. 작(爵) 1개는 향로와 향합 앞에 놓는다. 점(坫)이 있다.

봄과 여름에는 희준(犧尊) 2개 하나에는 명수를 담고, 하나에는 예제(醴齊)를 담는다. 산뢰(山罍) 2개 하나에는 현주(玄酒)를 담고, 하나에는 청주(淸酒)를 담는다. 를 놓되, 두 줄로 놓는다. 제1행에는 희준을, 제2행에는 산뢰를 놓는다.

가을과 겨울에는 착준 2개 하나에는 명수를 담고, 하나에는 예제를 담는다. 산뢰 2개 하나에는 현주를 담고, 하나에는 청주를 담는다. 를 놓되, 두 줄로 놓는다. 제1행에는 착준을, 제2행에는 산뢰를 놓는다. 모두 모두 작(勺)과 멱(冪)을 더하여, 호(戶) 밖의 왼쪽에 놓되, 북쪽을 향하게 하고 서쪽을 상위로 한다.

작헌례酌獻禮 설찬 도설

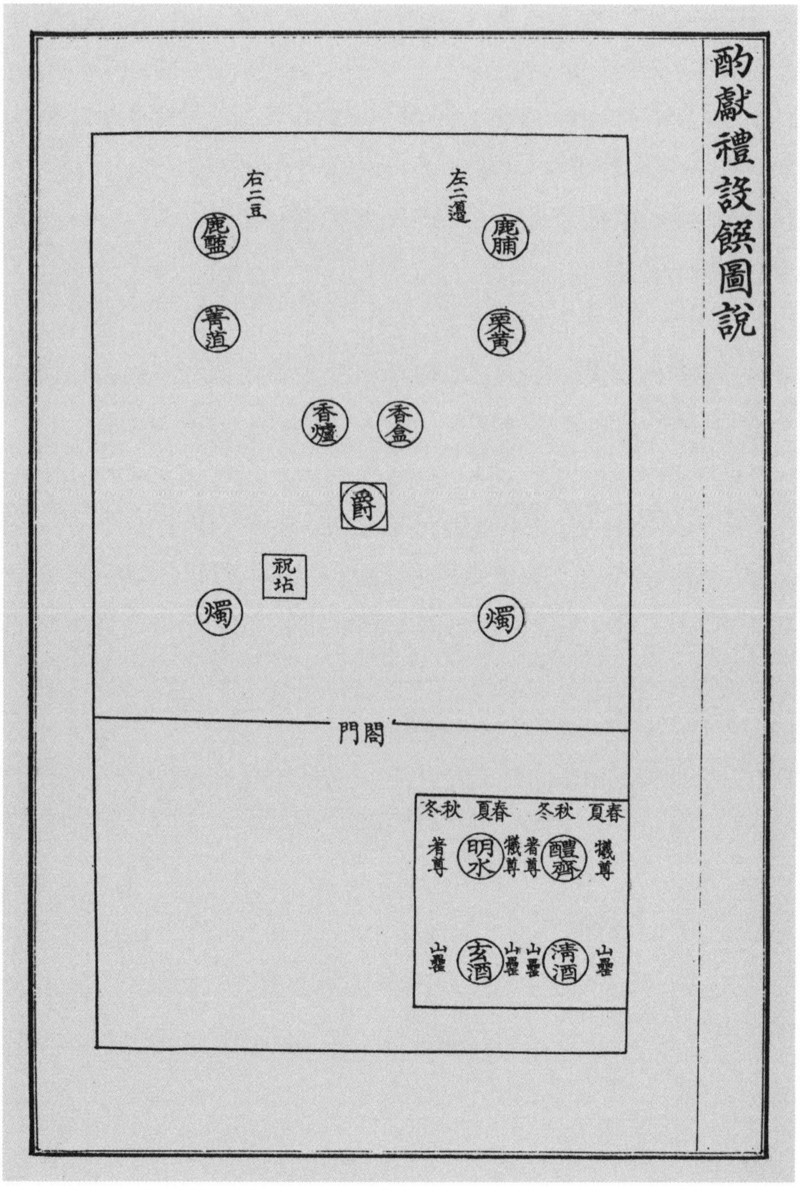

酌獻禮設饌圖說
右二豆
左二籩
鹿醢
菁菹
鹿脯
栗黃
香爐
香盒
爵
祝坫
燭
燭
門閣
冬秋 夏春 冬秋 夏春
著尊 明水 犧尊 著尊 醴齊 犧尊
山罍 玄酒 山罍 山罍 淸酒 山罍

왼쪽에는 2개의 변(籩)을 놓고 율황(栗黃)은 앞에, 녹포(鹿脯)는 다음에 놓는다. 오른쪽에는 2개의 두(豆)를 놓는다. 청저(菁菹)는 앞에, 녹해(鹿醢)는 다음에 놓는다. 작(爵) 1개는 향로와 향합 앞에 놓는다. 점(坫)이 있다.

봄과 여름에는 희준(犧尊) 2개 하나에는 명수를 담고, 하나에는 예제(醴齊)를 담는다. 산뢰(山罍) 2개 하나에는 현주(玄酒)를 담고, 하나에는 청주(清酒)를 담는다. 를 놓되, 두 줄로 놓는다. 제1행에는 희준을, 제2행에는 산뢰를 놓는다. 가을과 겨울에는 착준 2개 하나에는 명수를 담고, 하나에는 예제를 담는다. 산뢰 2개 하나에는 현주를 담고, 하나에는 청주를 담는다. 를 놓되, 두 줄로 놓는다. 제1행에는 착준을, 제2행에는 산뢰를 놓는다. 모두 모두 작(勺)과 멱(冪)을 더하여 호(戶) 밖의 왼쪽에 놓는데, 북쪽을 향하게 하고 서쪽을 상위로 한다.

제기祭器 도설

변籩과 멱冪

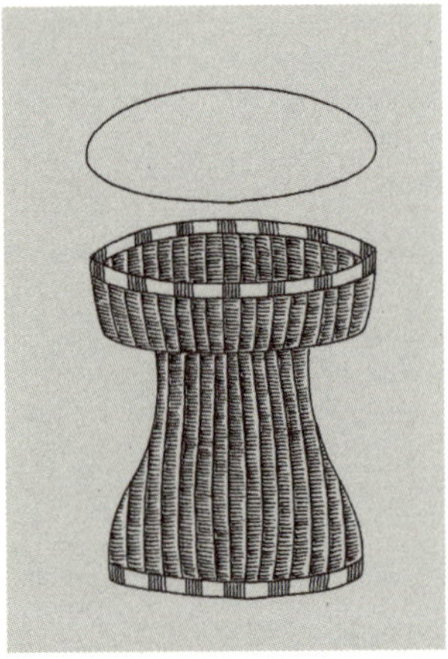

《석전의(釋奠儀)》[64]

변은 대나무로 만든다. 아가리〔口〕의 지름은 4치(寸) 9푼(分), 발〔足〕까지 합한 높이는 5치 9푼, 깊이는 1치 4푼, 발의 지름은 5치 1푼이다. 건(巾 덮개)은 모시〔紵〕[65]를 쓰는데, 겉은 검붉은색이고 속은 분홍색이며, 1폭짜리 원형이다.

〈교특생(郊特牲)〉[66]

정(鼎)과 조(俎)는 기수(奇數 홀수)로 하고, 변(籩)과 두(豆)는 우수(偶數 짝수)로 하는데, 이것은 음양(陰陽)을 구별하는 뜻이다.

《주례(周禮)》〈삼례도(三禮圖)〉[67]

변에는 마른 물건을 담고, 두에는 젖은 물건을 담는다.

64 **석전의** 송나라 유학자 주희(朱熹)의 찬술로, 원제(原題)는 《소희주현석전의도(紹熙州縣釋奠儀圖)》이다. 이 책은 남송(南宋) 소흥(紹興) 5년(1135)에 완성된 것으로 맨 앞에 관첩(官牒)이 있고 다음에 《석전의》의 주(注)가 있고 끝으로 〈예기도(禮器圖)〉가 있다.

65 **모시** 《소희주현석전의도》〈예기도〉에는 '갈포〔綌〕'로 되어 있다.

66 **교특생** 《예기》의 편명이다.

67 **삼례도** 송나라 섭숭의(聶崇義)가 편찬한 책으로, 996년 송나라 태종에게 헌정하여 태종의 명으로 간행, 반포되었다. 중국 궁중에서 사용되었던 관복(冠服), 의물(儀物), 예식(禮式) 등에 관한 내용으로 총 20권으로 되어 있다.

두豆와 뚜껑蓋

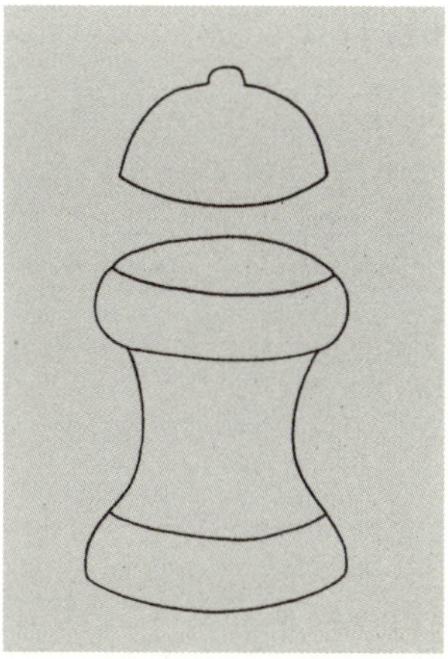

《석전의》

두는 나무로 만든다. 높이와 깊이, 아가리 지름과 발 지름은 모두 변(籩)의 제도를 따른다.

〈교특생〉

변과 두에 담는 물품은 물이나 흙에서 나는 것으로 한다. 주(注)에 "변은 두의 짝이 되는 물건이다." 하였다. ○〈빙례(聘禮)〉[68]의 소(疏)에 "모든 찬물(饌物)은 두에 담는 것이 기본이 된다." 하였다.

《주례》〈천관(天官)〉에 변인(籩人)[69] 조가 있는데, 두는 해인(醢人)[70] 조에 들어 있다.

보簠와 뚜껑

《석전의》

보는 구리〔銅〕로 주조한다. 뚜껑까지 합한 무게는 13근(斤) 2냥(兩)이다. 뚜껑과 발까지 합한 높이는 7치, 깊이는 2치, 너비〔闊〕는 8치 1푼이고, 배〔腹〕의 지름은 긴 쪽이 1자 1푼이다. 뒤에 무게를 말한 것은 모두 구리로 만든 것들이다. ○《주례》 주(註)에 "보는 방형(方形)이고 궤는 원형(圓形)이다." 하였다.

68 **빙례** 《의례(儀禮)》의 편명이다.

69 **변인** 주나라 때 대로 만든 제기(祭器)에 담는 제물의 조달을 맡은 사람 또는 관직명이다. 《周禮 天官冢宰 籩人》

70 **해인** 주나라 때 나무로 만든 제기에 담는 제물의 조달을 맡은 사람 또는 관직명이다. 《周禮 天官冢宰 醢人》

71 **대명집례** 명(明)나라 서일기(徐一夔) 등이 고황제(高皇帝)의 명에 의하여 홍무(洪武) 3년(1370)에 완성하였다. 길례(吉禮), 흉례(凶禮), 군례(軍禮), 빈례(賓禮), 가례(嘉禮) 등 오례(五禮)를 강(綱)으로 하고 그 아래에 26조목으로 나누어 기술하였다. 모두 53권으로 되어 있다.

72 **진씨의 예서** 송나라 학자 진상도(陳祥道)가 당시까지 전하는 예악에 관한 기록을 고정(考訂)하여 도설과 함께 논변한 책으로, 총 150권으로 되어 있다.

궤簋와 뚜껑

《대명집례(大明集禮)》[71]

궤는 구리로 만든다. 무게는 11근이고, 뚜껑과 발을 합한 높이는 7치 3푼이다. 아가리 지름은 긴 쪽이 8치 3푼이고, 가로 너비는 6치 8푼이다.

등甑과 뚜껑

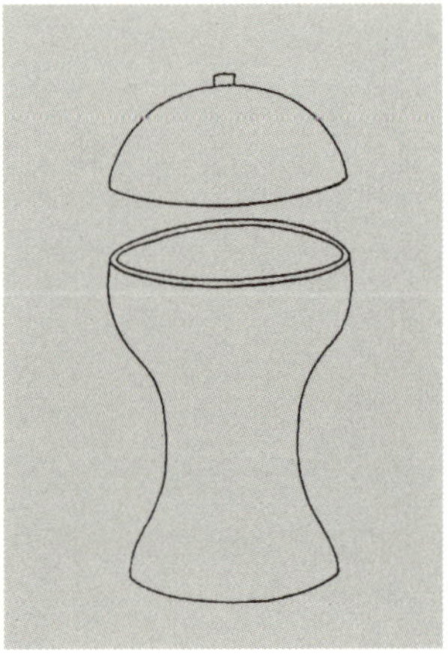

진씨(陳氏)의 《예서(禮書)》[72]

등(登)은 와두(瓦豆)이다. 《의례(儀禮)》에는 '등(甑)'으로 되어 있다. 대갱(大羹)을 담는다.

형鉶과 뚜껑

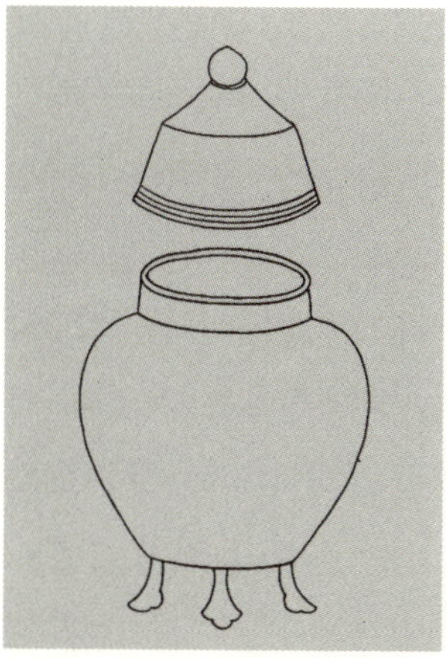

《예서》

형정(鉶鼎)은 국을 담는 그릇이고 형갱(鉶羹)은 오미(五味)로 맛을 낸 국이니, 국으로 말하면 형갱이라고 하고 그릇으로 말하면 형정이라고 한다.

작爵

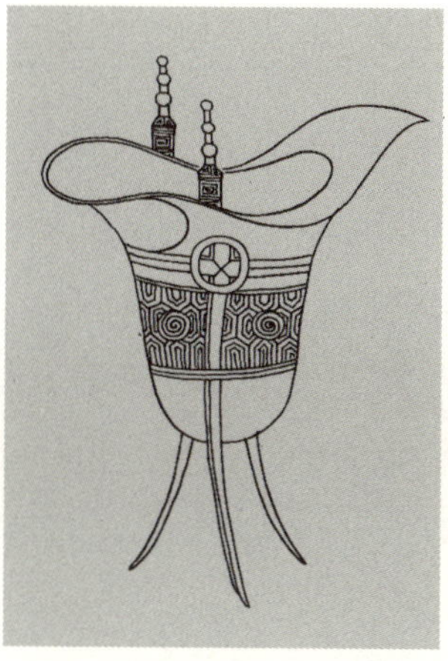

《석전의》

작은 무게가 1근 8냥이고, 기둥까지 합한 높이는 8치 2푼이고, 깊이는 3치 3푼이다. 아가리의 지름은 긴 쪽이 6치 2푼이고 너비는 2치 9푼이다. 기둥이 2개, 발이 3개이며 수구〔流〕가 있고 손잡이〔鋬〕가 있다.

《시경》〈예기도설(禮記圖說)〉

윗부분에 있는 두 기둥은 마시기를 다하지 않는 뜻을 취한 것이다.

점 坫

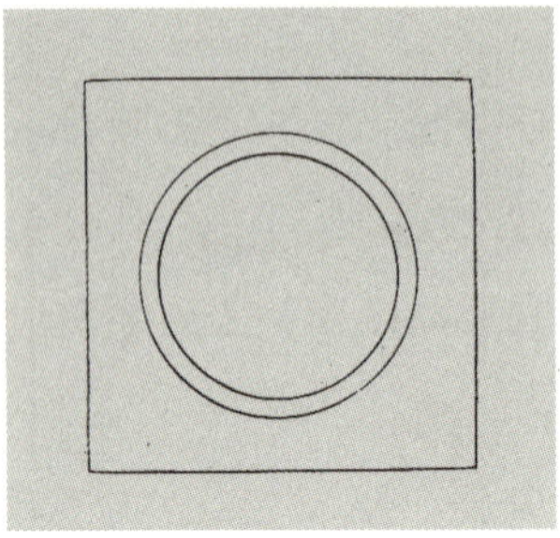

《석전의》

점은 무게가 2근 9냥이고, 세로와 가로는 각각 9치 2푼이다. 《삼례도》에 "점은 작(爵)을 올리는 데에 쓰고, 또 준(尊 술통)을 받치는 데에도 쓴다." 하였다. 지금 축사(祝詞)를 실은 판(版)과 작헌(酌獻)을 위한 작을 반드시 둘 곳을 살펴서 놓는 것은 제사를 공경히 하고 삼가는 뜻을 보인 것이다. 점거의 뜻이 있기 때문에 점이라고 한 것이다. 형체는 정방형이어서 바닥에 놓으면 평평하고 바르다.

찬 瓚

《주례》

찬은 자루의 길이가 9치이고 석(射)[73]이 4치이고, 두께가 1치이고, 너비는 1치 5푼이다. 코 부분의 길이가 1치이다. 주(註)에 "코 부분은 용두(龍頭)를 말하는데 높이가 1치이다." 하였다. 작(勺)보다 1치 더 높다. 지금은 동찬(銅瓚)을 쓴다. 찬반(瓚槃)도 같다.

73 석 보통 규장(圭璋)의 상단에 뾰족하게 나온 부분을 말하는데, 여기서는 찬(瓚) 뒤쪽으로 돌출된 부분을 지칭하는 듯하다.

찬반 瓚盤

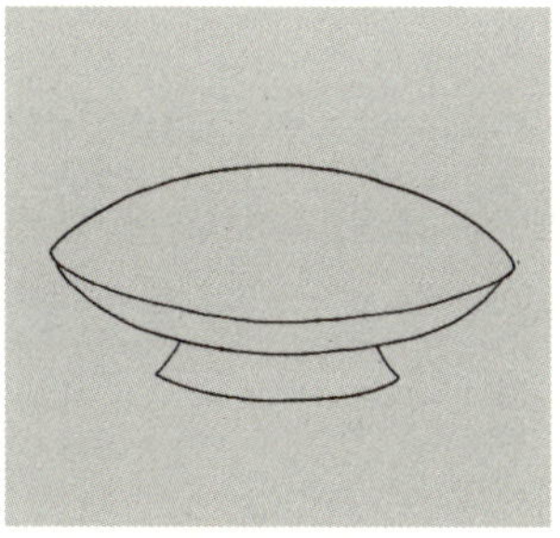

《주례》〈전서(典瑞)〉의 주(註)

찬 아래에 받침〔槃〕이 있는데, 아가리의 지름이 1자이다.

조이 鳥彝

《예서》

조이(鳥彝)와 계이(鷄彝)는 봉황과 닭 그림을 새겨 넣은 것을 말한다. 닭은 동방을 상징하는 조물로 인(仁)에 해당되고, 새는 남방을 상징하는 조물로 예(禮)에 해당된다. 이것이 선왕(先王)이 계이와 조이를 봄의 사(祠) 제사와 여름의 약(禴) 제사에 사용한 까닭이다. 봄의 사 제사에는 계이에 명수(明水)를 담고 조이에 울창주를 담으며, 여름의 약 제사에는 조이에 명수를 담고 계이에 울창주를 담는다.

계이 鷄彝

설명은 위 조이 조에 보인다.

가이 斝彝

《예서》

가(斝)는 가(稼)로 읽는다. 가이(稼彝)는 벼이삭을 그린 것이다. 황이(黃彝)는 황목준(黃目尊)이다. 황목이란 황금(黃金)으로 눈 모양을 만든 것이니, 울창주를 담는 최상급의 준(尊)이다. 황은 중앙을 상징하고, 눈은 기(氣) 가운데 청명(淸明)한 것이니, 그 안에 술을 따랐을 때 밖으로 맑고 투명하게 보이는 것을 말한 것이다. 가을의 상(嘗) 제사와 겨울의 증(烝) 제사의 강신에 가이와 황이를 사용한다. 상(商)나라에서는 가이를 사용했고, 주(周)나라에서는 황목을 사용했으니, 주나라의 이(彝)가 황색이면 상나라의 이는 백색이다. 백색은 음(陰)의 본질을 상징하는 것으로 의(義)에 해당되고, 황색은 음의 아름다움을 상징하는 것으로 신(信)에 해당되니, 이것이 선왕이 가을의 상 제사와 겨울의 증 제사에 가이와 황이를 사용했던 까닭이다.

황이 黃彝

설명은 위 가이 조에 보인다.

희준 犧尊 과 뚜껑

《석전의》

희준의 무게는 9근 11냥이다. 발까지 합한 높이는 6치 1푼이고, 아가리의 지름은 2치 4푼이고, 머리에서 발까지의 높이는 8치 2푼이다. 귀의 높이는 2치 1푼 5리(釐)이고, 귀의 너비는 8푼 5리이며, 깊이는 3치 7푼이다.

《예서》

희준과 상준(象尊)은 주(周)나라의 준이다. 소는 큰 희생(犧牲)이고 소기름 향내〔膏薌〕는 봄에 알맞으며, 코끼리는 큰 짐승이고 남월(南越)에서 생산되니, 이것이 선왕이 봄의 사 제사와 여름의 약 제사에 사용했던 까닭이다.

상준 象尊 과 뚜껑

《석전의》

상준의 무게는 10근이다. 발까지 합한 높이는 6치 8푼이고, 아가리의 지름은 1치 8푼이다. 귀의 너비는 1치 2푼이고, 귀의 길이는 1치 9푼이며, 깊이는 4치 9푼이다.

나머지는 희준에 대한 설명에 보인다.

착준 著尊

《석전의》

착준의 무게는 4근 7냥이고, 높이는 8치 4푼 5리이다. 아가리의 지름은 4치 3푼이고, 배〔腹〕의 지름은 6치 2푼이며, 깊이는 8치 3푼이다.

《예서》

착준은 양(陽)이 내려와 땅에 붙는 것을 형상하고, 호준(壺尊)은 음(陰)이 주위를 둘러싸 만물을 간직하는 것을 형상하니, 이것이 선왕이 가을의 상 제사와 겨울의 증 제사에 사용했던 까닭이다.

호준 壺尊

《석전의》

호준의 무게는 4근 1냥 1전(錢)이고, 높이는 8치 4푼이다. 아가리의 지름은 4치 5푼이고, 배의 지름은 6치이며, 깊이는 7치 1푼이다.

산뢰 山罍

《예서》

산뢰는 산준(山尊)이다. 산과 구름 그림을 새겨 넣은 것이다. 산뢰는 하후씨(夏后氏 우(禹) 임금)의 준이다.

멱 冪

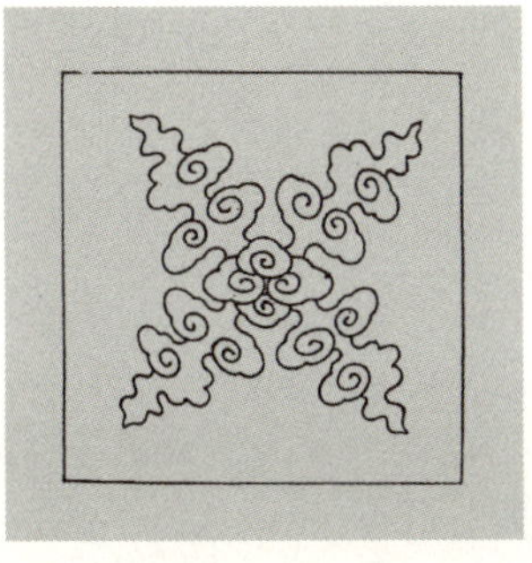

《석전의》

《삼례도》에 "베[布]의 폭은 2자 2치이고 원형이다." 하였는데, 지금은 베 1폭으로 방형(方形)을 취하여 만든다.

《주례도(周禮圖)》[74]

8개의 준(尊)은 천지에 바치는 것이므로 거친 베보[布巾]를 사용하니, 질박함을 숭상해서이다. 6개의 이(彝)는 종묘에 강신(降神)하는 것이므로 고운 베보를 사용한다. 구름을 그려 무늬를 만들고, 특생(特牲)에 사용하는 멱과 더불어 모두 갈포[綌]를 쓴다.

74 **주례도** 작자는 미상이다. 《찬도호주주례(纂圖互註周禮)》에 북송(北宋) 연간에 지은 것으로 알려진 〈주례경도(周禮經圖)〉가 실려 있는데, 내용으로 보아 동일한 책인 듯하다.

용작 龍勺

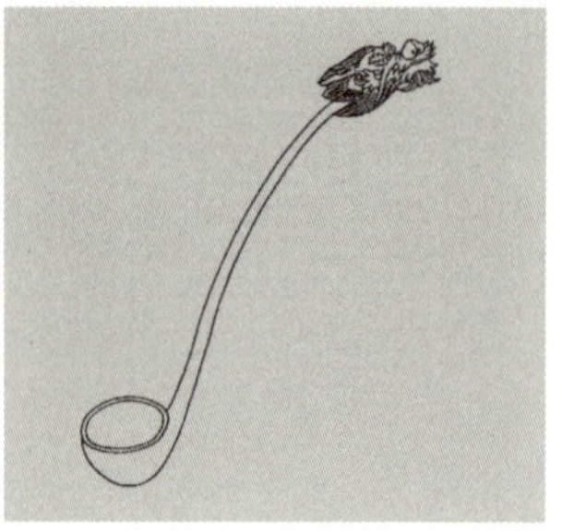

《석전의》

용작의 무게는 1근이다. 아가리의 지름은 너비가 2치 1푼이고, 긴 쪽이 2치 8푼이며, 깊이는 1치 1푼이다. 자루의 길이는 1자 2치 9푼이며, 용두(龍頭)를 단다. 작헌(酌獻)할 때에 사용하며, 준(樽)마다 각각 하나씩 있다.

세뢰 洗罍

《석전의》

세뢰의 무게는 12근이다. 발까지 합한 높이는 1자이고, 아가리의 지름은 8치 4푼이며, 깊이는 7치 1푼이고, 발의 아가리의 지름은 7치 9푼이다.

《운회(韻會)》[75]

뇌(罍)는 손 씻는 그릇〔盥器〕이다.

75 **운회** 원나라 웅충(熊忠)이 지은 《고금운회거요(古今韻會擧要)》라는 책으로 《예부운략(禮部韻略)》을 저본으로 하여 수정, 보완한 것이다.

세 洗

《석전의》

세의 무게는 8근 8냥이다. 발까지 합한 높이는 5치 7푼이고, 아가리의 지름은 1자 3치 6푼이며, 깊이는 2치 9푼이고, 발의 아가리의 지름은 8치 9푼이다.

조 俎

《석전의》

조는 길이가 1자 8치이고, 너비는 8치이고, 높이는 8치 5푼이다. 양쪽 끝은 검은 칠을 하고, 가운데는 붉은 칠을 한다.[76]

비 篚 와 뚜껑

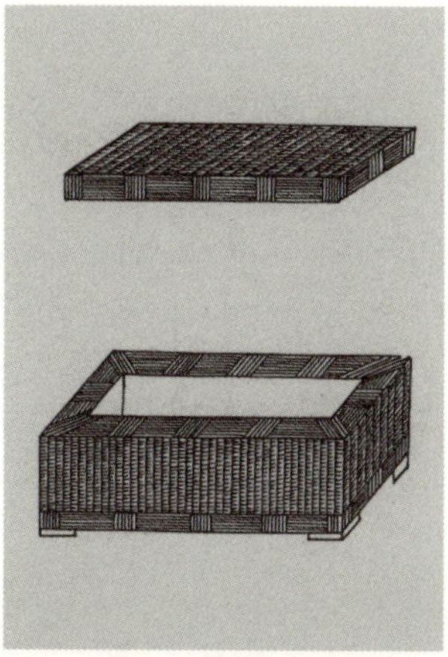

《석전의》

비는 대나무로 만든다. 발까지 합한 높이는 5치이고, 길이는 2자 8푼이고, 너비는 5치 2푼이고, 깊이는 4치이다. 뚜껑의 깊이는 2치 8푼이다. 제물을 올리는 데에 사용하는데, 절도(節度)가 있게 하는 것이다.

우정 牛鼎

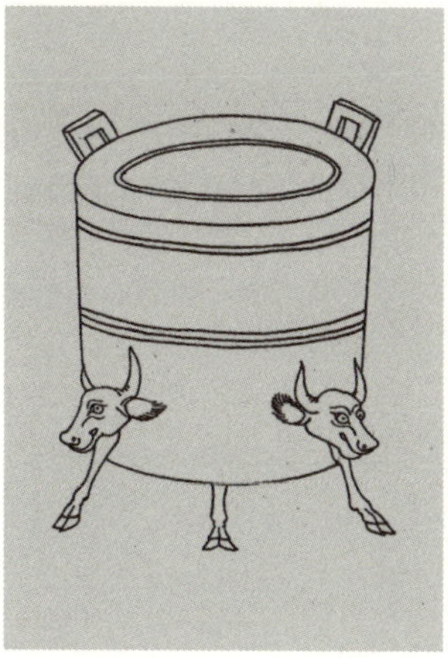

《송반악도(宋頒樂圖)》[77]

우정의 아가리 지름과 밑바닥 지름은 모두 1자 3치이고, 깊이는 1자 2치 2푼이다. 용량은 1곡(斛)이다.

《삼례도》

우정은 세 발이 소발과 같고, 발마다 위에 소머리로 장식하였다. 양정(羊鼎)과 시정(豕鼎)도 역시 이와 같이 하였다.

76 **양쪽……한다** 《소희주현석전의도》 〈예기도〉에는 "양쪽 끝은 붉은 칠을 하고, 가운데는 검은 칠을 한다."라고 되어 있다.

77 **송반악도** 송나라에서 반포한 악도(樂圖)인데, 이에 대한 기록이 《태종실록》 12년 4월 3일 기사에 보인다. 송나라 때 사람 진양(陳暘)이 지은 《악서(樂書)》에 "신종(神宗) 원풍(元豐) 연간에 고려에서 중국의 악공(樂工)을 구하여 익혔다." 하였는데, 《성송반악도(聖宋頒樂圖)》가 바로 이때에 구한 것인 듯하며, 충주 사고(忠州史庫) 제7궤(樻)에 4벌〔道〕이 보관되어 있다고 하였다.

양정 羊鼎

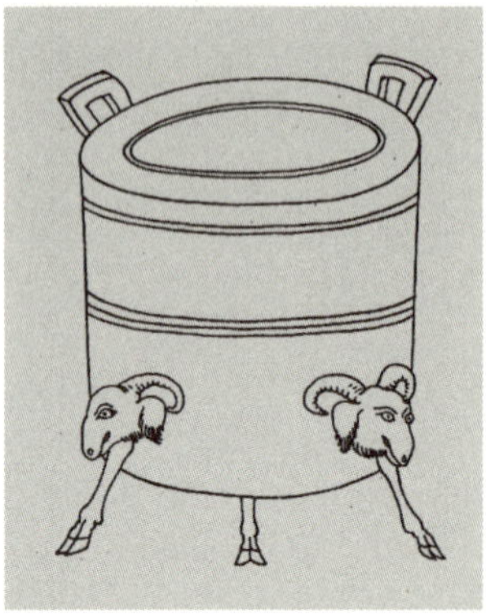

《송반악도》

양정의 용량은 5말(斗)이다. 아가리 지름과 밑바닥 지름은 모두 1자이고, 깊이는 1자 3푼이다.

시정 豕鼎

《송반악도》

시정의 용량은 3말이다. 아가리 지름과 밑바닥 지름은 모두 9치이고, 깊이는 7치 6푼이다.

정멱鼎冪 정경鼎扃

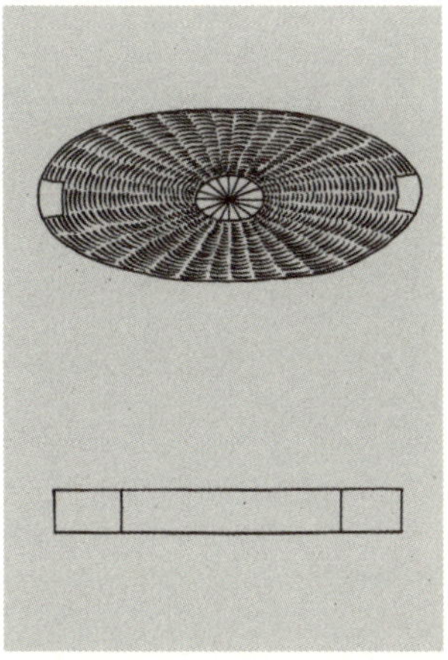

《의례(儀禮)》[78]

멱은 묶기도 하고 엮기도 한다. 주(註)에 "정멱은 띠〔茅〕로 만든다. 긴 것은 밑둥을 묶고 짧은 것은 중간을 엮는데, 이는 촘촘하게 하여 기운이 새나가지 않게 하려는 것이다." 하였다.

정경은 정(鼎)을 드는 도구이다. 우정경(牛鼎扃)은 길이가 3자이고, 양정경(羊鼎扃)은 길이가 2자 5치이고, 시정경(豕鼎扃)은 길이가 2자이다.[79] 양 끝을 옥으로 장식하는데 각각 3치이다.[80]

정비鼎匕 정필鼎畢

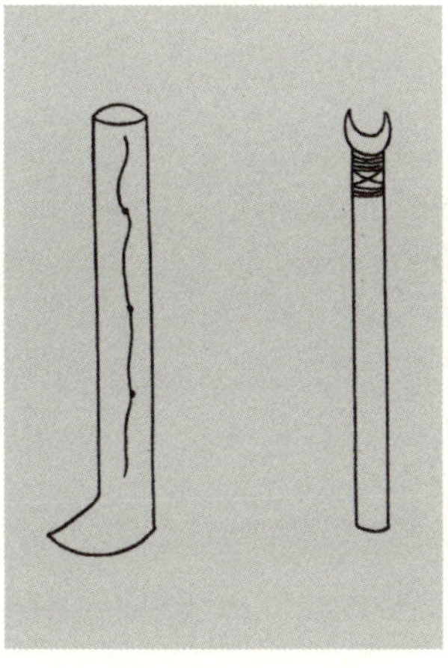

《예서》

비(匕)는 길이가 3자이고, 가시나무〔棘木〕를 써서 만드니, 생체(牲體)를 옮기는 도구이다. 《집례(集禮)》[81]에 "구름 그림을 새겨 넣는다. 엽(葉)은 길이가 8치, 너비가 3치이고, 모두 붉은 칠을 한다." 하였다. 필(畢)은 모양이 비녀〔叉〕와 같고 그것으로 고기를 들어올린다. 엽의 너비는 3치이고 가운데 1치를 파낸다. 자루의 길이는 2자 4치이다. 자루 끝 부분과 양쪽 엽은 모두 붉은 칠을 한다.

78 의례 《의례》 〈공사대부례(公食大夫禮)〉에 나온다.

79 우정경은……2자이다 《주례주소(周禮注疏)》 〈동관고공기(冬官考工記) 장인(匠人)〉에 나오는 정현(鄭玄)의 주이다.

80 정경은……3치이다 《명집례(明集禮)》에 나온다.

81 집례 《명집례(明集禮)》를 말한다. 《대명집례(大明集禮)》라고도 한다. 76쪽 주71 참조.

부 釜

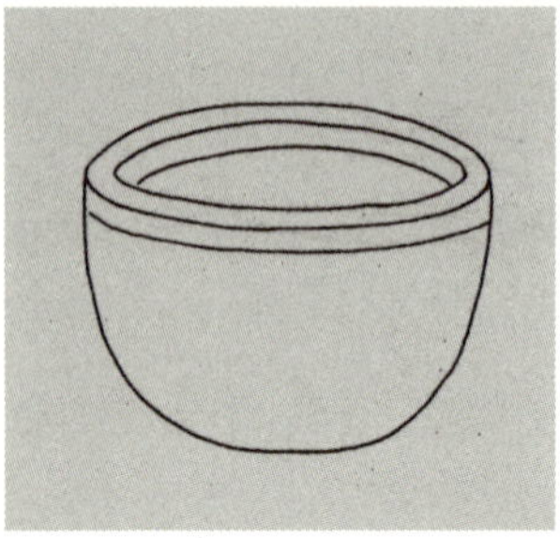

《사림광기(事林廣記)》[82]

발이 없는 솥을 부라 하고, 발이 있는 솥을 기(錡)라 한다. 빈(蘋)과 조(藻)[83]를 삶아 내는 데 사용된다.

확 鑊

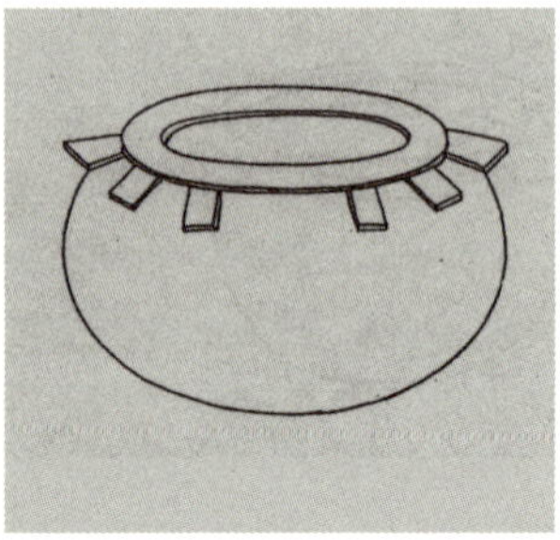

《사림광기》

확은 《주례》에 "팽인(亨人)이 정(鼎)과 확을 모두 맡아 물의 양과 불의 세기를 알맞게 조절하여 공급한다. 제사에 대갱(大羹)과 형갱(鉶羹)을 제공한다."[84] 하였다.

82 **사림광기** 조선 초기에 많이 활용했던 유서(類書)인 듯한데, 《세시광기(歲時廣記)》의 저자인 송나라 진원정(陳元靚)이 지었다는 설이 유력하다. 국립중앙도서관에 《신편군서류요사림광기(新編群書類要事林廣記)》가 소장되어 있다.

83 **빈과 조** 모두 수초(水草) 이름으로, 제사에 올리는 음식으로 사용되었다.

84 **팽인이……제공한다** 《주례(周禮)》 〈천관총재(天官冢宰) 팽인(亨人)〉에 나온다. 팽인은 음식을 익히고 삶는 일을 관장하던 주대(周代)의 관직명 또는 그 관직을 맡은 사람을 말한다.

난도 鑾刀

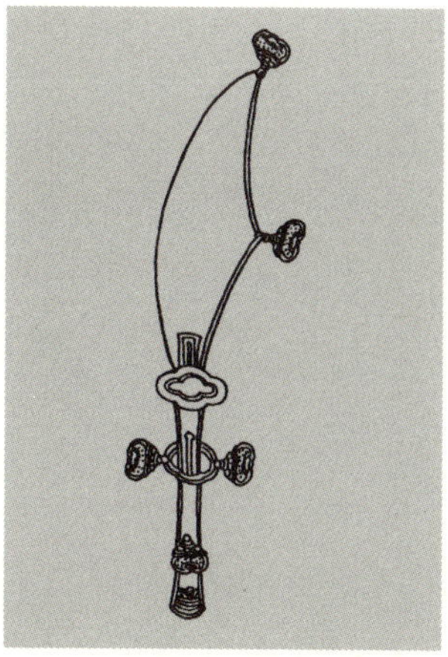

〈교특생〉

할도(割刀)를 쓰되 귀한 난도를 쓰는 것은 그 뜻을 귀히 여기는 것이다.

《공양전(公羊傳)》의 주(註)[85]

난도는 베고 자르는 칼이다. 고리〔鐶〕에는 화(和)라는 방울이 있고 칼끝〔鋒〕에는 난(鑾)이라는 방울이 있다.

송(宋)나라 호원(胡瑗)[86]

난령(鑾鈴)은 칼끝에 있어서 소리가 궁성(宮聲)과 상성(商聲)에 합하니, 방울 2개를 쓰고, 화령(和鈴)은 고리에 있어서 소리가 치성(徵聲), 각성(角聲), 우성(羽聲)에 합하니, 방울 3개를 쓴다.

이는 대개 방울 소리를 취하여 소리가 조화(調和)를 이룬 뒤에 희생(犧牲)을 베려는 것이다.[87]

모혈반 毛血盤

구리로 만들고, 희생의 모혈(毛血)을 받아서 올린다.

85 **공양전의 주** 《춘추공양전(春秋公羊傳)》 선공(宣公) 12년 6월 조의 "정백(鄭伯)이 오른손에 난도(鸞刀)를 들었다."라는 구절에서 나온 난도에 대한 주를 말한다.

86 **호원** 송나라 유학자로, 자는 익지(翼之)이고 별호는 안정(安定)이며, 시호는 문소(文昭)이다. 저서로는 《주역구의(周易口義)》, 《홍범구의(洪範口義)》가 있다. 《宋史 卷432 胡瑗列傳》

87 **이는……것이다** 《국조오례서례(國朝五禮序例)》 〈제기도설(祭器圖說) 난도(鑾刀)〉 조에는 《예기절해(禮記節解)》의 "반드시 난도를 사용하는 것은 난령의 소리를 취하여 궁성과 상성이 조화를 이룬 뒤에 희생을 베려는 것이다.〔必用鑾刀者 取其鑾鈴之聲 宮商調和而後斷割也〕" 한 것을 실었는데, 여기서 인용한 것으로 보인다.

대생갑大牲匣과 뚜껑

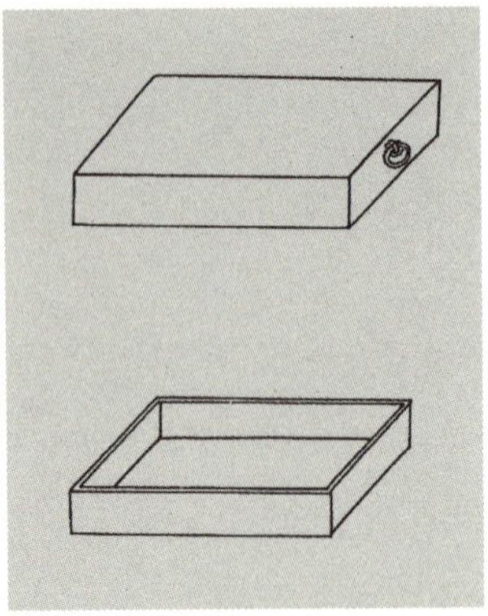

대생갑은 나무로 만들고, 길이는 2자 6치이고, 너비는 1자 4치이다.

소생갑小牲匣과 뚜껑

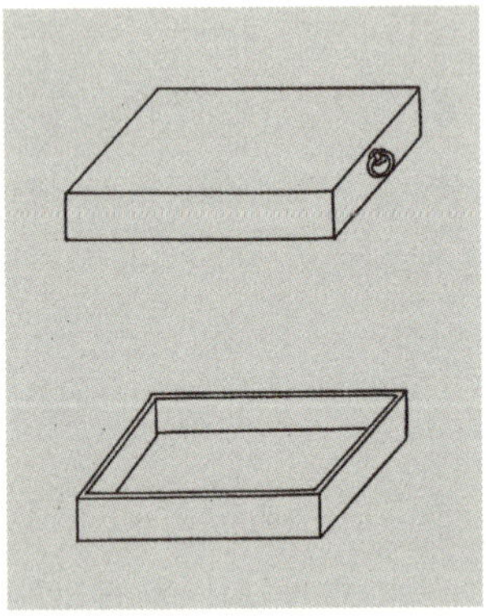

소생갑은 길이가 1자 4치이고, 너비는 1자 5푼이다.

향로香爐와 뚜껑

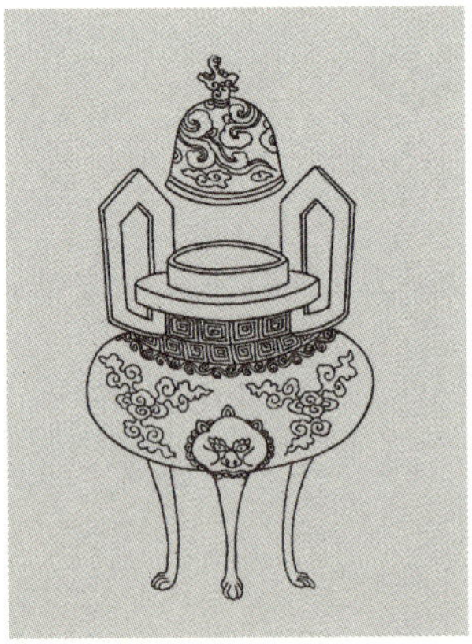

《대명집례》

향로는 아가리는 크고 목은 가늘며, 배는 불룩하고 다리가 셋이다.

향합香盒과 뚜껑

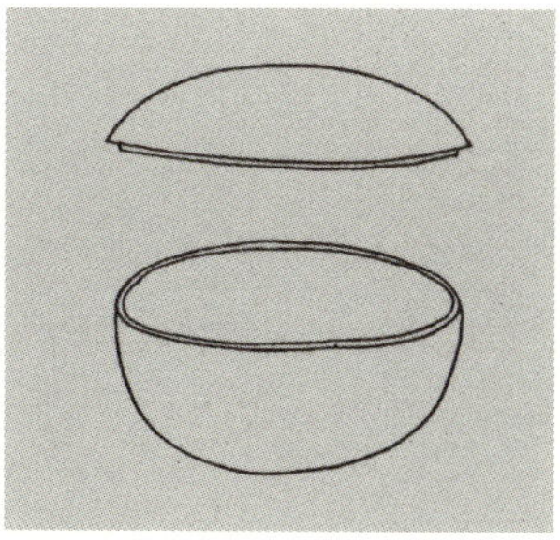

《대명집례》〈향합도설(香盒圖說)〉

《운회(韻會)》에 "합자(盒子)는 물건을 담는 그릇 이름이다." 하였다.

탁卓

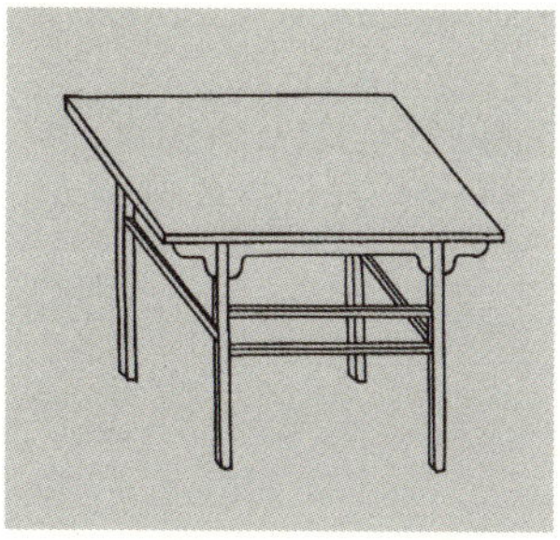

찬탁(饌卓)은 흑칠(黑漆)을 한다.

이匜 이반匜盤

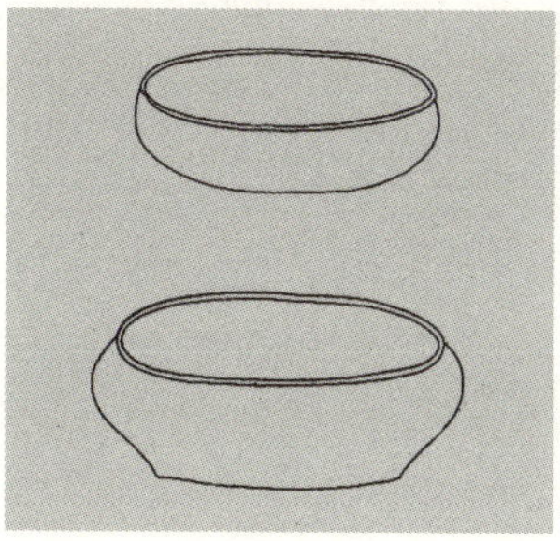

《대명집례》

이는 손 씻을 물을 따르는 그릇이다. 〈공사대부례(公食大夫禮)〉[88]의 주에는 "임금은 존귀하므로 씻으러 나가지 않는다. 그러므로 반이(槃匜)[89]를 배설한다." 하였다.

88 **공사대부례** 《주례(周禮)》의 편명이다.

89 **반이** 관세(盥洗)할 때 쓰는 용기로, 물을 받는 데 쓰는 용기가 반(槃)이고, 물을 따르는 데 쓰는 용기가 이(匜)이다.

악기樂器 도설

쇠〔金〕로 만든 악기류

편종 編鍾

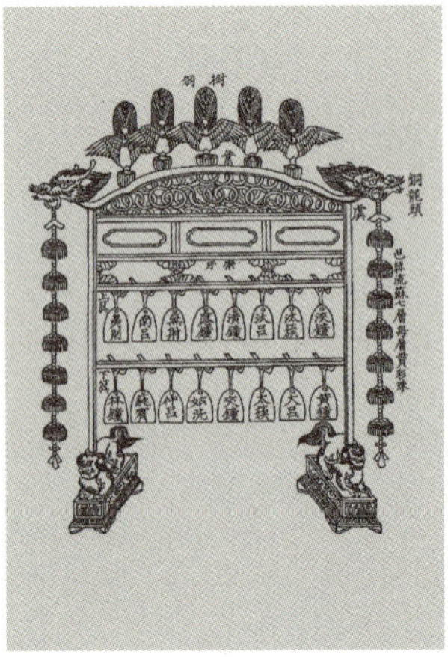

《문헌통고(文獻通考)》

〈소서(小胥)〉[90]에 "대체로 종과 경(磬)을 다는 데 있어서 반(半)을 도(堵)라고 하고 전부를 사(肆)라고 한다." 하였다. 주(註)에 "종과 경은 두 층에 각각 8매(枚)씩 16매를 매다는데, 한 틀〔簨〕에 단 것을 도라고 하고, 종 1도와 경 1도를 사라고 한다." 하였다. 지금의 〈대성악(大晟樂)〉[91]이 전대의 제도를 근본으로 하여 역시 16매를 쓰는데, 12매는 정성(正聲)의 종이고, 4매는 청성(淸聲)의 종이다.

《주례도》

"종을 다는 틀에서 세로로 세운 것을 거(虡)라 하고 가로로 댄 것을 순(簨)이라고 한다. 순 위에는 숭아(崇牙)[92]가 있고 거 위에는 업(業)을 설치한다. 업 위에는 깃〔羽〕을 꽂고 양쪽 끝에 벽삽(璧翣)[93]을 둔다. 종거(鍾虡)는 나(贏)[94] 등속으로 장식하는데, 두꺼운 입술에 다문 입, 튀어나온 눈에 짧은 귀, 큰 가슴에 화려한 꼬리, 큰 몸체에 짧은 목을 한 모습이고, 소리가 크고 웅장하니, 종에 알맞다."[95] 한 것이 이것이다.

90 **소서** 《주례》〈춘관종백(春官宗伯)〉에 속한 편명이다. 소서는 학사(學士)의 징령(徵令)을 관장하고 평가하는 직임 또는 그 사람을 말한다.

91 **대성악** 송 휘종(宋徽宗) 숭녕(崇寧) 3년(1104)에 설치한, 음악을 관장하는 기관인 대성부(大晟府)에서 제정한 신악(新樂)의 이름이다. 《宋史 卷129 樂志4》 우리나라는 1114년(예종 9)에 송 휘종이 신악인 대성악을 하사하여, 1116년에 태묘(太廟)에서 사용하였다고 한다. 《국역 성호사설 제13권 인사문 대성악》

92 **숭아** 순(簨) 위에 설치하여 종이나 경을 다는 장치이다. 《예기》〈명당위(明堂位)〉에 '은나라의 숭아〔殷之崇牙〕'라고 하고, 주에 "순 위에 나무를 깎고 그림을 그려 숭아 형태를 만들어서 종과 경을 거는 것을 말한다." 하였다.

93 **벽삽** 업(業)의 양쪽 끝에 매단 장식을 말한다. 《예기》〈명당위〉에 '주나라의 벽삽〔周之璧翣〕'이라고 하고, 주에 "비단에 그림을 그려 삽(翣)을 만들고 구슬〔璧〕을 인 다음 오색 깃을 아래로 드리워 순의 모서리 위에 세워 놓은 것이다." 하였다.

94 **나** 맹수 이름이다. 천하의 다섯 종류의 큰 짐승 중 하나로 털이 짧은 짐승을 말하는데, 호랑이, 표범, 비휴, 교룡이 여기에 속한다. 《周禮 冬官考工記 宰人》

95 **종을……알맞다** 《예서(禮書)》에서 인용한 글이다.

종 鍾 모양

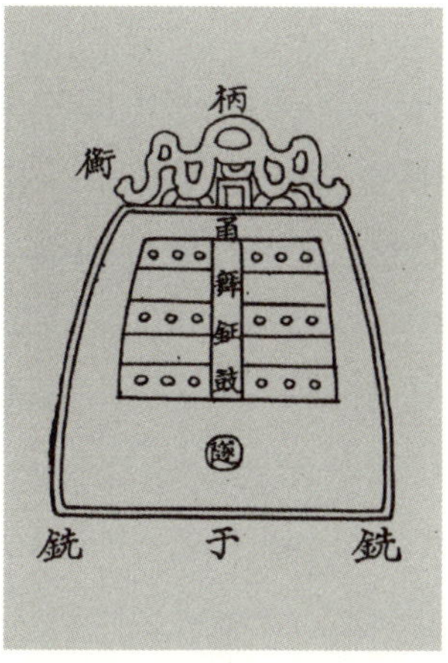

종의 몸길이는 7치 3푼이고, 자루의 높이는 1치 9푼이고, 두께는 3푼이다. 위의 넓은 쪽 지름은 5치 3푼이고 좁은 쪽 지름은 4치 1푼이다. 아래 아가리의 넓은 쪽 지름은 5치 7푼이고 좁은 쪽 지름은 4치 6푼이다. 아가리의 두께는 두꺼운 것은 2푼이고 얇은 것은 1푼이다. 종의 깊이는 7치이다.

《주례도》

《예서》에 "부씨(鳧氏)[96]가 종을 만들 때 종의 몸체를 다섯으로 구분하였는데, 선(銑), 우(于), 고(鼓), 정(鉦), 무(舞)가 이것이다. 종의 자루를 둘로 구분하였는데, 용(甬)과 형(衡)이 이것이다. 형의 위에 선(旋)이 있고, 선의 장식에 충(蟲)이 있다. 우, 고, 정, 무 사이에 대(帶)가 끼어 있고, 대 사이에 매(枚)가 벌여 있다." 하였다. 선유(先儒)가 "선(銑)은 쇠인데 광택이 나는 것을 말하니, 씻은 듯이 깨끗하기 때문이다. 난(欒)은 모양이 난목(欒木)과 같아서 붙여진 이름인데, 종의 아가리의 양쪽 모서리이다. 우(于)는 선(銑)과 선 사이의 굽은 소맷부리[曲袪]이다. 고(鼓)는 우(于) 위의 치는 곳으로서 미(攠), 수(隧)에 대한 주(注)[97]에 모두 치는 곳이라 하였다. 정(鉦)은 고(鼓)와 무(舞)의 정중앙에 있는데, 무(舞)의 소리가 여기에서 진동하는 것이다. 용(甬)은 무(舞) 위로 나온 것이요, 형(衡)은 용 위에 가로놓인 것이다. 대(帶)는 전(篆)[98]과 비슷하기 때문에 전(篆)이라 하는 것이요, 유(乳)는 여러 개가 있기 때문에 매(枚)라고 한다." 하였다.

편종 16매 중에서 1매를 그림으로 그려서 그 제도를 자세히 밝혔다.

96 **부씨** 《주례(周禮)》 〈동관고공기(冬官考工記)〉에 나오는 관명(官名)으로, 종을 만드는 일을 관장한다. 혹은 관장하는 사람을 말하기도 한다.

97 **미, 수에 대한 주** 《주례》 〈동관고공기〉 부씨(鳧氏)〉에 "우 위의 미를 수라 한다.[于上之攠謂之隧]" 하고 정현(鄭玄)의 주에 "미는 치는 곳이다.[攠所擊之處]" 하였다.

98 **전** 전자(篆字)이다. 대(帶)는 종체(鍾體)에서 가로세로로 튀어나온 선인데, 전자 글씨를 새긴 것과 같은 형상을 하였으므로 그렇게 이름을 붙인 것이다.

방향 方響

99 **악서** 송나라 진양(陳暘)이 지은 음악 이론서이다. 중국 역대의 음악 이론과 악기도설, 가무에 관한 글을 모아서 200권으로 편찬하였고 1104년 송나라 휘종에게 헌정하였다.

《악서(樂書)》[99]

방향의 제도는 양(梁)나라의 동경(銅磬)에서 나왔다. 모양은 길이가 9치이고 폭이 2치이며, 위는 원형이고 아래는 방형이다. 그 수는 16개로 두 줄로 엮으며, 업(業)은 설치하지 않고 틀 위에 의지하여 종(鍾)과 경(磬)을 대신한다. 모두 16성(聲)이니, 후세에서는 혹 철로 만들기도 하였다. 교방(敎坊)의 연악(燕樂)에 사용하였다.

16매의 차례는 16매의 종의 차례를 본떴다.

대금 大金

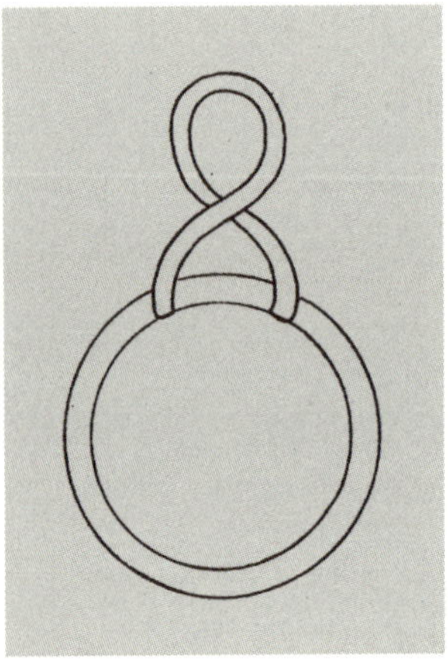

《악학궤범(樂學軌範)》

대금(大金 징)은 놋쇠〔鍮鐵〕로 만든다.

돌[石]로 만든 악기류

편경 編磬

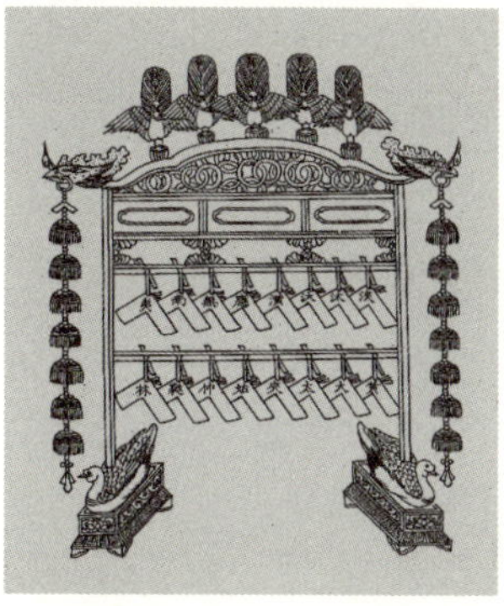

《주례도》

《예서》에[100] "경거(磬虡)는 날짐승 등속으로 장식하는데, 예리한 부리에 갈라진 입술, 작고 가느다란 눈에 긴 목, 작은 몸체에 납작한 배를 한 모습이다. 그 소리가 맑고 높아 멀리까지 들리니, 경에 알맞다."라고 한 것이 이것이다.

《악학궤범》

특경(特磬)의 경우는 음이 황종(黃鍾)에 맞고, 편경의 경우는 황종에서 청협종(淸浹鍾)에 이르는 모두 16가지의 음이다. 길이와 폭은 모두 같은데, 두께로 높낮이가 정해진다. 두꺼우면 소리가 높고, 얇으면 소리가 낮다.

16매의 차례는 종의 차례와 같다.

경 磬 모양

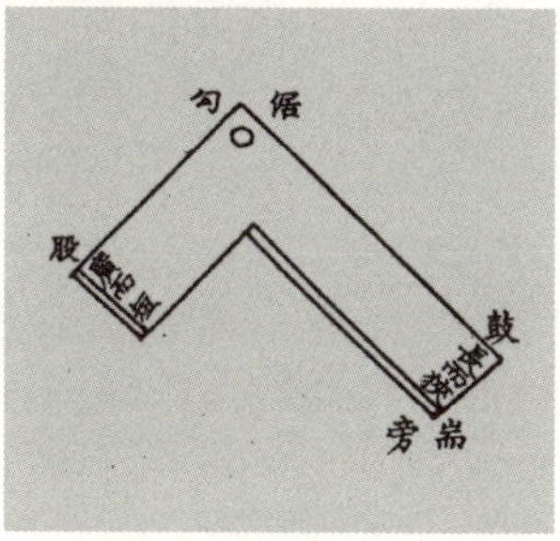

《주례도》

옛날에 경을 만들 적에 형상을 아래로 드리우게 만든 것은 하늘이 서북쪽으로 기울어져 굽어 아래를 덮는다는 뜻을 상징한 것이다. 경씨(磬氏)가 경을 만들 때 거(倨)와 구(句)의 비율이 1구(矩) 반(半)[101]이 되게 하였다.[102] 선유(先儒)[103]가 "위의 굽은 것이 구(句)가 되고, 아래의 곧은 것이 거(倨)가 된다. 구는 곧 고(股)이고, 거는 곧 고(鼓)이다. 고(股)는 위쪽에 있으면서 넓고 짧으며, 고(鼓)는 아래쪽에 있으면서 좁고 길다. 긴 것으로 짧은 것을 가린다면 고(鼓)가 고(股)보다 반구(半矩)가 더 길다. 이것이 거(倨)가 1구(矩) 반이 된다는 것이다. 넓은 것으로 좁은 것을 가린다면 고(股)가 고(鼓)

100 **예서에** 원문에는 없는데, 《예서(禮書)》 〈경거(磬虡)〉에 나오는 내용이므로 보충하여 번역하였다.

101 **1구 반** 구(矩)는 직각이나 방형(方形)을 그리는 데 쓰는 자이다. 구로 재었을 때 길이로는 거(倨)가 구(句)의 1.5배가 되고, 넓이로는 구(句)가 거(倨)의 1.5배가 된다는 것이다.

102 **경씨가……하였다** 《주례》 〈동관고공기 경씨(磬氏)〉에 나온다.

103 **선유** 후한(後漢)의 정현(鄭玄)을 말한다.

보다 또한 반구가 더 넓다. 이것이 구(句)가 또한 1구 반이 된다는 것이다. 너비와 길이가 정확히 법도에 맞도록 해야 한다. 그러나 두께는 모두 2치이다." 하였다. 혹자는 "돌의 성질이 단단하면 비록 두껍더라도 소리가 맑고, 단단하지 못하면 비록 얇아도 소리는 탁하게 난다. 천구(天球)[104]는 곧 옥경(玉磬)으로서 자연의 물건이니, 이 경씨의 제도에 구애될 수 있겠는가." 하였다.

편경 16매 중에 1매를 그려서 그 제도를 자세하게 밝혔다.

현(絃)으로 만든 악기류

아쟁 牙箏

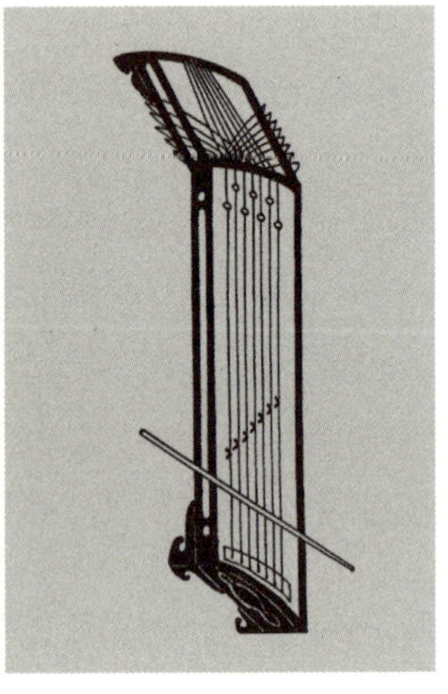

《악서》

당나라에 알쟁(軋箏)이 있으니, 편죽(片竹)으로 그 현을 문질러서[105] 긋는다.

104 **천구** 《서경》〈고명(顧命)〉에 나오는 보옥(寶玉)의 이름이다. 소리를 내게 하는 옥(鳴球)이라고 한다.

105 **그 현을 문질러서** 원문에는 '그 현을 매끄럽게 하여(潤其絃)'로 되어 있는데, 《구당서(舊唐書)》〈음악지(音樂志)〉에 '그 끝을 문질러서(擱其端)'로 되어 있고, 《악서(樂書)》와 《문헌통고(文獻通考)》에는 '그 끝을 매끄럽게 하여(潤其端)'로 되어 있는 데 근거하여 번역하였다.

현금 玄琴

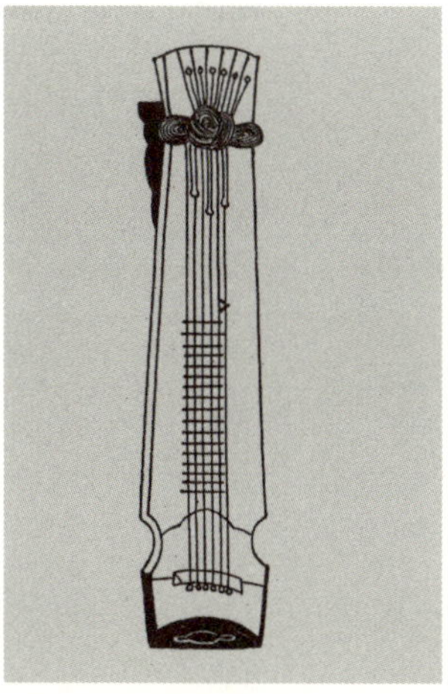

《삼국사(三國史)》[106]

현금은 중국 악부(樂部)의 금(琴)을 본떠 만들었다. 《신라고기(新羅古記)》[107]에는 "진(晉)나라 사람이 칠현금(七絃琴)을 고구려에 보내왔다. 제2재상(宰相)인 왕산악(王山岳)[108]이 그 법제를 고쳐 제작하고, 겸하여 악곡을 지어 연주하였다. 이에 현학(玄鶴)이 날아와 춤을 추었으므로 마침내 이름을 현학금(玄鶴琴)이라고 하였는데, 후대에는 다만 현금이라고 하였다." 하였다.

당비파 唐琵琶

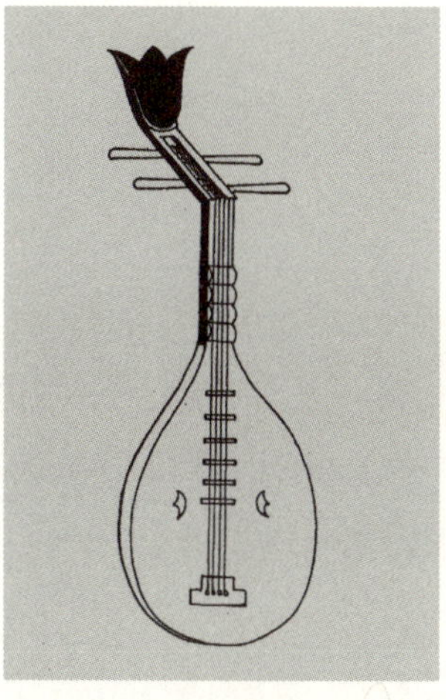

《악서》

비파의 제도가, 가운데는 비고 겉이 실한 것은 천지의 형상이고, 반(盤)이 둥글고 자루가 곧은 것은 음양의 순서이다. 기러기발〔柱〕이 12개인 것은 율려(律呂)에 맞춘 것이고, 4개의 현(絃)은 사시(四時)를 본뜬 것이며, 길이가 3자 5치인 것은 삼재(三才)와 오행(五行)을 본뜬 것이다. 진(秦)나라 말에 백성들이 장성(長城)을 쌓는 부역에 시달리다 못해 이 악기를 만들어 근심을 풀었다.

《석명(釋名)》[109]

비파는 본래 호중(胡中)에서 말 위에서 타던 악기이다. 손을 밀어 전진하는 것을 비(琵)라고 하고 손을 당겨 물리는 것을 파(琶)라고 하니, 이것을 인하여 악기의 이름으로 삼았다.

106 삼국사 《삼국사기(三國史記)》를 일컫는 듯하다. 이 내용은 《삼국사기》 권32 〈악지(樂志)〉에 실려 있다.

107 신라고기 원문과 《삼국사기》에 모두 《나고기(羅古記)》로 되어 있는데, 약칭으로 보아 보충하여 번역하였다.

108 왕산악 고구려 양원왕(陽原王) 때의 국상(國相)이다. 거문고의 대가로, 552년(양원왕 8)에 진(晉)나라에서 도입한 칠현금(七絃琴)을 개조하여 100여 악곡을 지어 연주하였다.

109 석명 한나라 유희(劉熙)가 찬한 것으로, 모두 8권이다. 훈고자서(訓詁字書)의 하나로, 《일아(逸雅)》라고도 한다. 석천(釋天), 석지(釋地) 등 27류(類)로 나누어 기술하였다.

《문헌통고》

당악(唐樂)에 대비파(大琵琶)와 소비파(小琵琶)의 제도가 있다. 지금 교방(敎坊)에서 사용하는 것은 바로 목이 굽은 것이고, 목이 곧은 것은 아니다.

가야금 伽倻琴

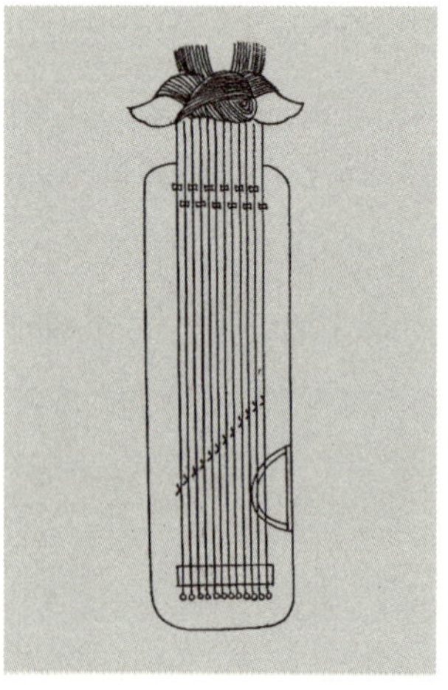

《삼국사》

가야금은 쟁(箏)의 제도와 조금 다르나 대개는 비슷하다. 《신라고기》에 "가야국의 가실왕(嘉實王)이 당나라 악기를 보고 만들었다." 하였다.

향비파 鄕琵琶

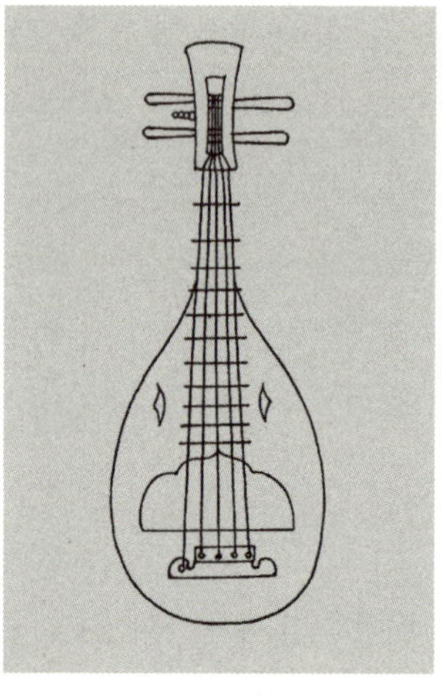

《삼국사》

향비파는 당나라의 제도와 대동소이하니, 역시 신라에서 시작되었다. 다만 어떤 사람이 제작했는지는 알지 못한다.

해금 奚琴

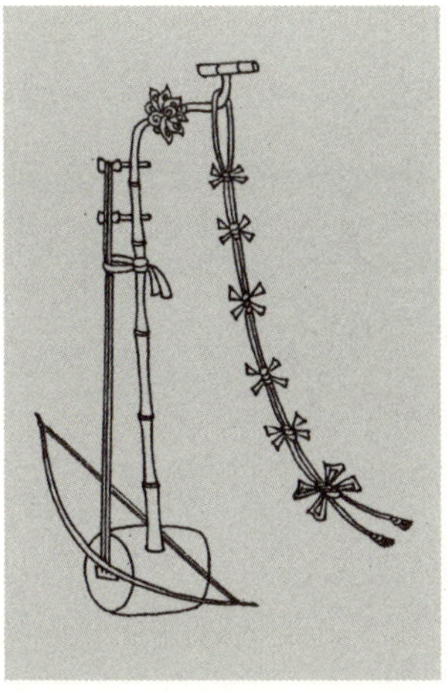

《문헌통고》

해금은 호중(胡中)의 해부족(奚部族)이 좋아하는 음악으로, 현도(絃鼗)에서 나와 모양도 유사하다. 제도는 두 현 사이에 죽편(竹片)을 넣어 긋는 것이다.

대〔竹〕로 만든 악기류

지 篪

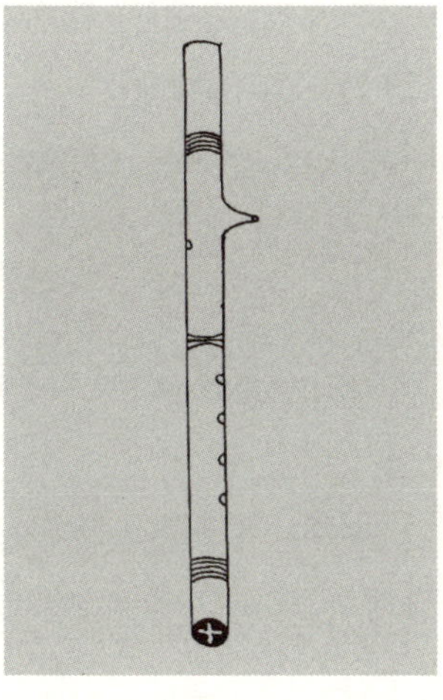

《주례도》

훈(塤)과 지는 모두 구멍이 6개인데, 다섯 구멍으로 소리를 낸다.[110] 이 두 악기는 구멍을 모두 막으면 황종(黃鍾)[111]이 되고, 구멍을 모두 열면 응종(應鍾)[112]이 된다. 이것이 훈과 지가 서로 화응한다고 하는 까닭이다.[113] 나머지 악기도 모두 그렇다.[114]

110 훈과……낸다 《주례도》에는 《대성악서(大晟樂書)》에서 인용한 것으로 되어 있다.

111 황종 악률 12율 가운데 제1율을 말한다.

112 응종 악률 12율 가운데 제10율을 말한다.

113 이것이……까닭이다 《시경》〈하인사(何人斯)〉에 "백씨가 훈을 불거든 중씨는 지를 분다.〔伯氏吹塤 仲氏吹篪〕"라고 하여, 형제의 의가 좋은 것을 훈과 지의 소리가 서로 화응하는 것에 비유한 것을 말한다.

114 나머지……그렇다 《국조오례서례(國朝五禮序例)》와 《악학궤범(樂學軌範)》 등에 동일하게 되어 있는데, 《주례도(周禮圖)》에는 "나머지 악기는 그렇지 않다.〔餘樂不然〕"라고 되어 있고, 《고악서(古樂書)》〈금음제도(金音制度)〉와 《송사(宋史)》〈악지(樂志)〉 등에도 "나머지 악기는 그렇지 않다. 그러므로 오직 훈과 지만이 응화하는 뜻이 있다.〔餘樂不然 故惟塤篪有應和之義耳〕"라고 되어 있다.

당적 唐笛

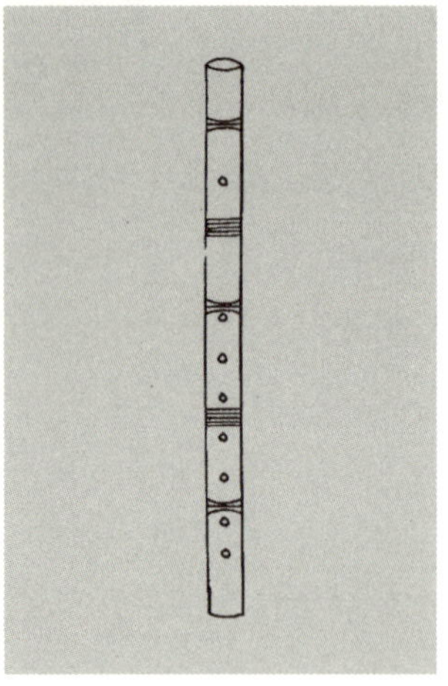

《풍속통(風俗通)》[115]

적(笛)은 씻어 낸다〔滌〕는 의미이니, 사악하고 더러운 기운을 씻어 내고 고상하고 바른 기운을 들이는 것이다. 길이는 1자 4치이고, 7개의 구멍이 있다.

《악학궤범》

8개의 구멍이 있다.

퉁소 洞簫

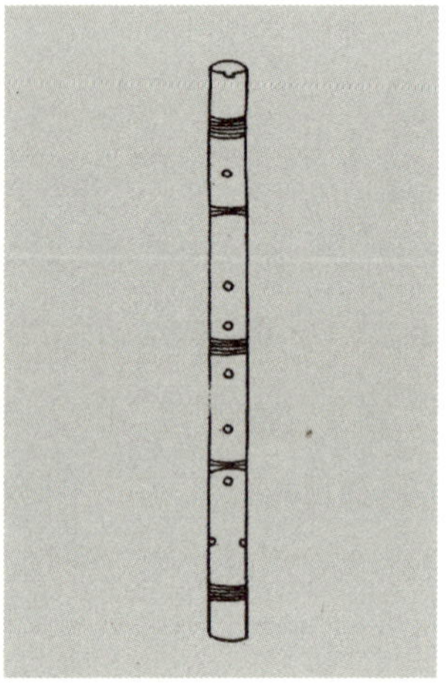

《석명》

퉁소는 밑이 없는 소(簫)이다.

왕자연(王子淵)[116]의 〈퉁소부(洞簫賦)〉

통(洞)은 통(通)이니, 밑이 없음을 말한다. 위와 아래가 서로 통하므로 퉁소라 한다.

《고려사(高麗史)》〈악지(樂志)〉

퉁소는 8개의 구멍이 있다.

115 **풍속통** 한나라 응소(應劭)가 찬한 것으로, 10권에 부록 1권이다. 《풍속통의(風俗通義)》라고도 한다. 황패(皇覇), 정실(正失), 건례(愆禮), 과예(過譽), 십반(十反), 성음(聲音), 궁통(窮通), 사전(祀典), 괴신(怪神), 산택(山澤)으로 조목을 나누어 기술하였다.

116 **왕자연** 한나라 때의 문인 왕포(王褒)로, 자연은 자(字)다.

필률 觱篥

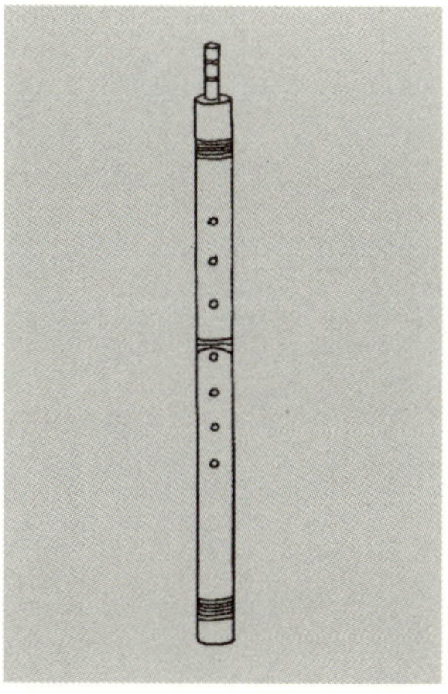

《악서》

필률은 일명 비율(悲篥)이라고도 하고, 일명 가관(笳管)이라고도 하니, 강호(羌胡) 구자(龜玆)[117] 지역의 음악이다. 대나무로 관(管)을 만들고, 갈대로 머리〔首〕를 만든다. 모양은 호가(胡笳)와 유사하고, 9개의 구멍이 있다.

117 구자 중국 신강성(新疆省) 고차(庫車)와 사아(沙雅) 두 현(縣)에 걸쳐 있었던 나라 이름으로, 왕도(王都)는 연성(延城)이다.

태평소 大平簫

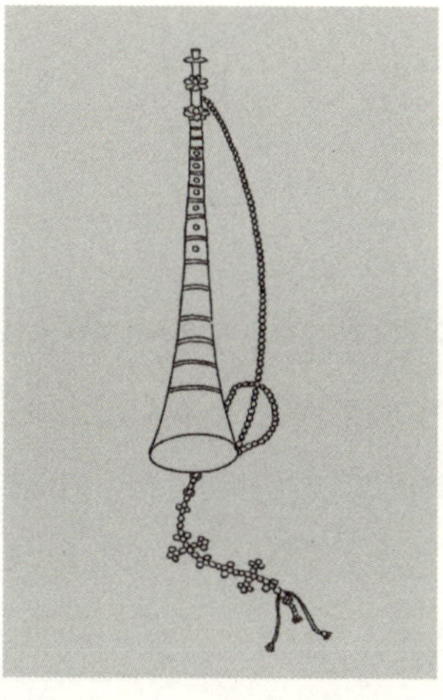

《악학궤범》

태평소는 혀는 갈대〔蔓蘆〕로 만든다. 모두 8개의 구멍이 있는데, 두 번째 구멍은 뒤에 있다. 본래 군중(軍中)에서 사용하였는데, 지금은 〈정대업지악(定大業之樂)〉 중의 〈소무(昭武)〉, 〈분웅(奮雄)〉, 〈영관(永觀)〉 등의 악장(樂章)에서 사용한다.

대금 大笒

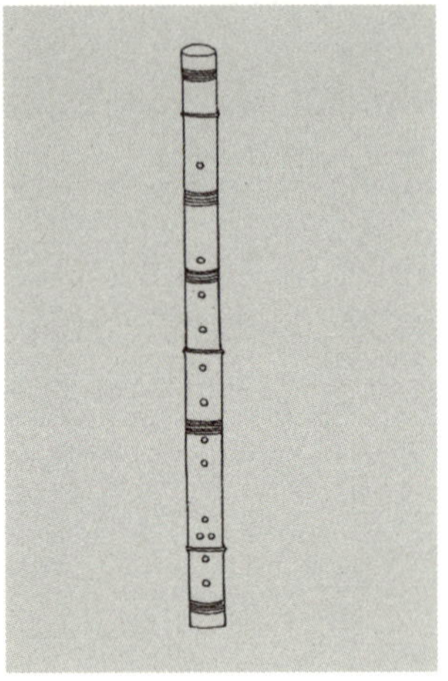

《삼국사》

삼죽(三竹)[118]이란 첫째는 대금, 둘째는 중금(中笒), 셋째는 소금(小笒)이니, 역시 당적(唐笛)을 모방하여 만든 것이다. 이 역시 신라에서 시작되었는데, 어떤 사람이 만들었는지는 알지 못한다.

118 **삼죽** 대로 만든 세 가지 악기를 말한다. 신라 악기는 현(絃)으로 만든 악기와 대로 만든 악기가 각각 세 가지씩 있어 삼현(三絃)과 삼죽이라 하는데, 삼현은 현금(玄琴)·가야금(伽倻琴)·비파(琵琶)이고, 삼죽은 대금, 중금, 소금이라고 한다.《東史綱目 第三上 辛卯》

119 **악보** 《대성악보(大晟樂譜)》를 말한다. 송 휘종(宋徽宗) 때에 음악 관장을 위해 설치한 대성부(大晟府)에서 찬술한 악보인데, 현재 전해지지 않는다.

박〔匏〕으로 만든 악기류

생 笙

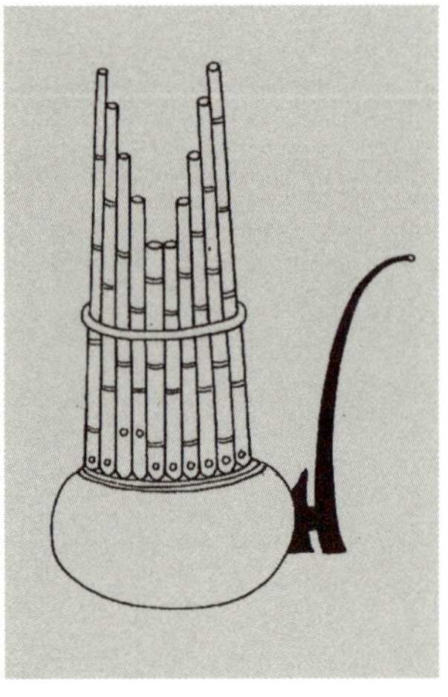

《악보(樂譜)》[119]

생은 대나무를 모아 만드는데, 17개의 죽관(竹管)을 사용한다. 앞에 8개의 황(簧), 뒤에 9개의 황이 있고, 높고 낮은 것에 차서가 있다. 죽관이 긴 것은 9치 5푼이고 밑바닥의 높이는 2치 5푼이니, 전체의 높이는 1자 2치이다.

《예서》

생은 죽관을 박통〔匏〕 안에 열 지어 세운 것이다.

흙(土)으로 만든 악기류

훈 塤

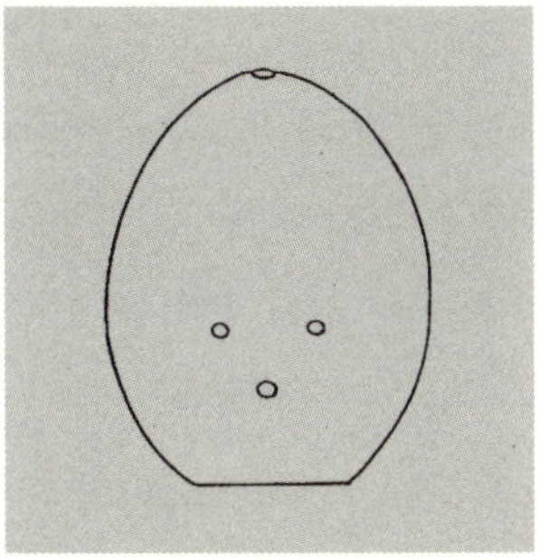

《주례도》
훈의 모양은 저울추와 같고, 흙으로 만든다.

《악서》의 주
훈은 구멍이 6개인데, 위에 하나, 앞에 셋, 뒤에 둘이다.

가죽(革)으로 만든 악기류

노도 路鼗

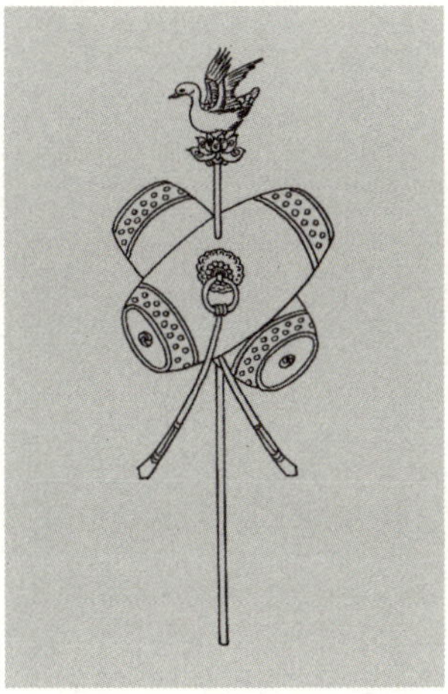

《문헌통고》
도는 작은 북을 나무로 꿴 것이다. 두 귀가 있어 돌리면 저절로 쳐진다. 노도는 북이 2개이다.

절고 節鼓

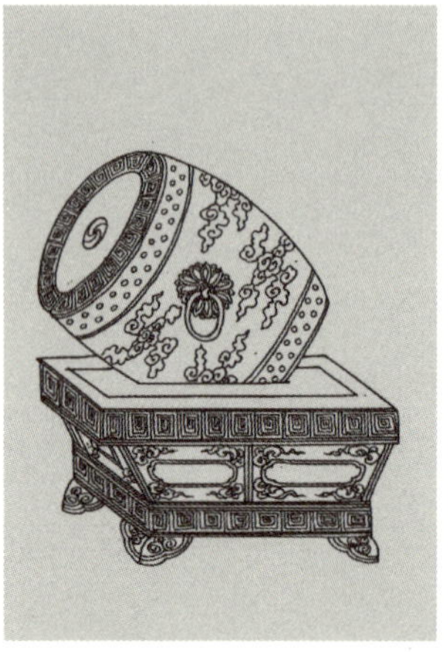

《문헌통고》

강좌(江左)의 청악(淸樂)[120]에 절고가 있는데, 모양은 바둑판 같다. 붉은 옻칠을 한 다음 그 위에 그림을 그렸으며, 받침대 가운데에 둥근 구멍을 터서 북을 앉히기에 알맞게 하였다. 이 북을 쳐서 음악을 절주(節奏)한다. 당나라 이후로 아악(雅樂)의 노래〔聲歌〕에 사용하였으니, 등가(登歌)의 음악을 시작하고 그치게 하는 역할을 한다.

진고 晉鼓

《문헌통고》

진고는 그 제도가 크면서 짧으니, 대개 금주(金奏)를 연주하기 위한 것이다.[121]

120 **강좌의 청악** 강좌는 남북조(南北朝) 시대의 남조를 말하고, 청악은 남조의 구악(舊樂)인 〈청상악(淸商樂)〉을 말한다. 후위 효문제(後魏孝文帝)가 회(淮)와 한(漢)을 정벌하고 얻은 남음(南音)을 수집하여 〈청상악〉이라고 하였고, 수(隋)나라의 평진(平陳)이 청상서(淸商署)를 설치하고 총괄하여 〈청악〉이라고 하였다. 《舊唐書 卷29 淸樂》

121 **금주를……것이다** 금주는 종(鍾)이나 박(鎛)의 연주를 말한다. 《주례(周禮)》〈춘관종백(春官宗伯) 종사(鍾師)〉 주(注)에 "금(金)은 종(鍾)과 박(鎛)이다." 하였고, 《주례》〈지관사도(地官司徒) 고인(鼓人)〉의 주에 "금주는 편종(編鍾)을 치는 것이다." 하였다. 즉 편종을 치기 위해 먼저 진고를 친다는 말이다.

장고 杖鼓

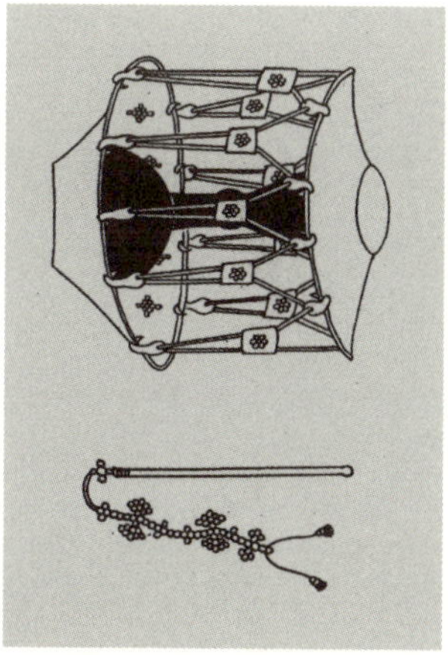

《문헌통고》

갈고(羯鼓), 장고, 요고(腰鼓)는 한(漢)나라와 위(魏)나라에서 사용하였다. 큰 것은 질〔瓦〕로 만들고, 작은 것은 나무로 만든다. 이런 부류는 모두 머리 부분이 넓고 배 부분이 가느니, 송나라 소사(蕭史)의 전(傳)에서 말한 세요고(細腰鼓)가 이것이다.[122] 오른쪽은 채로 치고 왼쪽은 손으로 두드린다. 후세에서는 그것을 장고라고 한다. 그 소리는 조화롭고 웅장하여 절도가 있다.

122 송나라……이것이다 소사(蕭史)는 남송(南宋) 때 자사(刺史)를 역임한 소사화(蕭思話)를 말한다. 《송서(宋書)》 권78 〈소사화열전(蕭思話列傳)〉에 "사화는 나이 10여 세 때 책은 알지 못하고 노름과 노니는 것을 일삼아 옥동을 타고 세요고 치는 것을 좋아하였다.〔思話年十許歲未知書 以博誕遊遨爲事 好騎屋棟 打細腰鼓〕" 하였다.

나무〔木〕로 만든 악기류

축 柷

《악서》

축은 사방 2자 4치이고 깊이는 1자 8치이다. 중앙에 바닥까지 닿은 몽치 자루〔椎柄〕가 있는데, 그것을 두드려서 좌우로 치게 한다.

지止

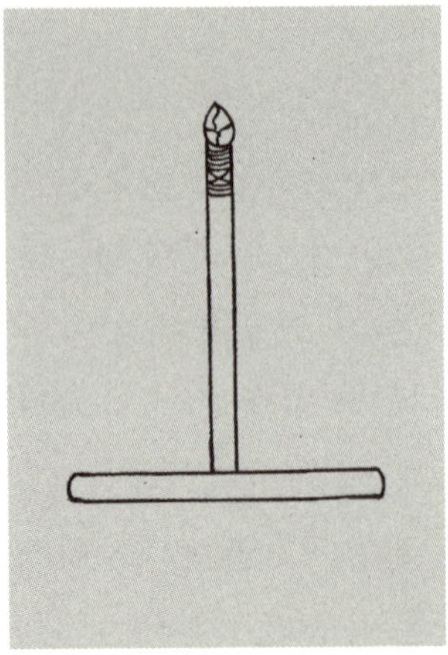

《이아(爾雅)》

축(柷)을 치는 도구를 지(止)라고 한다.

어敔 진籈

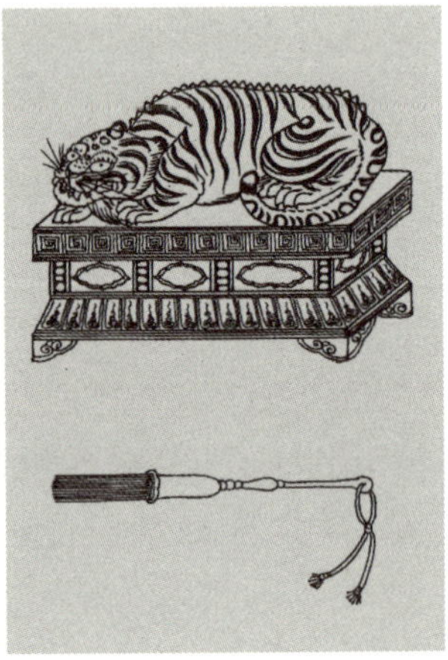

《악서》

어(敔)는 형상이 엎드린 호랑이 모습과 같으니, 호랑이는 서방(西方)의 음(陰)을 상징하는 동물이다. 모두 27개의 톱니〔鉏鋙〕가 있으니 3과 9를 곱한 수이고, 채〔櫟〕의 길이는 1자이니 10의 수이다.

《집례(集禮)》

진(籈)은 쇄죽(碎竹)[123] 으로 그 머리를 치고 거꾸로 긁어서 음악을 그치게 한다.

《이아》

어를 연주하는 도구를 진이라고 한다.

123 쇄죽 어를 연주하는 채〔櫟〕의 대, 곧 진대〔籈竹〕를 말한다. 《악학궤범》〈아부악기도설(雅部樂器圖說)〉 주에 "채의 대는 모두 3개이고, 매 끝을 쪼개서 3조각으로 하니 즉 9의 수이다.〔籈竹凡三 每端剳作三片 卽九數也〕" 하였는데, 쪼개서 9조각으로 나누어진 대라는 뜻으로 이름을 붙인 듯하다.

박 拍

《문헌통고》

박판(拍版)은 큰 것은 판이 9개이고 작은 것은 판이 6개인데, 가죽끈으로 엮는다. 호부(胡部)[124]에서 음악의 박자로 삼았으니, 대개 손뼉 치는 것〔抃〕을 대신한 것이다. 송(宋)나라 왕조의 교방(教坊)에서 사용한 것은 판이 6개인데, 위는 뾰족하고 얇으며 아래는 둥글고 두껍다. 박달나무〔檀〕나 뽕나무〔桑〕로 만든다.

휘 麾

《악서》

휘는 협률랑(協律郎)이 이것을 잡고서 악공(樂工)을 호령한다. 그 제도는 높이가 7자이고, 대에 용머리를 장식하고 훈백(纁帛)을 매달아 그 위에 승천하는 용을 그렸다. 들면 음악이 시작되고, 누이면 음악이 그친다.

124 호부 당나라 때 호악(胡樂)을 관장하던 기구인데, 호악을 지칭하기도 한다. 호악은 서량(西涼) 일대에서 유입된 것으로 당시에 호부신성(胡部新聲)이라고 일컬어졌다.

125 **조촉의……한다** 이 내용은 《종묘의궤》에는 출전을 《시경》이라 하였고, 《사직서의궤》에는 《오례의》라고 하였다.

조촉 照燭

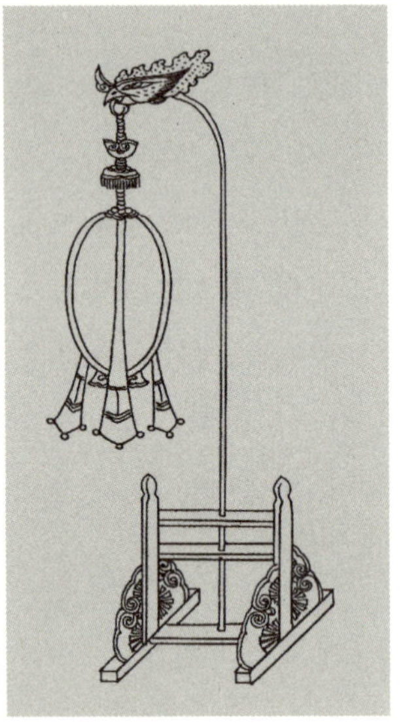

조촉의 제도는, 장대〔長竿〕의 끝에 붉은 비단의 농(籠)을 걸고 그 안에 촛불을 켜도록 하였다. 어두운 밤에 휘(麾)가 멀어 잘 보이지 않을 때, 들어서 음악을 시작하게 하고 뉘여서 음악을 그치게 한다.[125]

무기 舞器 도설

둑 纛

《악서(樂書)》

〈군자양양(君子陽陽)〉[126]에 "왼손에 깃 일산을 잡고〔左執翿〕"라고 하였고, 《이아(爾雅)》에 "도(翿)는 둑(纛)이다." 하였고, 곽박(郭璞)은 "지금의 우보당(羽葆幢)이다." 하였다. 대개 무인(舞人)이 세워 두는 것이다. 높이가 7자이고, 깃대 머리에 나무 봉황을 앉혔으며, 거기에 승천하는 용을 그려 넣은 훈백(纁帛)을 매달았다. 2명의 공인(工人)이 이것을 잡고 좌우로 나뉘어 서서 문무(文舞)를 인도한다.

약 籥

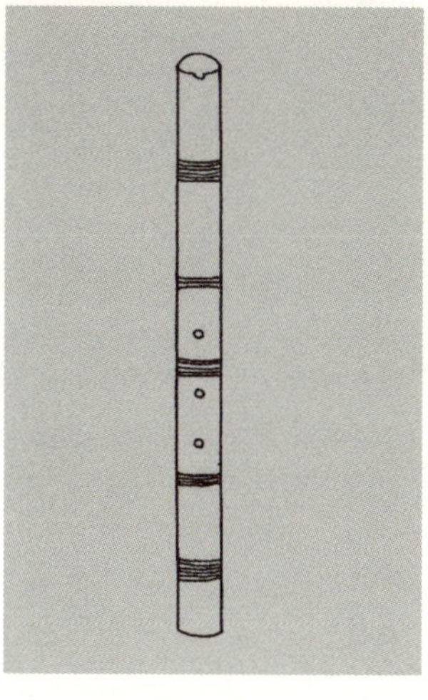

《주례》

약사(籥師)[127]는 제사 때에 고동(鼓動)시켜 〈우약지무(羽籥之舞)〉를 추게 한다. 약은 소리를 위한 것이고, 적(翟)은 의용(儀容)을 위한 것이다.[128]

《시경》

왼손에 약을 잡는다.〔左手執籥〕[129]

126 **군자양양** 《시경》 〈왕풍(王風)〉의 편명이다.

127 **약사** 《주례(周禮)》 〈춘관종백(春官宗伯)〉에 나오는 관직명으로, 문무(文舞)를 관장하여 국자(國子)에게 꿩 깃을 들고 추는 춤과 피리 부는 것을 가르친다.

128 **약은……것이다** 《문헌통고(文獻通考)》 권144 〈악(樂) 17〉에 나온다.

129 **왼손에 약을 잡는다** 《시경》 〈패풍(邶風) 간혜(簡兮)〉에 나온다.

130 **적** 산꿩으로, 꼬리가 긴 종류를 말한다.

131 **오른손에는 적을 잡는다** 《시경》〈패풍 간혜〉에 나온다.

적 翟

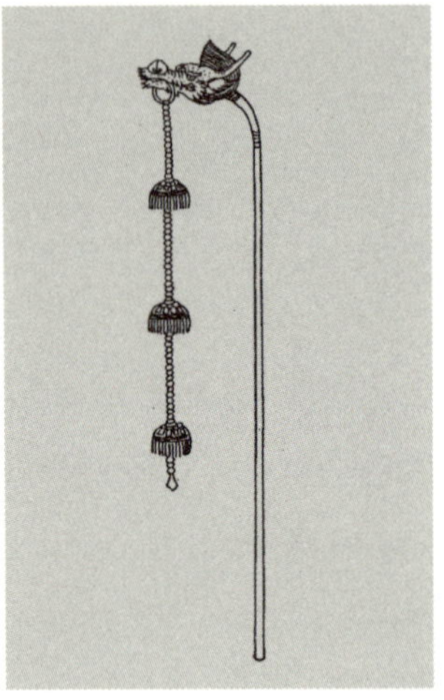

《주례》

적[130]은 5종의 꿩 가운데 하나인데, 그 깃털을 취하여 잡는 것이다.

《시경》

오른손에는 적을 잡는다.〔右手秉翟〕[131]

검 劍

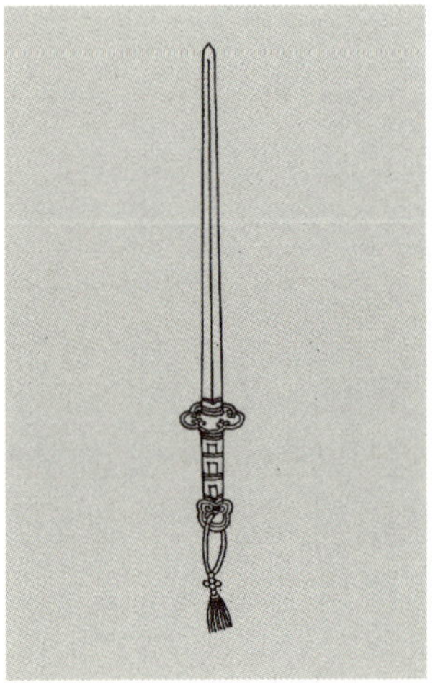

《악학궤범》

검은 나무로 만든다. 제향에 쓰는 것은 금은을 붙이거나 색칠을 하지 않는다.

창 槍

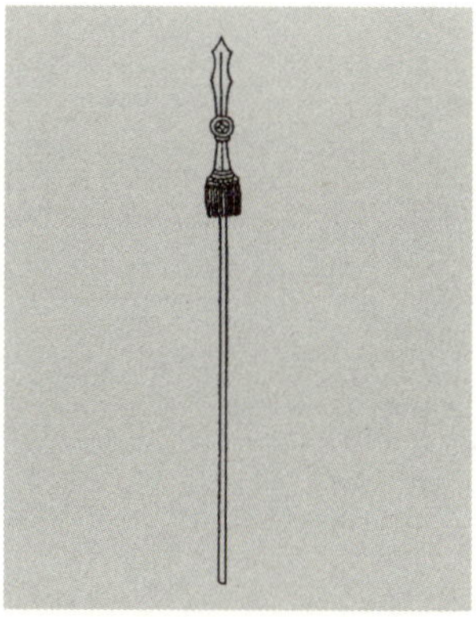

《악학궤범》

창은 나무로 만든다. 제향에 쓰는 것은 은을 붙이지 않고 분칠(粉漆)을 하며, 자루 끝은 쇠로 장식한다.

활 弓

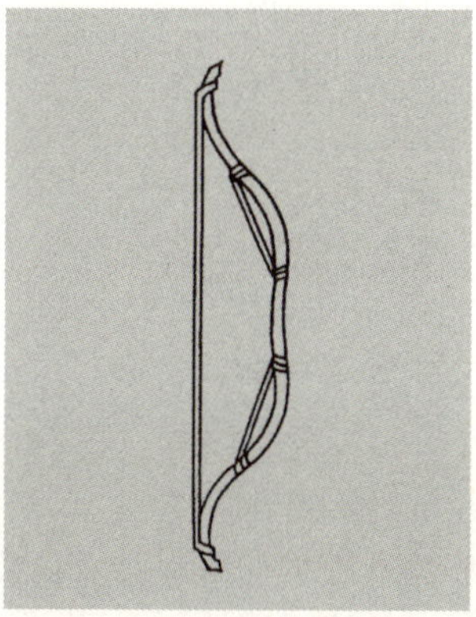

《악학궤범》

활은 일반적인 제도와 같고, 단지 뿔은 쓰지 않는다.

화살 矢

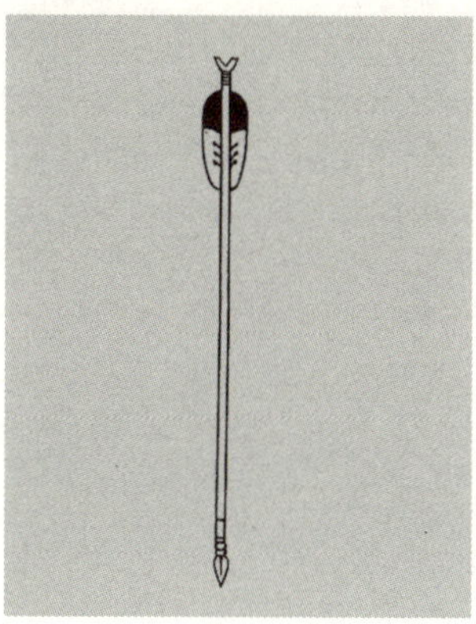

《악학궤범》

화살은 일반적인 제도와 같고, 나무로 촉〔鏃〕을 만든다.

악樂 도설

등가 登歌

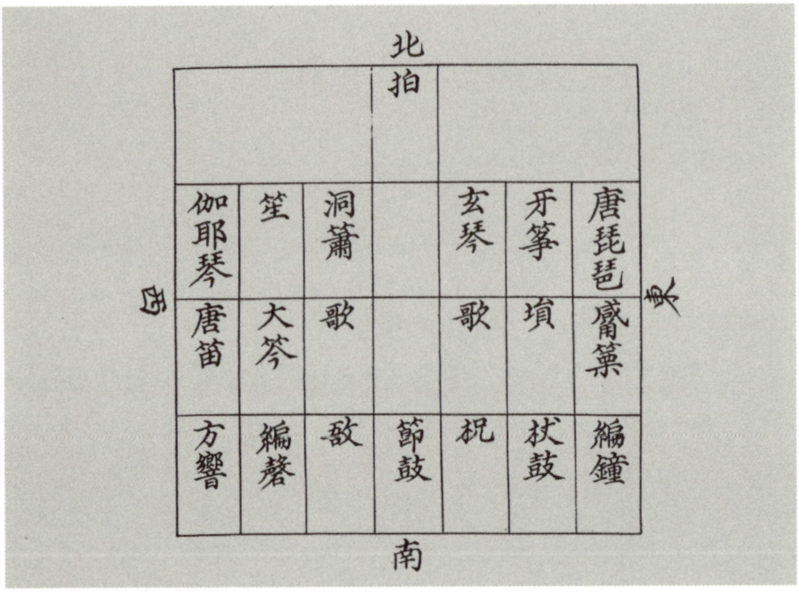

등가는 당(堂) 위에 둔다. 가운데 어도(御道)를 열어 놓고, 박(拍) 하나는 북쪽 한가운데에 둔다. 다음으로 현금(玄琴) 하나, 아쟁(牙箏) 하나, 당비파(唐琵琶) 하나는 동쪽에 두고, 퉁소(洞簫) 하나, 생(笙) 하나, 가야금(伽倻琴) 하나는 서쪽에 두어, 가로로 줄을 세워 제1행이 되게 한다. 다음으로 가인(歌人) 1인, 훈(塤) 하나, 필률(觱篥) 하나는 동쪽에 두고, 가인 1인, 대금(大笒) 하나, 당적(唐笛) 하나는 서쪽에 두어 제2행이 되게 한다. 다음으로 절고(節鼓)를 중앙에 두고, 축(柷) 하나, 장고(杖鼓) 하나, 편종(編鍾) 하나는 동쪽에 두고, 어(敔) 하나, 편경(編磬) 하나, 방향(方響) 하나는 서쪽에 두어 제3행이 되게 하되, 모두 북쪽을 향하게 한다. 휘(麾)는 등가 서남쪽 모퉁이에 두고 조촉(照燭)은 섬돌 아래에 두되, 모두 북쪽을 향하게 한다. 공인(工人)은 관복(冠服) 차림으로, 헌가(軒架)와 같다. 악사(樂師)는 복두(幞頭), 녹삼(綠衫),[132] 오정대(烏鞓帶),[133] 흑피화(黑皮靴)[134] 차림을 한다.

132 **녹삼** 녹색 적삼이다.

133 **오정대** 검정 가죽띠이다.

134 **흑피화** 흑색 가죽으로 만든 신이다.

헌가 軒架

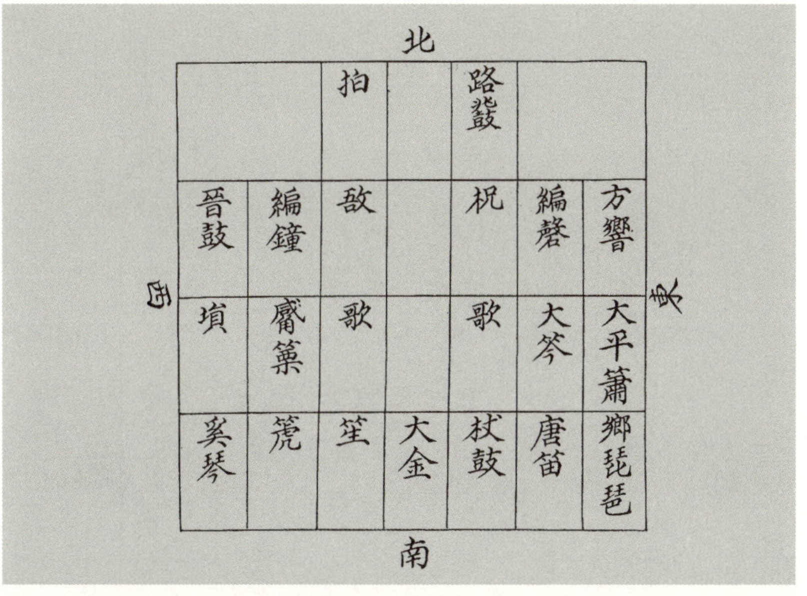

헌가는 사당 뜰의 남쪽 가까운 곳에 둔다. 노도(路鼗) 하나, 박(拍) 하나는 북가(北架)의 북쪽에 설치하되, 노도는 동쪽에, 박은 서쪽에 둔다. 축(柷)과 어(敔)를 북가 안에 설치하되, 축은 동쪽에, 어는 서쪽에 둔다. 편경(編磬) 하나와 방향(方響) 하나는 동쪽에 두고, 편종(編鍾) 하나, 진고(晉鼓) 하나는 서쪽에 두되, 가로로 줄을 세워 제1행이 되게 한다. 다음으로 가인(歌人) 1인, 대금(大笒) 하나, 태평소(大平簫) 하나는 동쪽에, 가인 1인, 필률(觱篥) 하나, 훈(塤) 하나는 서쪽에 두어 제2행이 되게 한다. 다음으로 대금(大金)은 중앙에 두고, 장고(杖鼓) 하나, 당적(唐笛) 하나, 향비파(鄕琵琶) 하나는 동쪽에 두고, 생(笙) 하나, 지(篪) 하나, 해금(奚琴) 하나는 서쪽에 두어 제3행이 되게 하되, 모두 북쪽을 향하게 한다. 공인(工人)은 모두 개책(介幘),[135] 비난삼(緋鸞衫),[136] 백주중단(白紬中單),[137] 백초대(白綃帶),[138] 백포말(白布襪),[139] 오피리(烏皮履)[140] 차림을 한다.

135 개책 개책관(介幘冠)을 말한다. 아악(雅樂)·속악(俗樂)의 공인(工人)이 착용하는 관으로, 개적이라고도 읽는다.

136 비난삼 붉은색의 난삼으로, 난삼은 난새 문양이 있는 적삼이다.

137 백주중단 흰색 명주로 만든 중단으로, 중단은 예복(禮服) 속에 입는 중의(中衣)를 말한다. 두루마기 모양과 비슷하며, 깃은 곧고 소매가 넓다. 흰색이나 옥색의 사(紗)·초(綃)·나(羅)로 만들며, 깃·도련·소매 끝에는 선을 둘러 예복 속에 받쳐 입는다.

138 백초대 흰색 생사(生紗)로 만든 허리띠이다.

139 백포말 흰 베에 생포(生布)로 안을 넣어서 만든 버선이다.

140 오피리 검정 가죽신이다.

일무佾舞 도설

문무文舞

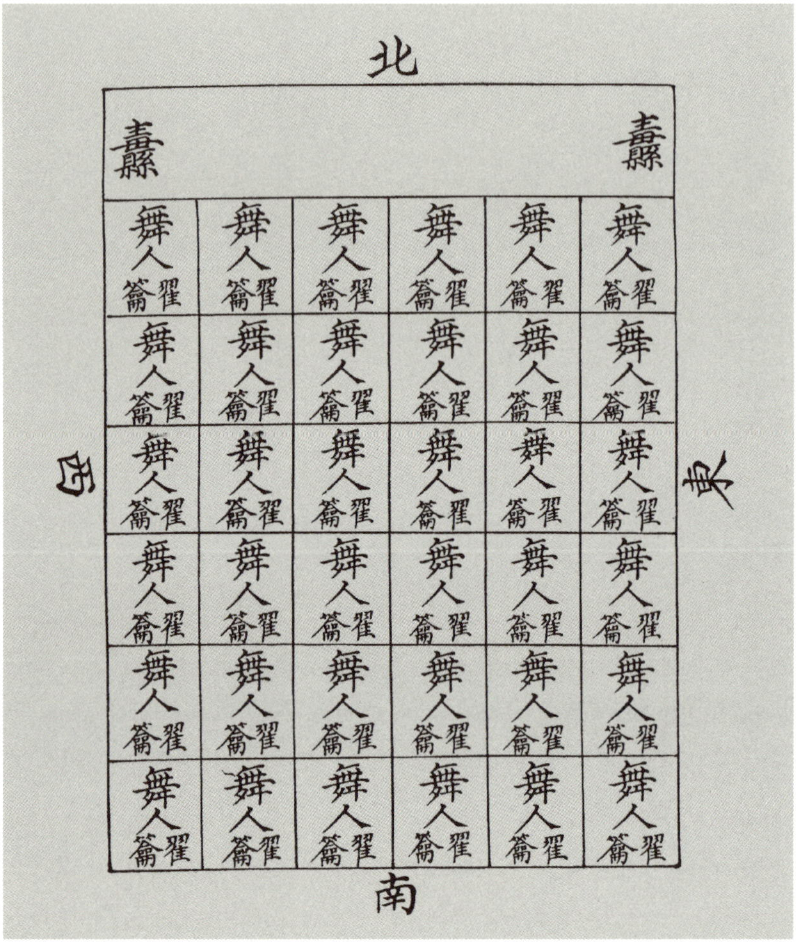

문무는 육일(六佾)[141]이며 헌가(軒架)의 북쪽에 있다. 매 일(佾)마다 6인이고 왼손에 약(籥)을 들고, 오른손에 적(翟)을 든다. 모두 북쪽을 상위로 한다. 둑(纛) 2개는 육일의 북쪽에 있어 춤을 인도한다. 공인은 모두 진현관(進賢冠),[142] 남의(藍衣),[143] 검은색 가선을 두른 적상(赤裳),[144] 적말대(赤抹帶),[145] 백포말(白布襪), 오피리(烏皮履) 차림을 한다.

141 육일 일(佾)은 악무(樂舞)의 줄을 말한다. 한 줄에 6명씩 6줄을 이루는 것이 육일인데, 제후가 사용하는 악무이다. 천자는 팔일(八佾), 대부는 사일(四佾), 사(士)는 이일(二佾)을 사용한다.

142 진현관 원래는 한나라 때 문관(文官) 또는 유자(儒子)가 쓰던 관 이름이다. 우리나라에서는 조선 시대 때 아악(雅樂)과 속악(俗樂)의 문무(文舞)를 추는 악생(樂生)과 둑(纛)잡이가 썼다. 형식은, 종이를 배접하여 만들되 테두리는 철사를 쓰고 안에는 고운 베를 바르며 겉에는 검은 칠을 하고 모자 전면에 고운 황색으로 선을 그리며 청색 명주 끈을 달았다.

143 남의 남색의 상의이다.

144 적상 홍색 명주로 만든 치마이다. 보통 검은색 가선을 두른다.

145 적말대 홍색 명주로 만든 띠이다. 당나라에서는 혁대(革帶)를 썼는데, 조선조에서는 송나라 제도를 따라 말대(抹帶)를 썼다.

무무 武舞

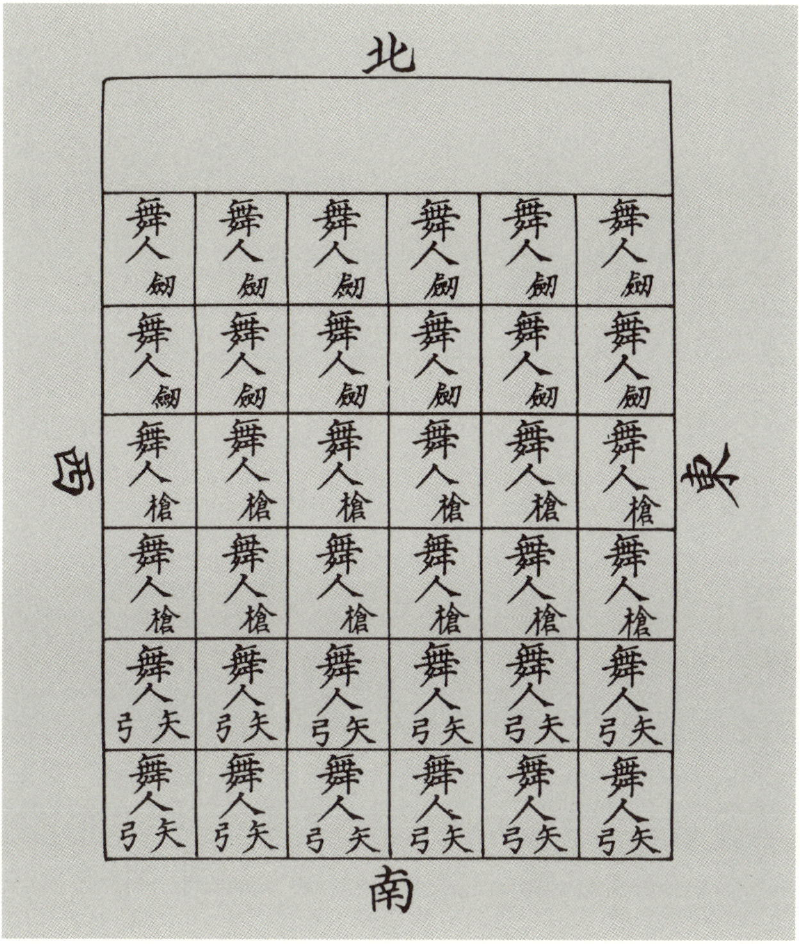

무무는 육일이며, 헌가의 북쪽에 있다. 매 일마다 6인이다. 앞의 두 줄은 검을 들고, 다음 두 줄은 창을 들고, 다음 두 줄은 활과 화살을 든다. 모두 북쪽을 상위로 한다. 공인은 모두 피변(皮弁), 남의, 검은색 가선을 두른 적상, 적말대, 백포말, 오피리 차림을 한다.

제복祭服 도설

전하殿下 면복冕服 도설

구장(九章)[146]이다. ○영락(永樂) 원년(1403, 태종 3)에 삼가 내린 제도이다.

146 구장 9가지 무늬의 수(繡)가 들어간 임금의 면복(冕服)을 말한다. 9가지 무늬는 《주례(周禮)》〈춘관종백(春官宗伯) 사소(司昭)〉의 주에 "용(龍)·산(山)·화충(華蟲)·화(火)·종이(宗彝)·조(藻)·분미(粉米)·보(黼)·불(黻)이다." 하였다.

규 圭

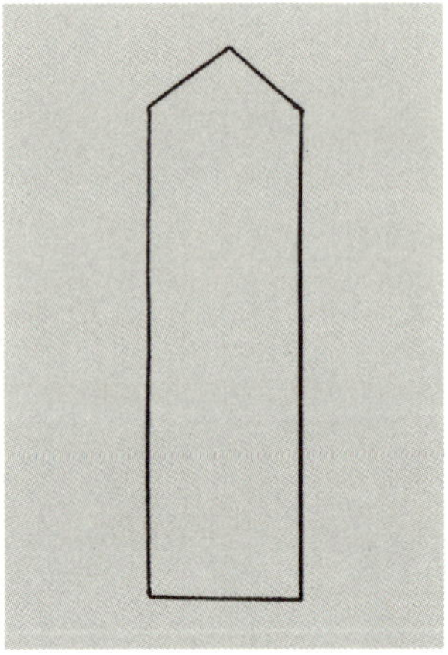

규는 푸른 옥으로 만들고, 길이가 9치이다. 앞면에는 승천하는 용〔升龍〕 2마리가 새겨져 있다.

면 冕

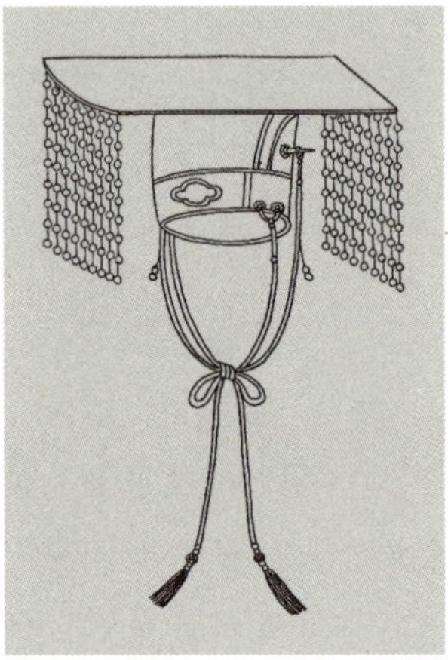

면은 판(版)의 너비는 8치이고 길이는 1자 6치이며, 앞은 둥글고 뒤는 네모지다. 검은색으로 덮고 붉은색으로 안을 대었으며 비단〔繒〕으로 만든다. 앞의 높이는 8치 5푼이고 뒤의 높이는 9치 5푼이며, 금으로 장식한다. 9류(旒)이고 유마다 9옥(玉)으로 되어 있으며, 5채(采)인데, 5채는 처음이 붉은색, 다음이 흰색, 푸른색, 황색, 흑색 순이다. 유의 길이는 9치로, 앞뒤 합해 18류이며, 금잠(金簪)을 쓴다. 그 면의 곁에 검은 끈을 달고 옥전(玉瑱)을 늘어뜨려 귀를 가린다. 자색 끈 2개를 양쪽 곁에 달아 턱 아래에서 묶고 나머지는 늘어뜨린다. 또 붉은 끈 한 가닥을 왼쪽 비녀에 매고 턱 밑을 둘러서 오른쪽에서 위로 올려 비녀에 붙이고, 구부려 묶은 다음 그 나머지는 늘어뜨려 장식으로 삼는다.

의 衣 앞면

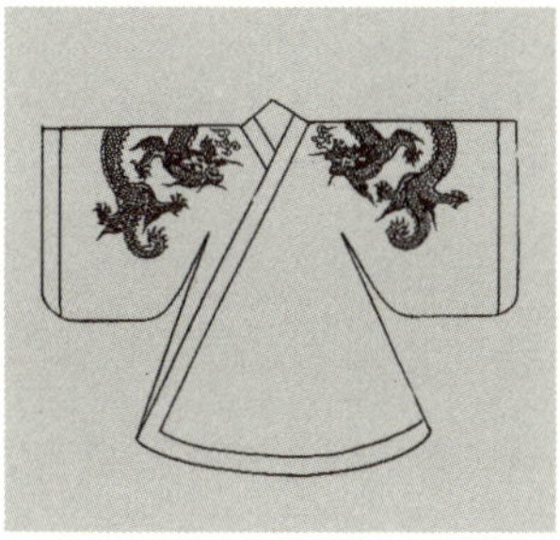

의는 비단〔繒〕으로 만드는데, 그 색은 검붉은색〔玄〕이다. 검푸른 빛에 약간 붉은 기운이 도는 것을 검붉다〔玄〕고 한다. 용, 산, 화(火), 화충(華蟲), 종이(宗彝) 5장(章)을 그 위에 그린다. 그리는 것은 양사(陽事)이므로 의(衣)에는 그림을 그리고, 수(繡)는 음공(陰功)이므로 상(裳)에는 수를 놓는 것이다.

의 뒷면

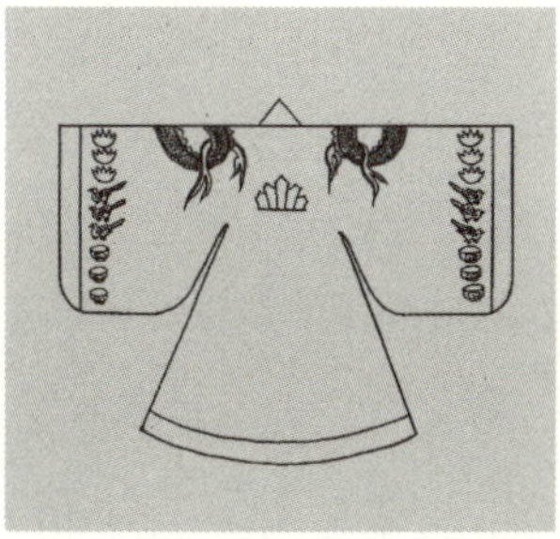

설명은 위의 의 앞면 도설에 보인다.

중단 中單 앞면

중단[147]은 흰 비단〔白繒〕으로 만든다. 푸른 깃〔青領〕을 소매끝〔褾〕, 옷단〔襈〕, 뒷길〔裾〕에 대고 불(黻) 11개를 깃에 그린다.

147 중단 조복(朝服)이나 제복(祭服) 안에 받쳐 입는 옷이다.

중단 뒷면

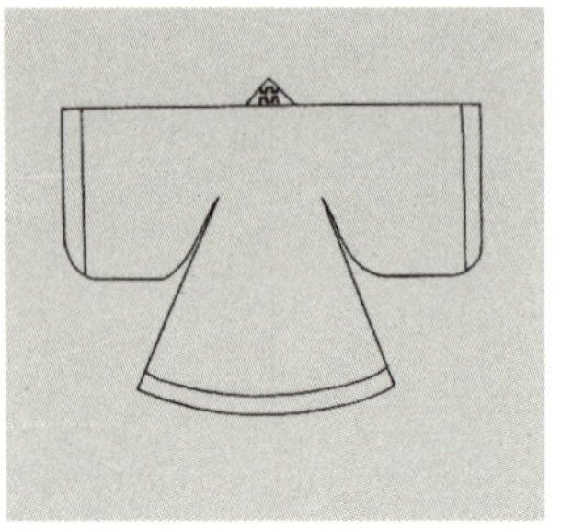

설명은 위의 중단 앞면 도설에 보인다.

상 裳

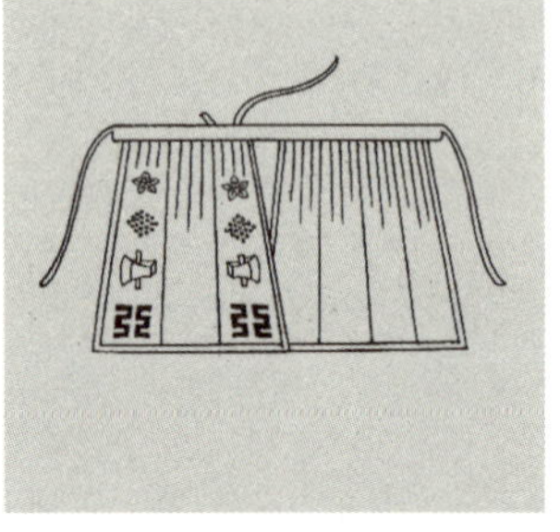

상은 비단〔繒〕으로 만드는데, 그 색은 분홍색〔纁〕이다. 3번 붉은색을 물들여야 분홍색이 된다. 7폭으로 만드는데, 그 앞뒤를 다르게 하여 앞은 3폭이요, 뒤는 4폭이다. 폭마다 양쪽 가에 각각 1치씩을 꿰매니 이를 사폭(削幅)이라고 한다. 허리에는 벽적(辟積)이 수없이 있고 벽적은 주름〔摺〕을 말한다. 상의 옆에 댄 가선〔純〕을 벽(裨)이라 하고, 상의 아래에 댄 가선을 석(緆)이라 한다. 벽과 석의 너비는 각각 1치 반이며, 겉과 안을 합하여 3치가 된다. 그 위에 조(藻), 분미(粉米), 보(黼), 불(黻) 4장(章)을 수놓는다.

폐슬 蔽膝

폐슬은 비단으로 만드는데, 그 색은 분홍색이다. 위에는 비(紕)가 있고 아래에는 준(純)이 있다.[148] 위에서 5치 떨어져서 조, 분미, 보, 불을 수놓는다.

148 위에는……있다 비(紕)와 준(純)은 모두 옷의 위아래에 선을 두르는 것을 말한다. 《예기정의(禮記正義)》〈잡기 하(雜記下)〉 주에 "옆에 두른 선을 '비'라 하고 아래에 두른 선을 '준'이라 한다.〔在旁曰紕 在下曰純〕" 하였다.

혁대 革帶

혁대는 옥고리〔玉鉤〕를 써서 만든다. 《대명집례(大明集禮)》에 나오는데, 본조의 《오례의》에는 실려 있지 않다. 영조 을미년(1775, 영조 51)에 상방(尙方 상의원(尙衣院))의 신하가 상고하여 아뢰어 처음 이 제도가 구비되었다. 금상 병신년(1776, 정조 즉위년)에 또 교정관(校正官)의 진달로 인해 대대(大帶) 조 위에 첨록하여 착용하는 것을 정식으로 삼았다.

대대 大帶

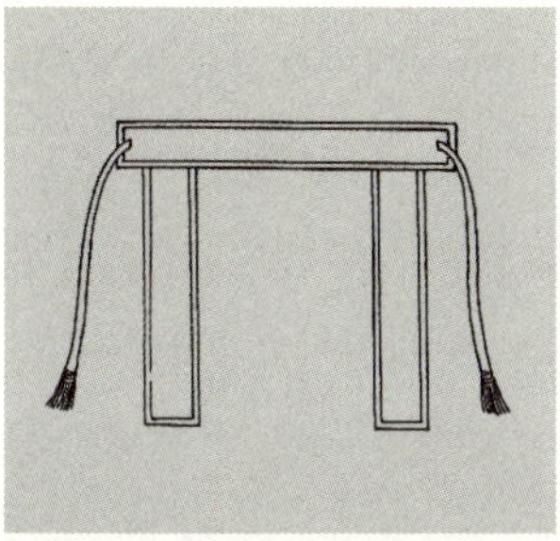

대대는 비(緋 붉은색의 누인 명주)와 백금(白錦 흰색 비단)을 합하여 꿰맨다.

방심곡령 方心曲領

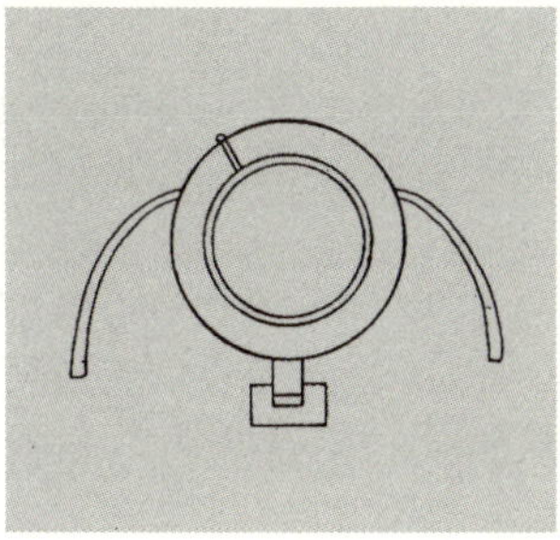

방심곡령은 백라(白羅 흰색 비단)로 만들며, 곁에 2개의 끈이 있다. 왼쪽은 녹색이고, 오른쪽은 붉은색이다.

수 綬

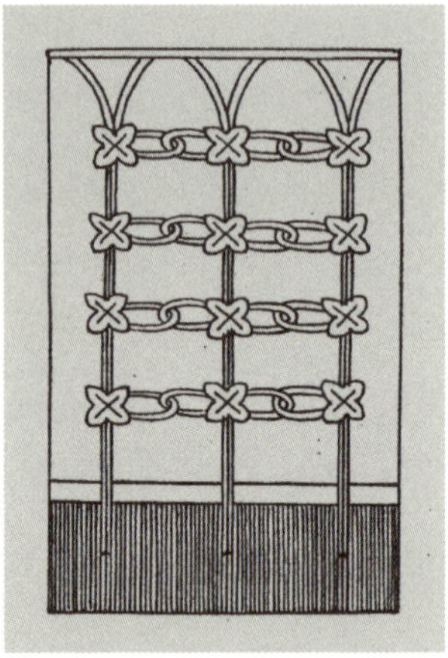

수는 홍화금(紅花錦)으로 만들며, 한 쌍의 금고리〔金環〕를 단다.

패 佩

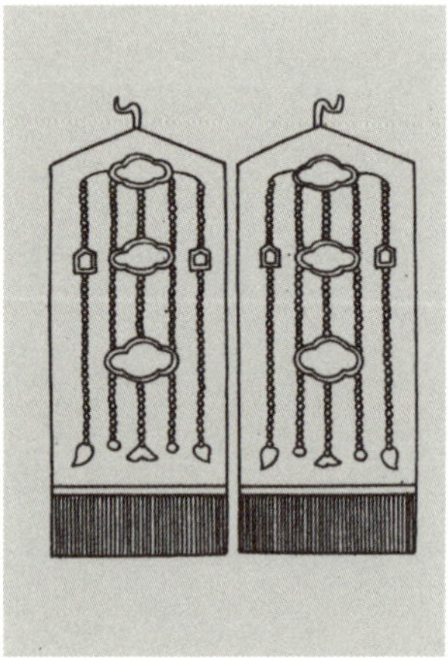

패는 2개이다. 위에 금갈고리〔金鉤〕를 달아 형(衡)을 설치하고, 다음에 중형(重衡)을, 중간에 거우(琚瑀)[149]를 설치한다. 아래에 한 쌍의 황(璜)을 설치하고, 충아(衝牙)를 한 쌍의 황 사이에 설치한다. 또 한 쌍의 적(滴 적자(滴子))을 충아와 양쪽 황 사이에 설치하고 약옥주(藥玉珠)로 꿴다. 그 형, 거우, 한 쌍의 황, 충아, 적자는 모두 민옥(珉玉)으로 한다.

버선 襪

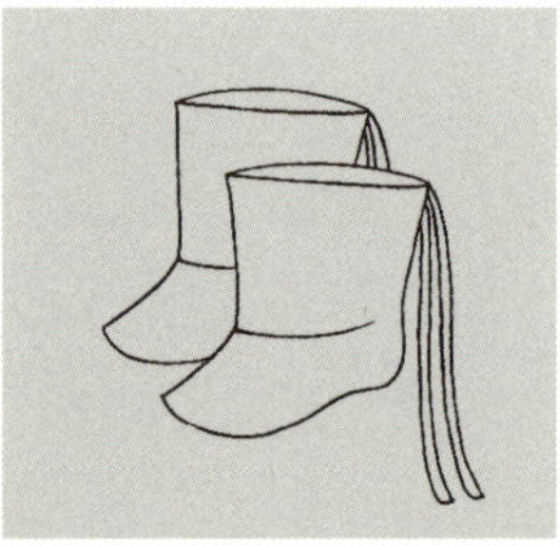

버선은 비단(緋緞)으로 겉을 만들고, 비초(緋綃)로 속을 만든다. 끈이 있다.

149 거우 《대대례기(大戴禮記)》〈보부(保傅)〉 주에 "총괄적으로 빈주(玭珠)라 하며, 붉은 것을 거(琚), 흰 것을 우(瑀)라 한다. 혹자는 이르기를 '우는 미옥(美玉)이고, 거는 옥 다음가는 돌이다.' 하였다.〔總曰玭珠 而赤者曰琚 白者曰瑀 或曰瑀美玉 琚石次玉〕" 하였다.

신 舃

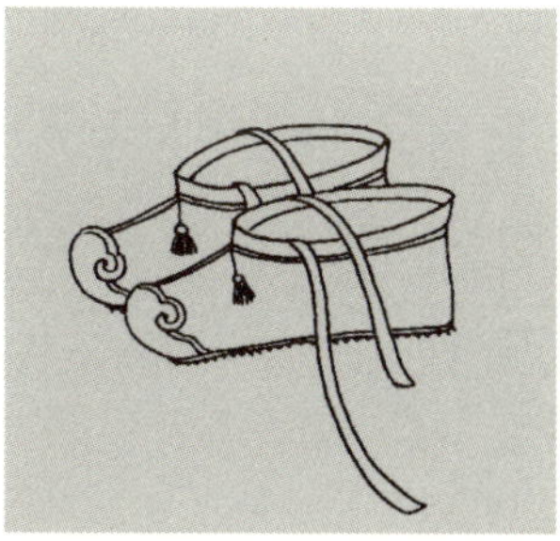

신은 비단으로 겉을 만들고, 백증(白繒)으로 속을 만든다. 끈이 있다.

원유관 遠遊冠

《오례의》

관(冠)은 현라(玄羅 검붉은색 비단)로 만든다. 9량(梁)[150]이고, 매 양마다 18개의 옥을 꿰어 다는데, 앞뒤로 각각 9개씩이며 황색, 푸른색, 흰색, 붉은색, 검은색 등 5색의 옥을 쓴다. 금비녀〔金簪〕와 붉은 끈 2개를 양 곁에 붙인 다음 턱 아래에서 묶고 그 나머지는 늘어뜨린다.

《대명집례》

좌우에 나문(螺文 가마 문양)이 있고 앞뒤 면에는 문장을 새겼으며 새긴 문장 위에는 1개의 옥을 앉혔다. 지금 제도에는 옥을 앉히지 않고, 단지 새긴 문장에 도금을 한다.

150 **9량** 양은 굴건(屈巾)이나 금량관(金梁冠) 따위의 가운데가 불룩하게 나오거나 활 모양으로 굽어진 부분을 말한다. 앞이마에서 뒤에까지 나란히 곡선을 이루고 골이 진 모양을 이룬다.

강사포 絳紗袍

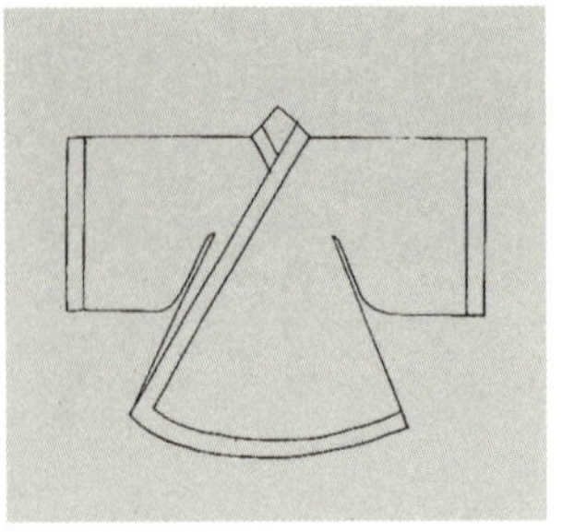

《오례의》

포(袍)는 강라(絳羅 붉은색 비단)로 만든다.

중단

《오례의》

중단은 백라(白羅 흰색 비단)로 만든다. 옷깃〔領〕, 소맷부리〔褾〕, 가선〔襈〕, 옷자락〔裾〕을 모두 적라(赤羅 붉은색 비단)로 쓰고 금을 바른다. 옷깃에는 불(黻) 11개를 그린다. 주에 "표(褾)는 소맷부리〔袖端〕요, 선(襈)은 옷의 가장자리이다." 하였다.

《대명회전(大明會典)》[151]

중단의 제도는 심의(深衣)[152]와 같다.

상

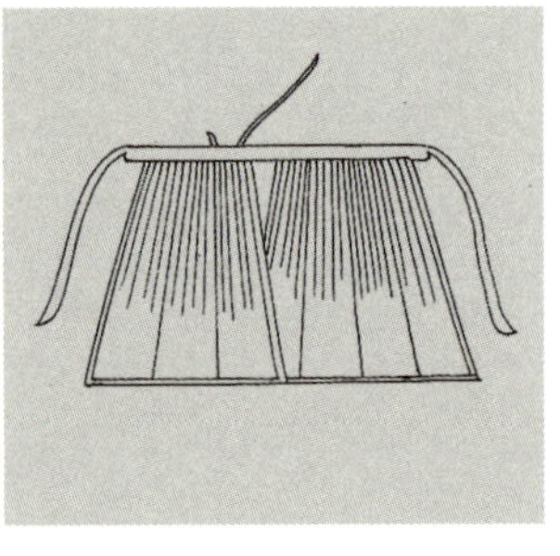

《오례의》

상은 강라(絳羅)로 만든다.

151 **대명회전** 1509년에 이동양(李東陽) 등이 명 효종(明孝宗)의 칙명(勅命)을 받고 명나라 일대의 제도를 집대성하여 편찬한 것으로, 180권으로 되어 있다.

152 **심의** 선비가 입던 웃옷이다. 대개 흰 베로 두루마기 모양으로 만드는데, 소매를 넓게 하고 검은 비단으로 가를 두른다. 허리 위는 네 폭, 허리 밑은 열두 폭으로, 춘하추동 사시와 1년 열두 달을 상징한 것이다.

폐슬

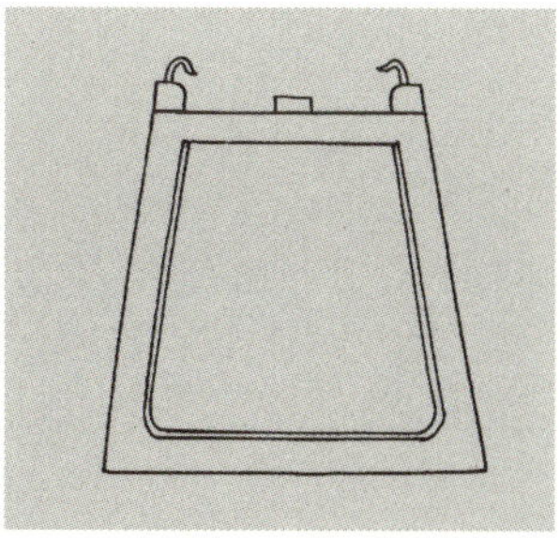

《오례의》

폐슬은 강라로 만든다. 위에는 비(紕)가 있고 아래에는 준(純)이 있다.

수

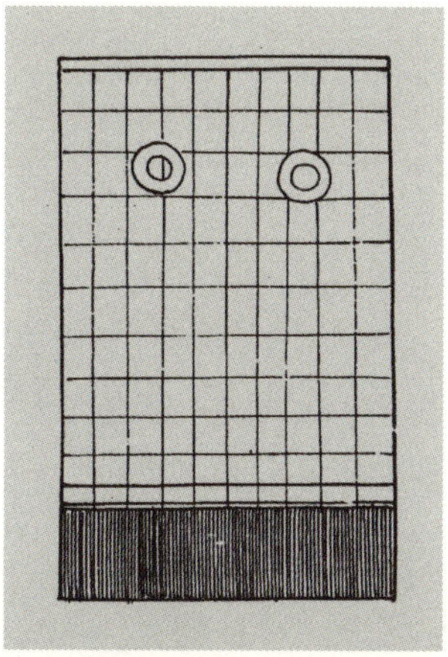

《오례의》

수는 홍화금(紅花錦)으로 만들며, 한 쌍의 금고리〔金環〕를 단다. 지금 제도는 금의(錦衣)에 쓰는 필단(匹緞)[153]으로 만들며, 단은 적색, 청색, 검붉은색, 옥색, 녹색 등 5색 실로 짜서 망을 만든다. 수의 실색은 위와 같다.

대대, 혁대, 패, 신〔舃〕, 버선〔襪〕은 모두 구장(九章)의 제도와 같다. 이미 위에서 나왔으므로 그림을 넣지 않는다.

153 필단 필로 된 비단을 말한다. 필단(疋緞)으로도 쓴다.

왕세자 王世子 면복 도설

칠장(七章)[154] 이다. ○경태(景泰) 원년(1450, 세종 32)에 삼가 내린 제도이다.

154 **칠장** 7가지 무늬로, 왕의 구장에서 용(龍)과 산(山)을 뺀 화충(華蟲)·화(火)·종이(宗彝)·조(藻)·분미(粉米)·보(黼)·불(黻)을 말한다. 왕세자(王世子)가 입는 대례복(大禮服) 즉 면복(冕服)을 칠장복이라 한다.

규

제도는 구장(九章)과 같다. 다만 새기는 것이 없다.

면

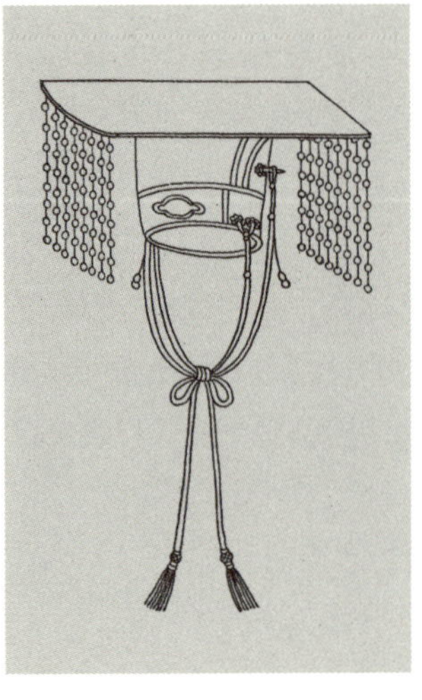

제도는 구장과 같다. 다만 8류(旒)이고 유마다 8옥(玉)으로 되어 있으며, 3채(采)인데, 3채는 처음이 붉은색, 다음이 흰색, 다음이 푸른색이다.

의 앞면

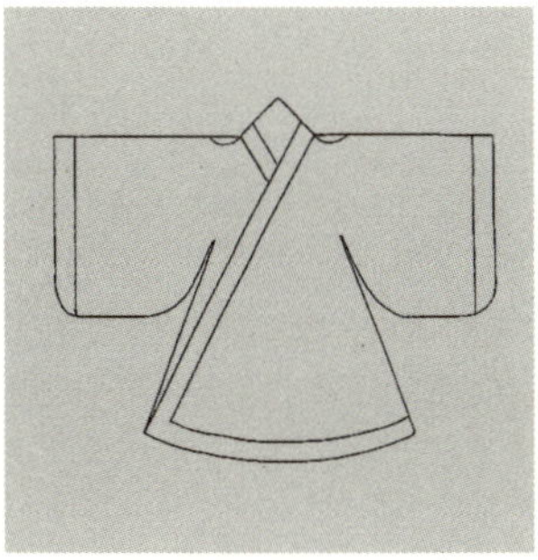

제도는 구장과 같다. 다만 화(火), 화충(華蟲), 종이(宗彝) 3장(章)을 그 위에 그린다.

의 뒷면

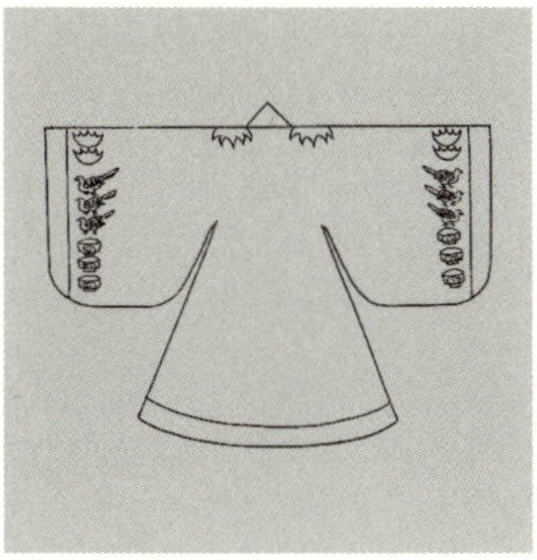

설명은 위의 의 앞면 도설에 보인다.

중단 앞면

제도는 구장과 같다.

중단 뒷면

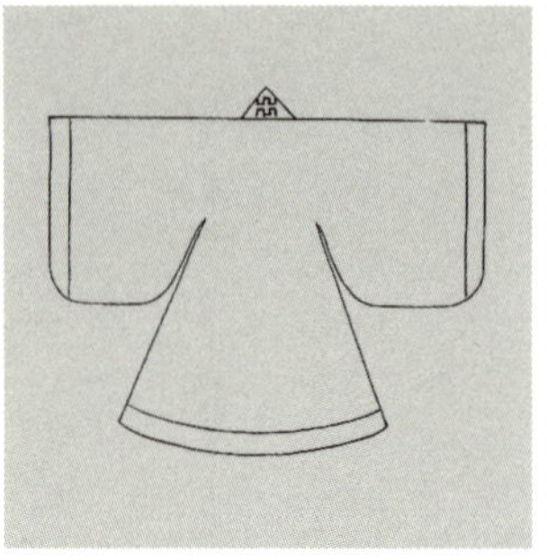

설명은 위의 중단 앞면 도설에 보인다.

상

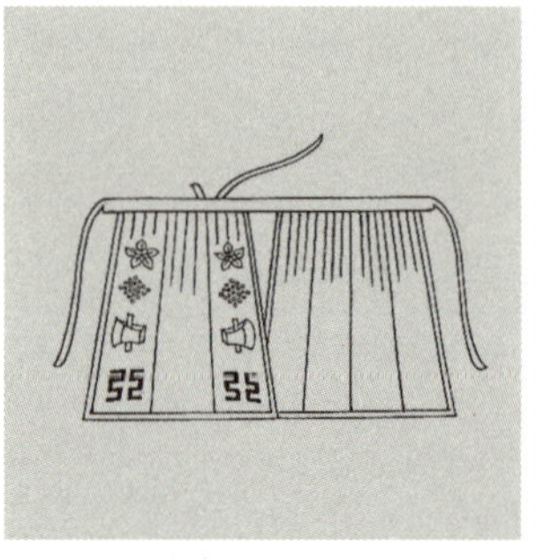

제도는 구장과 같다.

폐슬

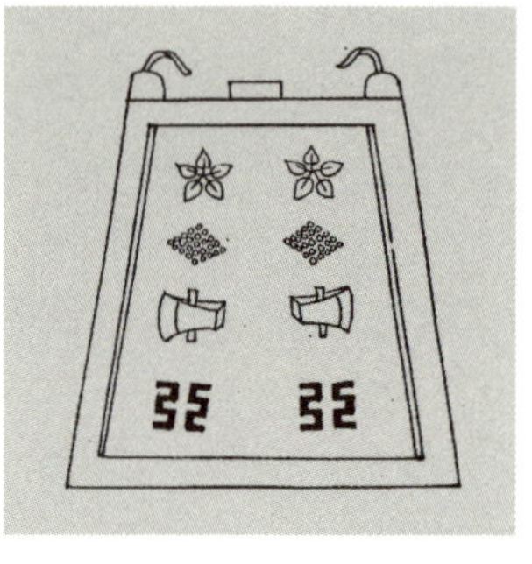

제도는 구장과 같다.

혁대

제도는 구장과 같다. 다만 옥에 새기는 것이 없다.

대대

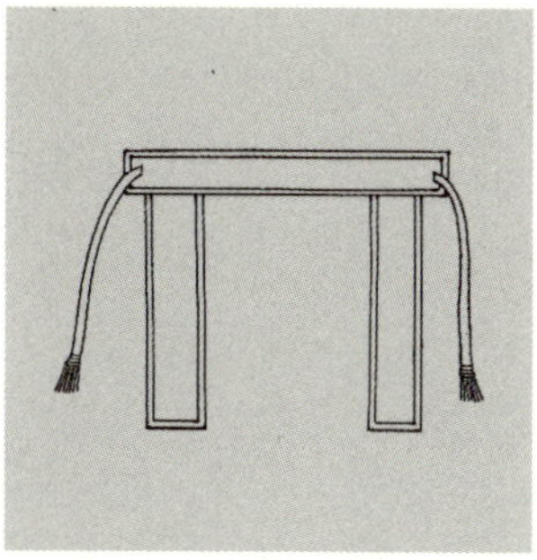

제도는 구장과 같다.

방심곡령

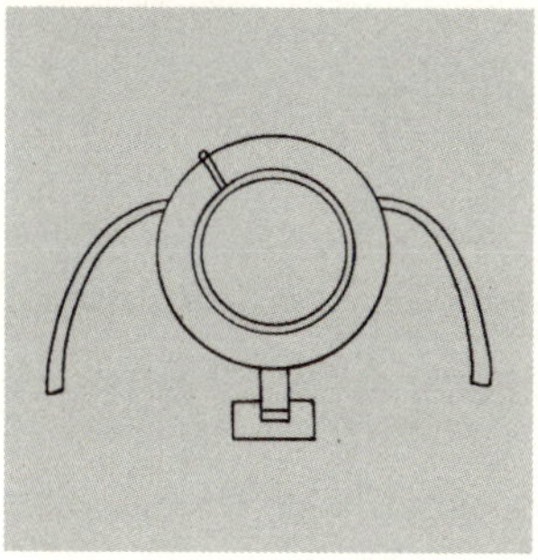

제도는 구장과 같다.

수

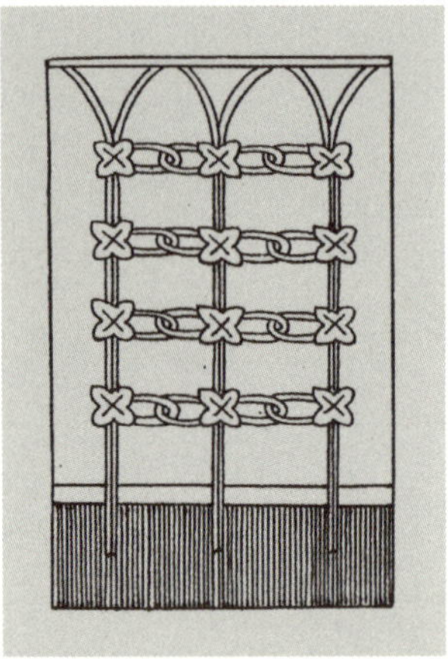

제도는 구장과 같다.

패

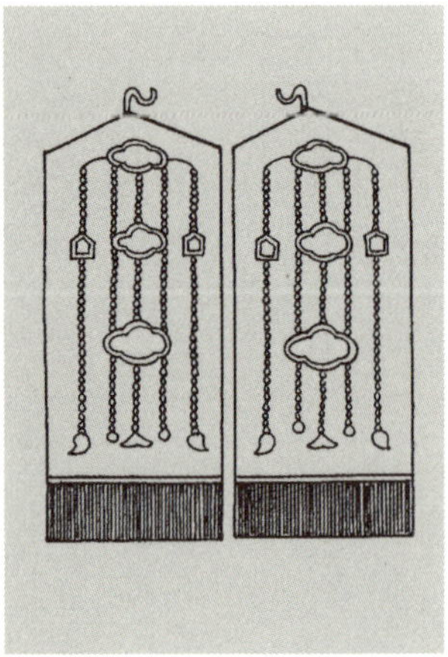

제도는 구장과 같다.

버선

제도는 구장과 같다. 끈이 있다.

신

제도는 구장과 같다. 끈이 있다.

원유관

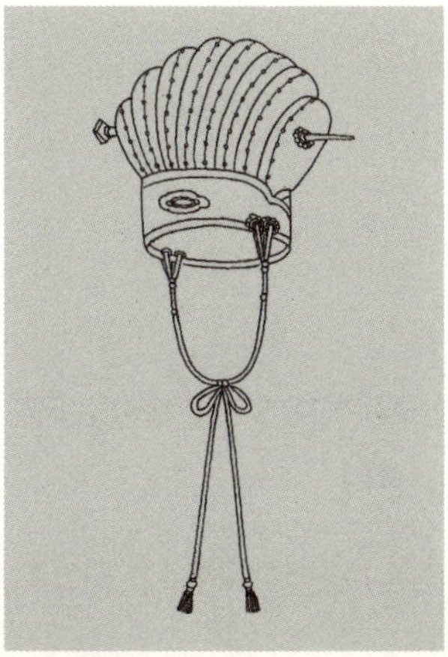

관의 제도는 전하의 관과 같다. 다만 8량(梁)이고, 매 양마다 16개의 옥을 꿰어 달며, 황색, 푸른색, 흰색 등 3색의 옥을 쓴다.

중단

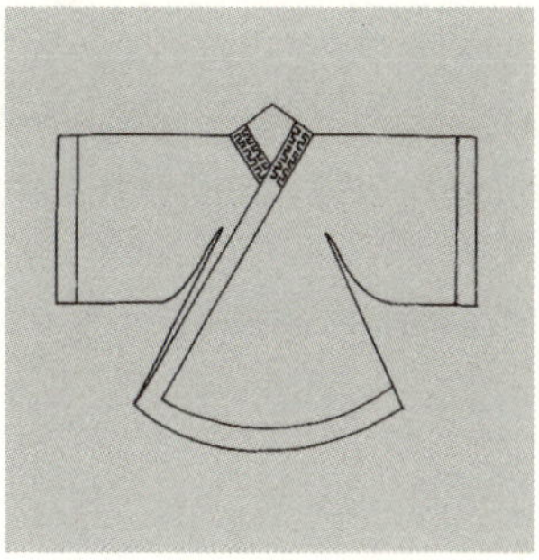

중단의 제도는 전하의 중단과 같다. 다만 불(黻) 7개를 깃에 그린다.

포(袍), 상(裳), 수(綬), 폐슬(蔽膝)의 제도는 대전의 어의(御衣)와 같다.

대대(大帶), 혁대(革帶), 패(佩), 신, 버선의 제도는 칠장과 같다. 이미 위에서 나왔으므로 그림을 넣지 않는다.

사관祀官 제복 도설

관 冠

1품은 5량(梁), 2품은 4량, 3품은 3량, 4품에서 6품까지는 2량이고, 7품 이하는 1량이다. 칠은 금량관(金梁冠)[155]을 따르고 사이에는 금박을 입힌다. 화잠(花簪)은 나무를 쓰는데, 양 끝은 금을 바르고 가운데는 흑칠을 한다. 갓끈은 조사(絛絲)[156]를 쓴다.

홀 笏

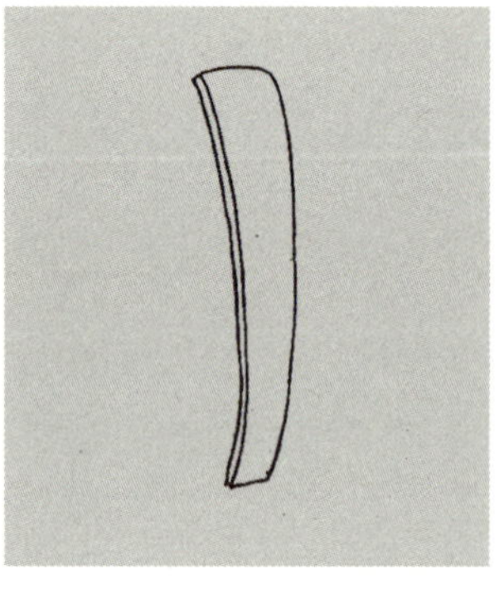

홀은 4품 이상은 상아(象牙)를 쓰고, 5품 이하는 나무로 만든다.

의

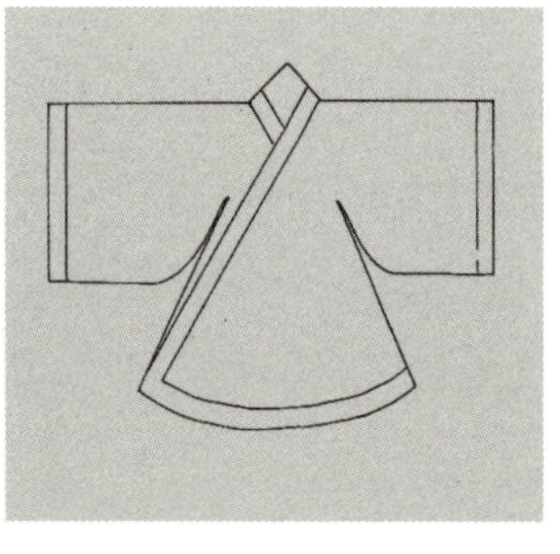

의는 흑라(黑羅 검은 비단)로 만든다.

155 **금량관** 조선 시대 때 백관들이 조복(朝服)이나 제복(祭服)에 착용하던 관으로, 품계에 따라 양(梁)의 숫자를 달리하여 오량관, 사량관, 삼량관, 이량관, 일량관 등으로 명칭한다.

156 **조사** 여러 가지 색을 섞어 짠 실끈을 말한다.

중단

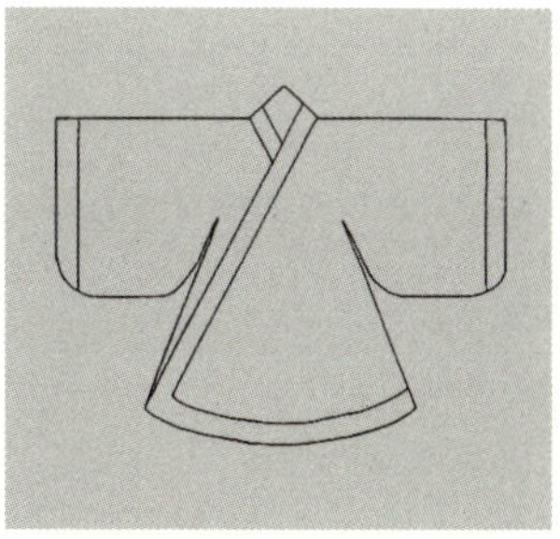

중단은 백사(白紗)로 만든다. 깃과 가선을 검은색으로 한다.

상

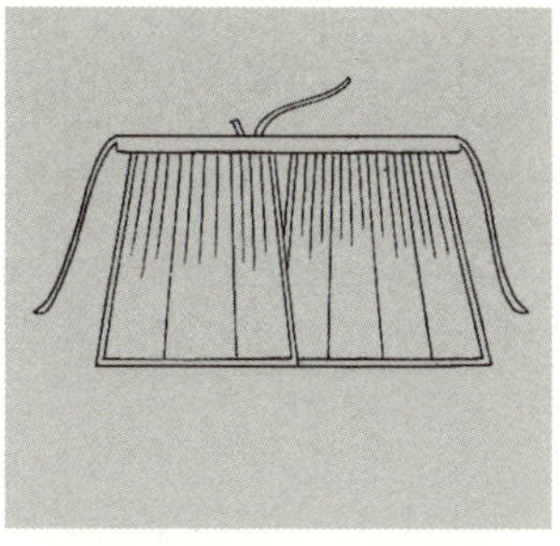

상은 적라(赤羅)로 만든다.

방심곡령

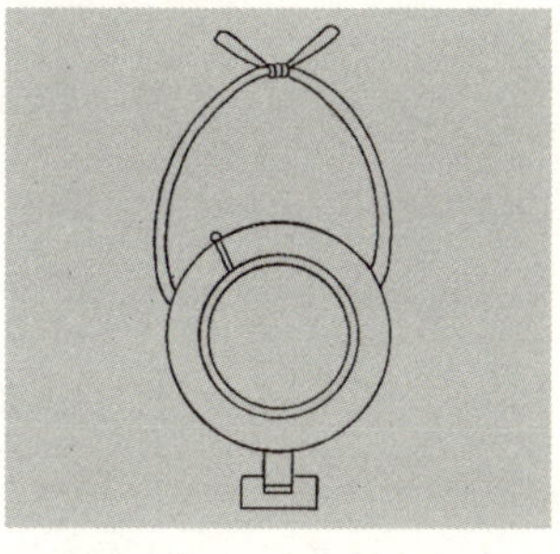

방심곡령은 백초(白綃)로 만든다.

폐슬

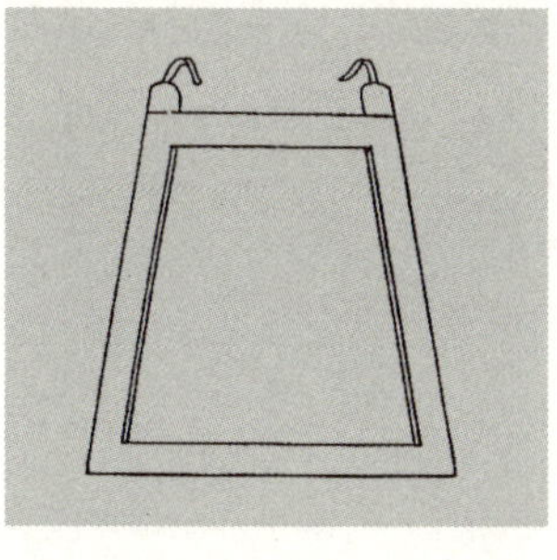

폐슬은 적라로 만든다.

혁대

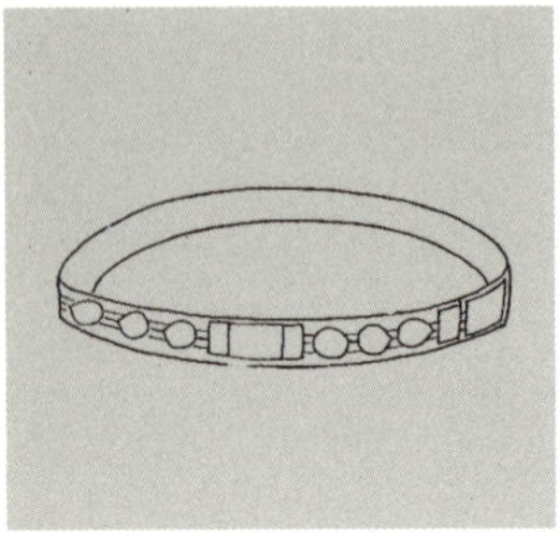

혁대는 1품은 무소뿔을 쓰고, 2품은 금을 쓰고, 3품에서 4품은 은을 쓰고, 5품에서 6품은 동(銅)을 쓰고, 6품 이하는 흑각(黑角 검은 물소의 뿔)을 쓴다.

대대

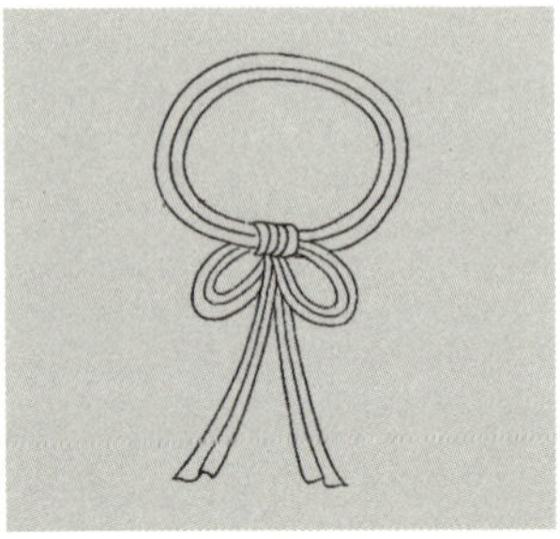

대대는 적라(赤羅)와 백라(白羅)를 합하여 꿰맨다.

수

수는, 2품 이상은 황색, 녹색, 적색, 자색 4색 실로 3품은 같고, 4품에서 6품까지는 황색, 녹색, 적색 3색이고, 7품 이하는 황색, 녹색 2색이다. 짜서 운학(雲鶴) 무늬 3품은 반조(盤鵰) 무늬, 4품에서 6품까지는 연작(練鵲) 무늬, 7품 이하는 계칙(鸂鷘) 무늬이다. 의 화금(花錦)을 이루고, 아래에는 청사망(青絲網)을 연결한 다음 한 쌍의 금고리를 단다. 3품에서 4품까지는 은고리를 달고 5품 이하는 동고리를 단다.

패

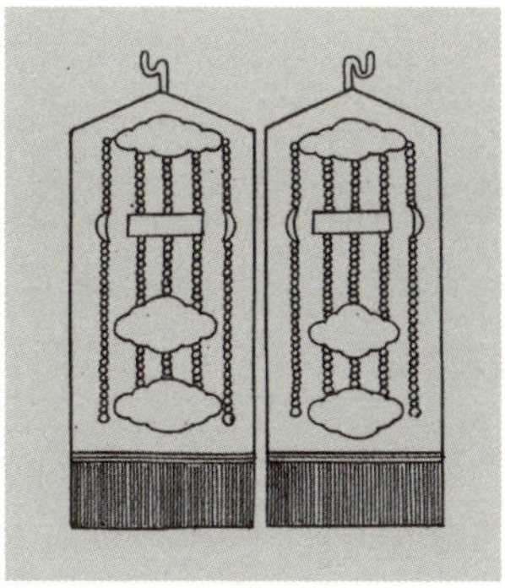

패는 2개이다. 위에 동갈고리(銅鉤)를 달아 형(衡)을 설치하고, 다음에 중형(重衡)을, 중간에 거우(琚瑀)를 설치한다. 아래에 충아(衝牙)를 설치하고 한 쌍의 황(璜)을 중형의 양 옆에 설치한다. 또 한 쌍의 적(滴 적자(滴子))을 충아의 양 옆에 설치하고 약옥주(藥玉珠)로 꿴다. 형, 거우, 한 쌍의 황, 충아, 적자는 모두 민옥(珉玉)으로 한다.

버선

버선은 백포(白布 흰 베)로 만든다. 끈이 있다.

신

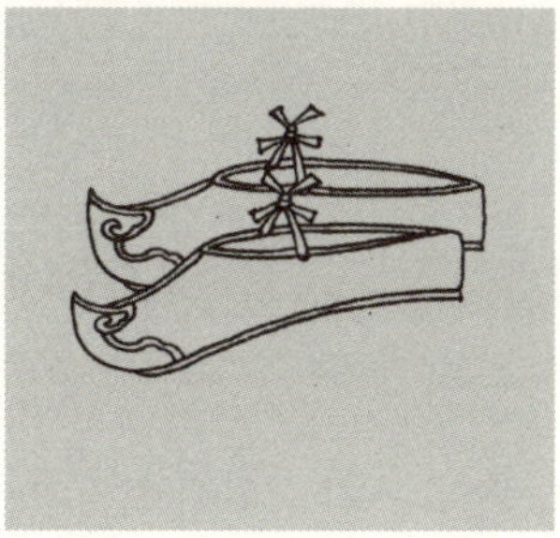

신은 검은 가죽으로 만든다. 끈이 있다.

종친宗親·문무文武 배향관陪享官 관복冠服 도설

관

관영(冠纓)은 제복(祭服)의 관과 제도가 같다. 다만 금박을 입히고, 목잠(木簪)은 금색을 전부 칠한다.

조대條帶

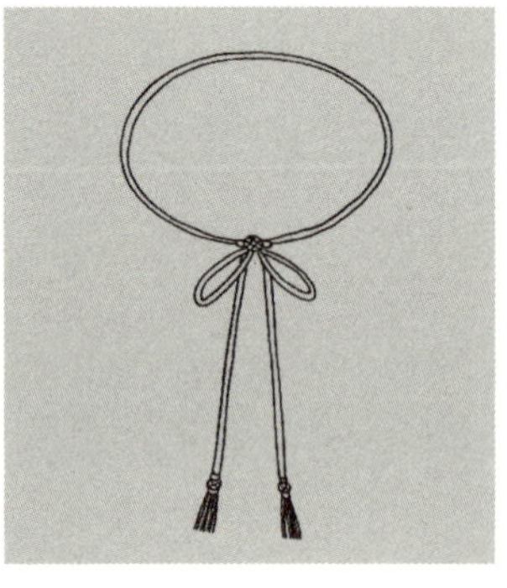

조대는 오색실〔五色絲〕로 짜서 만든다.

의

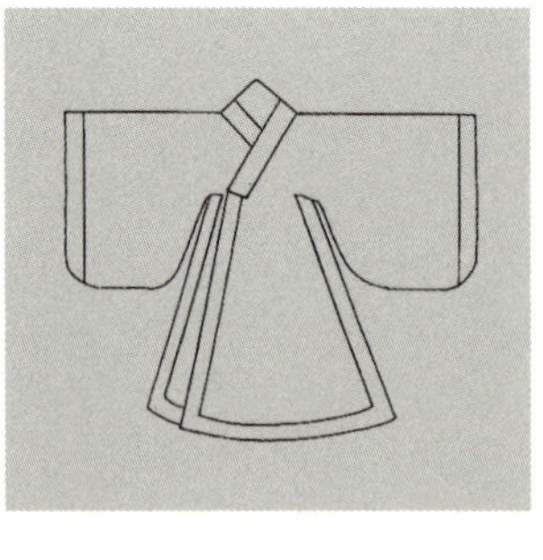

의는 홍초(紅綃)[157]로 만들고, 가선은 흑초(黑綃)를 쓴다.

홀(笏), 상(裳), 수(綬), 폐슬(蔽膝), 패(佩), 품대(品帶), 대대(大帶)는 모두 제복의 제도와 같다.

157 **홍초** 홍색 생사 비단을 말한다. 특히 초(綃)는 생사(生絲)로 짠 얇은 비단의 총칭으로 조선 시대 문무백관들의 조복(朝服)·제복(祭服)의 옷감으로 사용되었다.

흑피화 黑皮靴

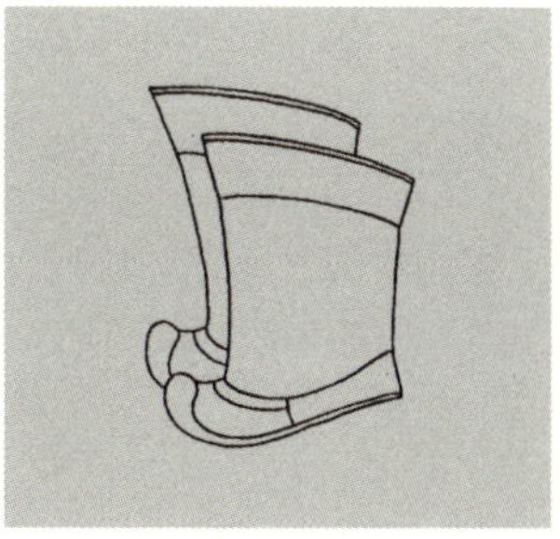

가죽신〔靴〕은 검은 가죽으로 만든다.

공인工人 관복 도설

복두 幞頭 악사(樂師)가 착용한다.

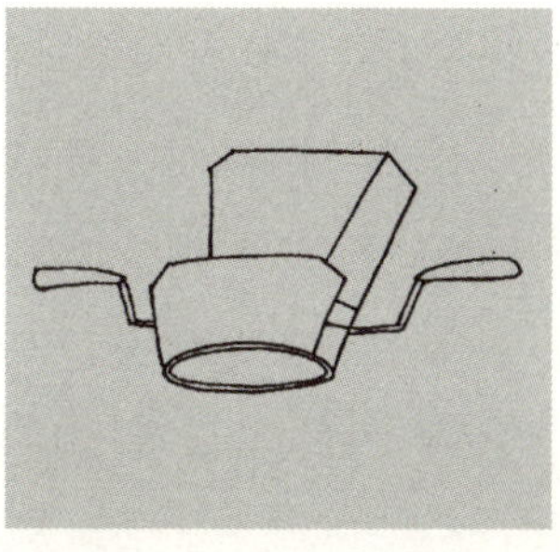

복두는 종이를 배접해서 만든다. 안에는 고운 베〔細布〕를 바르고, 흑칠(黑漆)을 하며 각(角)이 있다. 악공(樂工)이 착용하는 것은 앞뒤 및 양쪽 모서리에 채화(彩花)를 그려 넣는다.

개책 介幘

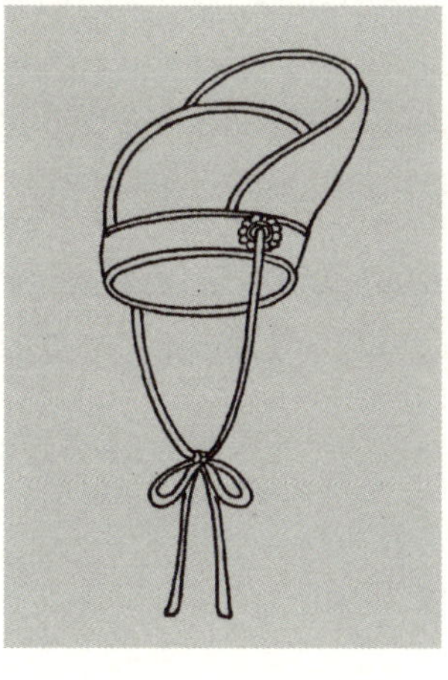

개책은, 송나라의 제도에서는 가죽〔皮〕으로 만들고, 장식에 흑칠을 하였다. 지금의 제도는 종이를 배접하여 만들고, 테두리〔邊兒〕는 철사(鐵絲)를 사용한다. 안은 고운 베를 바르고 흑칠을 한 다음 자황(雌黃)[158]으로 가늘게 그림을 그리고 청주(靑紬)로 만든 갓끈을 단다.

158 **자황** 노란색을 띠는 광물의 일종으로, 안료(顔料)를 만드는 재료로 쓰인다. 계관석(鷄冠石)이라고도 한다.

진현관 進賢冠 문무 공인(文舞工人)이 착용한다..

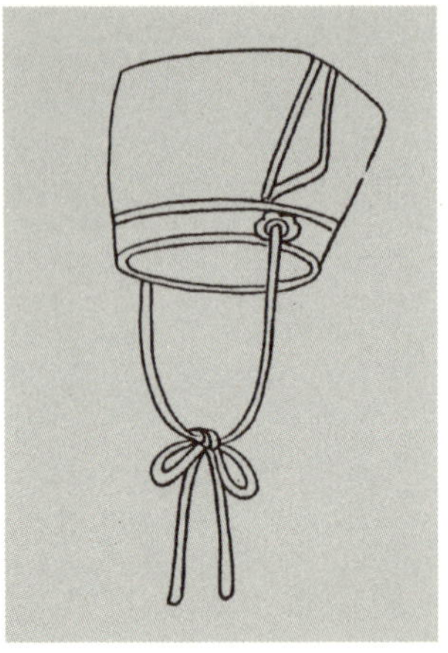

진현관의 제조 방식은 개책(介幘)과 같고, 다만 체제가 다를 뿐이다.

피변 皮弁 무무 공인(武舞工人)이 착용한다.

피변은, 옛날 제도에서는 옻칠한 베로 거죽을 만들었는데, 지금의 제도에서는 종이를 배접하여 만든다. 안은 고운 베를 바르고 흑칠을 하며, 겉에는 모피 형상을 그려 얼룩무늬가 있는 노루 가죽과 같게 한다. 좌우에 구리로 만든 운월아(雲月兒)[159]를 붙이고, 청주로 만든 갓끈을 단다.

159 **운월아** 갓의 장식 가운데 하나로, 갓끈을 달기 위해 덧붙인 고리를 말한다. 금(金)·은(銀)·옥(玉)·칠보(七寶) 등으로 만들었다.

녹초삼 綠綃衫 등가(登歌)의 악사(樂師)가 착용한다.

적삼[衫]은 녹초(綠綃)로 짓는다. 홍초삼의 제도도 같다. 홍초삼은 바로 진홍색 공복(公服)이다.

남주의 藍紬衣 홍주의(紅紬衣)의 제도도 같다. 문무와 무무의 공인이 착용한다.

의(衣)는 남주(藍紬)로 짓는다.

백주중단 白紬中單 헌가(軒架)의 공인이 착용한다.

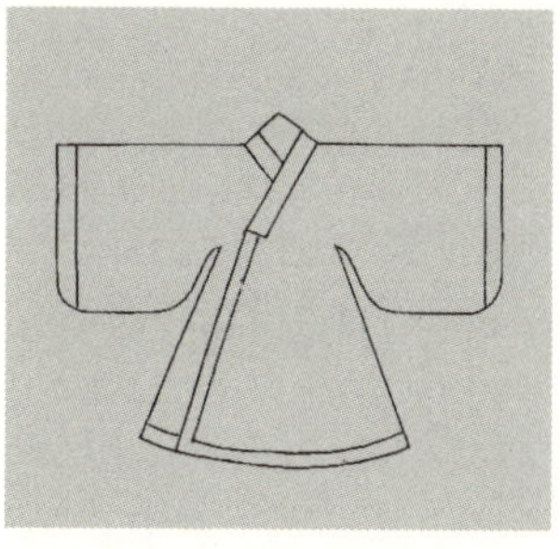

중단은 다듬이질〔擣鍊〕을 한 백주(白紬)로 짓고, 흑주(黑紬)로 가선을 만든다.

적상 赤裳 문무와 무무의 공인이 착용한다.

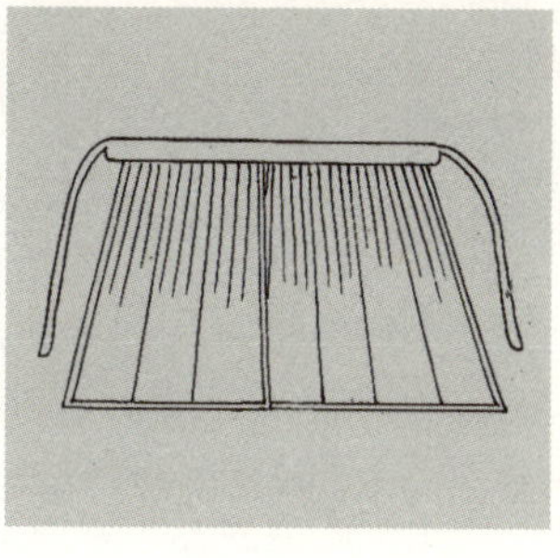

상(裳)은 홍주(紅紬)로 짓고, 조주(皁紬)로 가선을 만든다.

적말대 赤抹帶 백초대(白綃帶)의 제도도 같다. 문무와 무무의 공인이 착용한다.

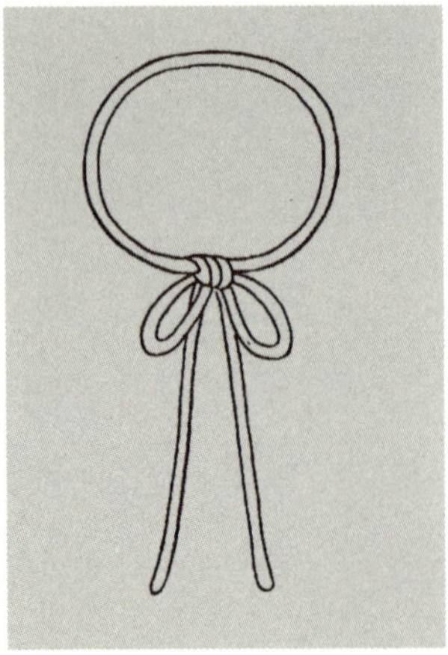

말대는 다듬이질한 홍주(紅紬)로 만든다.

오정대 烏鞓帶 악사가 착용한다.

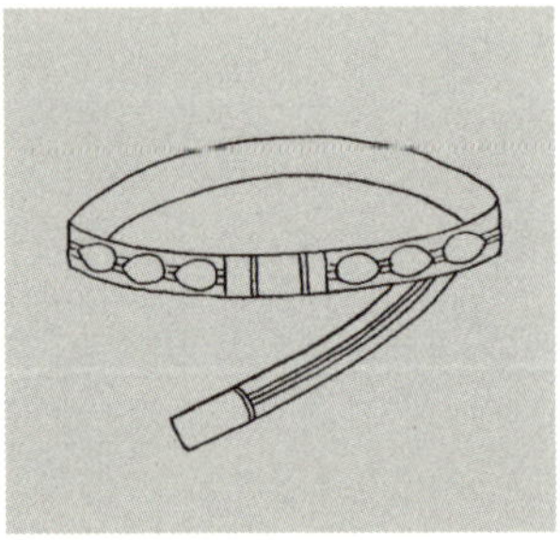

오정대는 나무로 갈고리를 만들고, 흑칠을 한다.

백포말 白布襪 등가와 헌가의 문무와 무무 공인이 착용한다.

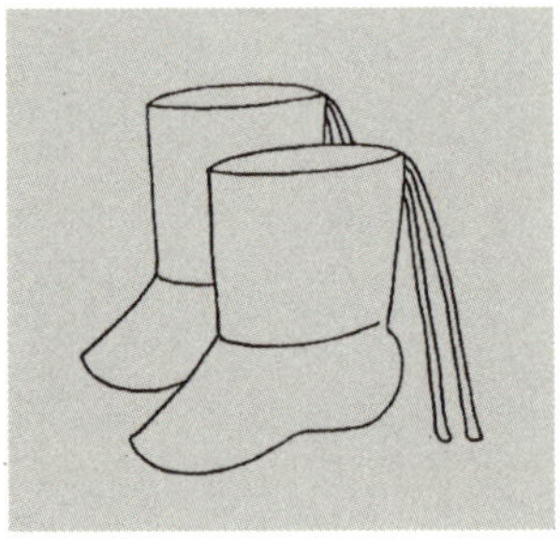

버선(襪)은 백포로 짓고, 안은 생포(生布)를 쓴다.

흑피화 黑皮靴 악사가 착용한다.

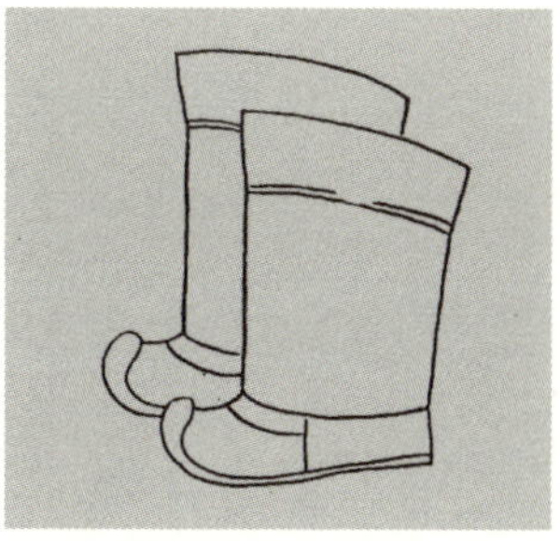

가죽신(靴)은 검은 가죽으로 만든다.

오피리 烏皮履 등가와 헌가의 문무와 무무 공인이 착용한다.

신(履)은 검은 가죽으로 만든다. 끈이 있다.

이의肄儀 도설

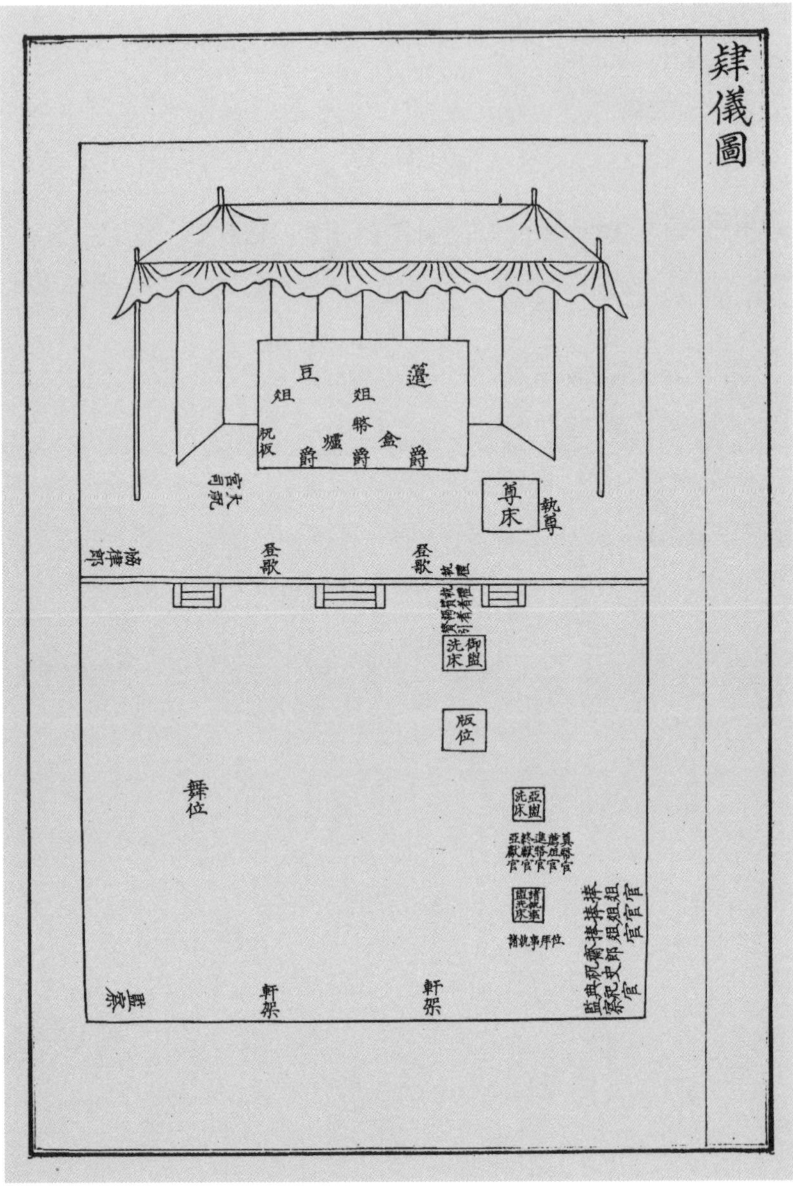

이의(肄儀)[160]할 때에는 향사(享祀) 하루 전에 포막(布幕)을 내신문(內神門) 밖에 동향으로 설치하고, 찬탁(饌卓)을 막사 안 중앙에 동향으로 설치하고, 준상(尊床)을 찬탁의 동북쪽에 설치한다. 전하의 판위는 북쪽 가까이에 서향으로 설치한다. 아헌관 이하의 자리는 판위의 뒤에 설치하고, 여러 집사의 자리는 헌관의 뒤에 설치하되 모두 서쪽을 향하게 한다. 집준(執尊)은 준상의 북쪽에 서게 하고, 당상 집례(堂上執禮)는 섬돌 위에 서게 하고, 당하 집례(堂下執禮)는 섬돌 아래에 서게 하되, 모두 남쪽을 향하게 한다. 찬알(贊謁) 및 찬인(贊引)은 집례의 아래에 있게 하고, 궁사(宮司)와 대축(大祝)은 찬탁의 서남쪽에 북쪽을 향하여 서게 하며, 감찰 2인은 좌우에 나누어 서게 한다. 1인은 여러 집사의 뒤에 서게 하고, 1인은 헌가의 남쪽에 서게 한다. 등가(登歌)는 섬돌 위에 설치하고, 협률랑(協律郞)은 등가의 남쪽에 북쪽을 향하여 서게 한다. 헌가(軒架)는 섬돌 아래 뜰 가운데에 서향으로 설치하며, 무위(舞位)는 남쪽 가까이에 서향으로 설치한다. 아헌관 이하는 모두 흑단령(黑團領) 차림을 하고, 연습하고 익히기를 의식대로 한다.

160 이의 국가 행사 의절(儀節)의 예문(禮文)을 강(講)하며 학습하는 것을 말한다.

일첨문 日瞻門 도설

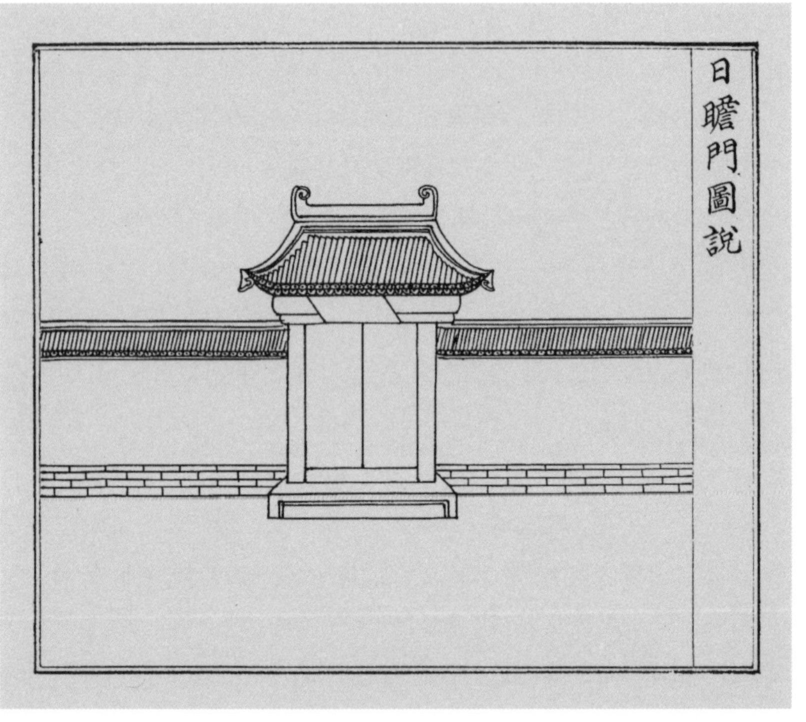

문은 궁 서쪽에 있는데, 병신년(1776, 정조 즉위년) 본궁을 개건할 때 함께 건축하였다. 매달 1차례씩 전배(展拜)하러 갈 때 월근문(月覲門)과 유근문(逌覲門)을 경유하여 이 문을 지나 나아갔다. 갑진년(1784, 정조 8) 2월에 훈련대장 구선복(具善復)이 교지를 받들어 편액(扁額)을 고쳐 썼다. 평상시에는 자물쇠를 채워 봉해 두고 열쇠는 본궁 수복(守僕)에게 봉하여 주었다가 임금이 거둥할 때에 열도록 하였다.

유근문逌覲門 도설

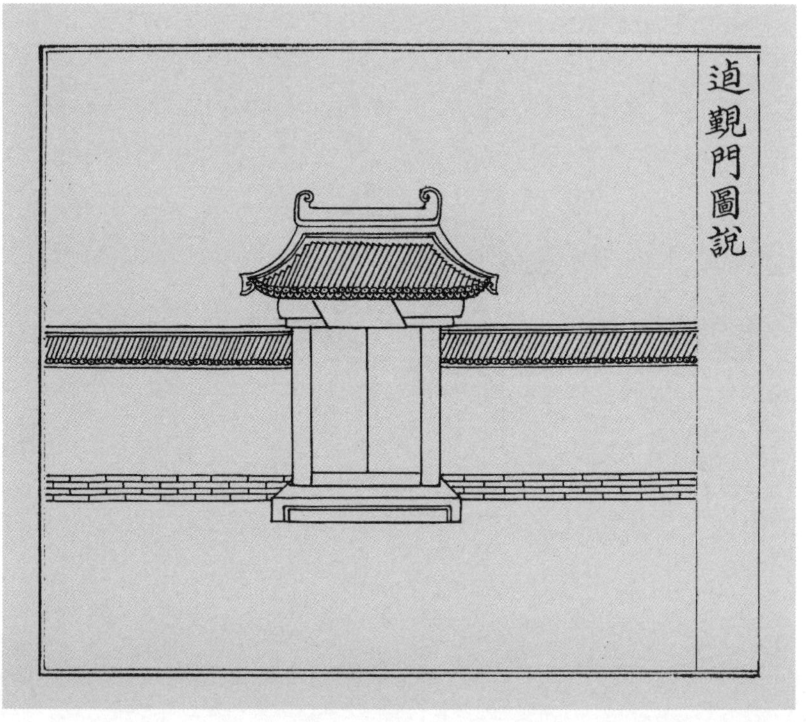

문은 함춘원(含春苑) 서북쪽에 있다. 경자년(1780, 정조 4) 4월에 세워지고, 영중추부사 김상철(金尙喆)이 교지를 받들어 편액을 썼다. 전배할 때 월근문(月覲門)을 지나 이 문으로 들어갔다.

유첨문 逌瞻門 도설

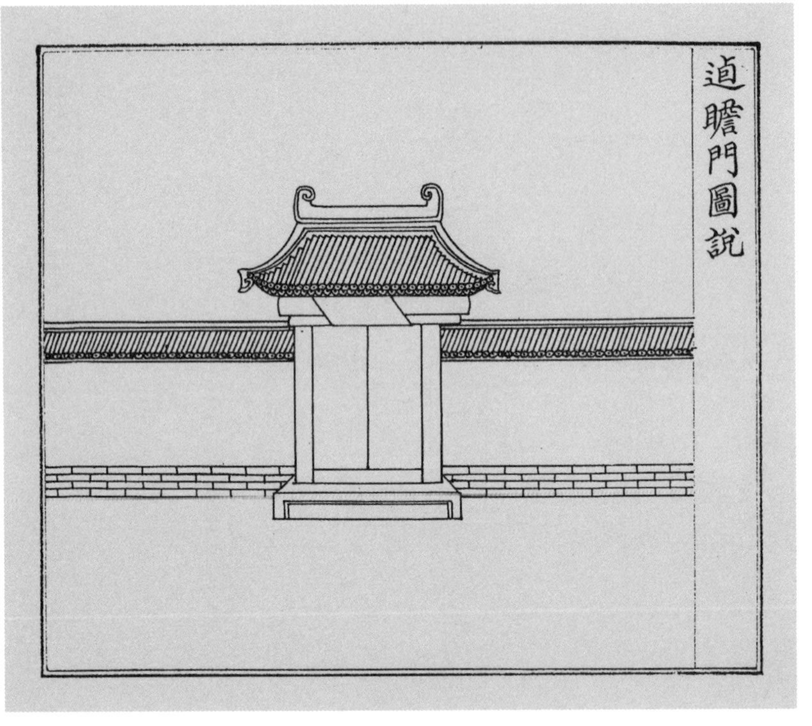

문은 함춘원(含春苑) 서쪽 담장에 있다. 경자년(1780, 정조 4) 4월에 세워지고, 병조 판서 채제공(蔡濟恭)이 교지를 받들어 편액을 썼다.

궁지宮池 도설

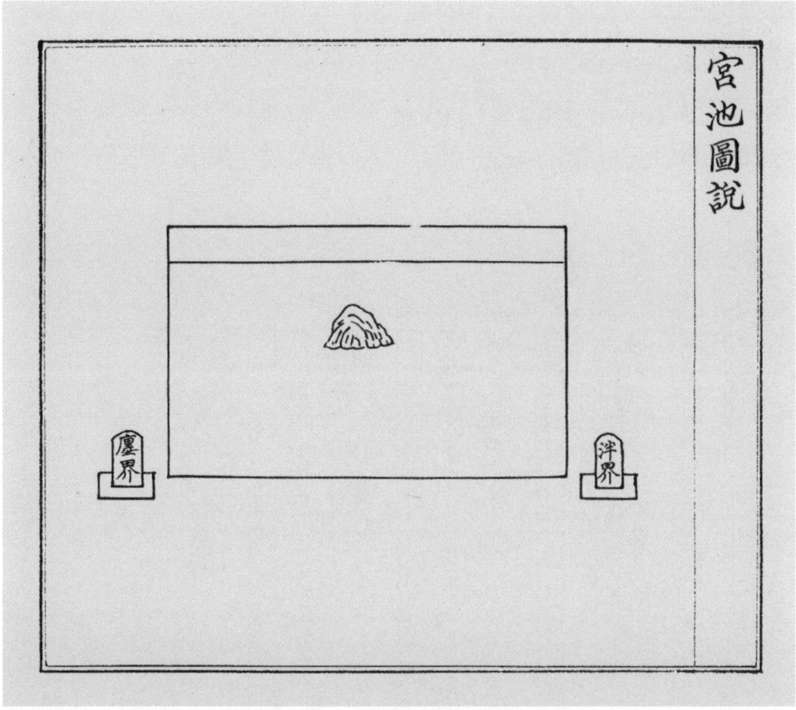

못은 궁 담장 북쪽에 있다. 동서로 길이가 52보(步)이고, 남북으로 너비가 28보이며, 가운데에 작은 섬이 있다. 임인년(1782, 정조 6) 봄에 밭을 파서 못을 만들고 연을 심었다. 그리고 밭주인 천만중(千萬重) 을 연지기(蓮直)로 정하였다. 훈련대장 구선복(具善復)이 명을 받들어 못을 팠다.

척도尺度 도설

포백척반도 布帛尺半圖
주척전도 周尺全圖
영조척반도 營造尺半圖
조례기척반도 造禮器尺半圖

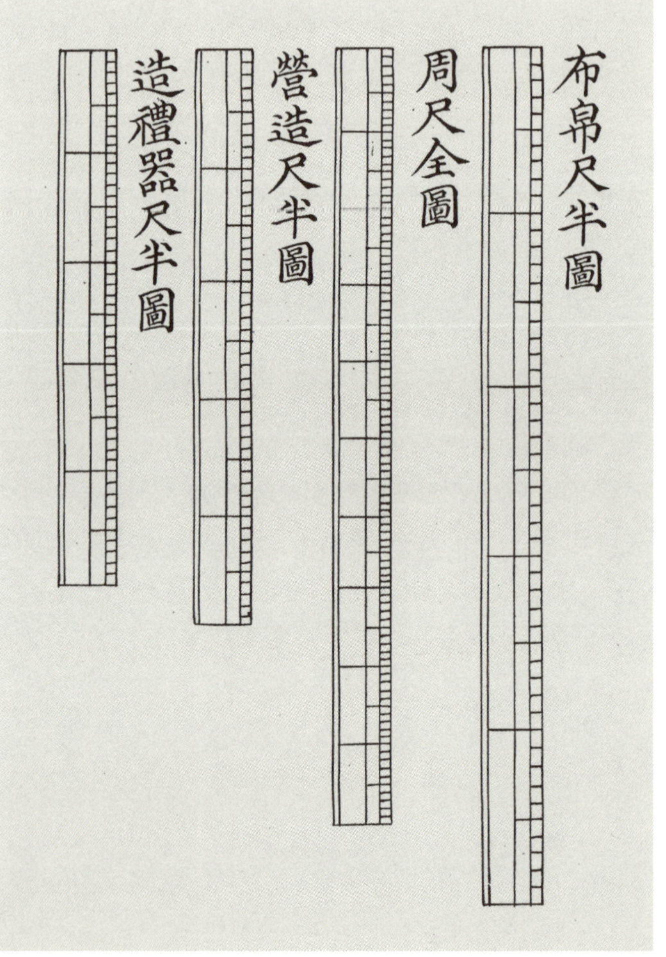

척도의 제도는 10리(釐)가 1푼(分)이 되고 10푼이 1치(寸)가 되고, 10치가 1자(尺)가 되고 10자가 1장(丈)이 된다. 주척(周尺)을 황종척(黃鍾尺)과 비교하면 주척의 1자가 황종척의 6치 6리에 해당하고, 영조척(營造尺)을 황종척과 비교하면 영조척의 1자가 황종척의 8치 9푼 9리에 해당한다. 조례기척을 황종척과 비교하면 조례기척의 1자가 황종척의 8치 2푼 3리에 해당하고, 포백척(布帛尺)을 황종척과 비교하면 포백척의 1자가 황종척의 1자 3치 4푼 8리에 해당한다.[161]

161 **척도의……해당한다** 《국조오례서례(國朝五禮序例)》 권1 〈길례(吉禮)〉에 나온다.

경모궁의궤

제2권 사전(祀典)

봉안 奉安 규제 規制

정당(正堂)의 중앙 주벽(主壁)에 신장(神欌)[1]을 봉안(奉安)한다. 신장 앞에 주렴(朱簾)을 설치하고, 주렴 바깥에 내면장(內面帳)을 설치하며, 내면장 앞에 신탑(神榻)을 설치하고 그 위에 앙장(仰帳)을 설치하고 좌우에는 익장(翼帳)을 설치한다. 신탑 앞에 중면장(中面帳)을 설치한다. 신탑 위에 의자(椅子)를 봉안한다. 중면장 앞에 외면장(外面帳)을 설치하고, 외면장 앞에 찬탁(饌卓)을 설치하며, 찬탁 앞에 관지통(灌地筒)[2]을 진설한다. 정당의 오른쪽 칸에 책장(冊欌)을 봉안하고 왼쪽 칸에 인장(印欌)을 봉안한다. 정당 앞에 삼문(三門)을 설치한다. 작선(雀扇) 한 쌍과 청개(靑蓋) 한 쌍을 좌우 협문(左右挾門) 안에 나누어 세우고, 문 바깥에 외주렴(外朱簾)을 설치한다. 북영(北楹 북쪽 기둥) 안에 준소탁(尊所卓)을 설치한다.

1 **신장** 신독(神櫝)과 신주(神主)를 보관하는 장(欌)이다.

2 **관지통** 관지(灌地)는 땅에 술을 부어 신령의 강림(降臨)을 구하는 제사 의식이다. 관지통은 이때에 편리하게 술을 붓기 위해 사용하는 기구이다.

제향祭享 식례式例

친제(親祭) 때에는 임금은 면복(冕服)을 갖추어 입고 여러 향관(享官)은 제복(祭服)을 입고 백관은 4품 이상은 조복(朝服)을 입고 5품 이하는 흑단령(黑團領)을 입는다. 섭행(攝行) 때에는 제관(祭官)도 제복을 입는다.

친제 때에는 아헌관(亞獻官)은 왕세자(王世子)가 하고 대신(大臣)이 더러 대행하기도 한다. 종헌관(終獻官)은 영의정이 한다. 섭행 때에는 초헌관은 정1품 또는 종1품이 하고 아헌관은 종2품이 하고 종헌관은 당상 정3품이 한다. 삭망(朔望), 속절(俗節)[3] 및 고유제(告由祭) 때의 헌관은 종2품으로 차정(差定)한다. 종친(宗親)과 의빈(儀賓)은 품질(品秩)에 구애받지 않는다.

오향제(五享祭)[4]를 친행할 때에는 산재(散齊) 3일, 치재(致齊) 2일을 한다. 작헌례(酌獻禮) 때에는 산재 2일, 치재 1일을 하며, 섭행할 때에는 산재 3일, 치재 2일을 한다. 삭망과 속절 및 고유제 때에 향(香)을 받는 날에는 형벌의 집행을 금지한다.

희생(犧牲)은 태뢰(太牢)를 쓴다. 섭행 때에는 소와 양을 쓴다. 음악은 3성(成)을 연주한다. 영신(迎神)할 때에는 3성을 연주하고, 신관(晨祼), 진찬(進饌), 초헌, 아헌, 종헌, 철변두(撤籩豆), 송신(送神)에는 각각 1성을 연주한다. 등가(登歌), 헌가(軒架) 때의 춤〔舞〕은 육일(六佾)을 쓴다.

오향제의 제기(祭器)는 변(籩) 10개, 두(豆) 10개, 등(㽅) 3개, 형(鉶) 3개, 보(簠) 2개, 궤(簋) 2개, 조(俎) 6개 성조(腥俎) 3개, 숙조(熟俎) 3개이다. 작(爵) 3개, 비(篚) 1개, 간료등(肝膋㽅)[5] 1개, 모혈반(毛血槃) 1개 섭행 때에는 없다. 이다. 삭망, 속절 및 고유제의 제기는 변 2개, 두 2개, 보 1개, 궤 1개, 조 1개, 작 1개이고, 시성(豕腥)만 쓴다. 고유제에서는 폐백을 쓴다. 작헌례 때의 제기는 변 2개, 두 2개, 작 1개이다.

3 **속절** 정조(正朝), 한식(寒食), 단오(端午), 추석(秋夕), 동지(冬至)를 말한다.

4 **오향제** 춘하추동과 납일에 지내는 제사이다. 춘향(春享), 하향(夏享), 추향(秋享), 동향(冬享)은 각 계절의 중월(仲月) 상순(上旬) 안에 택일하여 지내며, 납향(臘享)은 납일(臘日)에 지낸다.

5 **간료등** 제향 때에 희생의 간과 기름을 담는 그릇이다.

망예(望瘞)를 한다. 축문은 감(坎)에 묻는다. 망료(望燎)를 한다. 폐백은 화로에서 태운다.

오향제를 친행할 때와 향(香)을 친전(親傳)할 때에는 예법대로 취품(取稟)해서, 공의(恭依)[6]하기도 하고 섭행하기도 한다.

봄·가을의 전배(展拜)는 맹삭(孟朔)에 취품한다. 임금은 면복을 갖춘다. 백관의 복색에 대해서는 위의 친제(親祭) 조에 나온다.

제향(祭享)의 축문 및 악장문(樂章文)은 예문관이 지어 올린다.

이의(肄儀)는 여러 향관(享官)이 하루 전에 내신문(內神門) 밖에서 행한다.

전배는 신문(神門) 안의 뜰에서 행한다. 친제 때의 망위례(望位禮)는 신문 바깥뜰에서 행한다.

무릇 크고 작은 향사(享祀) 때 만약 비나 눈이 오면 좌익각(左翼閣) 안에서 예식을 행한다. 계묘년(1783, 정조 7) 2월 8일에 전교를 받았다.

6 **공의** 아뢴 대로 친행(親行)하거나 친전(親傳)한다는 의미이다. 종묘, 사직, 각 능전(陵殿) 등의 제사 때에, 제사를 직접 지낼 것인지를 여쭈거나 향을 직접 전할 것인지를 여쭈어, 직접 하겠다고 임금이 판부하면, 그 취품 문서에 승지가 '봉교경의(奉教敬依)'라고 쓴다. 제사의 대상에 대한 임금의 공경을 표시하기 위해 '敬' 자를 넣는 것이다. 사도세자의 경모궁에 관련된 제사의 경우에는 등급을 조정하여, '경(敬)' 자 대신 '공(恭)' 자를 썼다.

탄일 誕日

을묘년(1735, 영조 11) 1월 21일이다.

기신 忌辰

임오년(1762, 영조 38) 윤5월 21일이다. 제의(祭儀)는 〈원의(園儀)〉[7]에 나온다.

변사 辨祀

중사(中祀)[8]이다. 친향(親享)의 경우는 대사(大祀)를 지낸다.

시일 時日

오향(五享) : 춘향(春享), 하향(夏享), 추향(秋享), 동향(冬享) 네 계절의 중월(仲月) 상순(上旬) 안에 날을 정한다. 납향(臘享) 납일(臘日)에 지낸다.

삭망(朔望)

속절(俗節) : 정조(正朝), 한식(寒食), 단오(端午), 추석(秋夕), 동지(冬至)

7 **원의** 사도세자(思悼世子)와 그의 비(妃) 헌경후(獻敬后)의 사당인 경모궁(景慕宮)과 사도세자의 능원(陵園)인 영우원(永祐園)의 의절(儀節)을 적어 놓은 책이 《궁원의(宮園儀)》이다. 이 《궁원의》 안에 〈경모궁의(景慕宮儀)〉와 〈영우원의(永祐園儀)〉가 포함되어 있는데, 〈원의〉는 이 〈영우원의〉를 가리키는 것으로 보인다.

8 **중사** 국가의 제사는 대사(大祀), 중사(中祀), 소사(小祀), 속제(俗祭) 등이 있는데, 대사는 사직, 종묘, 영녕전 등에 지내고, 중사는 경모궁, 풍운뇌우(風雲雷雨), 산천(山川), 성황(城隍), 미기성(尾箕星), 선농(先農), 선잠(先蠶) 등에 지냈다. 소사는 삼각산, 목멱산, 한강, 사한(司寒), 중류(中霤), 계성사(啓聖祠), 숭절사(崇節祠), 마조(馬祖) 등에 지내고, 속제는 영희전(永禧殿), 선원전(璿源殿), 각 능·원·묘(陵園墓), 육상궁(毓祥宮), 의소묘(懿昭廟) 등에 지냈다.

축식 祝式

선고사유제(先告事由祭), 이안제(移安祭), 환안제(還安祭)의 축문(祝文)은 임시하여 짓는다.

오향제五享祭 **축문**祝文 삭망과 속절 때에도 같다. 대제학 이휘지(李徽之)가 지어 올렸다.

유(維) 숭정(崇禎) 몇 년 세차 모갑(歲次某甲) 모월 모삭(某月某朔) 모일 간지(某日干支)에 종자(從子) 국왕(國王) 어휘(御諱) 은 섭행할 때에는 "삼가 신 아무 관직 아무를 보내서"라고 한다. 감히 황숙부(皇叔父) 사도수덕돈경장헌세자(思悼綏德敦慶莊獻世子)께 환히 고하나이다. 삼가 생각건대 시절(時節)이 빠르게 흘러 이에 좋은 때가 돌아와 길이 추모하오며 공손히 제향을 올리나이다. 삼가 희생과 폐백과 예제(醴齊)와 자성(粢盛)과 서품(庶品)을 삭망과 속절에는 "희생과 예제와 서품을"이라고 칭하고, 선고사유제, 이안제, 환안제 때에는 "희생과 폐백과 예제를"이라고 칭한다. 진설하여 올리오니, 흠향하소서.

작헌례酌獻禮 **축문** 임시하여 지어 올린다.

향식 香式

친향(親享)을 하거나 향(香)을 친전(親傳)할 때에는 침향(沈香)을 사용한다. 무게는 1냥 2돈이다. 향축(香祝)을 전하는 것은 여러 묘(廟)나 묘(墓)보다 우선한다.

악장 樂章

대제학 이휘지(李徽之)가 지어 올렸다.

영신迎神 할 때의 〈오휴곡於休曲〉

아, 아름다워라, 복록을 거듭 펴시니	於休申錫祉
경건한 마음으로 세자를 우러르네	肅穆仰离光
임금께서 몸소 강신주를 따르시니	龍旂親祼將
세자의 영령께서는 상제 곁에 계시네	洋洋在帝傍

전폐奠幣 할 때의 〈재명곡齊明曲〉

단정하고 정결하게 마음을 가다듬고[9]	齊明潔我誠
공경히 폐백 광주리를 받드니	于以虔承筐
성대한 북 소리에 모습을 보이시어[10]	猗那綏思成
저희의 폐백 정성을 편안히 받으시네	顧予祀事康

진찬進饌 할 때의 〈혁우곡赫佑曲〉

우리 희생을 모두 갖추어서	我牲旣備
질그릇 나무그릇 제기에 담았네	于登于豆
지진 것도 있고 구운 것도 있으며[11]	有燔有炙
퉁소소리 피리소리 조화를 이루네	簫筦和奏
제향이 참으로 훌륭한지라	是享是宜
자손들이 그 보우를 받게 되리라	子孫其佑

9 **단정하고……가다듬고** 《중용장구》 제16장에 "귀신의 덕이 지극하다.……천하 사람들로 하여금 재계하고 옷을 잘 차려 입고서 제사를 받들게 하고, 뚜렷하게 그 위에 있는 듯하고 그 좌우에 있는 듯하다.〔鬼神之爲德 其盛矣……使天下之人齊明盛服 以承祭祀 洋洋乎如在其上 如在其左右〕" 하였다.

10 **성대한……보이시어** 《시경》 〈상송(商頌) 나(那)〉에 "아, 성대해라. 우리 북들을 설치했네. 둥둥 북소리에 우리 열조 기뻐하시네. 탕 임금의 손자가 음악을 올리니, 우리 마음 편안하게 모습을 보이시네.〔猗與那與 置我鞉鼓 奏鼓簡簡 衎我烈祖 湯孫奏假 綏我思成〕" 하였다.

11 **지진……있으며** 《시경》 〈소아(小雅) 초자(楚茨)〉에 "지진 것도 있고 구운 것도 있으며〔或燔或炙〕"라고 하였는데, 그 집주(集注)에 "번(燔)은 고기를 지진 것〔燒肉〕이고 적(炙)은 간을 구운 것〔炙肝〕이다." 하였다.

초헌初獻에 헌관獻官을 인입引入할 때의 〈제권곡帝眷曲〉

황제께서 우리 동방을 사랑하시니　帝眷我東邦
목을 빼고 기다려 송축 노래 불렀네　延頸有餘頌
이것으로 세자를 노래하노니　是用歌潛光
왕께서 대통에 오르셨기 때문이라네　由王陞大統

초헌할 때의 〈진색곡震索曲〉

첫 아들이 하늘의 뜻을 받드니[12]　震索膺天
세자가 군주와 함께하게 되셨네　离明配日
군주가 되실 덕이었고[13]　龍潛之德
옥 같은 자질이셨지[14]　玉裕之質
왕명 받아 대리청정을 하니　受命代理
아름다운 명성이 나라에 넘쳤네　令聞洋溢
경사가 후대에 이어지리니　衍慶于後
혁혁한 음덕을 남기시었네　赫赫垂騭

헌관을 인출引出할 때의 〈유길곡維吉曲〉

축관이 길일을 고하니　祝告維吉
제향 의식에 허술함이 없었네　享儀不愆
신명이 보우하시어　維神其佑
하늘의 은총이 두터웠지[15]　荷龍于天
공렬이 이에 환히 드러나　烈光式昭
음악에 실어 전파하니　載播管絃
자손들이 그것을 잘 보존하여　子孫保之
천년 만년 영원히 이어지리　於千萬年

12 **첫……받드니** 《주역》〈설괘전(說卦傳)〉에 "건은 하늘이기 때문에 아버지라 이르고 곤은 땅이기 때문에 어머니라 이르고 진은 첫 번째 찾아서 아들을 얻었기 때문에 장남이라 이르고 이(離)는 두 번째 찾아서 딸을 얻었기 때문에 중녀라 이르고……〔乾 天也 故稱父 坤 地也 故稱母 震 一索而得男 故謂之長男 離 再索而得女 故謂之中女……〕"라고 하였다. 진색(震索)은 장남, 동궁, 태자 등을 가리키는 말로 쓰인다.

13 **군주가 되실 덕이었고** 잠룡(潛龍)은 《주역》〈건괘(乾卦)〉의 "잠겨 있는 용이니 쓰지 말라.〔潛龍勿用〕"라고 한 데에서 인용한 것이다. 여기서는 왕이 되기 이전의 세자를 가리키는 말로 썼다.

14 **옥 같은 자질이셨지** 서진(西晉) 육기(陸機, 260~303)의 〈황태자연현포선유당유영부시(皇太子宴玄圃宣猷堂有令賦詩)〉가 《문선(文選)》에 실려 있는데, 이 시에 "성대한 덕은 못처럼 깊고, 타고난 자품은 옥처럼 넉넉하네.〔茂德淵沖 天姿玉裕〕" 하였다. 옥유(玉裕)는 왕세자, 또는 왕세자의 자품을 비유하는 말로 쓰인다.

15 **하늘의 은총이 두터웠지** 《시경》〈상송(商頌) 장발(長發)〉에 "크고 작은 나라들에서 공물을 받으시어 제후들의 준방이 되시어 하늘의 은총을 받으셨네.〔受小共大共 爲下國駿厖 何天之龍〕" 하였다. 집주에 "소공대공(小共大共)이니 준방(駿厖)이니 하는 말의 뜻은 미상이다."라고 하였다. 하(何)는 하(荷)와 같고 총(龍)은 총(寵)과 같다.

16 **끝없이 복을 내리시리** 《시경》 〈상송(商頌) 열조(烈祖)〉에 "아아, 열조께서 변함없는 복록을 지니시어 끝없이 거듭 내려 주시니 너의 이곳에까지 이르렀네.〔嗟嗟烈祖 有秩斯祜 申錫無疆 及爾斯所〕" 하였다.

아헌亞獻에 헌관을 인입할 때의 〈독경곡篤慶曲〉 종헌(終獻)도 같다.

경사를 돈독히 하여 아름다움을 이으니	篤慶延休吉
강물처럼 끝없이 복을 내리시리[16]	沛沛申無疆
자리로 나아감에 예의가 엄숙하고	徂位禮儀肅
아름다움 칭송하니 노래가 끊임없네	頌美矢歌長

아헌할 때의 〈휴운곡休運曲〉 종헌도 같다.

아름다운 국운 열리고 그윽한 덕이 드러나니	休運啓幽德揚
임금 일을 섭행하여 대리청정 맡으셨네	攝萬機膺重光
선대 공렬 우러르고 후세 창성케 하셨으니	仰前耀俾後昌
성대하게 일무를 추며 제수를 올립니다	紛佾舞薦大房

헌관을 인출할 때의 〈휘유곡徽柔曲〉

아, 어찌 드러나지 않으랴	於乎不顯
아름답고 온유하신 덕성이시라	徽柔養德
태자의 자리에 바르게 앉으시어	正位少陽
대궐에서 군주를 보필하셨네	扶尊太極
그 모습 뚜렷하게 보이는 듯	來格洋洋
오르내리며 흠향하시는구나	載降載陟
화락한 모습으로 하늘에서	衎衎自天
영원히 큰 복록을 내려 주시리	永錫遐福

변두籩豆를 거둘 때의 〈강안곡康安曲〉

향기로운 음식 갖추었고	有芬有苾
예식이 참으로 훌륭하였네	式禮孔嘉
신령께서 오시어 흠향하셨으니	神維來歆
우리를 버리지 않으셨구나	德音不遐
철상을 늦추지 아니하니[17]	廢徹不遲
등가 소리 안타까운 듯 길게 이어지네	登歌永嗟

송신送神할 때의 〈경안곡景安曲〉

우리의 예식이 마무리되어	我禮卒度
음악 세 곡조가 연주되었네	樂三成而
신령께서 이미 평안하게 즐기시어	神既康樂
우리의 정성을 돌아보셨네	顧予誠而
학을 타고[18] 이제 아득히 떠나시니	鶴馭杳邈
삼가 전송해 보내옵니다	送霓旌而

17 **철상을 늦추지 아니하니** 《시경》〈소아(小雅) 초자(楚茨)〉에 "가신(家臣)들과 부인이 철상을 서두르니, 제부(諸父)와 형제들이 따로 남아 잔치를 하는구나.〔諸宰君婦 廢徹不遲 諸父兄弟 備言燕私〕" 하였다. 집주에 "철상은 서둘러 하는 것을 공경으로 삼는다. 신(神)의 은혜를 묵히지 않는다는 뜻이다." 하였다.

18 **학을 타고** 원문의 학어(鶴馭)는 학가(鶴駕)와 같은 말로서 세자의 수레를 뜻하는데, 세자를 가리키는 말로 쓰기도 한다.

생뢰 牲牢

○ 오향(五享)의 대사(大祀)

태뢰(太牢)를 쓴다. 소 1마리, 양 1마리, 돼지 1마리인데, 양 1마리와 돼지 1마리를 더 쓴다. 만약 섭행하는 경우라면 양과 돼지를 더 쓰지 않는다. ○친제로 거행한 뒤에 만약 몸소 나아가 희생을 살피고 궁궐로 돌아오는 경우에는 양과 돼지를 그대로 더 쓴다. ○계묘년(1783, 정조7)에 전교를 받았다.

○ 속절(俗節)과 삭망(朔望)

시성(豕腥)을 쓴다. 돼지 1마리만 쓴다.

찬품饌品

○ 오향 대제(五享大祭)

밥 4그릇〔器〕: 갱미(粳米), 직미(稷米), 서미(黍米), 각 4되 5홉 점미(粘米) 6되

국〔和羹〕 3그릇 : 소, 양, 돼지, 소금〔鹽〕3홉, 간장(艮醬) 6홉, 식초〔醋〕3사(夕), 청근(菁根) 9뿌리

떡〔餠〕 2그릇 : 백병(白餠 흰떡) 백미(白米) 4되, 흑병(黑餠 검정떡) 당서미(唐黍米) 5되 5홉

과일 5그릇 : 진자(榛子 개암), 율황(栗黃 깐 밤), 건조(乾棗 말린 대추), 검인(芡仁 가시연밥), 능인(菱仁 마름 열매) 각각 1되 5홉

젓갈 4그릇 : 담해(醓醢 육장(肉醬)) 소고기 1근 8냥, 청주(淸酒) 9홉 3사, 토해(兎醢 토끼고기 젓), 녹해(鹿醢 사슴고기 젓), 어해(魚醢 생선젓) 각각 고기 1근 8냥 이상의 네 가지 젓갈에 들어가는 것들 중미(中米) 3되, 누룩 5홉 2사, 소금 2되 2홉 5사

중포(中脯) 5조(條)

어수(魚鱐 말린 생선)[19] 1그릇 대구어(大口魚) 3마리

형염(形鹽), 죽순(竹笋), 청저(菁菹), 구저(韭菹), 근저(芹菹) 각각 1되 5홉

비석(脾析) 1그릇 소의 처녑(千葉), 개자(芥子) 1홉, 식초 7사, 간장 1홉, 생강(生薑) 1냥 2돈

우성(牛腥 생쇠고기) 머리〔頭〕, 양성(羊腥 생양고기) 칠체(七體)이니, 등심〔脊〕, 두 넓적다리〔兩髀〕, 두 어깨〔兩肩〕, 두 갈비짝〔兩脅〕이다. 시성(豕腥 생돼지고기) 칠체는 양성과 같다. 섭행할 때에는 없다.

우숙(牛熟 익힌 쇠고기) 장(腸), 위(胃), 폐(肺), 양숙(羊熟 익힌 양고기) 우숙과 같다. 시숙(豕熟 익힌 돼지고기) 부〔膚〕

울금주(鬱金酒) 1병(甁), 청주(淸酒) 4병 반. 병마다 구기(句只) 하나씩을 더한다.

설소(爇蕭),[20] 연애(鍊艾) 1근, 피직(皮稷), 피서(皮黍) 각각 1되 5홉

사촉(肆燭) 2자루로, 합한 무게는 1근 3냥이다. ○친향 때에 쓴다. 오촉(伍燭) 1자루로, 무게는 4냥 8돈이다. ○친향 때에 준소(尊所)에서 쓴다. ○섭행 때에는 3자루

19 어수 《오주연문장전산고(五洲衍文長箋散稿)》〈주례변실두실변증설(周禮籩實豆實辨證說)〉에 "어수(魚鱐)의 수(鱐)는 음이 수(搜)이다. 물고기를 찢어서 말린 것이다.〔魚鱐之鱐音搜魚之析而乾者也〕"라고 하였다.

20 설소 사람이 죽으면 혼기(魂氣)는 하늘로 올라가고 형백(形魄)은 땅으로 들어가는데, 제사 때에 하늘에 있는 혼기를 불러오기 위해서 쑥을 태워 향기를 피워 하늘에 닿게 한다. 설소는 쑥을 태우는 의식이다. 여기서는 그 설소 의식에 사용할 쑥을 말한다.

를 쓴다. 팔촉(捌燭) 2자루로, 무게는 10냥이다. 집례소(執禮所)에서 쓴다. 조촉(照燭) 1자루로 무게는 4냥 8돈이다.

○ 속절 및 삭망

밥 2그릇 : 갱미(粳米), 서미(黍米). 각각 4되 5홉

율황(栗黃) 1되 5홉

중포(中脯) 5조(條)

녹해(鹿醢) 1근 8냥

청저(菁菹) 1되 5홉

청주(淸酒) 1병 반

밀촉(蜜燭) 3자루 매 자루마다 2냥

돼지 1마리

○ 친림하는 작헌례(酌獻禮)

중포 5조

율황 1되 5홉

녹해 1근 8냥

청저 1되 5홉

청주 1병 반

사촉(四燭) 무게는 1근 3냥, 오촉(五燭) 무게는 4냥 8돈 ○준소(尊所)에서 쓴다.

폐백 幣帛

백폐(白幣) 1단(端), 구승세저포(九升細苧布) 11자(尺) 1치(寸) 2푼(分)이다. 오향 대제 및 고유제(告由祭)에 이것이 있다. 예식이 끝나면 즉시 불태운다.

망료위 望燎位

감(坎)은 돌로 쌓고 판(板)으로 덮는다. 무릇 크고 작은 향사(享祀)의 축문(祝文)은 봉모(封茅)와 함께 감 안에 봉안한다. 봄 2월 가을 8월 고유제 때에는 외감(外坎)에서 불태운다. 외감은 내장(內墻) 바깥 남원(南園)에 있다.

오향제五享祭를 친제親祭할 때의 의절

재계齊戒

제향 6일 전에 예조가 계문(啓聞)하여 재계하기를 청한다. 전하가 산재(散齊)를 3일간 별전(別殿)에서 행하고, 치재(致齊) 2일을 하루는 정전(正殿)에서 하고 하루는 재전(齊殿)에서 한다. 왕세자가 제향에 참석하는 경우에는, 세자시강원이 기일 전에 세자에게 별당(別堂)에서 산재하고 정당(正堂)과 재소(齊所)에서 치재하기를 청한다. 산재할 때에는 조문(弔問)과 문병(問病)을 하지 않고 음악을 듣지 않으며 유사(有司)는 형살(刑殺)과 관련한 문서를 아뢰지 않는다. 치재할 때에는 오직 제향에 관한 일만 아뢴다. 여러 향관 및 근시(近侍) 관원으로서 배종할 자는 모두 3일간의 산재와 정침(正寢)에서 재숙한다. 2일간의 치재를 하루는 본사(本司)에서, 하루는 재소에서 한다. 행한다. 배향관(陪享官) 및 제위(諸衛)에 소속된 자로서 궁문(宮門)을 수위(守衛)할 자는 각각 본사에서 하룻밤을 청재(淸齊)하고, 공인(工人)과 이무(二舞)[21]는 예조에서 하룻밤을 청재한다.

21 이무 문무(文舞)와 무무(武舞)를 말한다.

재관齊官

아헌관 왕세자

종헌관 영의정

진폐찬작관(進幣瓚爵官) 이조 판서가 하는데, 유고(有故) 시에는 참판이 한다.

천조관(薦俎官) 호조 판서가 하는데, 유고 시에는 참판이 한다.

전폐찬작관(奠幣瓚爵官) 이조 참의

전사관(典祀官) 봉상시(奉常寺) 관원

집례(執禮) 2인 당상 3품 1인과 당하 4품 1인이다.

궁사(宮司) 영(令)이나 직장(直長)이나 봉사(奉事)가 한다.

대축(大祝) 1인 시임(時任)이나 원임(原任)의 옥당(玉堂)이나 각신(閣臣)이 한다.

축사(祝史) 1인 4품

재랑(齊郎) 1인 5품

집준(執尊) 1인 6품

봉조관(捧俎官) 3인 참외(參外)

장생령(掌牲令) 전생서(典牲署) 관원

협률랑(協律郎) 장악원(掌樂院) 관원

작세위(爵洗位) 6품

관세위(盥洗位) 6품

아헌관 관세위(亞獻官盥洗位) 참외

종헌관 관세위(終獻官盥洗位) 참외

찬자(贊者) 2인 통례원(通禮院) 관원

알자(謁者) 2인 6품

찬인(贊引) 2인 1인은 6품, 1인은 참외가 한다.

감찰(監察) 2인

예의사(禮儀使) 예조 판서가 하는데, 유고 시에는 참판이 한다.

근시(近侍) 6인 승지

통례(通禮) 좌우 각각 1원씩이다.

상례(相禮) 왕세자 시종관(侍從官)

진설 陳設

제향 3일 전에 전설사(典設司)가 소차(小次)를 궁(宮)의 동쪽 계단 동쪽에 서향으로 설치한다. 시신(侍臣)들의 막차를 재전(齊殿) 뒤에 남향으로 설치한다. 왕세자의 막차를 재전의 동남쪽에 서향으로 설치한다. 여러 향관 및 종친(宗親)의 막차를 재방(齊坊) 안에, 배향관(陪享官)의 막차를 그 앞에 지형의 편의에 따른다. 모두 북향으로 설치한다.

2일 전에 궁사(宮司)가 소속 인원을 거느리고 궁의 안팎을 소제(掃除)한다. 전설사가 찬만(饌幔)을 동문 밖에 설치한다. 전악(典樂)이 그 소속 인원을 거느리고 당(堂) 위의 앞쪽 기둥 사이에 등가악(登歌樂)을 설치하고 묘정(廟庭)에 헌현(軒懸)[22]을 설치하는데, 모두 북향이다.

1일 전에 집례(執禮)가 전하의 판위(版位)를 동쪽 계단 동남쪽에 북향으로 설치한다. 음복위(飮福位)를 앞 기둥 바깥에 동쪽에 가깝게 하여 북향으로 설치한다. 왕세자의 자리를 전하의 판위 뒤쪽 길 동쪽에 북향으로 설치한다. 찬자(贊者)가 종헌관(終獻官), 진폐찬작관(進幣瓚爵官), 천조관(薦俎官), 전폐찬작관(奠幣瓚爵官)의 자리를 왕세자 배위(拜位)의 뒤쪽 길 동쪽에, 집사자(執事者)의 자리를 그 뒤에 설치하는데, 등급마다 자리를 달리하고 모두 두 줄로 북쪽을 향하게 하고 서쪽을 상위로 한다. 감찰(監察)의 자리 두 개를 묘정에 설치하되, 하나는 동남쪽에 서향으로 설치하고 하나는 서남쪽에 동향으로 설치한다. 집례의 자리 두 개를 하나는 당 위의 앞 기둥 바깥에 설치하고 하나는 당 아래에 설치하는데, 모두 동쪽에 가깝게 하여 서향으로 설치한다. 찬자, 알자(謁者), 찬인(贊引)은 당하 집례(堂下執禮)의 뒤쪽의 조금 남쪽에 서쪽을 향하게 하고 북쪽을 상위로 한다. 협률랑(協律郎)의 자리는 당 위의 앞 기둥 바깥에 서쪽에 가깝게 설치하여 동쪽을 향하게 한다. 전악(典樂)의 자리는 헌현의 북쪽에 설치하여 북쪽을 향하게 한다. 배향(陪享)하는 백관(百官)들의 자리는 묘정에 설치하되, 문관 1품 이하의 자리는 길 동쪽에 설치하고, 종친 및 무관 1품 이하의 자리는 길 서쪽에 설치하여, 등급마다 자리를 달리하고 모두 두 줄로 북쪽을 향하게 한다. 문외위(門外位)의 여러 향관(享官)의 자리는 동문 바깥의 길 동쪽에 설치하되, 북쪽을 향하게 하고 서쪽을 상위로 한다. 배향하는 백관들의 외위(外位)는 향관의 뒤쪽에 설치한다. 문관과 무관이 동서로 나뉘어 서는 순서는 위에 보인다. 전하의 망료위(望燎位)를 예감(瘞坎)의 남쪽에 북향으로 설치한다. 집례, 찬자, 대축(大祝)의 자리는 동쪽에 설치하되, 두 줄로 서쪽을 향하게 하고 북쪽을 상위로 한다.

제향하는 날 행사를 하기 전에 궁사(宮司)가 소속 인원을 거느리고 재실(齋室)을 열고 신악(神幄)을 정돈하고 자리를 깔고 궤(几)를 진설하기를 평상시의 의식처럼 한다. 전사관(典祀官)과 궁사가 각기 그 소속 인원을 거느리고 들어가 축판(祝版)을 신위(神位)의 오른쪽에 올려놓고 점(坫)이 있

22 **헌현** 제후의 악현(樂懸)을 지칭하는데, 《주례(周禮)》〈춘관종백(春官宗伯) 소서(小胥)〉에 "현악하는 위치는, 천자는 궁현, 제후는 헌현이다.〔正樂懸之位 王宮懸 諸侯軒懸〕"라고 하였다. 악현은 편경과 편종 등 타악기를 설치하는 틀, 또는 그 악기들을 일컫는다.

다. 폐백 광주리〔幣篚〕를 준소(尊所)에 진설한다. 향로(香爐), 향합(香盒), 병촉(幷燭)을 신위 앞에 진설한다. 다음에 제기(祭器)를 법식에 따라 진설한다. 위의 설찬도(設饌圖)에 보인다. 찬반(瓚槃)을 준소의 점(坫) 위에 진설한다. 노탄(爐炭)을 앞 기둥 사이에 진설하고, 모혈반(毛血槃), 간료등(肝膋㽅), 소변(蕭籩), 서직변(黍稷籩)을 그 뒤에 진설한다. 복주작(福酒爵) 점(坫)이 있다. 조육조(胙肉俎)를 준소에 진설하고, 또 조(俎) 하나를 찬만(饌幔) 안에 진설한다. 전하의 세(洗)를 동쪽 계단 동남쪽에 북향으로 진설한다. 관세(盥洗)는 동쪽에 두고 작세(爵洗)는 서쪽에 둔다. 반이(槃匜)가 있다. 뇌(罍)는 세(洗)의 동쪽에 두되 작(勺)을 얹어 둔다. 비는 세의 서쪽에 두되 남쪽을 향하여 벌여 놓고 수건〔巾〕을 담아 둔다. 작세에 쓰는 비일 경우에는 또 찬(瓚)과 작(爵)을 담아 둔다. 점이 있다. 아헌과 종헌의 세는 또 동남쪽에 두되, 모두 북쪽을 향하게 한다. 관세는 동쪽에 두고 작세는 서쪽에 둔다. 아헌의 세는 또한 반이가 있다. 만약 대신(大臣)이 아헌관이 되면 종헌할 때와 같이 하되 세에 반이가 없다. 모두 뇌(罍)는 세의 동쪽에 두고 작(勺)을 얹어 놓고, 비(篚)는 세의 서쪽에 두되, 남쪽을 향하여 벌여 놓고 수건을 담아 둔다. 작세에 쓰는 비라면 또 작(爵)을 담아 둔다. 점이 있다.

전향축 傳香祝

제향(祭享) 1일 전, 미명(未明) 5각(五刻)[23]에 액정서(掖庭署)가 전하의 욕위(褥位)를 인정전(仁政殿) 뜰에 북쪽에 가까운 곳 중앙에 남향으로 설치한다. 향축안(香祝案)을 욕위 앞에 서쪽에 가깝게 하여 동향으로 진설한다. 향축지송위(香祝祗送位)를 월대(月臺) 아래 어로(御路)의 동쪽에 서향으로 설치한다.

3각 전에 재관(齊官)들이 평상복 차림으로 모두 조당(朝堂)에 모인다. 좌통례가 무릎 꿇고 중엄(中嚴)[24]을 계청한다. 조금 있다가 또 외판(外辦)[25]을 아뢴다. 전하가 익선관(翼善冠)과 곤룡포(袞龍袍)를 갖추어 입고 나온다. 좌우 통례가 앞에서 인도하여 욕위에 이른다. 전하가 자리에 나아간다. 산선(繖扇)과 시위(侍衛)는 평상시의 의식과 같이 한다. 향실관(香

23 **미명 5각** 미명은 날이 채 밝기 전이라는 뜻으로 동트는 시간을 일컫는다. 1각은 15분이므로, 당일 동트는 시각의 1시간 15분쯤 이전을 말한다.

24 **중엄** 임금의 거둥 때에 경계의 신호로 두 번째 울리는 북소리이다. 이엄(二嚴)이라고도 한다. 첫 번째 울리는 북소리를 초엄(初嚴), 세 번째 울리는 북소리를 삼엄(三嚴)이라 이른다.

25 **외판** 임금이 행하는 의식에서 밖의 의식 준비가 빠짐없이 갖추어졌음을 아뢸 때에 쓰는 말이다. 왕세자나 왕세손이 행하는 의식에서는 '외비(外備)'라고 한다.

室官)이 흑단령(黑團領) 차림이다. 축판(祝版)을 받들고 무릎 꿇고 올리면, 근시(近侍)가 흑단령 차림이다. 전해 받아 받들고 무릎 꿇고 올린다. 전하가 서명(署)을 마치면, 근시가 축판과 향(香)을 받들어 들고 안(案)에 임시로 안치한다.

1각에 인의(引儀)가 헌관(獻官)을 인도하여 합문 밖에 이른다.

때가 되면 좌통례가 들어와 욕위의 왼쪽에 부복한다. 전하가 욕위에 남쪽을 향하여 선다. 헌관이 들어온다. 좌통례가 무릎 꿇고, 꿇어앉을 것을 계청한다. 전하가 꿇어앉는다. 근시가 향과 축문을 받들고 동쪽을 향하여 무릎 꿇고 올린다. 전하가 받아서 헌관에게 준다. 헌관이 서쪽을 향하여 무릎 꿇고 받아서 일어난다. 좌통례가 무릎 꿇고, 일어날 것을 계청한다. 전하가 일어난다. 좌우 통례의 인도로 전하가 동쪽 계단으로 내려와서 지송위(祗送位)로 나아가 서쪽을 향하여 선다. 헌관이 향과 축문을 받들고 나간다. 좌통례가 무릎 꿇고, 몸을 굽힐 것을 계청하면, 전하가 몸을 굽힌다. 지나가고 나서 몸을 펴기를 계청하면 전하가 몸을 편다. 헌관이 인정문(仁政門)을 나와 향과 축문을 향정자(香亭子)에 봉안한다. 세장(細仗)이 앞에서 인도하고, 좌우 통례의 인도로 전하가 궐내로 돌아온다.

거가출궁 車駕出宮

3일 전에 담당 관사가 내외에 선섭(宣攝)하여 각기 직무를 다하게 한다.

제향 2일 전에 장악원(掌樂院)이 헌현(軒懸)을 인정전 뜰에 진열하되, 남쪽에 가깝게 하고 북쪽을 향하게 한다. 출궁할 때 진열만 하고 연주하지는 않는다. 전설사(典設司)가 왕세자의 막차를 돈화문(敦化門) 바깥 길 동쪽에 설치하되, 북쪽에 가깝게 하고 서쪽을 향하게 한다.

제향 1일 전에 통례원이 왕세자가 시립(侍立)할 자리를 막차 앞에 설치하되 서쪽을 향하게 하고, 배향할 종친과 문무백관이 시립할 자리를 돈화문 바깥에 설치하되 서로 마주하도록 하고 북쪽을 상위로 한다. 문관은 동쪽에, 무관은 서쪽에 설치한다. 익위사(翊衛司)가 부서의 인원을 거느리고 의장(儀仗)과 시위(侍衛)를 평상시와 같이 벌여 놓는다. 궁관(宮官)이 시각에 맞춰서 각기 의복을 갖춘다. 문관은 조복(朝服)을 입고 무관은 기복(器服)을 입는다.

북을 쳐서 초엄(初嚴)을 알리면, 병조가 여러 위(衛)의 인원들을 신칙하여 대가 노부(大駕鹵簿)[26]를 인정문(仁政門) 밖에 평상시와 같이 벌여 놓는다. 여러 향관(享官)이 다 같이 조방(朝房)[27]에 모여 각각 조복을 갖추어 입는다. 여러 향관이 먼저 향소(享所)로 나아간다. 궁관이 궁문(宮門) 밖으로 나아가서 좌우로 나뉘어 마주 서는데 북쪽을 상위로 한다. 익찬(翊贊)이 법식대로 인(印)을 진다. 배종(陪從)하는 관원이 익위(翊衛) 2인이 검(劍)을 차고 사어(司禦) 2인이 활과 화살을 찬다. 합문 밖에 나아가 받들어 맞이한다. 필선(弼善)이 무릎 꿇고 내엄(內嚴)을 찬청(贊請)[28]한다.

북을 쳐서 이엄(二嚴)을 알리면, 여러 위(衛)가 각각 그 부대를 독려하여 들어와서 전정(殿庭)에 늘어서게 한다. 사복시 정(司僕寺正)이 연(輦)을 인정문 밖에 대령시키고, 여(輿)를 선정전(宣政殿) 합문 밖에 대령시키는데, 모두 남쪽을 향하게 한다. 배향관(陪享官)이 나가서 시립(侍立)하는 자리로 나아간다. 필선이 무릎 꿇고 외비(外備)[29]를 아뢴다. 왕세자가 원유관(遠遊冠)과 강사포(絳紗袍)를 갖추어 입고 나온다. 상례(相禮)가 인도하여 돈화문(敦化門) 외차(外次)로 나아간다. 배종(陪從)과 시위는 평상시와 같다. 시신(侍臣)들이 인정전(仁政殿) 서쪽 계단 아래로 나아가서 좌우로 나누어 서서 받들어 맞이한다. 호위하는 관원들 및 사금(司禁)들은 각기 기복(器服)을 갖추어 입는다. 상서원(尙瑞院) 관원이 어보(御寶)를 받들어 든다. 다 함께 선정전 합문 밖에 나아가 사후(伺候)한다. 좌통례가 합문 밖에 나아가 무릎 꿇고 중엄(中嚴)을 계청한다.

북을 쳐서 삼엄(三嚴)을 알리면, 상례가 왕세자를 인도하여 막차에서 나와 시립하는 자리로 나아가게 한다. 북소리가 그치면 안팎의 문을 연다. 좌통례가 무릎 꿇고 외판(外辦)을 아뢴다. 전하가 원유관과 강사포 차림으로 여(輿)를 타고 나온다. 산선(繖扇)과 시위는 평상시와 같다. 좌우 통례가 앞에서 인도하고, 상서원 관원이 어보를 받들고 앞장을 선다. 연(輦)에 타기를 기다렸다가 어보를 말에 싣는다. 대가(大駕)가 인정문 밖에 이르면, 좌통례가 무릎 꿇고, 여에서 내려 연을 타기를 계청한다. 전하가

26 **대가 노부** 임금의 행차에 쓰이는 의장(儀仗)의 하나이다. 규모에 따라서, 대가 노부, 법가 노부(法駕鹵簿), 소가 노부(小駕鹵簿)로 나뉜다.

27 **조방** 입궐을 대기하는 조관들이 임시로 사용하는 장소이다. 각 관사마다 조방을 두어 입조(入朝) 시간을 기다리거나, 재숙(齋宿), 직숙(直宿) 등의 용도로 쓰였다. 직방(直房)과 같다.

28 **찬청** 윗사람에게 말씀드려서 청한다는 뜻으로, 임금에게 사용하는 '계청(啓請)' 대신 왕세자, 왕세손에게 사용하였다.

29 **외비** 바깥의 일이 모두 준비되었다는 뜻이다. 임금에게 아뢸 때에는 외판(外辦)이라 하고 세자에게 아뢸 때에는 외비라 한다.

여(輿)에서 내려 연(輦)을 탄다. 좌통례가 출발하기를 계청한다. 대가가 움직인다. 찬의(贊儀) 2인은 통례(通禮)의 앞에 있고, 의장(儀仗), 시위(侍衛), 전도(前導), 후종(後從)은 평상시와 같다. 대가가 돈화문(敦化門) 밖에 이르면, 왕세자가 몸을 굽혔다가 대가가 지나가면 몸을 편다. 시신(侍臣)의 상마소(上馬所)에 이르면, 좌통례가 대가를 잠시 멈추고 시신들에게 말을 타게 할 것을 계청한다. 찬의가 전창(傳唱)한다. 시위하는 관원들 및 시신들이 모두 말을 타면, 좌통례가 출발하기를 계청한다. 대가가 움직인다. 고취(鼓吹)를 하지 않는다. 종친과 문무백관이 몸을 굽혔다가 대가가 지나가고 나면 몸을 편다. 왕세자가 이르면 몸을 굽혔다가 지나가고 나면 몸을 편다. 차례대로 시위한다. 대가가 재궁(齊宮)의 대문 밖 시신의 하마소(下馬所)에 이르면, 좌통례가 대가를 잠시 멈추고 시신들을 말에서 내리게 할 것을 계청한다. 말에서 다 내리고 나면 좌통례가 출발하기를 계청한다. 대가가 움직인다. 시신들이 몸을 굽혔다가 대가가 지나가고 나면 몸을 편다. 대가가 대문 밖에 이르면 좌통례가 연에서 내려 여를 탈 것을 계청한다. 전하가 연에서 내려 여를 타고 들어간다. 산선과 시위는 평소의 의식과 같이 한다. 대가가 이를 때가 되면 알자(謁者)가 여러 향관(享官)을 거느리고 모두 조복을 입는다. 궁의 대문 안쪽 길 오른쪽에 서고, 본궁(本宮)의 관원들도 제조(提調) 2인과 낭청(郎廳) 3인이다. 길 오른쪽에 순서대로 서는데, 서향을 하고 남쪽을 상위로 한다. 대가가 이르면 몸을 굽혀 지영(祗迎)하고, 지나가고 나면 몸을 편다. 좌우 통례가 앞에서 인도하여 재전(齊殿) 앞에 이르면 좌통례가 무릎 꿇고, 여에서 내리기를 계청한다. 전하가 여에서 내려 재전으로 들어간다. 시신들은 물러난다. 노부(鹵簿)는 대문 밖에 머문다. 상례(相禮)의 인도로 왕세자가 막차로 들어간다.

망위례 望位禮

재향 1일 전에 액정서(掖庭署)가 전하의 판위(版位)를 신문(神門) 밖에 동쪽에 가깝게 하여 북향으로 설치한다. 왕세자의 자리를 판위의 남쪽에 약간 동쪽에 가깝게 하여 북향으로 설치한다. 전의(典儀)가 여러 향관 및 배향하는 백관들의 자리를 왕세자 자리의 뒤쪽에 북향으로 설치하는데, 자리를 달리해서 두 줄로 하고 동서로 나눈다.

당일 망위례를 행할 때가 되면, 인의(引儀)가 여러 향관 및 배향하는 백관들을 4품 이상은 조복을 입고 5품 이하는 흑단령을 입는다. 나누어 인도하여 자리에 나아가게 한다. 상례(相禮)가 무릎 꿇고 내엄(內嚴)을 찬청(贊請)하고, 조금 있다가 또 외비(外備)를 아뢴다. 왕세자가 면복(冕服)으로 갈아입고 나온다. 상례가 앞에서 인도하여 배위(拜位)로 나아가게 한다. 필선이 배위 동남쪽에 무릎 꿇고 북향한다. 좌통례가 재전(齊殿) 앞에 나아가 무릎 꿇고 중엄(中嚴)을 계청하고, 조금 있다가 또 외판(外辦)을 아뢴다. 전하가 면복으로 갈아입고 나온다. 좌통례가 무릎 꿇고, 규(圭)를 잡을 것을 계청한다. 근시가 무릎 꿇고 규를 올린다. 전하가 규를 잡는다. 좌우 통례의 인도로 전하가 판위에 나아가 북쪽을 향하여 선다. 좌통례가 부복하였다가 무릎 꿇고, 몸을 굽혀 재배하고 일어나 몸을 펴기를 계청하면 찬의(贊儀)가 또한 창(唱)을 한다. 전하가 몸을 굽혀 재배하고 일어나 몸을 펴고, 왕세자 및 자리에 있는 사람들이 모두 몸을 굽혀 재배하고 일어나 몸을 편다. 왕세자가 예를 행할 때에는 상례가 찬청한다. 좌우 통례의 인도로 전하가 동문(東門)을 통해 들어가고 산선과 시위는 내신문(內神門) 밖에 머물고 승지와 사관, 궁사(宮司)는 따라 들어간다. 상례의 인도로 왕세자가 서문(西門)을 통해 들어가서 궁관(宮官)과 내시(內侍)가 각각 1원씩 따라 들어간다. 봉심(奉審)을 마친 뒤에 성기위(省器位)로 나아간다.

성기 省器

제향 1일 전에 궁사가 각각 소속 인원을 거느리고 궁의 안팎을 청소한다. 전사관(典祀官)이 당(堂) 위의 동쪽 계단 북쪽에 제기위(祭器位)를 설치한다. 모두 자리를 깐다. 궁사 및 집사자(執事者)가 제기(祭器)를 들여와서 자리에 진설하고 위에 수건과 덮개를 덮어 둔다. 집준(執尊), 축사(祝史), 재랑(齊郞)이 흑단령을 입는다. 묘(廟) 안으로 나아가 준소(尊所)에 선다. 찬인

(贊引)의 인도로 감찰(監察)이 묘 안으로 나아가 서쪽 계단으로 올라가서 위에서 청소를 하고 내려와 아래에서 악현(樂懸)을 행한 뒤 제자리로 돌아간다. 좌우 통례의 인도로 전하가 제기위에 나아가서 제기를 씻는 것을 살핀다. 집사자가 멱(冪)을 들고 청결하다고 아뢴다. 씻기를 마치면 상황을 봐서 멱을 걷는다. 왕세자가 수행하기를 평소처럼 한다. 제기 살피는 일이 끝나면 좌우 통례의 인도로 전하가 돌아온다. 재전(齊殿)의 문 밖에 이르면 좌통례가 무릎 꿇고, 규(圭)를 놓을 것을 계청한다. 전하가 규를 놓는다. 근시가 무릎 꿇고 규를 받는다. 전하가 재전으로 들어간다. 상례(相禮)의 인도로 왕세자가 재실(齊室)로 돌아온다. 인의가 여러 향관과 배향한 백관들을 나누어 인도하여 나온다. 찬의가 품지(稟旨)하여 여러 신하들을 각각 자기 자리로 돌아가게 한다.

성생 省牲

제향 1일 전에 집례(執禮)가 생방(牲榜)[30]을 묘(廟)의 동문 바깥에 서향으로 설치하고 남쪽을 상위로 한다. 소를 맨 앞에 놓고 다음에 양을 놓고 다음에 돼지를 놓는다. 장생령(掌牲令)의 자리를 희생의 서남쪽에 북향으로 설치하고, 대축(大祝)의 자리를 희생의 동쪽에 설치하고 축사(祝史)는 그 뒤에 있게 하는데 대축과 축사는 모두 서향하게 한다. 액정서(掖庭署)가 전하의 성생위(省牲位)를 묘의 동문 밖에 북쪽에 가깝게 하여 남향으로 설치하고, 왕세자의 자리를 성생위의 동남쪽에 서향으로 설치한다. 집례가 종헌관 이하 여러 향관 및 예조 판서 유고 시에는 참판이 대행한다. 의 자리를 왕세자의 뒤쪽에 조금 남쪽으로 설치하고, 여러 집사와 감찰의 자리를 그 뒤에 설치하는데, 모두 서향하게 하며 북쪽을 상위로 한다.

당일 미시(未時) 후 1각(刻)[31]에 알자(謁者)와 찬인(贊引)이 각각 종헌관 이하 집사들을 4품 이상은 조복 차림을 하고 5품 이하는 흑단령을 입는다. 인도하여 각각 자리로 나아가게 한다. 장생령이 흑단령을 입는다. 그 소속 인원들을 거느리고 희생을 끌고 자리로 나아간다.

2각에 좌통례가 재전 앞에 나아가 부복하였다가 무릎 꿇고 중엄(中嚴)

30 **생방** 희생으로 쓸 소·양·돼지를 검사할 때에 잡아매기 위하여 말뚝을 박고 그 이름을 각각 써 붙인 방이다. '생방(牲牓)'으로도 쓴다.

31 **미시 후 1각** 오후 1시 15분경이다.

을 계청한다. 상례가 재실 앞에 나아가 무릎 꿇고 내엄(內嚴)을 찬청(贊請)한다. 무릇 찬청할 때는 모두 부복한다. 여러 다른 의식들도 이와 같다. 조금 있다가 또 막차에서 나올 것을 찬청한다. 왕세자가 원유관과 강사포 차림으로 막차에서 나와서 자리로 나아간다.

3각에 좌통례가 부복하였다가 무릎 꿇고 외판을 아뢴다. 전하가 원유관과 강사포 차림으로 나온다. 예조 판서가 무릎 꿇고, 규를 잡을 것을 계청한다. 근시가 무릎 꿇고 규를 올린다. 전하가 규를 잡는다. 예조 판서의 인도로 전하가 성생위로 나아가 남쪽을 향하여 선다. 산선(繖扇)과 시위(侍衛)는 평상시의 의식과 같이 한다. 예조 판서가 나아가 판위(版位) 앞에서 부복하였다가 무릎 꿇고, 희생을 살필 것을 계청하고, 부복하였다가 일어나 왼쪽으로 물러나 시립한다. 장생령이 그 소속 인원을 거느리고 희생을 끌고 동쪽으로부터 지나가다가 조금 앞으로 나와 북향하여 무릎 꿇고 손을 들고 "살졌습니다."라고 하고, 다시 자리로 돌아간다. 대축(大祝)이 희생 주위를 한 바퀴 돌며 희생을 살펴보고 서향하여 손을 들고 "충실합니다."라고 하고, 다시 자리로 돌아간다. 전하가 희생을 살핀다. 마치고 나면 대축이 장생령과 함께 차례로 희생을 끌고 주방에 나아가 전사관(典祀官)에게 준다. 예조 판서의 인도로 전하가 돌아와 재전의 문 밖에 이른다. 산선과 시위는 평상시의 의식과 같이 한다. 예조 판서가 부복하였다가 무릎 꿇고, 규를 놓을 것을 계청한다. 전하가 규를 놓는다. 근시가 무릎 꿇고 규를 받는다. 전하가 재전으로 들어간다. 예조 판서가 물러나 나온다. 상례가 왕세자를 인도하여 돌아와 재실로 들어가게 한다. 알자와 찬인이 각각 종헌관 이하의 인원을 인도하여 차례대로 나온다. 전사관이 희생을 받은 뒤 알자의 인도로 예조 판서가 섭행할 때에는 종헌관이 담당한다. 주방에 나아가 정확(鼎鑊 솥)을 살피고 씻는 것을 거듭 살피며, 명수(明水)와 불을 취하는 것을 감독한다. 찬인의 인도로 감찰이 주방에 나아가 찬구(饌具)를 살핀다. 마치고 나면 각각 재소(齊所)로 돌아온다.

포시(晡時) 후 1각[32]에 전사관이 재인(宰人)을 거느리고 난도(鸞刀)로 희생을 잡는다. 축사(祝史)가 반(盤)에 모(毛), 혈(血), 간(肝), 지방덩이(膋)를 담아 찬소(饌所)에 두고 드디어 희생을 삶는다. 친향(親享)이더라도 희생과 제

32 **포시 후 1각** 오후 3시 15분 경이다.

기를 살피는 일은 섭행하기도 하고, 친향이 아니더라도 희생과 제기를 살피는 일은 친히 행하기도 한다. 모두 때가 되었을 때 상황에 따라 명한다.

이의肄儀

위의 도설(圖說)에 나온다.

신관晨祼

제향하는 날 3경(更) 3점(點)[33]에 궁사(宮司)가 그 소속 인원을 거느리고 재실(齋室)을 열고 신악(神幄)을 정돈하고 청소한 뒤 자리를 깔고 궤(几)를 진설하기를 평상시의 의식처럼 한다. 전사관(典祀官)과 궁사가 들어가서 찬구(饌具)를 채운다. 마치고 나면 찬인(贊引)의 인도로 감찰(監察)이 동쪽 계단을 통해 올라가 여러 향관은 동쪽 계단으로 오르내린다. 당(堂)의 위아래를 살펴보고 법식과 같지 아니한 것을 규찰한 뒤에 도로 나온다.

3각 전에 여러 향관 및 배향관(陪享官)이 각각 해당 복색을 갖추어 입는다. 향관은 제복(祭服)을 입고 배향관은 조복(朝服)을 입는다. 인의(引儀)가 배향관을 나누어 인도하여 모두 문외위(門外位)로 나아가게 한다. 집례(執禮)의 인솔로 찬자(贊者)와 알자(謁者)와 찬인이 동문을 통해서 들어가서 우선 계단 사이에 있는 악현(樂懸)의 북쪽 배위(拜位)로 나아가 두 줄로 북쪽을 향해서 서고 서쪽을 상위로 한다. 재배(再拜)를 하고 나서 각각 자리로 나아간다. 전악(典樂)이 공인(工人)과 이무(二舞)를 거느리고 들어와 자리에 나아간다. 문무(文舞)는 들어와서 악현의 북쪽에 늘어서고 무무(武舞)는 악현의 남쪽, 길의 서쪽에 늘어선다. 인의가 배향관을 나누어 인도하여 들어가 자리에 나아가게 한다. 알자와 찬인이 각각 여러 향관을 인도하여 모두 문외위에 나아가게 한다. 상례(相禮)가 막차 앞에 나아가 무릎 꿇고 내엄(內嚴)을 찬청한다. 좌통례가 재전(齊殿) 앞에 나아가 무릎 꿇고 중엄(中嚴)을 계청한다. 찬인의 인도를 받아 감찰, 전사관, 대축(大祝), 축사(祝史), 재랑(齋郎), 궁사, 협률랑(協律郎), 봉조관(捧俎官), 집준자(執尊者), 집뢰자(執罍者), 집비자(執篚者), 집멱자(執冪者)가 들어와 악현의 북쪽 배위

33 **3경 3점** 3경은 23시에서 1시 사이이고, 3경 3점은 23시 45분경이다. 3경 3점은 '축시 전 5각'과 같다.

에 나아가 두 줄로 북쪽을 향하여 서고 서쪽을 상위로 한다. 모두 자리에 서고 나서 집례가 "재배하시오!"라고 하고 찬자가 전창(傳唱)을 하면 일반적으로 집례가 행사를 진행하는 말을 하면 찬자가 전창을 한다. 뒤에도 이와 같다. 감찰 이하가 모두 재배한다. 마치고 나면 찬인의 인도로 감찰이 자리에 나아가고, 인도를 받아 집사들이 관세위(盥洗位)에 나아가 손을 씻고 수건으로 닦고 각자 자리로 나아간다.

1각 전에 알자와 찬인이 각각 종헌관과 만약 대신(大臣)이 아헌을 하면 찬인이 종헌관과 함께한다. 진폐찬작관(進幣瓚爵官), 천조관(薦俎官), 전폐찬작관(奠幣瓚爵官)을 인도하여 들어가 자리로 나아가게 한다. 찬인의 인도로 궁사(宮司)와 대축(大祝)이 올라가 묘 안으로 들어가서 감실(龕室)을 연다. 대축이 신주(神主)를 받들어 내와서 자리에 모시면 신악(神幄) 안으로 가서 궤(几) 뒤에서 궤(匱)를 열고 자리에 모신다. 인도하여 내려와 자리로 돌아가게 한다. 찬인의 인도로 재랑(齊郎)이 작세위(爵洗位)로 나아가 찬(瓚)을 씻고 찬을 닦고 작(爵)을 씻고 작을 닦는다. 마치고 나면 비(篚)에 담아서 받들고 서쪽 계단으로 나아간다. 축사가 계단 위에서 맞이하여 받아서 준소(尊所)의 점(坫) 위에 둔다.

상례(相禮)가 무릎 꿇고 외비(外備)를 아뢴다. 왕세자가 면복(冕服)을 갖추어 입고 나온다. 상례가 앞에서 인도하여 들어가 자리로 나아가게 한다. 좌통례가 무릎 꿇고 외판(外辦)을 아뢴다. 전하가 면복을 갖추어 입고 나온다. 산선(繖扇)과 시위(侍衛)는 평상시의 의식과 같이 한다. 예의사(禮儀使)의 인도로 전하가 동문 밖에 이르면, 예의사가 무릎 꿇고, 규를 잡기를 계청한다. 근시가 무릎 꿇고 규를 올린다. 전하가 규를 잡는다. 산선과 의장과 시위는 문밖에 멈춘다. 예의사의 인도로 전하가 동문을 통해 들어와 시위로서 들어갈 수 없는 자는 문밖에 멈춘다. 판위(版位)로 나아가 북쪽을 향하여 선다. 입정(立定)할 때마다 예의사는 물러나 왼쪽에 부복한다. 집례가 "예의사는 행사를 계청하시오."라고 하면, 예의사가 무릎 꿇고 "유사(有司)가 삼가 갖추어졌으니 행사하소서."라고 아뢴다. 협률랑(協律郎)이 무릎 꿇고 부복하였다가 휘(麾)를 들고 일어난다. 공인(工人)이 축(柷)을 친다. 헌가(軒架)가 〈계희운지악(啓熙運之樂)〉을 연주하고, 〈계희운지무(啓熙運之舞)〉가 시작된다. 영신(迎神)할 때의 〈오휴곡(於休曲)〉이다. 음악은 2성(成)

을 연주한다. 집례가 "재배하시오."라고 하면, 예의사가 몸을 굽혀 재배하고 일어나 몸을 펴기를 계청한다. 전하가 몸을 굽혀 재배하고 일어나 몸을 편다. 왕세자 및 자리에 있는 자들이 모두 몸을 굽혀 재배하고 일어나 몸을 편다. 앞서 절을 한 자는 절하지 않는다. 음악은 3성을 연주한다. 협률랑이 휘(麾)를 눕히면, 공인이 어(敔)를 긁는다. 음악이 그친다. 근시(近侍)가 관세위(盥洗位)에 나아가 손을 씻고 수건으로 닦는다. 마치고 나면 돌아가 자리에 시립한다. 알자의 인도로 진폐찬작관과 전폐찬작관이 관세위에 나아가 손을 씻고 수건으로 닦은 다음, 동쪽 계단을 통해 올라가서 준소(尊所)로 가서 북쪽을 향하여 선다. 집례가 "예의사가 전하를 인도하여 신관례(晨祼禮)를 행하시오."라고 하면, 예의사의 인도로 전하가 관세위로 나아가 북쪽을 향하여 선다. 예의사가 규를 꽂기를 계청하면 전하가 규를 꽂는다. 꽂기가 불편하면 근시가 받아 든다. 뒤에도 이와 같다. 근시가 무릎 꿇고 이(匜)를 잡고 일어나 물을 붓는다. 또 근시가 무릎 꿇고 반(槃)을 잡고 물을 받는다. 전하가 손을 씻는다. 근시가 무릎 꿇고 비(篚)에서 수건을 꺼내서 올린다. 전하가 손을 닦는다. 마치면 근시가 수건을 받아서 비에 담는다. 예의사가 규를 잡을 것을 계청하면 전하가 규를 잡는다. 예의사의 인도로 전하가 동쪽 계단을 통해 올라가서 근시가 따라 올라간다. 준소로 가서 서쪽을 향하여 선다. 등가(登歌)가 〈계희운지악(啓熙運之樂)〉을 연주하고, 〈계희운지무(啓熙運之舞)〉가 시작된다. 전폐할 때의 〈재명곡(齊明曲)〉이다. 집준자(執尊者)가 멱(冪)을 들면 진폐찬작관이 울창주를 떠낸다. 근시가 찬(瓚)으로 울창주를 받는다. 예의사의 인도로 전하가 신위(神位) 앞에 나가 북쪽을 향하여 서면 예의사가 무릎 꿇고 규를 꽂을 것을 계청한다. 전하가 무릎 꿇고 규를 꽂는다. 왕세자 및 자리에 있는 자들이 모두 무릎을 꿇는다. 찬자(贊者)가 또한 창을 한다. 근시 1인이 향합(香盒)을 받들고 1인이 향로(香爐)를 받들어 무릎 꿇고 올린다. 예의사가 향을 세 번 올리기를 계청한다. 전하가 향을 세 번 올린다. 근시가 향로를 향안(香案) 위에 올려놓는다. 근시가 찬(瓚)을 진폐찬작관에게 주면, 진폐찬작관이 찬을 받아서 무릎 꿇고 올린다. 예의사가 찬을 잡고 땅에다 부을 것을 계청한다. 전하가 찬을 잡고 땅에 붓고 찬을 전폐찬작관에게 준다. 전폐찬작관이 받아서 대축(大祝)에게 준다. 근시가 폐백 광주리를 진폐찬작관에게 주면 진폐찬작관이 폐백을 받들어 무릎 꿇고 올린다. 예의사가 폐백을 잡고 폐백을 올릴 것을 계청한다. 전하가 폐백을 잡고 폐백을 올린 뒤 폐백을 전폐찬작관에게 주어 상 위에 올려놓게 한다. 향을 올리는 일, 찬을 올리는 일, 폐백을 올리는 일은 모두 동쪽에서 서쪽을 향하여 하고, 향로를 올려놓는 일, 찬을 받는 일, 폐백을 올려놓는 일은 모두 서쪽에서 동쪽을 향하여 한다. 작을 올리고 작을 올려놓는 것도 이 예의에 준한다. 예의사가 규를 잡고 부복하였다가 일어나 몸을 펼 것을 계청한다. 전하가 규를 잡고 부복하였다가 일어나 몸을 편다. 왕세자 및 자리에 있는 자들이 모두 부복하였다가 일어나 몸을 편다. 찬자가 또한 창을 한다. 등가(登歌)가 멈춘다. 진폐찬작관, 전폐찬작관이 모두 내려와 자리로 돌아간다. 예의사가 전하를 인도하여 동쪽 계단을 통해서 내려와 자리로 돌아가게 한다. 등가가 멈출 때 축사(祝史)가 모혈반(毛血槃)과 간료등(肝膋甑)을 앞 기둥 사이에서 받들고 들어가 신위 앞에 올린다. 모혈반은 간료등 뒤에 두고 간료등은 변(籩)의 왼쪽에 둔다. 축사가 간(肝)을 가지고 문을 나가 노탄(爐炭)에 태우고 준소(尊所)로 돌아온다.

궤식 饋食

전하가 올라가서 강신(降神)을 하고 나면, 찬인(贊引)의 인도로 전사관(典祀官)이 나와서 진찬자(進饌者)를 거느리고 주방으로 가서 정비(鼎匕)로 소고기를 확(鑊)에서 건져 하나의 정(鼎)에 담고 다음에 양고기를 건져 하나의 정에 담고 다음에 돼지고기를 건져 하나의 정에 담는다. 모두 경(扃)과 멱(冪)을 진설한다. 축사가 마주 들고 들어가서 찬만(饌幔) 안에 진설한다. 알자의 인도로 천조관(薦俎官)이 나와서 찬소(饌所)로 나아간다. 봉조관(捧俎官)이 뒤따른다. 기다렸다가 전하가 강신을 마치면 자리로 돌아간다. 집례가 "진찬(進饌)하시오." 하면, 축사가 경(扃)을 뽑아 정(鼎)의 오른쪽에 놓고 멱(冪)을 걷고 정에 정비와 정필(鼎畢)을 얹어 놓는다. 전사관이 정비로 소고기를 건져 생갑(牲匣)에 담고, 차례로 양고기와 돼지고기를 건져 각각 생갑에 담는다. 다음에 천조관과 봉조관을 인도하여 각각 생갑을 받들게 한다. 전사관의 인도로 찬(饌)을 정문(正門)을 통해 들여온다. 처음 문에 들어올 때 헌가(軒架)가 〈숙안지악(肅安之樂)〉을 연주한다. 진찬(進饌)할 때의 〈혁우곡(赫佑曲)〉이다. 축사가 나아가 모혈반(毛血槃)을 거두어 동쪽 계단을 통해서 재랑(齋郎)에게 준다. 찬(饌)이 서쪽 계단에 이르면 대축이 맞이하여 계단 위로 인도한다. 천조관이 신위(神位) 앞에 나아가 북쪽을 향하여 무릎 꿇고 올린다. 소고기를 먼저 올리고 차례로 양고기와 돼지고기를 올린다. 제물 올리는 일을 대축이 돕는다. 제물 올리는 일을 마치면 생갑의 뚜껑을 연다. 음악이 그친다. 알자의 인도로 천조관 이하가 동쪽 계단을 통해서 내려와 자리로 돌아간다. 대축이 쑥〔蕭〕과 서직(黍稷)을 취하여 기름에 적시어 노탄(爐炭)에 태우고 준소(尊所)로 돌아간다.

초헌 初獻

알자의 인도로 진폐찬작관과 전폐찬작관이 올라가 준소로 나아가 북쪽을 향하여 선다. 집례(執禮)가 "예의사는 전하를 인도하여 초헌례를 행하시오."라고 하면, 예의사의 인도로 전하가 동쪽 계단을 통해 올라가 준소로 나아가 서쪽을 향하여 선다. 등가(登歌)가 〈계희운지악(啓熙運之樂)〉을 연주하고, 〈계희운지무(啓熙運之舞)〉가 시작된다. 헌관을 인입(引入)할 때는 〈제권곡(帝眷曲)〉, 초헌(初獻)할 때는 〈진색곡(震索曲)〉, 인출(引出)할 때는 〈유길곡(維吉曲)〉이다. 집준자(執尊者)가 멱(冪)을 들면 진폐찬작관이 예제(醴齊)를 떠낸다. 근시(近侍)가 작(爵)으로 술을 받는다. 예의사의 인도로 전하가 신위(神位) 앞에 나아가 북쪽을 향하여 서면, 예의사가 무릎 꿇고 규(圭)를 꽂을 것을 계청한다. 전하가 무릎 꿇고 규를 꽂는다. 왕세자 및 자리에 있는 자들이 모두 무릎을 꿇는다. 찬자(贊者)가 또한 창(唱)을 한다. 근시가 작을 진폐찬작관에게 주면, 진폐찬작관이 작을 받들고 무릎 꿇고 올린다. 예의사가 작을 잡고 작을 올릴 것을 계청한다. 전하가 작을 잡고 작을 올린 뒤 작을 전폐찬작관에게 주어서 신위 앞에 올려놓게 한다. 예의사가 규를 잡고 부복하였다가 일어나 조금 물러나 북쪽을 향하여 무릎 꿇기를 계청한다. 전하가 규를 잡고 부복하였다가 일어나 조금 물러나서 북쪽을 향하여 무릎을 꿇는다. 음악이 그친다. 대축이 신위 오른쪽으로 나가서 동쪽을 향하여 무릎 꿇고 축문(祝文)을 읽는다. 마치고 나면 음악이 연주된다. 예의사가 부복하였다가 일어나 몸을 펴기를 계청하면, 전하가 부복하였다가 일어나 몸을 편다. 왕세자 및 자리에 있는 자들이 모두 부복하였다가 일어나 몸을 편다. 찬자가 또한 창을 한다. 예의사의 인도로 전하가 방문을 나온다. 음악이 그친다. 진폐찬작관과 전폐찬작관이 모두 내려와 자리로 돌아간다. 예의사의 인도로 전하가 동쪽 계단을 통해 내려와 자리로 돌아간다. 예의사가 소차(小次)로 들어갈 것을 계청하고, 인도하여 전하가 소차 가까이 이르게 되면 규를 놓을 것을 계청한다. 전하가 규를 놓는다. 근시가 무릎 꿇고 규를 받는다. 전하가 소차로 들어가면, 〈계희운지무(啓熙運之舞)〉가 물러가고 〈보융은지무(報隆恩之舞)〉가 나아온다.

아헌亞獻

집례가 "아헌례를 행하시오."라고 하면, 상례(相禮)의 인도로 왕세자가 관세위(盥洗位)에 나아가 북쪽을 향하여 선다. 궁관(宮官)이 규를 꽂을 것을 찬청(贊請)한다. 왕세자가 규를 꽂고 꽂기가 불편하면 궁관이 받아 든다. 뒤에도 이와 같다. 손을 씻고 손을 닦는다. 마치고 나면 상례가 규를 잡기를 찬청한다. 왕세자가 규를 잡는다. 상례의 인도로 왕세자가 동쪽 계단을 통해 올라가 준소(尊所)로 나아가 서쪽을 향하여 선다. 헌가(軒架)가 〈보융은지악(報隆恩之樂)〉을 연주하고, 〈보융은지무〉가 시작된다. 아헌에 헌관을 인입할 때는 〈독경곡(篤慶曲)〉, 아헌할 때는 〈휴운곡(休運曲)〉, 인출할 때는 〈휘유곡(徽柔曲)〉이다. 종헌(終獻)에서도 같다. 집준자(執尊者)가 멱(冪)을 들고 앙제(盎齊)[34]를 떠내면, 궁관 1인이 술을 따르고 1인이 작(爵)으로 술을 받는다. 상례가 왕세자를 인도하여 신위 앞에 나아가 북향하여 서게 한다. 상례가 무릎 꿇고 규를 꽂기를 찬청한다. 왕세자가 무릎 꿇고 규를 꽂는다. 궁관이 작을 무릎 꿇고 올리면, 상례가 작을 잡고 술을 올리기를 찬청한다. 왕세자가 작을 잡고 술을 올린 뒤 작을 궁관에게 주어 신위 앞에 올

34 **앙제** 오제(五齊) 가운데 세 번째에 해당하는 제삿술이다. 《주례(周禮)》 〈천관(天官)〉 주정(酒正)에 근거가 나온다.

려놓게 한다. 상례가 규를 잡고 부복하였다가 일어나 몸을 펴기를 찬청한다. 왕세자가 규를 잡고 부복하였다가 일어나 몸을 편다. 상례의 인도로 왕세자가 내려와 자리로 돌아간다. 음악이 그친다. 만약 대신(大臣)이 아헌을 대신 행하는 경우에는 알자가 인도하는 절차 이하로는 종헌의 의식과 동일하다.

종헌 終獻

집례가 "종헌례를 행하시오."라고 하면, 알자의 인도로 종헌관(終獻官)이 관세위로 나아가 북쪽을 향하여 선다. 알자가 홀(笏)을 꽂고 손을 씻고 손을 닦기를 고한다. 마치고 나면 홀을 잡고 그대로 준소로 나아가 서향하여 서기를 고한다. 헌가(軒架)가 〈보융은지악(報隆恩之樂)〉을 연주하고, 〈보융은지무(報隆恩之舞)〉가 시작된다. 집준자(執尊者)가 멱을 들고 청주(淸酒)를 떠내면 집사자(執事者)가 작(爵)으로 술을 받는다. 알자의 인도로 종헌관이 신위(神位) 앞으로 나아가 북쪽을 향하여 선다. 알자가 무릎 꿇고 홀을 꽂기를 아뢴다. 집사자가 작을 종헌관에게 준다. 종헌관이 작을 잡고 술을 올리고, 작을 집사자에게 주어서 신위 앞에 올려놓게 한다. 알자가 홀을 잡고 부복하였다가 일어나 몸을 펴기를 아뢰고, 인도하여 나와서 내려와 자리로 돌아가게 한다. 음악이 그친다.

음복 飮福

종헌관이 자리로 돌아가고 나면, 알자의 인도로 진폐찬작관(進幣瓚爵官)과 천조관(薦俎官)이 동쪽 계단을 통해 올라가서 음복위(飮福位)로 나아가 동쪽을 향하여 선다. 대축(大祝)이 준소(尊所)로 나아가 작(爵)으로 상준(上尊)에서 복주(福酒)를 떠내고, 또 대축이 조(俎)를 가지고 나아가 신위 앞에 있는 조육(胙肉)을 덜어 낸다. 집례가 "예의사는 전하를 음복위로 납시도록 인도하시오."라고 하면 예의사가 음복위로 나아갈 것을 계청한다. 전하가 막차에서 나온다. 예의사가 규를 잡기를 계청한다. 근시가 무릎 꿇고 규를 올린다. 전하가 규를 잡는다. 예의사의 인도로 전하가 음복위로 나아가 북쪽을 향하여 선다. 대축이 작(爵)을 진폐찬작관에게 준다. 진폐찬작관이 작을 받들고 동쪽을 향하여 무릎 꿇고 올린다. 예의사가 무릎 꿇고 규를 꽂을 것을 계청한다. 전하가 무릎 꿇고 규를 꽂는다. 왕세자 및 자리에 있는 자들이 모두 무릎을 꿇는다. 찬자가 또한 창을 한다. 전하가 작을 받아서 마신다. 마치고 나면 진폐찬작관이 빈 작을 받아서 대축에게 주고, 대축이 받아서 도로 점(坫)에 놓는다. 대축이 조(俎)를 천조관에게 주면 천조관이 조를 받들고 동쪽을 향하여 무릎 꿇고 올린다. 예의사가 조(胙)를 받기를 계청하면 전하가 조를 받아서 근시에게 준다. 근시가 조를 받들고 동쪽 계단을 통해 내려와 문을 나와서 사옹원 관원에게 준다. 진폐찬작관과 천조관이 내려와 자리로 돌아간다. 예의사가 규를 잡고 부복하였다가 일어나 몸을 펴기를 계청한다. 전하가 규를 잡고 부복하였다가 일어나 몸을 편다. 왕세자 및 자리에 있는 자들이 모두 부복하였다가 일어나 몸을 편다. 찬자가 또한 창을 한다. 예의사가 전하를 인도하여 내려와 자리로 돌아가게 한다. 집례가 "재배(再拜)하시오."라고 하면, 예의사가 몸을 굽혀 재배하고 일어나 몸을 펴기를 계청한다. 전하가 몸을 굽혀 재배하고 일어나 몸을 편다. 왕세자 및 자리에 있는 자들이 모두 몸을 굽혀 재배하고 일어나 몸을 편다.

철변두 撤籩豆

집례가 "변두(籩豆)를 거두시오."라고 하면, 대축이 들어가서 변두를 거둔다. 거둔다는 것은 변(籩)과 두(豆)를 각각 1개씩 이전 장소에서 조금 옮겨 놓는 것이다. 등가(登歌)가 〈강안지악(康安之樂)〉을 연주한다. 곧 변두를 거둘 때의 〈강안곡(康安曲)〉이다. 음악이 그치면 헌가(軒架)가 〈경안지악(景安之樂)〉을 연주한다. 곧 송신(送神)할 때의 〈경안곡(景安曲)〉이다. 집례가 "재배하시오."라고 하면, 예의사가 몸을 굽혔다가 재배하고 일어나 몸을 펴기를 계청한다. 전하가 몸을 굽혔다가 재배하고 일어나 몸을 편다. 왕세자 및 자리에 있는 자들이 모두 몸을 굽혔다가 재배하고 일어나 몸을 편다. 음악 1성(成)이 그친다.

망료 望燎

집례가 "망료하시오."라고 하면, 예의사의 인도로 전하가 망료위(望燎位)로 나아가 북쪽을 향하여 선다. 집례의 인솔로 찬자(贊者)가 망료위로 나아가 서쪽을 향하여 선다. 대축(大祝)이 축문과 폐백을 가지고 망료위로 나아간다. 집례가 "태우시오."라고 하면, 대축이 폐백을 화로(火爐)에서 태운다. 대축이 또 서직반(黍稷飯)을 갖다가 백모(白茅)를 깔아 묶고 비(篚)에 축판(祝版)을 담아서 감(坎)에 놓는다. 집례가 "제례가 끝났습니다."라고 하면, 예의사가 제례가 끝났음을 아뢴다. 예의사의 인도로 전하가 재전(齊殿)으로 돌아와 문을 나간다. 예의사가 규를 놓을 것을 계청한다. 전하가 규를 놓는다. 근시가 무릎 꿇고 규를 받는다. 산선(繖扇)과 시위(侍衛)는 평상시의 의식과 같이 한다. 전하가 재전에 들어가 면복(冕服)을 벗는다. 상례의 인도로 왕세자가 재실(齊室)로 돌아간다. 알자(謁者)와 찬인(贊引)이 각각 여러 향관(享官)을 거느리고 나온다. 집례가 찬자를 인솔하여 본래의 자리로 돌아온다. 인의(引儀)가 배향관(陪享官)들을 나누어 인도하여 차례로 나온다. 찬인의 인도로 감찰(監察) 및 집사(執事)들이 모두 악현(樂懸)의 북쪽 배위(拜位)로 돌아간다. 모두 자리에 서고 나면 집례가 "재배하시오."라고 한다. 감찰 및 집사들이 모두 재배한다. 마치고 나면 찬인이 차례로 인도하여 나온다. 전악(典樂)이 공인(工人)과 이무(二舞)를 인솔하여 나온다. 궁사(宮司)와 대축이 신주(神主)를 들이는데, 평상시의 의식과 같이 한다. 집례가 찬자, 알자, 찬인을 인솔하여 악현 북쪽 배위로 나아가 재배하고 나온다. 전사관(典祀官)과 궁사가 각각 그 소속 인원들을 인솔하여 예찬(禮饌)을 거둔다. 궁사가 문을 닫고 내려와 물러난다.

거가환궁 車駕還宮

전하가 재전으로 돌아온 뒤 북을 쳐서 초엄(初嚴)을 알리면, 의장과 시위, 노부(鹵簿)를 돌아가는 길로 돌려놓는다.

북을 쳐서 이엄(二嚴)을 알리면, 사복시 정(司僕寺正)이 대문 밖에 연(輦)을 대령시키고 재전 앞에 여(輿)를 대령시킨다. 인의가 나누어 인도하여 종친과 문무백관이 조복을 입는다. 나가서 시립(侍立)하는 자리로 나아가게 한다. 왕세자가 원유관과 강사포를 갖추면 내엄(內嚴)을 찬청하고 외비(外備)를 아뢴다. 배종과 시위는 평상시와 같다. 상례가 인도하여 외차(外次)로 나아가게 한다. 시신들이 재전 앞에 나아가 좌우로 나뉘어 받들어 맞이한다. 호위하는 관원들 및 사금(司禁)은 각각 기복(器服)을 갖춘다. 상서원(尙瑞院) 관원이 어보(御寶)를 받든다. 모두 재전 앞에 나아가 사후(伺候)한다. 좌통례가 무릎 꿇고 중엄(中嚴)을 계청한다.

북을 쳐서 삼엄(三嚴)을 알리면, 상례의 인도로 왕세자가 막차에서 나와 시립하는 자리로 나아간다. 좌통례가 무릎 꿇고 외판(外辦)을 아뢴다. 전하가 원유관과 강사포 차림으로 여(輿)를 타고 나온다. 산선(繖扇)과 시위는 평상시의 의식과 같이 한다. 좌우 통례가 앞에서 인도하고, 상서원 관원이 어보를 받들고 앞장서서 간다. 대가가 대문 밖에 이르면 좌통례가 무릎 꿇고 여(輿)에서 내려 연(輦)을 탈 것을 계청한다. 전하가 여에서 내려 연을 탄다. 좌통례가 출발할 것을 계청한다. 대가가 출발한다. 찬의(贊儀) 2인이 통례 앞에 있고 의장, 시위, 전도(前導), 후종(後從)은 평상시의 의식과 같다. 왕세자가 몸을 굽혔다가 대가가 지나가면 몸을 편다. 대가가 시신의 상마소(上馬所)에 이르면, 좌통례가 대가를 잠시 멈추고 시신들에게 말을 타게 할 것을 계청한다. 찬의가 전창(傳唱)한다. 시위하는 관원 및 시신들이 말을 탄다. 마치고 나면 좌통례가 출발하기를 계청한다. 대가가 출발한다. 고취(鼓吹)가 연주된다. 종친과 문무백관이 몸을 굽혔다가 대가가 지나가고 나면 몸을 편다. 왕세자가 이르면 몸을 굽혔다가 지나가면 몸을 편다. 차례로 시위하기를 올 때의 의식처럼 한다. 대가가 돈화문(敦化門) 밖 시신의 하마소(下馬所)에 이르면, 좌통례가 대가를 잠시 멈추고 시신들을 말에서 내리게 할 것을 계청한다. 마치고 나면 좌통례가 출발하기를 계청한다. 대가가 출발한다. 시신들이 몸을 굽혔다가 대가가 지나가고 나면 몸을 편다. 대가가 인정문(仁政門) 밖에 이르면 고취가 그친다. 좌통례가 연에서 내려 여를 타기를 계청한다. 전하가 연에서 내려 여를 타고 들어간다. 헌가(軒架)가 음악을 연주한다. 산선과 시위는 평상시의 의식과 같다. 좌우 통례가 앞에서 인도하여 궐내로 들어온다. 음악이 그친다. 시신들이 물러난다. 본궁(本宮)의 관원들이 제조(提調) 2인과 낭관(郎官) 3인이다. 본궁의 대문 안쪽 길 오른쪽에서 지송(祗送)한다. 본궁의 관원이 맞이하고 전송하는 절차는 뒤에도 이와 같다.

작헌례酌獻禮 때의 의절

재계

전하가 별전(別殿)에서 2일간 산재(散齊)하고 재전(齊殿)에서 1일간 치재(致齊)한다. 왕세자 이하의 산재와 치재도 동일하다.

재관

전사관(典祀官) 봉상시(奉常寺) 관원
집례(執禮) 1인 4품
궁사(宮司) 영(令)이나 직장(直長)이나 봉사(奉事)가 한다.
대축(大祝) 1인 옥당(玉堂)이나 각신(閣臣)이 한다.
작세위(爵洗位) 6품
관세위(盥洗位) 6품
찬자(贊者) 2인 통례원(通禮院) 관원
알자(謁者) 2인 6품
찬인(贊引) 2인 1인은 6품이고 1인은 참외(參外)이다.
근시(近侍) 6인 승지(承旨)
감찰(監察)
찬례(贊禮) 예조 판서가 하되, 유고 시에는 참판이 한다.
좌우 통례(左右通禮) 찬례 이하는 응봉관(應奉官)[35] 이다.
상례(相禮) 왕세자 시종관(侍從官)

35 **응봉관** 국가에서 지내는 제사가 있을 때, 임금의 명령에 응하여 의식의 절차를 주관하는 임시 벼슬 또는 그 벼슬아치를 말한다.

진설

1일 전에 궁사(宮司)가 그 소속 인원을 거느리고 궁의 안팎을 청소한다. 액정서(掖庭署)가 전하의 판위(版位)를 동쪽 계단의 동남쪽에 북향으로 설치하고, 왕세자의 자리를 전하 판위의 뒤쪽 길 동쪽에 북향으로 설치한다. 전의(典儀)가 종친과 문무백관의 자리를 묘정(廟庭)에 설치하는데, 동서로 나누고 모두 등급마다 자리를 달리하고 두 줄로 하며 북쪽을 향하게 한다. 집사들의 자리를 평상시와 같이 설치한다. 집례(執禮)의 자리를 동쪽 계단 아래에 서향으로 설치한다. 또 집사들의 외위(外位)를 동문 밖에 설치하는데, 등급에 따라 자리를 달리하고 두 줄로 하며 북쪽을 향하게 한다. 종친과 문무백관의 외위를 집사들의 외위 뒤에 설치한다. 문관과 무관이 동쪽과 서쪽에 나뉘어 서는 차례는 위에 보인다.

전향축 위의 오향제를 친제할 때의 의절에 보인다.

거가출궁 위의 오향제를 친제할 때의 의절에 보인다. 다만 거가(車駕)는 법가(法駕)를 대령하고, 복색(服色)은 출궁과 환궁 때에는 곤복(衮服)을 사용하고 행례(行禮) 때에는 면복(冕服)을 사용한다.

망위례 위의 오향제를 친제할 때의 의절에 보인다.

작헌

당일 행사 전에 궁사가 그 소속 인원을 거느리고 재실(齋室)을 열고 신악(神幄)을 청소하고 자리를 깔고 궤(几)를 설치하기를 평상시의 의식과 같이 한다. 전사관(典祀官)과 궁사가 각각 그 소속 인원을 거느리고 들어가 축판(祝版)을 신위(神位)의 오른쪽에 올려놓고 점(坫)이 있다. 향로(香爐), 향합(香盒), 병촉(幷燭)을 신위 앞에 진설한다. 다음에 제기(祭器)를 법식대로 진설한다. 설찬도(設饌圖)에 보인다. 어세(御洗)를 동쪽 계단 동남쪽에 북향으로 설치하고, 제집사세(諸執事洗)를 어세의 동남쪽에 북향으로 설치한다. 관세(盥洗)는 동쪽에 두고 작세(爵洗)는 서쪽에 둔다. 어세에는 이반(匜槃)이 있다. 만약 작세의 비(篚)인 경우에는 또한 작(爵)을 담아 놓는다. 점(坫)이 있다. 일체 뇌(罍)는 세(洗)의 동쪽에 두는데 작(勺)을 얹어 놓고, 비(篚)는 세의 서쪽에 남향으로 진설하고 수건[巾]을 담아 둔다. 집준자(執尊者), 집뢰자(執罍者), 집비자(執篚者), 집멱자(執冪者)의 자리는 준, 뇌, 비, 멱의 뒤에 둔다. 전사관과 궁사가 들어가 찬구(饌具)를 채운다. 마치고 나면 인의(引儀)의 인도로 종친과 문무백관이 4품 이상은 조복(朝服)을 입고 5품 이하는 흑단령을 입는다. 외위(外位)로 나아간다. 집사들이 외위로 나아간다. 집례의 인솔로 찬자(贊者)와 찬인(贊引)이 들어가 묘정(廟庭)으로 나아가 북쪽을 향하여 재배하고 자리로 나아간다. 찬인의 인도로 감찰(監察) 및 전사관, 대축(大祝), 집사들이 들어가 묘정에 있는 배위(拜位)에 나아가 두 줄로 서되 북쪽을 향하고 서쪽을 상위로 한다. 자리에 모두 서고 나면 집례가 "재배하시오."라고 하고, 찬자가 전창(傳唱)한다. 무릇 집례가 행사를 진행하는 말을 하면 찬자가 모두 전창한다. 뒤에도 이와 같다. 감찰 이하가 모두 재배한다. 마치고 나면 찬인의 인도로 감찰이 자리로 나아가고, 집사들이 관세위(盥洗位)로 나아가 손을 씻고 수건으로 닦은 뒤 각각 자리로 나아간다. 인의의 인도로 종친과 문무백관이 동서로 나뉘어 들어가 자리로 나아간다. 집사자(執事者)가 작세위(爵洗位)로 나아가 작(爵)을 씻고 작을 닦은 뒤 비(篚)에 담아 받들고 준소(尊所)로 가서 점(坫) 위에 올려놓는다. 상례(相禮)가 막차 앞에 나아가 무릎 꿇고 내엄(內嚴)을 찬청한다. 조금 있다가 또 외비(外備)를 아뢴다. 왕세자가 면복(冕服)을 갖추고 나온다. 상례가 앞에서 인도하여 들어가 자리로 나아가게 한다. 궁사가 궤(櫃)를 열고 도(韜)를 연다. 대축이 신주(神主)를 받들어 자리에 모신다. 좌통례가 대차(大次) 앞에 나아가 무릎 꿇고 중엄(中嚴)을 계청한다. 조금 있다가 또 외판(外辦)을 아뢴다. 전하가 면복을 갖추고 나온다. 산선과 시위는 평상시의 의식과 같이 한다. 찬례(贊禮)의 인도로 전하가 동문(東門) 밖에 이른다. 찬례가 무릎 꿇고, 규를 잡기를 계청한다. 근시가 무릎 꿇고 규를 올린다. 전하가 규를 잡는다. 찬례의 인도로 전하가 동문을 통하여 들어가 판위에 나아가 북쪽을 향하여 선다. 찬례는 매양 왼쪽에 부복하고, 근시는 따라 들어간다. 시위로서 들어갈 수 없는 자들은 문밖에 머문다. 집례가 "찬례는 행례(行禮)를 계청하시오."라고 하면, 찬례가 무릎 꿇고 행례를 계청한다. 집례가 "재배하시오."라고 하면, 찬례가 무릎 꿇고, 몸을 굽혀 재배하고 일어나 몸을 펴기를 계청한다. 전하가 몸을 굽혀 재배하고 일어나 몸을 편다. 왕세자 및 자리에 있는 자들도 모두 몸을 굽혀 재배하고 일어나 몸을 편다. 앞서 절을 한 자는 절하지 않는다. 왕세자가 행례할 때에는 상례가 찬청한다. 뒤에도 이와 같다. 근시가 관세위(盥洗位)로 나아가 손을 씻고 수건으로 닦는다. 마치고 나면 시립하는 자리로 돌아온다. 집례가 "찬례는 전하를 인도하여 작헌례(酌獻禮)를 행하시오."라고 하면, 찬례의 인도로 전하가 관세위에 나아가 북쪽을 향하여 선다. 찬례가 규(圭)를 꽂기를 계청하면, 전하가 규를 꽂는다. 꽂기가 불편하면 근시가 받아든다. 뒤에도 이와 같다. 근시가 무릎 꿇고 이(匜)를 잡고 일어나 물을 따른다. 또 근시가 무릎 꿇고 반(槃)을 잡고 물을 받는다. 전하가 손을 씻는다. 근시가 무릎 꿇고 비(篚)에서 수건을 취하여 올린다. 전하가 손을 닦는다. 마치고 나면 근시가 수건을 받아서 비에 놓는다. 찬례가 규를 잡기를 계청한다. 전하가 규를 잡는다. 찬례의 인도로 전하가 동쪽 계단을 통해 올라가서 준소(尊所)로 나아가 서쪽을 향하여 선다. 집준자(執尊者)가 멱(冪)을 들면, 근시 1인이 술을 떠내고 1인이 작(爵)으로 술을 받는다. 찬례가 전하를 인도하여 신위(神位) 앞에 나아가 북쪽을 향하여 서게 한다. 집례가 "무릎을 꿇으시오."라고 하면, 찬례가 무릎 꿇고 규를 꽂기를 계청한다. 전하가 무릎 꿇고 규를 꽂는다. 왕세자 및 자리에 있는 자들이 모두 무릎을 꿇는다. 찬자가 또한 창을 한다. 근시 1인이 향합(香盒)을 받들고 1인이 향로(香爐)를 받들어 무릎 꿇고 올린다. 찬례가 세 번 향을 올리기를 계청한다. 전하가 세 번 향을 올린다. 근시가 향로를 안탁(案卓)에 올려놓는다. 근시가 작(爵)을 받들어 무릎 꿇고 올린다. 찬례가 작을 잡고 작을 올리기를 계청한다. 전하가 작을 잡고 작을 올린 뒤 작을 근시에게 주어 신위 앞에 올려놓게 한다. 향을 올리는 일, 작을 올리는 일은 동쪽에서 서쪽을 향하여 하고 향로를 올려놓는 일, 작을 올려놓는 일은 서쪽에서 동쪽을 향하여 한다. 뒤에도 이와 같다. 찬례가 규를 잡고 부복하였다가 일어나 조금 뒤로 물러나 북쪽을 향하여 무릎 꿇을 것을 계청한다. 전하가 규를 잡고 부복하였다가 일어나 조금 뒤로 물러나 북쪽을 향하여 무릎을 꿇는다. 대축이 신위의 오른쪽으로 나아가 동쪽을 향하여 무릎을 꿇고 축문(祝文)을 읽는다. 마치고 나면 찬례가 부복하였다가 일어나 몸을 펴기를 계청한다. 전하가 부복하였다가 일어나 몸을 편다. 왕세자 및 자리에 있는 자들이 모두 부복하였다가 일어나 몸을 편다. 찬례의 인도로 전하가 다시 자리로 돌아온다. 집례가 "재배하시오."라고 하면, 찬례가 몸을 굽혀 재배하고 일어나 몸을 펴기를 계청한다. 전하가 몸을 굽혀 재배하고 일어나 몸을 편다. 왕세자 및 자리에 있는 자들이 모두 몸을 굽혀 재배하고 일어나 몸을 편다. 찬자가 또한 창을 한다. 조금 있다가 집례가 "재배하시오."라고 하면, 찬례가 몸을 굽혀 재배하고 일어나 몸을 펴기를 계청한다. 전하가 몸을 굽혀 재배하고 일어나 몸을 편다. 왕세자 및 자리에 있는 자들이 모두 몸을 굽혀 재배하고 일어나 몸을 편다.

망예望瘞

집례가 "망예하시오."라고 하면, 찬례의 인도로 전하가 망예위(望瘞位)로 나아가 북쪽을 향하여 선다. 집례의 인솔로 찬자(贊者)가 망예위로 나아가 서쪽을 향하여 선다. 집례가 "묻으시오."라고 하면, 대축이 축판(祝版)을 가져다가 감(坎)에 묻는다. 집례가 "예가 끝났습니다."라고 하면, 찬례가 무릎 꿇고 예가 끝났음을 아뢴다. 찬자가 또한 창을 한다. 전하를 인도하여 돌아온다. 동문 밖에 이르면 찬례가 규를 놓기를 계청한다. 전하가 규를 놓는다. 근시가 무릎 꿇고 규를 받는다. 찬례의 인도로 전하가 돌아와 대차로 들어간다. 상례(相禮)의 인도로 왕세자가 돌아와 막차로 들어간다. 인의가 종친과 문무백관을 나누어 인도하여 나온다. 찬인이 감찰 이하 집사들을 인도하여 모두 배위(拜位)로 돌아가게 한다. 모두 제자리에 서고 나면 집례가 "재배하시오."라고 한다. 감찰 이하 집사들이 모두 재배한다. 마치고 나면 찬인이 차례로 인도하여 나온다. 궁사(宮司)와 대축이 신주를 들이기를 평상시의 의식처럼 한다. 전사관(典祀官)과 궁사가 각각 그 소속 인원을 인솔하여 예찬(禮饌)을 거두고 문을 닫고 내려와 물러난다.

거가환궁 위의 출궁의(出宮儀)에 보인다.

○ 정조 즉위년 병신(1776) 5월 6일

대신과 비국 당상이 인견(引見)에 입시했을 때 예조 판서 정상순(鄭尙淳)이 아뢰기를,

"경모궁(景慕宮)의 작헌례(酌獻禮)를 이미 마련하여 계하(啓下)받았습니다. 태묘(太廟)는 작헌례가 없기 때문에 찬품(饌品)을 마련할 일이 애당초 없습니다. 영희전(永禧殿) 작헌례 때에는 과제(果祭)로 설행했었기 때문에 그것을 끌어와 전례를 삼을 수는 없습니다. 《오례의서례(五禮儀序例)》를 가져다 상고해 보았더니, 문묘(文廟) 작헌례 때에는 찬품을 1두(豆), 1변(籩), 1작(爵)으로 마련하였습니다. 지금 이 경모궁 작헌례 때의 찬품은, 2변, 2두, 1작으로 거행하는 것이 합당할 듯합니다. 어찌해야 합니까? 감히 여쭙니다."

하니, 상이 그렇게 하라고 하였다.

전배展拜할 때의 의절

대로(大路) 동가(動駕) 때의 의절을 따른다.

시일 봄과 가을에 품지하여 거행한다.

진설

1일 전에 액정서(掖庭署)가 재전(齊殿)에 대차(大次)를 설치하고, 왕세자의 막차를 재전의 동쪽에 설치한다. 지형에 따라서 적절하게 설치한다. 전하의 전배 판위(版位)를 동쪽 계단 동남쪽에 북향으로 설치하고, 왕세자의 배위(拜位)를 전하의 판위 뒤쪽 길 동쪽에 북향으로 설치한다. 종친과 문무백관의 자리를 신문(神門) 안쪽에, 문관은 동쪽에 무관은 서쪽에 설치하는데, 모두 등급마다 자리를 달리하고 두 줄로 서되 북쪽을 향하게 한다. 외위(外位)를 신문 바깥에 설치하고 문관과 무관이 동쪽과 서쪽에 나뉘어 서는 차례는 위에 보인다. 감찰의 자리는 문무반(文武班)의 끝에 설치하기를 평상시와 같이 한다. 찬의(贊儀)와 인의(引儀)의 자리를 동쪽 계단 아래에 동쪽 가까이에 서향으로 설치한다.

거가출궁 위의 작헌례 때의 의절에 보인다.

전배

인의가 종친과 문무백관을 나누어 인도하여 외위(外位)로 나아가게 한다. 전배할 때가 되면 인의가 종친과 문무백관을 나누어 인도하여 4품 이상은 조복 차림이고 5품 이하는 흑단령 차림이다. 들어가 신문 안으로 가서 동서로 나뉘어 자리를 달리하고 두 줄로 서게 한다. 상례(相禮)가 무릎 꿇고 내엄(內嚴)을 찬청하고, 조금 있다가 또 외비(外備)를 아뢴다. 왕세자가 면복을 갖추고 나온다. 상례가 앞에서 인도하여 서문을 통해서 들어가 배위로 나아가게 한다. 필선(弼善)은 따라 들어가 배위의 동남쪽에 무릎을 꿇고 북쪽을 향한다. 좌통례가 대차(大次) 앞에 나아가 무릎 꿇고 중엄(中嚴)을 계청한다. 조금 있다가 또 외판(外辦)을 아뢴다. 전하가 면복을 갖추고 나온다. 좌우 통례의 인도로 전하가 동문을 통해 들어가 판위에 이르러 북쪽을 향하여 선다. 산선과 시위는 신문(神門) 밖에 멈춘다. 승지와 사관은 따라 들어간다. 좌통례가 부복하였다가 무릎 꿇고, 몸을 굽혀 재배하고 일어나 몸을 펴기를 계청한다. 찬의(贊儀)가 또한 창을 한다. 전하가 몸을 굽혀 재배하고 일어나 몸을 편다. 왕세자 및 자리에 있는 자들이 모두 몸을 굽혀 재배하고 일어나 몸을 편다. 왕세자가 예를 행할 때에는 상례가 찬청한다. 좌우 통례의 인도로 전하가 동문을 통해 들어가 묘(廟) 안으로 나아간다. 상례의 인도로 왕세자가 서문을 통해 들어가 묘 안으로 나아간다. 봉심(奉審)을 마치고 전하가 다시 동문으로 나온다. 좌우 통례가 앞에서 인도하여 대차로 들어가게 한다. 왕세자가 다시 서문으로 나온다. 상례가 앞에서 인도하여 막차로 들어가게 한다. 인의가 종친과 문무백관을 나누어 인도하여 나온다.

거가환궁 위의 출궁의(出宮儀)에 보인다. ○궁관이 지영(祗迎)하고 지송(祗送)한다. 위의 오향의(五享儀)에 보인다.

일첨문을 통해서 들어가 전배할 때의 의절

액정서(掖庭署)가 대차(大次)를 본궁(本宮)의 재전(齊殿)에 설치하고, 전배(展拜)할 판위(版位)를 묘(廟) 동문 밖에 북향으로 설치한다.

3각 전에 여러 위(衛)의 관원들이 각각 그 대원(隊員)을 단속하여 들어가 늘어서기를 평상시와 같이 한다. 사복시 정이 합문 밖에 여(輿)를 대령시킨다.

2각 전에 여러 위의 관원들이 육승지, 좌우 사관, 입직(入直) 오위장(五衛將), 기조(騎曹)와 총부(摠府)의 당상과 낭청, 선전관(宣傳官), 별군직(別軍職) 및 병판(兵判), 내국(內局) 제조이다. 각각 해당하는 복색을 갖추고 근시는 흑단령(黑團領) 차림이고 시위(侍衛)는 기복(器服)을 입는다. 모두 합문 밖에 나아가 사후(伺候)한다. 좌통례가 합문 밖에 나아가 무릎 꿇고 중엄(中嚴)을 계청한다.

1각 전에 또 외판(外辦)을 아뢴다. 전하가 익선관과 곤룡포를 갖추고 여(輿)를 타고 나온다. 다만 전부(前部) 고취(鼓吹)를 진열하기만 하고 연주하지는 않는다. 산선과 시위는 평상시의 의절과 같다. 상서원(尙瑞院) 관원이 어보(御寶)를 받들고 앞서서 걸어간다. 좌우 통례가 앞에서 인도하여 월근문(月覲門)을 통해서 본궁(本宮)에 이르고 일첨문(日瞻門)을 통해 들어간다. 본궁의 제조 2인과 낭관 3인이 흑단령 차림으로 여기에서 영송(迎送)한다. 강여소(降輿所)에 이르면 재전의 서쪽 협문(挾門)이다. 좌통례가 무릎 꿇고, 여(輿)에서 내리기를 계청한다. 전하가 여에서 내린다. 좌우 통례가 앞에서 인도하여 재전으로 들어가게 한다.

전배할 때가 되면 좌통례가 무릎 꿇고 중엄을 계청한다. 조금 있다가 또 외판을 아뢴다. 전하가 그대로 익선관과 곤룡포를 갖추고 나온다. 재실(齊室) 남문이다. 좌우 통례가 앞에서 인도하여 판위로 동문 바깥에 있는 외판위(外版位)를 말한다. 나아가 북쪽을 향하여 서게 한다. 좌통례가 무릎 꿇고, 몸을 굽혀 재배하고 일어나 몸을 펴기를 계청한다. 전하가 몸을 굽혀 재배하고 일어나 몸을 편다. 좌우 통례의 인도로 전하가 동문을 통해 동쪽 계단으로 올라가서 정당(正堂) 안으로 나아가 승지와 사관 각각 1인과 궁사(宮司)가 따라 들어간다. 봉심(奉審)을 한다. 마치고 나면 좌우 통례의 인도로 전하가 다시 나와 재전으로 들어간다.

환궁(還宮)할 때에는 3각 전 여러 위가 각각 해당 대원을 단속하여 다시 늘어서기를 평상시의 의식과 같이 한다.

2각 전에 좌통례가 무릎 꿇고 중엄을 계청한다.

1각 전에 또 외판을 아뢴다. 전하가 그대로 익선관과 곤룡포를 갖추고 나온다. 좌통례가 무릎 꿇고, 여(輿)에 타기를 계청한다. 전하가 여를 탄다. 전부(前部) 고취(鼓吹)가 연주된다. 좌우 통례가 앞에서 인도하여 궁궐로 돌아오는데, 모두 궁궐을 나갈 때의 의절과 같다.

○ 정조 3년 기해(1779) 10월 22일

월근문(月覲門)을 경유하여 들어가 전배(展拜)할 때에는 외판위(外版位)에서 예를 행할 것을 정식(定式)으로 삼았다.

〈궁원전성의(宮園展省儀)〉에,

"무릇 친향(親享), 친성생기(親省牲器), 작헌례(酌獻禮) 및 전배에는 어필(御筆)로 그 날짜를 기록하여 책자를 만들어 궤(櫃)에 넣고 자물쇠를 채워 모두 본궁(本宮) 재실(齋室)의 북벽(北壁) 장롱에 보관한다."

하였다.

오향제를 섭사 攝事 할 때의 의절

재계

여러 향관(享官)은 산재(散齊)를 3일간 하고, 치재(致齊)를 2일간 한다. 치재는 1일은 본사(本司)에서 하고 1일은 재소(齊所)에서 한다.

사관 祀官

초헌관(初獻官) 정1품이나 종1품
아헌관(亞獻官) 종2품
종헌관(終獻官) 당상(堂上) 정3품
천조관(薦俎官) 당상 정3품
전사관(典祀官) 봉상시(奉常寺) 관원
집례(執禮) 2인 당상 3품과 당하 5품이 한다.
궁사(宮司) 영(令)이나 직장(直長)이나 봉사(奉事)가 한다.
대축(大祝) 6품
축사(祝史) 6품
재랑(齋郎) 참외(參外)
봉조관(捧俎官) 3인 참외
장생령(掌牲令) 전생서(典牲署) 관원
협률랑(協律郎) 장악원(掌樂院) 관원
찬자(贊者) 참외
알자(謁者) 참외
찬인(贊引) 참외
감찰(監察) 1인

진설

제향(祭享) 2일 전에 궁사(宮司)가 그 소속 인원을 인솔하여 재궁(齋宮)의 안팎을 청소한다. 전설사(典設司)가 찬만(饌幔)을 동문 밖에 설치한다.

1일 전에 전악(典樂)이 그 소속 인원을 인솔하여 등가악(登歌樂)을 당(堂) 위의 앞 기둥 사이에 설치하고, 헌가(軒架)를 묘정(廟庭)에 설치하는데 모두 북쪽을 향하게 한다. 집례(執禮)가 초헌관의 자리를 동쪽 계단 동남쪽에 북향으로 설치하고, 음복위(飮福位)를 당 위의 앞 기둥 바깥에 동쪽에 가깝게 하여 북향으로 설치하고, 아헌관과 종헌관과 천조관의 자리를 초헌관 자리 뒤 조금 남쪽에 북향으로 설치하고, 집사자(執事者)의 자리를 그 뒤에 설치한다. 등급마다 자리를 달리하고 모두 두 줄로 하며, 북쪽을 향하게 하고 서쪽을 상위로 한다. 감찰의 자리를 묘정의 동쪽에 동쪽으로 가깝게 하여 서향으로 설치한다. 서리(書吏)가 뒤에서 배종한다. 집례의 자리를 두 개 설치하는데, 하나는 당 위의 앞 기둥 바깥에, 하나는 당 아래에 설치한다. 모두 동쪽에 가깝게 하고 서쪽을 향하게 한다. 찬자(贊者), 알자(謁者), 찬인(贊引)은 당 아래에 집례의 뒤 조금 남쪽에 서향으로 설치하고 북쪽을 상위로 한다. 협률랑의 자리는 당 위의 앞 기둥 바깥에 서쪽에 가깝게 하여 동향으로 설치한다. 전악(典樂)의 자리는 헌현(軒懸)의 북쪽에 북향으로 설치한다. 여러 향관(享官)의 문외위(門外位)를 동문 바깥 길 동쪽에 설치하는데, 등급마다 자리를 달리하고 모두 두 줄로 하며 북쪽을 향하게 하고 서쪽을 상위로 한다. 망료위(望燎位)를 예감(瘞坎)의 남쪽에 설치한다. 초헌관은 남쪽에서 북쪽을 향하여 있고, 집례와 찬자와 대축(大祝)은 동쪽에서 두 줄로 서쪽을 향하여 있고 북쪽을 상위로 한다.

제향하는 날 행사 전에 궁사가 그 소속 인원을 인솔하여 재실(齋室)을 열고 신악(神幄)을 청소하고 자리를 깔고 궤(几)를 설치하기를 평상시의 의식처럼 한다. 전사관과 궁사가 각각 그 소속 인원을 인솔하고 들어가 신위(神位)의 오른쪽에 축판(祝版)을 올려놓고 점(坫)이 있다. 폐백 광주리를 준소(尊所)에 진설하고, 향로(香爐)와 향합(香盒)과 병촉(幷燭)을 신위 앞에 진설한다. 다음에 제기를 법식대로 진설한다. 찬반(瓚槃)을 준소의 점(坫) 위에, 노탄(爐炭)을 앞 기둥 사이에, 간료등(肝膋甑)과 소변(蕭籩)과 서직변(黍稷籩)을 각각 하나씩 그 뒤에 설치한다. 복주작(福酒爵)과 점이 있다. 조육조(胙肉俎)를 준소에 설치한다. 또 조(俎)를 찬만(饌幔) 안에 설치한다. 세(洗)를 동쪽 계단 동남쪽에 북향으로 설치한다. 관세(盥洗)는 동쪽에 두고 작세(爵洗)는 서쪽에 둔다. 뇌(罍)는 세(洗)의 동쪽에 두는데, 작(勺)을 엎어 놓는다. 비(篚)는 세의 서쪽에 남향으로 진설하고 수건을 담아 둔다. 만약 작세하는 비일 경우에는 또 찬작(瓚爵)을 담아 둔다. 점이 있다. 여러 집사(執事)의 관세를 헌관(獻官)의 세 서남쪽에 북향으로 설치한다. 집준자(執尊者), 집뢰자(執罍者), 집비자(執篚者), 집멱자(執冪者)의 자리는 준, 뇌, 비, 멱의 뒤쪽에 설치한다.

전향축

1일 전에 초헌관이 인정전(仁政殿) 월대(月臺)에서 공경히 받아서 정문을 통해 나가는데, 세장(細仗)이 앞에서 인도하고 여러 향관(享官)이 모시고 와서 향대청(香大廳)에 봉안한다.

성기

제향 하루 전에 궁사(宮司)가 그 소속 인원을 인솔하여 준소(尊所)에 제기(祭器)를 찬(瓚), 작(爵), 준(尊), 뇌(罍)이다. 진설하고 수건으로 덮어 둔다. 집례가 초헌관의 외위(外位)를 묘(廟)의 동문 바깥에 남향으로 설치한다. 감찰의 자리를 그 뒤에 설치한다. 재랑(齋郎), 축사(祝史)의 자리를 준소에 설치한다. 여러 집사의 자리를 의절대로 설치한다. 알자와 찬인이 헌관 이하를 나누어 인도하여 외위로 나아가게 한다. 찬인의 인도로 감찰이 묘 안으로 나아가 서쪽 계단을 통해 올라가서 준소와 악현(樂懸)을 점시(點視)하고 그대로 내려와서 자리로 돌아간다. 알자가 초헌관을 인도하고 찬인이 감찰을 인도하여, 동쪽 계단을 통해 올라가서 준소로 나아가 서쪽을 향하여 서게 한다. 집사자가 수건을 들고 축사가 정결함을 고한다. 알자가 초헌관을 인도하여 나오고, 찬인이 감찰 이하 집사들을 인도하여 나온다.

성생

제향 1일 전에 장생령(掌牲令)이 그 소속 인원을 인솔하여 희생을 끌고 향소(享所)로 나아간다. 미시(未時) 후(後) 3각에 알자가 초헌관의 자리를 묘(廟)의 동문 바깥에 남향으로 설치한다. 감찰의 자리를 그 뒤에 설치한다. 다음에 헌관과 감찰을 인도하여 자리로 나아가게 한다. 장생령이 희생을 끌고 동쪽으로부터 와서, 조금 앞으로 나아가 북쪽을 향하여 손을 들고 "살졌습니다."라고 하고 다시 자리로 돌아간다. 대축이 희생 주위를 한 바퀴 돌고, 서쪽을 향하여 손을 들고 "충실합니다."라고 하고 다시 자리로 돌아간다. 장생령이 희생을 끌고 주방(廚房)으로 나아가 전사관(典祀官)에게 준다. 초헌관이 희생을 살핀다. 마치고 나서 명수(明水)를 점검한다. 알자가 초헌관을 인도하여 재소(齋所)로 돌아가게 한다. 포시(晡時) 후에 전사관이 재인(宰人)을 인솔하여 난도(鑾刀)로 희생을 잡게 한다.

이의 위의 도설(圖說)에 보인다.

신관

제향하는 날 3경 3점에 궁사(宮司)가 그 소속 인원을 인솔하여 재실(齋室)을 열고 신악(神幄)을 청소하고 자리를 깔고 궤(几)를 설치하기를 평상시의 의식대로 한다. 전사관과 궁사가 들어가 찬구(饌具)를 채운다. 마치고 나면 찬인의 인도로 감찰이 동쪽 계단을 통해 올라가서 여러 향관이 오르내릴 때에는 모두 동쪽 계단을 사용한다. 당(堂)의 위아래를 살펴보고 의절에 맞지 아니한 것을 규찰한 뒤에 도로 나온다.

제향 3각 전에 여러 향관이 각각 해당 복색을 갖추어 입는다. 집례의 인솔로 찬자, 알자, 찬인이 동문(東門)을 통해 들어가 먼저 계단 사이 악현(樂懸)의 북쪽에 있는 배위(拜位)로 나아가 두 줄로 북쪽을 향하여 서되 서쪽을 상위로 한다. 재배(再拜)를 마치고 각각 자리로 나아가게 한다. 전악(典樂)의 인솔로 공인(工人)과 이무(二舞)가 들어가 자리로 나아간다. 문무(文舞)는 들어가서 악현의 북쪽에 늘어서고 무무(武舞)는 악현의 남쪽 길 서쪽에 선다. 알자와 찬인이 각각 여러 향관을 인솔하여 모두 문외위(門外位)로 나아가게 한다.

1각 전에 찬인의 인도로 감찰, 전사관, 대축, 축사, 재랑, 궁사, 협률랑, 봉조관이 들어가 악현 북쪽의 배위로 나아가 두 줄로 북쪽을 향하여 서되 서쪽을 상위로 한다. 모두 자리에 서고 나면 집례가 "재배하시오."라고 하고, 찬자가 전창(傳唱)을 한다. 무릇 집례가 행사를 진행하는 말을 하면 찬자가 모두 전창한다. 뒤에도 이와 같다. 감찰 이하가 모두 재배한다. 마치고 나면 찬인의 인도로 감찰이 자리에 나아가고, 여러 집사가 관세위(盥洗位)에 나아가 손을 씻고 수건에 닦은 뒤 각각 자리에 나아간다. 찬인의 인도로 궁사와 대축이 올라가 묘 안으로 들어가서 감실(龕室)을 연다. 대축이 신주(神主)를 받들고 나와 자리에 놓는다. 신악(神幄) 안으로 가서 궤(几) 뒤에서 궤(匱)를 열고 자리에 모신다. 인도하여 내려와 자리로 돌아가게 한다. 재랑이 작세위(爵洗位)로 나아가 찬(瓚)을 씻고 찬을 닦고 작(爵)을 씻고 작을 닦는다. 마치면 비(篚)에 담아 받들고 서쪽 계단으로 나아간다. 축사가 맞이하여 계단 위에서 받아서 준소(尊所)의 점(坫) 위에 갖다 놓는다. 알자가 초헌관을 인도하고 찬인이 아헌관과 종헌관과 천조관을 인도하여 자리로 나아가게 한다. 알자가 초헌관의 왼쪽으로 나아가 "유사들이 다 갖추어졌으니 행사하소서."라고 아뢰고 물러나 자리로 돌아간다. 협률랑이 무릎 꿇고 부복하였다가 휘(麾)을 들고 일어난다. 공인이 축(柷)을 친다. 헌가(軒架)가 〈계희운지악(啓熙運之樂)〉을 연주하고, 〈계희운지무(啓熙運之舞)〉가 시작된다. 음악 2성(成)을 연주하면 집례가 "재배하시오."라고 하고, 자리에 있는 자들이 모두 재배한다. 앞서 절을 했던 자들은 절하지 않는다. 음악 3성을 연주하면 협률랑이 휘(麾)를 눕히고 공인이 어(敔)를 긁는다. 음악이 그친다. 집례가 "신관례(晨祼禮)를 행하시오."라고 하면 알자가 초헌관을 인도하여 관세위(盥洗位)에 나아가 북쪽을 향하여 서게 하고, 홀을 꽂기를 고한다. 초헌관이 손을 씻고 수건에 닦고 나면 홀을 잡기를 고하고, 이어 준소로 나아가 서쪽을 향하여 서게 한다. 등가(登歌)가 〈계희운지악(啓熙運之樂)〉을 연주하고, 〈계희운지무(啓熙運之舞)〉가 시작된다. 집준자(執尊者)가 멱(冪)을 들고 울창주를 떠내면 집사자(執事者)가 찬(瓚)으로 울창주를 받는다. 알자가 초헌관을 인도하여 신위 앞에 나아가 북쪽을 향하여 서게 하고, 무릎 꿇고 홀을 꽂기를 고한다. 집사자 1인이 향합(香盒)을 받들고 1인이 향로(香爐)를 받들고 무릎 꿇고 올린다. 알자가 세 번 향을 올리기를 고한다. 집사자가 향로를 안상(案床) 위에 올려놓는다. 집사자가 찬(瓚)을 초헌관에게 주면, 초헌관이 찬을 잡고 땅에 술을 붓고 찬을 집사자에게 준다. 대축이 폐백 광주리를 초헌관에게 주면, 초헌관이 폐백을 잡고 폐백을 올리고, 폐백을 대축에게 주어 안상에 올려놓게 한다. 향(香)을 받드는 일, 찬(瓚)을 주는 일, 폐백을 주는 일은 모두 헌관의 오른쪽에서 하고, 향로를 올려놓는 일, 찬을 받는 일, 폐백을 올려놓는 일은 모두 헌관의 왼쪽에서 한다. 작(爵)을 받고 작을 올려놓는 일도 이에 준한다. 알자가 홀을 잡고 부복했다가 일어나 몸을 펴기를 고한다. 인도하여 나온다. 등가가 그친다. 인도하여 내려와 자리로 돌아가게 한다. 축사가 간료등(肝膋甑)을 앞 기둥 사이에서 취해서 들어가 신위 앞에 올려놓는다. 변(籩)의 왼쪽에 둔다. 축사가 간(肝)을 취해서 문을 나와 노탄(爐炭)에 태우고 준소로 돌아온다.

궤식

초헌관이 올라가서 강신례를 마치면, 찬인이 전사관을 인도하여 나오게 하고, 진찬자(進饌者)를 인솔하여 주방으로 나아가서 정비(鼎匕)로 확(鑊)에서 소고기를 건져서 생갑(牲匣)에 담고 다음에 양고기와 돼지고기를 건져서 생갑에 담아서 들어가 찬만(饌幔) 안에 진설하게 한다. 알자의 인도로 천조관이 나와서 찬소(饌所)로 나아간다. 봉조관이 따라간다. 기다렸다가 초헌관이 강신례를 마치면 자리로 돌아간다. 집례가 "진찬(進饌)

하시오."라고 하면, 알자의 인도로 천조관과 봉조관이 각각 생갑을 받들고 전사관(典祀官)이 찬품을 인도하여 정문을 통해서 들어간다. 조(俎)를 처음 문에 들일 때에 헌가(軒架)가 〈숙안지악(肅安之樂)〉을 연주한다. 찬품이 서쪽 계단에 이르면 대축이 맞이하여 계단 위로 인도한다. 천조관이 신위 앞에 나아가 북쪽을 향하여 무릎 꿇고 올린다. 먼저 소고기를 올리고 다음에 양고기와 돼지고기를 올린다. 올리는 것을 대축이 돕는다. 올리는 의식을 마치고 나면 생갑의 뚜껑을 연다. 음악이 그친다. 알자의 인도로 천조관 이하가 동쪽 계단을 통해 내려와 자리로 돌아간다. 대축이 쑥과 서직을 취해서 기름에 적시어 노탄에 태우고 준소로 돌아간다.

초헌

집례가 "초헌례를 행하시오."라고 하면 알자가 초헌관을 인도하여 준소로 나아가 서쪽을 향하여 서게 한다. 등가(登歌)가 〈계희운지악(啓熙運之樂)〉을 연주하고, 〈계희운지무(啓熙運之舞)〉가 시작된다. 집준자(執尊者)가 멱(冪)을 들고 예제(醴齊)를 떠낸다. 집사자가 작(爵)으로 술을 받는다. 알자가 초헌관을 인도하여 신위 앞으로 나아가 북쪽을 향하여 서게 하고, 무릎 꿇고 홀을 꽂기를 고한다. 집사자가 작을 초헌관에게 주면, 초헌관이 작을 잡고 작을 올리고, 작을 집사자에게 주어서 신위 앞에 올려놓게 한다. 알자가 홀을 잡고 부복하였다가 일어나 조금 뒤로 물러나 북쪽을 향하여 무릎 꿇기를 고한다. 음악이 그친다. 대축이 신위 오른쪽으로 나아가 동쪽을 향하여 무릎 꿇고 축문을 읽는다. 마치고 나면 음악이 연주된다. 알자가 부복하였다가 일어나 몸을 펴기를 고한다. 인도하여 나온다. 음악이 그친다. 인도하여 내려와 자리로 돌아가게 한다. 〈계희운지무〉가 물러가고 〈보융은지무(報隆恩之舞)〉가 나아온다.

아헌

집례가 "아헌례를 행하시오."라고 하면, 알자가 아헌관을 인도하여 관세위(盥洗位)로 나아가 북쪽을 향하여 서게 한 뒤, 홀을 꽂고 손을 씻고 수건에 닦기를 고한다. 마치고 나면 홀을 잡기를 고하고, 인도하여 준소로 나아가 서쪽을 향하여 서게 한다. 헌가(軒架)가 〈보융은지악(報隆恩之樂)〉을 연주하고, 〈보융은지무(報隆恩之舞)〉가 시작된다. 집준자(執尊者)가 멱을 들고 앙제(盎齊)를 떠내면, 집사자가 작(爵)으로 술을 받는다. 알자가 아헌관을 인도하여 신위 앞에 나아가 북쪽을 향하여 서게 한 뒤, 무릎 꿇고 홀을 꽂기를 고한다. 집사자가 작을 아헌관에게 주면, 아헌관이 작을 잡고 작을 올린 뒤, 작을 집사자에게 주어서 신위 앞에 올려놓게 한다. 알자가 홀을 잡고 부복하였다가 일어나 몸을 펴기를 고하고, 인도하여 나온다. 음악이 그친다. 인도하여 내려와 자리로 돌아가게 한다.

종헌

집례가 "종헌례를 행하시오."라고 하면 알자의 인도로 종헌관이 예를 행하는데, 모두 아헌례를 행할 때의 의식과 같다. 마치고 나면 인도를 받아 내려와 자리로 돌아간다.

음복

집례가 "음복하고 조육(胙肉)을 받으시오."라고 하면 대축이 준소(尊所)에 나아가 작(爵)으로 뇌(罍)에서 복주(福酒)를 떠낸다. 또 대축이 조(俎)를 갖고 나아가 신위 앞의 조육을 덜어 낸다. 알자가 초헌관을 인도하여 음복위(飮福位)로 나아가 북쪽을 향하여 서게 하고, 무릎 꿇고 홀을 꽂기를 고한다. 대축이 초헌관의 왼쪽으로 나아가 동쪽을 향하여 작을 초헌관에게 준다. 초헌관이 작을 받아 마셔 작을 비운다. 대축이 나아가 빈 작을 받아 점(坫)에 다시 갖다 놓는다. 대축이 동쪽을 향하여 조(俎)를 초헌관에게 주면, 초헌관이 조육을 받아서 집사자에게 주고, 집사자가 조육을 받아서 동쪽 계단을 통해 내려와서 문을 나간다. 알자가 홀을 잡고 부복하였다가 일어나 몸을 펴기를 고하고, 끝나면 인도하여 내려와 자리로 돌아가게 한다. 집례가 "재배하시오."라고 하면 자리에 있는 자들이 모두 재배한다.

철변두 撤籩豆

집례가 "변두를 거두시오."라고 하면 대축이 들어가 변두를 거둔다. 거둔다는 것은 변과 두를 각각 하나씩 이전의 자리에서 조금씩 옮기는 것이다. 등가(登歌)가 〈강안지악(康安之樂)〉을 연주한다. 음악이 그치면 헌가(軒架)가 〈경안지악(景安之樂)〉을 연주한다. 집례가 "재배하시오."라고 하면 자리에 있는 자들이 모두 재배한다. 음악 1성(成)을 연주하고 그친다.

망료

집례가 "망료하시오."라고 하면 알자의 인도로 초헌관이 망료위(望燎位)로 나아가 북쪽을 향하여 선다. 집례의 인솔로 찬자(贊者)가 망료위로 나아가 서쪽을 향하여 선다. 대축이 축문과 폐백을 취하여 망료위로 나아간다. 집례가 "태우시오."라고 하면 대축이 폐백을 화로에서 불태운다. 대축이 또 서직반(黍稷飯)을 취하여 백모(白茅)를 깔아 묶고 비(篚)에 축판(祝版)을 담아 감(坎)에 갖다 놓는다. 알자가 초헌관의 왼쪽에 나아가 예가 끝났음을 고한다. 알자와 찬인이 각각 초헌관 이하의 인원을 인도하여 차례로 나온다. 집례의 인도로 찬자가 본래의 자리로 돌아간다. 찬인의 인도로 감찰 및 여러 집사가 모두 악현의 북쪽에 있는 배위(拜位)로 돌아간다. 모두 제자리에 서고 나면 집례가 "재배하시오."라고 한다. 감찰 및 여러 집사가 모두 재배한다. 마치고 나면 찬인이 차례대로 인도하여 나온다. 전악(典樂)이 공인(工人)과 이무(二舞)를 인솔하여 나온다. 궁사(宮司)와 대축이 신주(神主)를 평상시의 의식과 마찬가지로 원래대로 들여놓는다. 집례의 인솔로 찬자, 알자, 찬인이 악현의 북쪽에 있는 배위로 나아가 재배하고 나온다. 전사관과 궁사가 각각 그 소속 인원을 거느리고 예찬(禮饌)을 거둔다. 궁사가 문을 닫고 내려와 물러난다.

속절제俗節祭 및 삭망제朔望祭 때의 의절

재계

여러 향관(享官)은 2일간 산재(散齊)하고 1일간 치재(致齊)한다.

재관

헌관(獻官) 종2품

전사관(典祀官) 봉상시(奉常寺) 관원

궁사(宮司) 영(令)이나 직장(直長)이나 봉사(奉事)가 한다.

대축(大祝) 옥당(玉堂)

축사(祝史) 6품

재랑(齋郎) 참외(參外)

찬자(贊者) 참외

알자(謁者) 참외

감찰(監察)

진설

1일 전에 궁사가 그 소속 인원을 인솔하여 재궁의 안팎을 청소한다. 찬자가 헌관의 자리를 동쪽 계단 동남쪽에 북향으로 설치하고, 음복위(飮福位)를 당(堂) 위의 앞 기둥 바깥에 동쪽에 가깝게 하여 북향으로 설치하고, 집사의 자리를 헌관의 뒤에 조금 남쪽에 모두 북향으로 설치하고 서쪽을 상위로 한다. 감찰의 자리를 묘정(廟庭)에 동쪽에 가깝게 하여 서향으로 설치하고 서리(書吏)가 뒤에서 배종한다. 찬자의 자리와 알자의 자리를 당 아래에 동쪽에 가깝게 하여 북향으로 설치하고 서쪽을 상위로 한다. 여러 향관의 문외위(門外位)를 동문 바깥 길 동쪽에 설치하는데, 등급마다 자리를 달리하고 모두 두 줄로 북쪽을 향하게 하되 서쪽을 상위로 한다. 망예위(望瘞位)를 예감(瘞坎)의 남쪽에 설치한다. 헌관은 남쪽에서 북쪽을 향하고, 대축과 찬자는 동쪽에서 서쪽을 향하는데 북쪽을 상위로 한다.

제향일 행사하기 전에 궁사가 그 소속 인원을 거느리고 재실(齋室)을 열고 신악(神幄)을 청소하고 자리를 깔고 궤(几)를 설치하기를 평상시의 의식과 같이 한다. 전사관과 궁사가 각각 그 소속 인원을 거느리고 들어가 신위의 오른쪽에 축판(祝版)을 올려놓는다. 점(坫)이 있다. 향로(香爐), 향합(香盒), 병촉(竝燭)을 신위 앞에 진설하고, 다음에 제기(祭器)를 법식에 맞게 진설하고 설찬도(設饌圖)에 보인다. 세(洗)를 동쪽 계단 동남쪽에 북향으로 설치하고 관세(盥洗)는 동쪽에 두고 작세(爵洗)는 서쪽에 둔다. 뇌(罍)는 세의 동쪽에 두고 작(勺)을 얹어 두며, 비(篚)는 세의 서쪽에 남향으로 진설하고 수건을 담아 둔다. 작세에 쓰는 비일 경우에는 작(爵)을 담아 둔다. 점이 있다. 여러 집사의 관세위를 헌관의 세 동쪽에 북향으로 설치하고, 집준자, 집뢰자, 집비자, 집멱자의 자리를 준(尊), 뇌(罍), 비(篚), 멱(冪)의 뒤에 설치한다.

작헌

제향일 3경(更) 3점(點)에 궁사가 그 소속 인원을 거느리고 재실을 열고 신악을 청소하고 자리를 깔고 궤(几)를 설치하기를 평상시의 의식과 같이 한다. 전사관과 궁사가 들어가서 찬구(饌具)에 제물을 담는다.

3각 전에 여러 향관이 각각 해당하는 복장을 갖춘다. 찬자와 알자가 동문을 통해서 들어가 먼저 계단 사이의 배위(拜位)로 나아가 북쪽을 향하여 서되 서쪽을 상위로 하여 재배(再拜)한 다음 자리로 돌아간다. 알자의 인도로 여러 향관이 모두 문외위로 나아간다.

1각 전에 알자의 인도로 감찰, 전사관, 대축, 축사, 재랑, 궁사가 들어가 계단 사이의 배위로 나아가 두 줄로 북쪽을 향하여 서되 서쪽을 상위로 한다. 모두 자리에 서고 나면 찬자가 "재배하시오."라고 한다. 감찰 이하가 모두 재배한다. 마치고 나면 알자가 감찰을 인도하여 자리로 나아가게 하고, 집사들을 인도하여 관세위(盥洗位)로 나아가 손을 씻고 수건에 닦은 뒤에 각각 자리로 나아가게 한다. 궁사와 대축이 동쪽 계단을 통해 올라가 무릇 여러 향관이 오르내릴 때에는 것은 모두 동쪽 계단을 사용한다. 들어가서 감실(龕室)을 열고 신주(神主)를 받들어 내와서 자리에 모시고 신악(神幄) 안으로 나아가 궤(几)의 뒤에서 궤(匱)를 열고 자리에 모신다. 내려와서 자리로 돌아간다. 재랑이 작세위(爵洗位)로 나아가 작(爵)을 씻고 작을 닦은 뒤에 비(篚)에 담아 받들고 서쪽 계단으로 나아간다. 축사가 맞이하여 계단 위에서 받아서 준소(尊所)의 점(坫) 위에 갖다 놓는다. 알자의 인도로 헌관이 들어가 자리로 나아가 북쪽을 향하여 선다. 알자가 헌관의 왼쪽으로 나아가 "유사(有司)가 갖추어졌으니 행사(行事)하소서."라고 고하고, 물러나 자리로 돌아간다. 찬자가 "재배하시오."라고 하면 헌관이 재배한다. 찬자가 "작헌례를 행하시오."라고 하면, 알자가 헌관을 인도하여 관세위로 나아가 북쪽을 향하여 서게 한 뒤, 홀(笏)을 꽂기를 고한다. 헌관이 손을 씻고 수건에 닦는다. 마치면 홀을 잡기를 고하고, 인도하여 준소로 나아가 서쪽을 향하여 서게 한다. 집준자(執尊者)가 멱(冪)을 들고 술을 떠내면 집사자(執事者)가 작(爵)으로 술을 받는다. 알자가 헌관을 인도하여 신위(神位) 앞에 나아가 북쪽을 향하여 서게 하고, 무릎 꿇고 홀을 꽂기를 고한다. 집사자 1인이 향합(香盒)을 받들고 1인이 향로(香爐)를 받들고 무릎 꿇고 올린다. 알자가 세 번 향을 올리기를 고한다. 집사자가 안상(案床)에 향로를 올려놓는다. 무릇 향(香)을 받드는 일은 모두 헌관의 오른쪽에서 하고, 향로를 올려놓는 일은 모두 헌관의 왼쪽에서 한다. 작을 올리는 일과 작을 올려놓는 일도 이에 준한다. 알자가 홀을 잡고 부복하였다가 일어나 몸을 펴기를 고한다. 집사자가 작을 헌관에게 주면 헌관이 작을 잡고 작을 올린 뒤 작을 집사자에게 주어서 신위 앞에 올려놓게 한다. 알자가 홀을 잡고 부복하였다가 일어나 조금 뒤로 물러나 북쪽을 향하여 무릎을 꿇기를 고한다. 대축이 신위의 오른쪽으로 나아가서 동쪽을 향하여 무릎을 꿇고 축문을 읽는다. 끝나면 알자가 부복하였다가 일어나 몸을 펴기를 고하고, 인도하여 내려와 자리로 돌아가게 한다.

음복 위의 오향제(五享祭)를 섭사(攝事)할 때의 의절에 나온다. 단지 조육(胙肉)을 받는 일만 없다.

철변두

대축이 들어가 변두(籩豆)를 거둔다. 거둔다는 것은 변과 두를 각각 하나씩 이전의 자리에서 조금 옮겨 놓는 것이다. 찬자(贊者)가 "재배하시오."라고 하면 헌관이 재배한다.

망예

알자의 인도로 헌관이 망예위(望瘞位)에 나아가 북쪽을 향하여 서고 찬자(贊者)가 망예위에 나아가 서쪽을 향하여 선다. 찬자가 "묻으시오."라고 하면 대축이 비(篚)에 축판(祝版)을 담아 서쪽 계단으로 내려와서 감(坎)에 놓는다. 알자가 헌관의 왼쪽에 나아가서 예가 끝났음을 고하고, 드디어 헌관을 인도하여 나온다. 찬자가 다시 자리로 돌아간다. 알자가 감찰 및 여러 집사를 인도하여 모두 계단 사이의 배위(拜位)로 돌아가게 한다. 모두 제자리에 서고 나면 찬자가 "재배하시오."라고 하고, 감찰 이하가 모두 재배한다. 마치면 알자가 차례로 인도하여 나온다. 궁사(宮司)와 대축이 신주(神主)를 들여놓기를 평상시의 의식과 같이 한다. 찬자와 알자가 계단 사이의 배위로 나아가 재배하고 나온다. 전사관과 궁사가 각각 그 소속 인원을 인솔하여 예찬(禮饌)을 거두고 문을 닫고 내려와 물러난다.

이안제移安祭와 환안제還安祭 때의 의절

정당(正堂)의 상우(上宇) 및 감실(龕室) 내부에 탈(頉)이 있는 곳을 수개(修改)할 때에는 옛 정당으로 오늘날의 이안당(移安堂)이다. 이안(移安)하였다가 공역을 마친 뒤에 환안(還安)하는데, 당일에 공역을 마치면 당일에 환안하고 만약 당일을 넘기면 택일(擇日)하여 환안한다.

고유제告由祭 의식

무릇 나라에 대사(大事) 및 궁내(宮內)를 수개하는 일이 있을 때에는 모두 기일에 앞서 고유(告由)하기를 태묘(太廟)의 예(例)처럼 한다. 능(陵)에 행행해서 묵을 때에도 고유제를 행한다.

제식(祭式)과 찬품(饌品)은 한결같이 본궁(本宮)의 속절제(俗節祭) 의식처럼 한다. 헌관 이하 여러 집사도 동일하다. 음복(飮福)은 없고 폐백(幣帛)이 있다. 망료위(望燎位)를 설치한다. 속절제에는 망예위(望瘞位)인데, 고유제에는 '예(瘞)'를 '요(燎)'로 고친다. 폐백 광주리[幣篚]를 준소(尊所) 앞에 진설한다. 축판(祝版)을 올려놓을 때에는 폐백을 진설한다. 전폐례(奠幣禮)를 행한다. 향(香)을 세 번 올린 뒤 대축이 폐백 광주리를 헌관에게 주면 헌관이 폐백을 잡고 폐백을 올리고서, 폐백을 대축에게 주어 신위 앞에 올려놓게 한다. 폐백을 태운다. 알자의 인도로 헌관이 망료위에 나아가 북쪽을 향하여 선다. 대축이 축문과 폐백을 가지고 망료위로 나아가 화로에서 폐백을 태우고 감(坎)에 축문을 묻는다. 이 아래로는 속절제의 의식과 같다.

천신薦新할 때의 의절

진설

1일 전에 봉상시(奉常寺)가 재궁의 주방에 신물(新物)을 진설한다. 봉상시 관원이 궁사(宮司)와 함께 주방으로 가서 함께 살펴본다. 당일 변두(籩豆)를 묘(廟)의 문 밖에 진설하고 신물을 담는다. 봉상시 관원의 자리를 동쪽 계단 동남쪽에 북향으로 설치한다. 또 관세(盥洗)를 동쪽 계단 동남쪽에 북향으로 설치한다. 뇌(罍)는 세(洗)의 동쪽에 두고 작(勺)을 엎어 놓고, 비(篚)는 세의 서쪽에 남향으로 진설하고 수건을 담아 둔다.

행례

천신하는 날 궁사가 그 소속 인원을 인솔하고 재실을 열고 청소하고 신물을 담는다. 마치고 나면 봉상시 관원이 평상복 차림으로 들어가 자리에 나아가 북쪽을 향하여 재배하고, 관세위로 나아가 북쪽을 향하여 선다. 손을 씻고 수건에 닦고 나서 동쪽 계단을 통해 올라가서 문밖에 나아가 북쪽을 향하여 선다. 집사자(執事者)가 신물을 봉상시 관원에게 주면, 봉상시 관원이 받들고 신위 앞에 나아가 북쪽을 향하여 무릎 꿇고 올려놓은 뒤 부복하였다가 일어나 몸을 펴고 문을 나와 내려와서 자리로 돌아가 재배하고 물러난다.

12 삭령朔令

1월 : 조곽(早藿) 2근(斤)이다. 변(籩)에 담는다. 원춘도(原春道)[36]와 경상도가 담당한다.

36 **원춘도** 강원도가 도명이 강등되었을 때의 이름이다. 1782년(정조 6)에 이택징(李澤徵) 사건으로 인하여, 강원도가 원춘도로 명칭이 바뀌었다가 1791년(정조 15)에 회복되었다.

2월 : 얼음〔氷〕 1편(片)이다. 두(豆)에 담는다. 빙고(氷庫)가 담당한다.

3월 : 생조기〔生石首魚〕 4마리이다. 소금 1홉도 함께 올린다. 두에 담는다. 황해도가 담당한다. 위어(葦魚) 15개이다. 소금 7사(夕)도 함께 올린다. 생갑(牲匣)에 담는다. 사옹원과 경기(京畿)가 담당한다.

4월 : 진어(眞魚) 1마리이다. 소금 2홉과 식초〔醋〕 1사도 함께 올린다. 두에 담는다. 경기가 담당한다.

5월 : 앵두〔櫻桃〕, 살구〔黃杏〕 각각 1되 5홉씩이다. 장원서(掌苑署)가 담당한다. 오이〔苽子〕 40개이다. 이상 3종은 변에 담는다. 오이는 사포서(司圃署)가 담당한다. 보리〔大麥〕, 밀〔小麥〕 각각 2되이다. 이상 2종은 두에 담는다. 적전(籍田)에서 제공한다.

6월 : 좁쌀〔粟米〕, 쌀〔稻米〕, 기장쌀〔黍米〕, 메기장쌀〔稷米〕 각각 2되씩이다. 모두 두에 담는다. 적전에서 담당한다. 능금〔林檎〕 1되 5홉이다. 장원서가 담당한다. 참외〔眞苽〕 2개이다. 수박〔西苽〕 1개이다. 위의 두 종류는 사포서가 담당한다. 이상 3종은 변에 담는다.

7월 : 잣〔柏子〕 3되이다. 원춘도가 담당한다. 배〔生梨〕 10개이다. 위의 두 과일은 변에 담는다. 장원서가 담당한다.

8월 : 홍시(紅柿) 30개이다. 생갑에 담는다. 홍충도(洪忠道)와 전라도가 담당한다. 대추〔大棗〕 1되 5홉이다. 생밤〔生栗〕 3되이다. 위의 두 과일은 변에 담는다. 장원서가 담당한다.

9월 : 석류(石榴) 5개이다. 변에 담는다. 전라도와 경상도가 담당한다.

10월 : 감자(柑子), 당금귤(唐金橘) 각각 15개이다. 제주(濟州)가 담당한다. 유자(柚子) 5개이다. 이상 3종은 변에 담는다. 전라도와 경상도가 담당한다. 은어(銀魚) 40마리이다. 간장(艮醬) 2홉, 후추〔胡椒〕 2푼, 참기름〔眞油〕 3사를 함께 올린다. 두에 담는다. 원춘도와 함경도가 담당한다.

11월 : 청어(青魚) 8마리이다. 소금 1홉을 함께 올린다. 생갑에 담는다. 경상도와 함경도가 담당한다.

12월 : 숭어〔秀魚〕 1마리이다. 꿩〔生雉〕 1마리이다. 소금, 간장, 참기름도 함께 올린다. 생갑에 담는다. 이 두 가지는 경기가 담당한다. ○납향(臘享) 때에는 겸하여 올린다. 유감(乳柑) 18개이다. 변에 담는다. 혹 익는 날짜에 차이가 있으면, 익기를 기다렸다가 천신하고 월령(月令)에 구애받지 않는다.

올리는 찬품에 대해서는 궁사(宮司)가 주방에 가서 확(鑊 솥)을 살피고, 그 소속 인원을 거느리고 간심(看審)한다. ○시절에 따라 천신할 때마다 등불을 켤 참기름 2홉, 소촉(小燭) 1쌍을 태상시(太常寺)가 진배(進排)한다.

○ 정조 1년 정유(1777) 5월 17일

하향 대제(夏享大祭) 때에 보리〔大麥〕를 쓰라고 구전(口傳)으로 하교하였다.

○ 같은 해 9월 14일

본궁(本宮)의 천신은 금년 10월부터 시작하여 32종을 올리는 일에 대해 계하하였다.

○ 같은 달 19일

예조 판서 채제공(蔡濟恭)이 입시했을 때, 본궁의 천신은 전례에 따라 진상하는 일에 대해 경연에서 품의하여 결정하였다.

○ 같은 달 30일

공조(工曹)가 올린 단자(單子)는 본궁의 천신에 쓰일 숯〔炭〕, 땔나무〔燒木〕, 싸리나무홰〔杻炬〕를 마련하는 일이었는데, 전교하였다.

> "진작 하교를 하고 싶었으나 아직 못 하였다. 싸리나무홰를 천신하는 것은 거의 의미가 없을 듯하다. 종묘(宗廟)에는 비록 존양(存羊)의 뜻 때문에 감히 줄일 수 없더라도, 경모궁에는 마련하지 말라고 분부하라."

○ 같은 날

공조 판서 구윤옥(具允鈺)이 입시했을 때 새로 익은 과일을 올리거나 숯과 땔나무를 진설하는 일은 경연에서 품의한 뒤에 다시 별단(別單)을 만들라고 계하하였다.

진상하는 식례

○ 정조 즉위년 병신(1776) 6월 11일

예조 판서 정상순(鄭尙淳)이 아뢰기를,

"경모궁 제향(祭享) 때에 번육(膰肉)을 진상하는 의절은 의당 태묘(太廟)의 예식대로 거행해야 합니다만, 대전(大殿) 이외의 각 전(殿)의 진상은 어찌해야 합니까? 감히 여쭙니다."

하니, 상이 이르기를,

"단지 왕대비전과 혜경궁(惠慶宮)에만 거행하도록 하라."

하였다.

오향일(五享日) 새벽에 번육을 진상할 때 대전에는 소 뒷다리 하나와 양(羊) 전체(全體)를, 왕대비전에는 소 뒷다리 하나를, 혜경궁에는 소 앞다리 하나를 올린다. 6각형 판(版)에 담아서 당하 집례(堂下執禮)가 전사청(典祀廳) 하인(下人)을 거느리고 배진(陪進)하여 각 전에 들인다.

궁 내외의 각종 과실을 진상할 때 궁내(宮內)는 궁사(宮司)가 감독하여 따고 궁외(宮外)의 오른쪽 기슭과 월변(越邊)의 빈터는 수복(守僕)과 동산지기(東山直)가 함께 감독하여 따서, 궁사가 간심(看審)한 뒤에 봉진(封進)한다. 궁의 안산(案山)에 심은 나무에 달린 과실 및 궁지(宮池)의 연밥〔蓮實〕도 또한 진상한다. 감독하여 따는 일과 봉진하는 일은 오른쪽 기슭의 예와 같게 한다. 진상할 때에는 수복이 동산지기와 함께 배진한다.

앵두〔櫻桃〕, 살구〔黃杏〕, 단행(丹杏), 유월도(六月桃), 능금〔林檎〕, 오얏〔李實〕, 배〔生梨〕, 칠월도(七月桃), 대추〔棗〕, 생밤〔生栗〕, 연밥을 진상한다. 철마다 익기를 기다려서, 숫자에 구애받지 않고 봉진한다.

경모궁의궤

제3권 고실(故實)

을묘년 위호位號를 정하는 의절

○ 영조 11년 을묘(1735) 1월 21일

축시에 창경궁(昌慶宮)의 집복헌(集福軒)에서 탄생하였다.

○ 같은 날

시임 대신(時任大臣), 원임 대신(原任大臣), 봉조하(奉朝賀),[1] 재신(宰臣)들, 옥당(玉堂)의 신하들이 면대를 청하여 입시했을 때 전교하였다.

"오늘 있은 나라의 경사는 여러 신료들이 해를 넘기며 간절히 기다리던 일이며 삼종(三宗)의 혈맥[2]을 이제 의탁할 데가 있게 되었으니, 나의 기쁨이 이루 말할 수가 없다. 지금은 이전과는 다르니 내전(內殿)이 아들로 취하는 일[3]과 원자(元子)의 위호(位號)를 정하는 일을 어찌 조금인들 늦출 수 있겠는가. 해당 조(曹)로 하여금 즉시 거행하게 하라. 위로 종묘와 사직에 고하고 아래로 팔도에 반포하는 일도 옛 전례에 따라 거행하게 하라."

○ 같은 날

예조가 아뢰기를,

"즉시 일관(日官)을 시켜 택일(擇日)하게 하였더니, 종묘와 사직에 고할 날짜는 오는 1월 24일이 길하다고 하니, 이날로 결정하여 시행하고, 진하(陳賀)[4]와 반교(頒敎)[5]는 25일에 거행하는 것이 어떻겠습니까?"

하니, 윤허한다고 전교하였다. 종묘, 영녕전(永寧殿),[6] 사직에 고하는 일은 대신을 보내서 설행하는 것으로 해서, 전향사(典享司)[7]가 거행하였다.

○ 원자의 위호를 정한 것을 종묘와 사직에 고하고, 진하하고 반교할 때의 절목(節目)

○ 대전(大殿)에 진하할 때에는 전하가 원유관(遠遊冠)과 강사포(絳紗袍) 차림으로 인정전(仁政殿)에 나아가면, 종친과 문무백관이 4품 이상은 조

1 **봉조하** 정3품 당상관 이상의 관원이 치사(致仕)한 뒤에 조정에서 받는 벼슬이다. 공무(公務)에는 종사하지 않고 조정의 의식(儀式)에 참여하였으며, 대개 역임한 직책보다 한두 등급 아래인 3품~5품의 녹봉을 지급받았다. 봉조청(奉朝請)이라고도 불렀다. 사도세자가 태어난 이때의 봉조하는 이광좌(李光佐)와 민진원(閔鎭遠)이다.

2 **삼종의 혈맥** 효종(孝宗), 현종(顯宗), 숙종(肅宗)의 적손(嫡孫)임을 말한다.

3 **내전이……일** 당시의 영조의 비는 정성왕후(貞聖王后) 서씨(1692~1757)였는데, 영빈(暎嬪) 이씨 소생의 사도세자를 정성왕후의 아들로 입적하는 의식이 있었던 것으로 보인다.

4 **진하** 나라에 경사가 있을 때에 하례하는 의식의 통칭이다. 대개 치사(致詞), 전문(箋文), 표리(表裏) 등을 올린다.

5 **반교** 나라에 경사가 있거나 큰 사건이 있을 때에 임금이 백성들에게 교서를 내리는 것을 말한다. 주로 대제학이 지어 올리면 승정원에서 정서하여 어보(御寶)를 찍어 보관하였다가 해당 날짜에 반포하고 전국에 내려보낸다.

6 **영녕전** 종묘 정전(正殿)에 봉안하지 못한 조선의 왕과 왕비 및 태조의 4대조인 목조, 익조, 도조, 환조와 그들의 비의 신주를 모신 곳이다.

7 **전향사** 연향(宴享), 제사(祭祀), 제수(祭需), 음식, 의약 등을 관장하던 관사이다.

복(朝服)을 입고 5품 이하는 흑단령(黑團領)[8]을 입고서 예식을 행한다. 대왕대비전[9]과 중궁전[10]에 진하할 때에는 백관이 복색은 위와 같다. 예식을 행한다.

○ 대전에 진하할 때 사용할 백관들의 전문(箋文),[11] 치사(致詞),[12] 표리(表裏)[13]와 교서(教書) 및 대왕대비전과 중궁전에 진하할 때 사용할 치사, 표리를 승문원(承文院), 예문관(藝文館), 제용감(濟用監) 등의 각 해당 관사로 하여금 전례를 살펴서 거행하게 한다. 각 도에서도 대전에 전문을 올리도록 한다.

○ 대전에 진하할 때 일을 담당할 선전관(宣箋官), 전전관(展箋官), 선교관(宣教官), 전교관(展教官)과 팔도(八道)와 양도(兩都)에 내려갈 재교관(齎教官) 등을 이조로 하여금 급속히 차출하게 한다.

○ 대전에 진하할 때 사용할 백관들의 전문, 치사, 표리 및 대왕대비전과 중궁전에 진하할 때 사용할 백관들의 치사, 표리를 담을 함(函)과 보자기〔袱〕, 향용정(香龍亭)[14]을 준비하고 차비인(差備人)을 정하고, 향로(香爐), 향합(香盒), 전도 고취(前導鼓吹) 등의 일 및 전정(殿庭)의 상안(床案), 홍주복(紅紬袱)을 담당할 각각의 차비인, 의장(儀仗), 여연(轝輦), 헌가(軒架)를 진열하고 배설하는 여러 일들을 모두 각 해당 관사의 담당 관원들로 하여금 정돈하여 거행하게 한다.

예조의 단자(單子)에,

"원자의 위호를 정한 것에 대해 대전에 진하할 때 경외에서 봉진하는 전문(箋文)의 두사(頭辭)는 '아무 관직의 신 아무개가 삼가 옹정(雍正) 13년 정월 21일 원자의 위호를 정하는 경사를 만났습니다. 실로 종묘사직의 더없이 큰 경사인지라 신은 경하하고 기뻐하는 마음을 이기지 못하여 삼가 전문을 받들어 경하합니다. 신 아무개는 참으로 기쁘고 기쁜 마음으로 머리를 조아리며 상언(上言)합니다. 엎드려 아뢰건대 운운. 삼가 생각건대 주상 전하께서는 운운. 엎드려 생각건대 신은 운운. 신은 하늘을 바라보며 성상을 우러르는 간절한 마음을 감당치 못하여 삼가 전문을 받들어 경하하며 아룁니다. 옹정 13년 월 일. 봉진하는 날짜를 따른다. 아무 직임 신 아무개는 삼가 전문을 올립니다.'라는 양식으

8 **흑단령** 조선 시대 문무 관원이 입었던 공복(公服)으로서, 목 부분의 깃이 둥글고 소매가 넓으며 검은색 계통의 옷감으로 만들었다.

9 **대왕대비전** 숙종의 계비 인원왕후(仁元王后) 김씨(1687~1757)를 가리킨다.

10 **중궁전** 당시의 왕비였던 정성왕후 서씨를 가리킨다.

11 **전문** 나라에 경사가 있을 때에 신하들이 임금, 왕비, 세자 등에게 올리는 송축문이다.

12 **치사** 나라에 경사가 있을 때에 신하들이 왕이나 왕비, 세자 등에게 축하하는 내용으로 올리는 글이다.

13 **표리** 옷을 한 벌 지을 수 있는 안감과 겉감을 말한다. 대개 백면주(白綿紬)를 사용하였다.

14 **향용정** 신주(神主), 향로(香爐) 등을 넣어서 이동하는 정자(亭子) 모양의 작은 가마이다. 향정(香亭)과 용정(龍亭)으로 구분하기도 한다.

로 봉진하되, 정일(正日)이 촉박하니 전례대로 듣는 대로 봉진하라고 팔도와 양도(兩都)에 파발(擺撥)을 내어 알리는 것이 어떻겠습니까?"

하니, 그대로 윤허한다고 계하하였다.

○ 같은 달 22일

시임 대신 및 예조 판서 김취로(金取魯)와 이조 판서 송인명(宋寅明)이 인견에 입시했을 때, 원자의 위호를 정한 것을 축하하는 경과(慶科)를 증광시(增廣試)로 설행하되, 봄·여름 이전의 식년(式年) 회시(會試)는 7월로 물려서 거행하라고 탑전(榻前)에서 하교하였다.

예조가 아뢰기를,[15]

"이번 원자의 위호를 정한 것을 축하하는 경과를 증광시로 설행하라고 명을 내리셨습니다. 증광시는 으레 원점(圓點)과 강경(講經)이 있는데, 근래에는 이런저런 비용이 매우 많이 든다는 이유로 오래도록 설행하지 않았습니다. 이번에도 근래의 전례를 따라 원점과 강경을 제외하고 관시(館試)는 설행하지 말고 단지 양소(兩所)의 시험만 개설하되, 관시에서 시취(試取)하는 숫자를 양소에 나누어 붙이는 것이 어떻겠습니까?"

하니, 윤허한다고 전교하였다.

또 아뢰기를,

"증광시의 각 과정에 대해 택일하였습니다. 진사(進士) 향시(鄕試)·한성시(漢城試) 초시(初試)는 이번 3월 3일, 생원 향시·한성시 초시는 3월 5일, 문무과(文武科) 향시·한성시 초시는 3월 15일 뒤에 예조가 월식이 있으므로 재계를 해야 한다고 아뢰어 16일로 물려서 시행하였다. 잡과(雜科) 초시는 3월 27일, 진사 복시(覆試)는 4월 16일, 생원 복시는 4월 18일, 생원진사시 방방(放榜)[16]은 4월 26일 사시(巳時), 문무과 회시(會試)는 윤4월 1일, 문무과 전시(殿試)는 윤4월 13일, 문무과 방방[17]은 윤4월 17일 진시(辰時), 잡과 복시는 윤4월 21일, 잡과 방방은 윤4월 30일 진시입니다. 이를 각 도에 파발을 보내 알리는 것이 어떻겠습니까?"

하니, 그대로 윤허한다고 계하하였다.

15 **예조가 아뢰기를** 《승정원일기》에는 영조 11년 1월 23일 기사에 실려 있다.

16 **생원진사시 방방** 《영조실록》에 의하면, 영조 11년 4월 20일 증광감시(增廣監試)에서 생원 박만원(朴萬源)과 진사 임박(任璞) 등 각각 100인을 뽑았다.

17 **문무과 방방** 《영조실록》에 의하면, 영조 11년 윤4월 13일에 증광전시(增廣殿試)를 시행하여 문과(文科)에 박필리(朴弼理) 등 42인을, 무과(武科)에 이상일(李尙日) 등 151인을 뽑았다.

예조 판서 김취로(金取魯) 등이 아뢰었다.

"전문(箋文) 올리는 일입니다. 원자의 위호를 정한 뒤 이번 1월 25일 대전에 진하하는 각 도 가운데 기일 안에 봉진(封進)한 전문을 다음과 같이 열거하여 삼가 갖추어 계문합니다. 옹정 13년 1월 24일, 개성부 유수(開城府留守) 정수기(鄭壽期) 전문 1통, 강화부 유수(江華府留守) 김동필(金東弼) 전문 1통, 경기 관찰사(京畿觀察使) 조명익(趙明翼) 전문 1통, 광주 부윤(廣州府尹) 조명교(曺命敎) 전문 1통, 양주 목사(楊州牧使) 조경(趙儆) 전문 1통, 수원 방어사(水原防禦使) 유엄(柳儼) 전문 1통입니다."

전목(箋目)을 공지하였다. 행(行) 예조 판서 김취로 등이 아뢰었다.

"전문 올리는 일입니다. 원자의 위호를 정한 뒤 이번 1월 25일 대전에 진하하는 경외의 전문을 나열하여 삼가 갖추어 계문합니다. 의정부 우의정 김재로(金在魯) 등 전문 1통, 개성부 유수 정수기 전문 1통, 강화부 유수 김동필 전문 1통, 경기 관찰사 조명익 등 전문 4통입니다."

○ 보양관(輔養官) 설치 사실 – 영조 11년 을묘(1735) 7월 12일

약방이 입진(入診)을 위해 입시했을 때 도제조(都提調) 김흥경(金興慶)이 아뢰기를,

"전례를 상고해 보았더니, 원자 보양관(元子輔養官)을 응당 차출해야 합니다."

하였다. 상이 이르기를,

"양조(兩朝)의 전례를 보면 먼저 하기도 하고 나중에 하기도 하였다."

하니, 도제조가 아뢰기를,

"숙묘조(肅廟朝) 때에는 다섯 살이 된 뒤에 보양관을 차출하고 곧이어 강학청(講學廳)을 설치하였고, 경묘조(景廟朝) 때에는 원자의 위호가 1월에 정해졌는데 보양관을 7월에 차출하고 청(廳)의 명칭을 보양청(輔養廳)이라 하였습니다. 경묘조 때에 이미 시행한 전례가 있으니, 아래에서 응당 전례(典禮)에 의거해서 거행해야 하겠습니다. 좌상의 의견도 이와 같습니다. 전례대로 거행하는 것이 어떻겠습니까?"

하였다. 상이 이르기를,

"보양관은 몇 품이 하는가?"
하니, 도제조가 아뢰기를,
"판서나 참판이 합니다."
하였다. 상이 이르기를,
"빈객과 흡사하다. 그 숫자는 두 사람을 차출해야 하는가?"
하니, 도제조가 아뢰기를,
"숙묘조 때에는 강학청을 설치하고 그대로 강학을 했기 때문에 4명을 차출하였고, 경묘조 때에는 단지 3명만 차출하였습니다."
하였다. 상이 이르기를,
"선조(先朝)에서는 다섯 살 때부터 보양관이 《효경(孝經)》을 진강(進講)하였고, 이때부터 강학이 시작되었다. 일찍이 옥당(玉堂)이 진강할 때의 규례를 보았더니, 경묘조 때에는 보양관이 수시로 바라보기만 할 뿐이었다. 이것은 어린이를 교육하고 돌보아 인도하는 의미에서 그렇게 한 것이다."
하였다. 도제조가 아뢰기를,
"지금 당장은 오직 수시로 드나들면서 우러러보기만 할 따름입니다. 우선은 보도하고 훈양하는 일이 없습니다만, 예전부터 모두 정밀하게 잘 가려서 차출하였습니다."
하니, 상이 이르기를,
"선조 및 경묘조 때의 전례는 이미 알고 있다. 강학청이라는 이름을 붙이면 이는 착실히 진강하는 일이 있어야 하는데, 지금 당장은 강학을 할 수 없을 뿐만 아니라 또한 수작(酬酢)하는 때도 아니다. 지금 비록 수작은 할 수 없더라도, 평상시에 묵묵히 살펴보면 양지(良知)가 전날보다 나으니 보고 듣는 것이 있음을 알 수 있다. 이러한 시기에 이러한 직임을 두는 것은 또한 어린이를 올바르게 기르는 방법이다. 아뢴 대로 차출하는 것이 옳다."
하였다. 도제조가 아뢰기를,
"좌상과 상의해서 차출하겠습니다."
하였다. 상이 이르기를,
"아뢴 대로 하라. 지금 마땅히 그 숫자를 먼저 정해야 한다. 몇 사람을 차출할 것인가?"

하니, 도제조가 아뢰기를,

"마땅히 기사년의 전례[18]를 따라 3명을 차출해야 합니다."

하니, 상이 이르기를,

"아뢴 대로 하라. 잘 가려서 차출하라고 이조에 신칙하라."

하였다.

○ 같은 달 27일[19]

예조가 아뢰기를,

"원자 보양관을 이미 차출하였으므로 이진망(李眞望), 이재(李縡), 윤순(尹淳)이다. 응행 절목(應行節目)을 마련해야 하겠는데, 등록(謄錄)을 상고해 보았더니, 원자가 강학을 하기 전에 보양관과 만날 때에는 하교에 의거하여 1차에는 보양관 3명이 함께 가서 만나고, 그 뒤에는 1개월에 3회씩 돌아가면서 접견하였습니다. 이번에도 이와 같이 마련하겠습니다. 상견례를 행하는 처소는 어느 당(堂)으로 해야 합니까? 감히 여쭙니다."

하니, 전교하기를,

"경극당(敬極堂)으로 장소를 정하라."

하였다.

○ 보양관 상견례(相見禮) 절목

○ 원자와 보양관이 상견할 때에는 의당 을사년 강학[20]할 때의 전례를 따라 동계(童髻)에 옥잠(玉簪)을 꽂고 아청단령(鴉靑團領)을 입고 흉배(胸褙)와 옥대(玉帶)와 흑화자(黑靴子)를 갖추어야 할 듯하나, 원자가 아직 성동(成童)이 되지 못하여 이 전례를 쓰기 어려우니, 입을 관복은 대내(大內)에서 편의에 따라 준비한다.

○ 원자가 보양관과 상견례를 할 때에는, 내시가 원자를 받들고 동벽(東壁)에 서향하여 서고, 보양관이 흑단령(黑團領)을 갖추고 서벽(西壁)으로 나아가 동향하여 선다. 원자가 나이가 어려서 아직 예를 행할 수 없으니, 보양관은 이번에도 우선 두 번 절하는 예를 행하지 말고 단지 한 번만 절을 한다.

18 **기사년의 전례** 기사년은 1689년(숙종 15)이다. 《승정원일기》 이해 7월 18일 인견(引見) 기사에, 지금 원자(元子)의 보양관(輔養官)은 명망이 있는 자로서 각별히 3원을 차출하여 번갈아가며 출입하게 하라는 내용이 실려 있다.

19 **27일** 《승정원일기》에는 영조 11년 7월 26일 기사에 실려 있다.

20 **을사년 강학** 《현종실록》에 의하면, 을사년(1665, 현종 6) 9월 3일에 당시 원자였던 숙종이 보양관 송준길(宋浚吉)과 상견례를 행하였다.

○ 원자가 보양관과 상견할 때 전례에 의거하여 첫 만남은 보양관 3명이 모두 나아가 상견하고, 그 뒤로는 한 달에 3회, 한 사람씩 교대로 나아가 상견한다. 원자가 보양관과 상견례를 하는 장소는 경극당(敬極堂)으로 하고, 수리하고 배설하는 등의 일들은 각 해당 관사로 하여금 거행하게 한다.

○ 원자가 출입할 때 한결같이 조종조의 전례를 따라 충실하고 근후한 환관을 가려 차정하여 좌우에서 시봉하게 하고 배종하게 하도록 내시부(內侍府)로 하여금 품지하여 시행하게 한다.

○ 보양관은 소속 관사가 없으니 보양청(輔養廳)이라 일컫고 시강원(侍講院)에 설치한다. 서리(書吏)와 사령(使令)들을 본청에서 적절히 헤아려 인원수를 정하고, 호조와 병조로 하여금 요포(料布)를 지급하게 한다.

○ 보양청에서 사용할 인신(印信)은 전례에 의거하여 시강원의 인(印)을 보내고, 일용하는 종이와 필묵은 해당 조로 하여금 마련하여 진배하게 한다.

위의 절목에 대해 상이 아뢴 대로 시행하라고 계하하였다.

원자와 보양관의 상견례 날짜를 8월 28일 오시(午時)로 가려 정하였다. 처음 정한 날짜이다.

○ 좌참찬 이진망(李眞望)의 상소

상소하기를,

"삼가 아룁니다. 신은 매우 어리석고 비루하니 성상의 후사를 보양하는 직임에 대체 어찌 조금이라도 합당하겠습니까. 왕명이 내렸음을 처음 들었을 때에는 놀라고 두려워 안절부절못하며 스스로 마음을 진정시킬 수가 없었습니다. 온화한 유지(諭旨)와 엄한 하교로 잇달아 독촉을 하심에 이르러 비로소 감히 문자로 대략 소신의 뜻을 진달하여 성상께서 살펴보시고 소신의 뜻을 들어주시기를 바랐습니다만, 정성이 부족하고 문사가 어눌하여 또한 성상의 윤허를 얻기에 미흡하였습니다. 민망한 마음으로 엎드려 있은 지가 열흘이 지나 참으로 진퇴양난

인지라 부득이 병든 몸으로 대궐에 나왔지만, 두렵고 부끄러우며 혼미하고 멍한 마음이 갈수록 심해지고 있습니다.

삼가 듣건대, 지난번에 보양관이 상경하는 대로 상견례를 그때그때 거행하라는 하명이 있었으므로 유사가 이미 택일을 하라고 하였다고 합니다. 신은 이에 두려운 마음을 더욱 이기지 못하겠습니다. 대저 저궁(儲宮 원자)이 궁관(宮官)을 처음으로 접견하는 일은 일의 체모가 매우 중대하니 참으로 구차하게 예를 행해서는 안 되며, 이번 계하하신 절목에도 '첫 접견은 세 사람이 함께 나아가 만나도록 하라.'라고 하신 것은 실로 옛 전례를 살펴 따른 것입니다. 지금 잇달아 상경하는 자들에게 올 때마다 혼자서 예를 행하게 하면, 단지 옛 전례를 가벼이 바꾸어서도 안 되고 개인의 분수에 갑절이나 황송할 뿐만이 아니라, 삼가 막중한 체모가 끝내 가볍고 하찮은 일이 되어 버릴까 두렵습니다. 신의 어리석은 생각으로는, 우선 늦추어서 세 사람이 모두 모이기를 기다렸다가 한꺼번에 나아가 만나, 옛 전례를 보존하고 일의 체모를 존중할 수 있게 해야 바야흐로 사리에 합당할 것 같습니다.

신은 평소 설사병을 앓고 있는데, 서늘한 계절이 된 이후로 조금씩 다시 재발하고 있습니다. 서울에 들어온 다음 날 새벽에 큰 설사가 나서 변소에 수없이 들락거리며 밤낮을 그치지 않아 지금 네댓새가 지났는데도 조금도 멈출 기미가 없으니 짧은 시간 동안이라도 거의 앉아 있을 수가 없습니다. 만약 멈추지 않는다면 비록 노력해서 나가고자 하더라도 또한 방법이 없습니다. 이에 감히 실상을 붙여 진달하오니 처분을 내려 주시기 바랍니다. 신은 황공함을 감당치 못하겠습니다.……"

하니, 답하기를,

"상소를 보고 잘 알았다. 경이 이미 서울에 올라왔으니, 부질없이 절목을 지키는 데에 구애되어 늦추는 것은 전후로 경을 대우하는 뜻이 아니기에 예를 행하라고 우선 명을 내렸던 것이다. 진달한 바가 합당하고 경도 또한 머물며 기다리고자 하니, 해당 조로 하여금 절목대로 거행하게 하겠다. 경은 모름지기 편의대로 조리해야 할 것이다."

하였다.

○ **같은 해 9월 4일**

약방(藥房)이 입진(入診)을 위해 입시했을 때 제조 송인명(宋寅明)이 아뢰기를,

"보양관의 상견례를 만약 세 사람이 다 모이기를 기다렸다가 하려 하면 날씨가 점차 추워져서 기다리는 데에 어려움이 있습니다. 어찌해야겠습니까?"

하니, 상이 이르기를,

"나도 생각해 보았다. 연로한 유신(儒臣)이 서울에 와서 머문 지가 이미 여러 날이 되었으니 필시 불편한 일이 많을 것이어서 이재(李縡)가 올 때까지 기다리기 어렵겠다마는, 지난번에 이미 '세 사람이 다 모인 뒤에 상견례를 행하라.'는 하교를 내렸으니, 이제 와서 다 도착하기를 기다리지 않고 먼저 예를 행한다면 전도됨이 없을 수 있겠는가?"

하였다. 부제조 김시형(金始炯)이 아뢰기를,

"상견례가 점차 늦어지고 있습니다. 지금은 보양관 두 사람이 이미 올라왔으니 상견례 날짜를 속히 잡게 한 뒤에 이재에게 각별히 재촉한다면, 이것은 일반 직무와는 다른 특별한 일이니 이재도 어찌 올라오지 않겠습니까?"

하니, 상이 이르기를,

"연로한 유신이 불편하게 오래도록 머물러 있는 것은 또한 매우 염려스러운 일이다. 상견례는 날짜를 속히 정하게 하고, 이재를 서둘러 올라오게 하라."

하였다.

예조가 아뢰기를,[21]

"원자와 보양관의 상견례 길일을 즉시 일관(日官)에게 가려 뽑게 하였더니, 이번 9월 11일 사시(巳時)가 길하다고 하였습니다. 이 일시에 거행하는 것이 어떻겠습니까?"

하니, 윤허한다고 전교하였다.

21 **예조가 아뢰기를** 《승정원일기》 영조 11년 9월 6일 기사에 실려 있다.

병진년 책봉 의절

○ 영조 12년 병진(1736) 1월 1일

진하(陳賀)한 뒤에 정조(正朝)이다. 시원임 대신, 예관(禮官)이 입시했을 때 상이 이르기를,

"원자를 세자로 삼아 책례(冊禮)를 행할 날짜를 3월 중으로 길일을 가려서 들이도록 예조에 분부하라. 거행해야 할 여러 가지 일들도 해당 조로 하여금 전례에 따라 거행하도록 하라."

하였다.

○ 같은 날

대신과 예관이 입시했을 때 예조 판서 김동필(金東弼)이 아뢰기를,

"동궁(東宮)의 책례를 이미 윤허하셨으니, 절목에 있는 일들 중에 먼저 품정(稟定)할 것들이 있습니다. 《대명회전(大明會典)》에 〈책례절목(冊禮節目)〉이 있는데, 나이가 장성하였으면 천자(天子)가 임헌(臨軒)하여 직접 책봉하고 나이가 어리면 대신 사신을 보내어 태자가 거처하는 궁에서 책봉한다고 되어 있습니다. 경오년 책례[22] 때에는 대신의 품의를 인하여 사신을 보내 책봉하는 의절을 사용하였습니다. 이번에도 이 전례에 의거하여 시행하는 것이 어떻겠습니까?"

하니, 상이 그렇게 하라고 하였다.

22 **경오년 책례** 《승정원일기》에 의하면, 경오년(1690, 숙종 16) 6월 16일에 경종의 왕세자 책봉이 있었다.

○ 같은 날

전교하기를,

"세자의 위호를 정하는 일을 전례에 따라 정원(政院)이 수일 내로 날을 잡아서 거행하라."

하였다. 정부, 예조, 보양청이 거행한다.

예조가 아뢰기를,

"왕세자의 위호를 정할 길일을 일관(日官)을 시켜서 날짜를 가리게 하였더니, 이번 1월 4일 사시(巳時)가 길하다고 하였습니다. 이날 대신(大臣), 정부(政府)와 관각(館閣)의 당상(堂上), 육조(六曹)의 참판(參判) 이상을 명초(命招)하여 모여서 의논하도록 정원으로 하여금 임시하여 품지해서 거행하게 하는 것이 어떻겠습니까?"

하니, 아뢴 대로 시행하라고 계하하였다.

23 2일 《승정원일기》에는 영조 12년 1월 1일 기사에 실려 있다.

○ 같은 달 2일[23]

예조가 아뢰기를,

"이번 왕세자 책봉 후에 백관 및 각 도(道)가 전문(箋文)을 올리고 진하(陳賀)할 때 대전(大殿)에 올릴 전문과 방물(方物)과 물선(物膳) 및 대왕대비전과 중궁전과 세자궁에 올릴 방물과 물선은 전례에 따라 봉진(封進)하라고 공문을 보내 통지하는 것이 어떻겠습니까?"

하니, 윤허한다고 전교하였다.

관상감(觀象監)이,

"왕세자 책례(冊禮)의 길일을 오는 3월 15일 사시(巳時)로 택일하였습니다."

하니, 그대로 윤허한다고 계하하였다.

○ 같은 달 3일

예조의 단자(單子)에,

"이번 왕세자 책례 후 다음 날 진하할 때 경외(京外)에서 봉진할 전문(箋文)의 두사(頭辭)는 '아무 관직의 신 아무개는 삼가 건륭(乾隆) 원년(元年) 3월 15일에 종저(宗儲 세자)를 책봉(冊封)하고 모든 의절(儀節)을 갖추 거행하는 때를 만났습니다. 신은 기쁨을 이기지 못하여 삼가 전문을 받들어 경하합니다. 신 아무개는 기쁘고 즐거워서 머리를 거듭 조아리며 말씀을 올립니다. 엎드려 아뢰건대 운운. 삼가 생각건대 주상 전하께서는 운운. 엎드려 생각건대 신은 운운. 신은 하늘을 바라보고 성상을 우러르며 간절하고 황송한 마음을 이기지 못하여 삼가 전문을 받들어 경하하며 아룁니다. 건륭 원년 월 일. 봉진하는 날짜를 따라 써넣는다. 아무 직책 신 아무개는 삼가 전문을 올립니다.'라는 양식으로 봉진하라고 통지하는 것이 어떻겠습니까?"

하니, 아뢴 대로 시행하라고 계하하였다.

○ 같은 날

예조가 아뢰기를,

"이번 왕세자 책례 때 도감(都監)으로 하여금 왕세자인(王世子印)을 전각(篆刻)하게 하는 것이 어떻겠습니까?"

하니, 아뢴 대로 시행하라고 계하하였다.

○ 같은 달 4일

빈청(賓廳)이 모여 의논하여 왕세자의 이름을 정하여 올린 단자(單子)는 다음과 같다.

예휘(睿諱)[24]

정(憕) 음은 정(呈)이다. 마음이 평온하다는 뜻이다.

희(憮) 음은 희(希)이다. 흐뭇하다는 뜻이다.

수망(首望)에 낙점(落點)하였다.

빈청이 먼저 글자와 변(邊)을 아뢰어 품지한 뒤에[25] 이름 글자의 삼망(三望)을 정하여 승전색(承傳色)을 불러 입계하였다. 낙점하여 빈청에 내리니 승지가 받아서 승정원으로 가서 예조 낭청을 불러 내주었고, 그 뒤 의지(儀紙) 반장으로 단자를 만들어 예조 좌랑 윤택휴(尹澤休)가 예조 판서 앞에서 정서(正書)하였다. 첫 장 머리에 '왕세자정명(王世子定名)'이라고 적고, 둘째 장에는 단지 낙점받은 수망(首望)과 주(註)만을 적고 다음 줄에 대연호(大年號)와 월일(月日)과 낙점을 적었다. 홍색(紅色) 보자기에 싸서 주색(朱色) 함(函)에 담아 낭청이 직접 시강원에 올려 입달(入達)하게 하였다.

관상감이,

"왕세자의 책례 습의(習儀) 날짜를 1차는 3월 3일, 2차는 3월 7일, 3차는 3월 13일로 택일하였습니다."

24 **예휘** 이곳에는 '선(愃)'이라는 글자가 있었는데 피휘하여 이렇게 표현한 것이다. 《영조실록》에 의하면, 12년 1월 4일에 대신(大臣)과 경재(卿宰)가 빈청에 모여 의논하여 삼망(三望)을 올리니 영조가 '선' 자에 낙점(落點)하였다. 이날 사도세자의 이름을 정한 것이다.

25 **글자와……뒤에** 원자의 이름을 정하는 날짜와 시각이 정해지면, 빈청이 글자 수를 두 글자로 할지 한 글자로 할지와 무슨 변(邊)을 쓸지를 품지하여 해당 시각 이전에 써서 아뢰어 낙점을 받는다.

하니, 아뢴 대로 윤허한다고 계하하였다.

예조가 아뢰기를,

"습의(習儀)의 1차와 2차는 각각 해당 날짜 이른 아침에 백관이 흑단령(黑團領) 차림으로 의정부에서 예식을 행하고, 3차는 정일(正日)의 관례대로 대궐에 나아가 예식을 행하는 것으로 통지하여 거행하는 것이 어떻겠습니까?"

하니, 아뢴 대로 윤허한다고 계하하였다.

○ 같은 달 5일[26]

26 5일 《승정원일기》에는 영조 12년 1월 4일자 기사에 실려 있다. 이하의 '또 아뢰기를'로 시작하는 내용도 동일하다.

예조가 아뢰기를,

"왕세자 책례 때 경오년의 전례대로 사신을 보내서 책보(冊寶)를 받는 의식을 사용하고, 정사(正使)와 부사(副使)는 전례대로 해당 조로 하여금 차출하게 하는 것이 어떻겠습니까?"

하니, 계사에 대해 윤허한다고 전교하였다.

또 아뢰기를,

"이번 왕세자 책례 때 책보를 받을 처소를 품정해야 하기 때문에 경오년의 등록(謄錄)을 갖다가 상고하였더니, 그 당시에 대신들의 진달을 인하여 전교하기를 '원자가 보경당(寶慶堂)에 있으니 그 처소에 가서 설행하면 되는데, 지세(地勢)가 협착하니 의장(儀仗)은 돈례문(敦禮門)에 설치하도록 하라.'라고 명을 내리셨습니다. 그래서 책보를 받을 처소를 보경당으로 정했다가 '보경당은 협착할 뿐만 아니라 지금은 날씨가 매우 더워서 예식을 행하기가 더욱 어려우니, 처소를 희정당(熙政堂)으로 바꾸어 정하라.'라고 또 명을 내리셨습니다. 이번에는 어느 곳으로 마련해야겠습니까? 감히 여쭙니다."

하니, 전교하기를,

"양정합(養正閤)으로 마련하라."

하였다.

또 아뢰기를,

"경오년에 동궁이 책례(冊禮)를 받을 때에는 쌍동계(雙童髻), 공정책(空頂幘), 칠장복(七章服) 차림을 하고 보모가 안아 받들고 배위(拜位)에 나아가 예식을 행하였습니다. 이번에 왕세자가 대내(大內)에서 책보를 받을 때에도 이 전례대로 마련하여 거행하는 것이 어떻겠습니까?"

하니, 그렇게 하라고 전교하였다.

또 아뢰기를,

"경오년 본조의 절목에 전교하기를 '원자(元子)가 나이가 어리니 예절에 참작하여 줄이는 방도가 없어서는 안 되겠다. 중궁전에 조알(朝謁)하는 예절과 양전(兩殿)에 사전(謝箋)을 올리고 진하(陳賀)하는 예절을 모두 권정례(權停例)로 하라.'라고 판하(判下)하셨고, '양전에 표리(表裏)를 올리는 일은 대내에서 편의에 따라 시행하고, 왕세자가 시민당(時敏堂)에서 축하를 받는 일도 권정례로 거행하라.'라고 결정하셨습니다. 이번에도 이대로 거행합니까? 감히 아룁니다."

하니, 그렇게 하라고 전교하였다.

○ 같은 달 9일

책례도감(冊禮都監)이 아뢰기를,

"죽책문(竹冊文)과 교명문(敎命文)의 제술관(製述官)과 서사관(書寫官) 및 옥인(玉印)과 교명(敎命)의 전문(篆文) 서사관을 별단(別單)으로 써서 들이겠습니다. 감히 아룁니다."

하니, 알았다고 전교하였다.

○ 같은 달 10일

대신과 비국 당상이 인견으로 입시했을 때 중시(重試)에 대한 대거 별시(對擧別試)는 가을로 물려서 거행하고, 왕세자 책례 경과(慶科)는 정시(庭試)로 설행하되, 무과 초시(武科初試)는 오는 3월 그믐 이전으로 날을 잡아서 거행하라고 탑전에서 하교하였다.

27 **자휘** 명나라 말기에 매응조(梅膺祚)가 편찬한 12권으로 이루어진 사서(辭書)이다.

28 **자전** 《강희자전(康熙字典)》을 말한다. 청나라 때 장옥서(張玉書) 등이 강희제(康熙帝)의 칙명으로 편찬한 자전이다.

○ 같은 날

입시했을 때 좌의정 김재로(金在魯)가 아뢰기를,

"저번에 빈청에 모여 의논하고 《자휘(字彙)》[27]와 《자전(字典)》[28] 등의 책을 근거로 삼아 세자의 정명 단자(定名單子)를 주(註)를 달아서 들여 낙점을 받았는데, 계하하셨습니다. 물러나온 뒤에 《증보자휘(增補字彙)》를 다시 상고하였더니, 또 '너그럽고 우아한 모양〔寬嫺貌〕'이라는 주석이 있었습니다. 글자의 뜻이 더욱 좋습니다. 원래의 단자에 더 적어 넣어서 장차 표덕(表德)을 의논해 정할 때에 참고할 수 있도록 하는 것이 어떻겠습니까?"

하니, 상이 이르기를,

"본주(本註)도 좋다. 굳이 더 적어 넣을 것이 없다. 단지 이것만으로 거조(擧條)를 내서 계하하고, 일체를 예조에 보관해 두도록 하라."

하였다.

○ 왕세자 책례 때의 응행 절목

○ 기일 전 종묘(宗廟)와 사직(社稷)에 고할 여러 일들을 해당 관사로 하여금 전례를 살펴서 거행하게 한다.

○ 왕세자가 책보를 받을 장소는 양정합(養正閤)에 설치한다.

○ 당일 전하가 면복(冕服) 차림으로 인정전(仁政殿)에 나아간다. 종친과 문무백관은 4품 이상은 조복(朝服)을 입고 5품 이하는 흑단령(黑團領)을 입는다. 정사(正使)와 부사(副使) 이하는 각각 조복을 입는다. 예식을 마치고 사자(使者) 정사와 부사이다. 가 동쪽 협문(挾門)을 통해서 나온다. 교명(敎命)과 죽책(竹冊)과 인수(印綬)를 각각 채여(彩輿)에 놓는다. 정문을 통해서 나온다. 고취(鼓吹)가 앞에서 인도한다. 사자 이하가 수행하여 집현문(集賢門)에 이르러 들어가서 양정합 계단 아래에 이른다. 사자가 교명, 죽책, 인수를 각각 안상(案床)에 갖다 놓는다. 사복시 첨정(司僕寺僉正)이 연(輦)을 시민당(時敏堂) 뜰 가운데에 대령한다. 병조가 의장(儀仗)을 연 앞에 진열한다. 찬자(贊者)와 내시(內侍) 및 여러 집사(執事)가 먼저 자리에 나아간다. 교명안(敎命案), 책안(冊案), 인안(印案)을 진설하는 등의 일을 사약(司鑰) 및 각 해당 관사를 시켜서 전례를 살펴서 거행하게 한다. 도감

(都監)이 검칙한다.

○ 왕세자가 대내에서 책봉을 받을 때에는 쌍동계(雙童髻), 공정책(空頂幘), 칠장복(七章服)을 갖추고 보모가 안아 받들고 배위(拜位)에 나아가 예를 행하는데, 선책관(宣冊官) 승지(承旨) 이 선책(宣冊)을 마친 뒤에 교명, 죽책, 인수를 왕세자에게 주면, 보덕(輔德), 필선(弼善), 익위(翊衛)가 무릎 꿇고 대신 받는다. 관복 등의 여러 물품들은 상의원(尙衣院)으로 하여금 미리 준비하게 한다.

○ 왕세자가 책봉을 받는 예식을 마치고 나면 정사와 부사 이하가 전례대로 복명한다.

○ 왕세자가 책봉을 받을 때 전례에 따라 사부(師傅)와 빈객(賓客) 및 춘방(春坊), 익위사(翊衛司)의 관원들은 모두 들어와 참여하는데, 인정전(仁政殿)에서 정사와 부사가 교명, 죽책, 인수를 받은 뒤 먼저 흥광문(興光門) 밖으로 가서 참여하도록 한다.

○ 선책(宣冊)할 때 쓸 상(床)과 건(巾) 및 인정전의 헌가(軒架)을 진설하는 등의 일을 각 해당 관사로 하여금 진배하게 하고, 도감이 검칙한다.

○ 교명 집사(敎命執事) 2명, 봉안 집사(奉案執事) 2명, 충찬위(忠贊衛) 2명과 죽책 집사(竹冊執事) 2명, 거안 집사(擧案執事) 2명, 충찬위 2명과 인수 집사(印綬執事) 2명, 거안 집사 2명, 충찬위 2명과 거독책안 집사(擧讀冊案執事) 2명, 충찬위 2명을 전례대로 이조와 병조로 하여금 차출하게 한다.

○ 교명안, 죽책안, 인수안에 쓸 홍주복(紅紬袱) 등 여러 물품들을 도감으로 하여금 준비하게 해서 궐 안에 나아가 악차(幄次)에 임시로 놓아두게 하고, 진설할 여러 물품들도 전설사(典設司), 자문감(紫門監), 선공감(繕工監), 제용감(濟用監), 장흥고(長興庫) 등 각 해당 관사로 하여금 거행하게 하고, 도감이 전담하여 검칙을 담당한다.

○ 왕세자가 책보를 받은 뒤 대전, 대왕대비전, 중궁전에 대내에서 바칠 표리(表裏)를 해당 관사의 관원으로 하여금 직접 대령하게 한다.

○ 책례(冊禮) 습의(習儀) 때 쓰일 임시 죽책과 임시 인수를 도감이 준비하여 거행한다.

○ 교명, 죽책, 인수를 도감에서 배진(陪進)하기 위해 대궐에 나올 때 앞에서 인도할 세장(細仗)과 고취(鼓吹), 해당 부서의 관원, 부장(部將), 고휜

군사(考喧軍士) 및 각각의 담당 차비 군인(差備軍人)을 각 해당 관사가 전례에 의거해서 거행한다. 도로도 한성부(漢城府)로 하여금 미리 수리하고 청소하게 한다. 도감의 제조와 낭청이 조복(朝服)을 갖추고 궐 안으로 배진한다. 임시로 악차에 두었던 진설할 여러 물품들을 각 해당 관사의 관원이 직접 진설한다. 여러 집사와 각 차비인이 기일에 앞서 정돈한다. 이런 일들을 도감이 전담하여 검칙한다.

○ 시각을 아뢰는 등의 일을 관상감(觀象監)으로 하여금 거행하게 한다.

○ 백관과 여러 집사에 차출된 인원은 복제(服制)와 식가(式暇)를 정지하고, 추고(推考) 중인 사람들도 모두 참여한다.

○ 교명(敎命)은 보인(寶印)을 찍은 뒤 전례에 따라 대내로 들이고 어람(御覽)을 한 뒤에 예식을 행한다.

○ 왕세자 책례를 행한 다음 날 종친 및 문무백관이 4품 이상은 조복으로, 5품 이하는 흑단령 차림으로 대전에 전문(箋文)과 치사(致詞)와 표리(表裏)를 올려 진하(陳賀)하고, 그대로 대왕대비전과 중궁전에 진하하되 단지 치사와 표리만을 올린다.

○ 세자궁에 진하할 때에는 백관이 모두 흑단령 차림으로 시민당(時敏堂)에서 권정례(權停例)로 예식을 행한다. 진설하는 등의 일을 사약(司鑰) 및 각 해당 관사가 전례를 살펴서 거행한다. 진하할 때 사용할 교서(敎書) 및 전문, 치사, 표리 등을 예문관(藝文館), 승문원(承文院), 제용감(濟用監)으로 하여금 전례를 살펴서 거행하게 한다. 소용되는 함(函)과 보자기, 향용정(香龍亭), 향로(香爐), 향합(香盒), 전도 고취(前導鼓吹)에 필요한 여러 물품들을 전정(殿庭)에 진설하고, 전문안(箋文案), 홍주복(紅紬袱) 등의 여러 물품들을 마련하는 일을 모두 각 해당 관사로 하여금 진배하여 거행하게 한다.

○ 왕세자의 책례를 한 다음 날 대전, 대왕대비전, 중궁전에 백관이 진하하는 습의는 책례 2차 습의를 하는 날에 겸하여 시행한다.

○ 진하하고 반교(頒敎)할 때의 선전관(宣箋官), 전전관(展箋官), 선교관(宣敎官), 전교관(展敎官) 및 팔도(八道)와 양도(兩都)에 보낼 재교관(齎敎官) 등을 이조와 병조로 하여금 전례대로 차출하게 한다.

○ 각 도(道)의 배전 차사원(陪箋差使員)은 진하할 때 각기 해당 품관의

끝에 참여하여 예를 행한다.

○ 같은 달 21일[29]

왕세자의 생신이 책례 앞에 있기 때문에 시민당(時敏堂)의 진하는 전례에 의거하여 취품(取稟)하지 않고, 정부(政府)에서 신축년(1721, 경종 1)의 전례에 따라 2품 이상이 단지 단자(單子)로만 세자궁에 문안하고, 대전, 대왕대비전, 중궁전에는 문안례가 없었다.

29 21일 1736년(영조 12) 1월 21일이니, 사도세자의 생일이다. 사도세자는 1735년 1월 21일 탄생하였다.

○ 같은 달 22일

좌의정 김재로(金在魯)가 아뢰기를,

"이번 책례 때 교명문(敎命文)과 죽책문(竹冊文)의 규식(規式)은 마땅히 근년의 전례를 따라 상단에는 '아, 너 세자 아무개는'으로 하고 하단에는 '이에 너를 명하여 왕세자로 삼노니'로 해야 하겠는데, 옛 전례를 상세히 상고하였더니, 열성 가운데 원자로 세자의 지위에 오르신 분들은 죽책문과 교명문의 상단에 모두 '아, 너 원자 아무개는'이라고 썼습니다. 정미년(1667, 현종 8)과 경오년(1690, 숙종 16)의 책례 때에도 그렇게 하였습니다. 대개 상단에 먼저 본호(本號)를 쓰고 하단에 바야흐로 세자로 책봉하는 뜻을 써서 문리가 순조로웠습니다. 신축년(1721, 경종 1)에 곧바로 세제(世弟)라고 썼던 것은 대개 효묘(孝廟)를 세자로 책봉할 때의 전례를 근거로 삼은 것입니다. 효묘를 세자로 책봉할 때의 교명문과 죽책문에 '아, 너 세자 아무개는'이라고 썼던 것은 대개 효묘께서 대군(大君)으로 들어와 세자가 되었는데 대군이라고 쓰기는 미안했기 때문에 이와 같이 한 것이었는데, 이 또한 널리 상고하지 못해서 생긴 일이었습니다. 우리 태종과 세종께서도 모두 번저(藩邸)로서 세자가 되었는데, 교명문과 죽책문에 '아, 너 정안공(靖安公) 아무개는'이라고 쓰고, '아, 너 충녕대군 아무개는'이라고 썼으니, 사례가 어찌 명백하지 않겠습니까. 이번에 '아, 너 원자 아무개는'이라고 쓰는 것이 실로 국조(國朝)의 옛 전례에 합당하겠습니다. 다만 혹시라도 성상께서 근래의 사례와 다르다고 의아하게 여기실까 염려되어 감히 진달합니다. 교명문과 죽책문에 이 전례대로 써서 들이라고 분부하는 것이 어떻겠습니까?"

하니, 상이 이르기를,

"진달한 말이 참으로 옳다. 그렇게 시행하라."

하였다.

○ 같은 해 2월 20일

예조가 아뢰기를,

"이번 왕세자 책례 습의(習儀)는, 1차와 2차는 의정부에서 시행하고 3차는 정일(正日)의 전례에 따라 인정전(仁政殿)에서 시행하라고 이미 계하하셨습니다. 왕세자가 양정합(養正閤)에서 책보를 받으면, 책보를 받는 습의도 강습하지 않을 수 없습니다. 전례에 따라 1차와 2차는 의정부에서 예조에 이르기까지 예식을 시행하고 3차는 인정전에서 양정합에 이르기까지 예식을 시행하라고 통지하여 거행하는 것이 어떻겠습니까?"

하니, 아뢴 대로 시행하라고 계하하였다.

○ 같은 해 3월 7일

좌의정 김재로(金在魯), 우의정 송인명(宋寅明)이 청대(請對)하여 입시했을 때 상이 이르기를,

"무릇 전내(殿內)의 당상(堂上)에는 원래 판위(版位)가 없는데, 습의 때의 수책위(受冊位)에도 판위를 설치한다고 하니 잘못된 것이다. 욕석(褥席)만 설치하는 것이 마땅하다. 그리고 양정합의 당 위가 비좁다는 것은 경들도 또한 본 바이다. 수책위를 기둥 안쪽에다 별도로 설치하면 실로 주선하기가 어렵기에 형세상 부득이 기둥 바깥으로 조금 물려서 설치하는 것인데, 오르내리기에 또한 불편하다. 배례위(拜禮位) 위판 앞에 욕석을 임시로 설치하여 수책위로 삼으라. 의주(儀註)는 굳이 고칠 것 없이 단지 통지만 해서 거행하게 하라."

하였다.

○ 같은 날

입시했을 때 좌의정 김재로가 아뢰기를,

"책례(冊禮) 때 여러 집사는 봉입하여 배치한 뒤에 모두 물러 나옵니다만, 죽책은 여닫은 절차가 있기 때문에 단지 죽책 집사(竹冊執事) 2인은 남겨 놓으라고 지난번에 하교하셨습니다. 습의할 때에 보니 교명(敎命)과 옥인(玉印)이 비록 여닫는 절차가 없기는 합니다만, 또한 정사(正使)에게 봉진(封進)하는 일이 있기 때문에 부득불 각각 2인씩을 남겨서 예식을 행하였습니다. 정일(正日)에도 이대로 거행해야 합니까? 아니면 교명과 옥인도 죽책 차비(竹冊差備)로 하여금 봉진(奉進)하게 합니까?"

하니, 상이 이르기를,

"처소가 매우 비좁을 뿐만 아니라 여러 집사가 한꺼번에 들어가면 불편한 일이 없지 아니할 것이니, 죽책 차비 2인만 남겨서 그들로 하여금 다른 집사의 일들까지 아울러 수행하도록 하라."

하였다. 우의정 송인명(宋寅明)이 아뢰기를,

"반드시 죽책 차비가 아니더라도 여러 집사 중에서 젊고 일을 잘 아는 자 2인을 가려 정하여 여러 일들을 아울러 수행하게 하는 것이 어떻겠습니까?"

하니, 상이 이르기를,

"여러 집사 중에서 2인을 가려서 남겨 두는 것이 좋겠다."

하였다.

○ 같은 달 11일

예조가 아뢰기를,

"이번 왕세자 책례를 거행한 다음 날 전하께서 인정전(仁政殿)에 나아가 축하를 받고 교서를 반포할 시각을 일관(日官)으로 하여금 정하게 하였더니, 16일 진시(辰時)가 길하다고 하였습니다. 이 시각에 거행하라고 통지하는 것이 어떻겠습니까?"

하니, 윤허한다고 전교하였다.

또 아뢰기를,

"왕세자 책례를 기념하는 경과(慶科) 문무과(文武科) 정시(庭試)의 길일은 첩정(牒呈) 관상감(觀象監) 에 의해서 시행하라고 팔도 및 양도(兩都)에 파발을 띄워 통지하는 것이 어떻겠습니까?"
하니, 윤허한다고 전교하였다.

또 아뢰기를,[30]
"왕세자 책봉(冊封)을 위한 교명(敎命), 죽책(竹冊), 인수(印綬)를 도감에서 이미 들였습니다. 15일 이른 아침에 도감의 담당 낭청이 전례에 따라 계청하고, 도로 내려 받아 인정전(仁政殿) 안에 배설하라고 통지하는 것이 어떻겠습니까?"
하니, 윤허한다고 전교하였다.

또 아뢰기를,[31]
"왕세자가 책례를 마친 뒤 종묘(宗廟)와 영녕전(永寧殿)에 전알(展謁)하는 예절 및 친제(親祭) 때에 아헌관(亞獻官)을 하는 예절, 거둥할 때에 궐문 밖에서 영송(迎送)하는 예절 등을 마땅히 취품하여 거행해야 하겠는데, 왕세자가 아직 나이가 어리므로 관례(冠禮)을 행하기 이전까지는 이러한 예절들은 전례대로 마련하지 아니하는 것이 좋겠습니다. 감히 아뢰니다."
하니, 알았다고 전교하였다.

또 아뢰기를,[32]
"다가오는 삼명일(三名日)[33] 및 대왕대비전, 중궁전의 탄일(誕日)을 진하할 때 왕세자가 응당 전문(箋文), 치사(致詞), 표리(表裏)를 올리는 일이 있어야 합니다. 등록(謄錄)을 가져다 상고하였더니 정미년(1667, 현종 8)과 경오년(1690, 숙종 16) 두 해에는 책봉(冊封) 후 삼명일 및 내전(內殿)의 탄일을 진하할 때 세자의 나이가 어리다는 이유로 관례를 행하기 전에는 전례대로 권정례로 행하고, 표리(表裏)는 대내(大內)에서 편의에 따라 올리라고 전교하셨습니다. 이번에도 이대로 거행해야 합니까? 감히 여쭙니다."
하니, 그렇게 하라고 전교하였다.

30 또 아뢰기를 《승정원일기》에는 영조 12년 3월 13일 기사에 실려 있다.

31 또 아뢰기를 《승정원일기》에는 영조 12년 3월 16일 기사에 실려 있다.

32 또 아뢰기를 《승정원일기》에는 영조 12년 3월 16일 기사에 실려 있다.

33 삼명일 설날, 동지, 임금의 생일을 말한다.

또 아뢰기를,[34]

"지금 왕세자가 사부(師傅) 및 빈객(賓客)과 상견례를 하는 의주(儀註)는 한결같이 《춘방일기(春坊日記)》에 실려 있는, 경오년 왕세자를 책봉한 뒤의 상견례 의주에 의거하여 마련하여 곧바로 세자궁으로 들이겠습니다. 감히 아룁니다."

하니, 그렇게 하라고 전교하였다.

34 **또 아뢰기를** 《승정원일기》에는 영조 12년 3월 25일 기사에 실려 있다.

임술년 입학 의절

○ 영조 17년 신유(1741) 11월 20일

대신과 비국 당상이 인견하는 일로 입시했을 때, 상이 왕세자의 입학(入學)을 명년 봄에 날을 정하여 시행하라고 탑전에서 하교하였다.

○ 같은 날

입시했을 때 겸 예조 판서(兼禮曹判書) 신사철(申思喆)이 아뢰기를,

"세자가 8세에 입학하는 것은 예로부터 내려오는 예법이니, 명년 봄은 왕세자가 입학하는 해입니다. 종묘사직의 경사스러움과 여러 신민들이 우러러 기다림이 어떠하겠습니까. 지금 신력(新曆)이 이미 반포되었습니다. 길일을 가린 뒤에 절목에 마련해서 거행해야 할 일들이 많이 있으므로 감히 이렇게 우러러 아룁니다."

하고, 좌의정 송인명(宋寅明)이 아뢰기를,

"명년 봄으로 길일을 잡는 것이 마땅할 듯하나, 근일의 날씨로 미루어 보건대 중춘(仲春) 이전에는 추위가 풀리지 않을 듯하니 택일할 때에 깊이 헤아려야 할 것입니다."

하니, 상이 이르기를,

"본조가 언제쯤으로 정해서 시행할지를 초기(草記)로 품정하도록 하라."

하였다.

○ 같은 해 12월 29일[35]

예조가 아뢰기를,

"왕세자의 입학을 명년 봄에 날을 정해서 시행하라고 명을 내리셨습니다. 입학할 날짜를 언제쯤으로 택해야겠습니까? 감히 여쭙니다."

하니, 전교하기를,

"3월에 날을 정해서 시행하라."

하였다.

35 12월 29일 《승정원일기》에는 영조 17년 12월 28일 기사에 실려 있다.

또 아뢰기를,[36]

"왕세자가 입학할 길일을 언제쯤으로 정할지에 대해 초기(草記)를 올렸더니, 3월 중으로 날을 정해서 시행하라고 명을 내리셨습니다. 입학할 날짜를 즉시 일관(日官)으로 하여금 가리게 하였더니, 3월 10일이 가장 길하고 11일과 12일이 보통으로 길하고 26일도 길하다고 하였습니다. 어느 날짜로 정해서 시행해야겠습니까? 감히 여쭙니다."

하니, 전교하기를,

"26일로 정해서 거행하라."

하였다.

○ 영조 18년 임술(1742) 1월 4일

주강(晝講)으로 입시했을 때 동지사(同知事) 김약로(金若魯)가 아뢰기를,

"왕세자의 입학은 이미 날짜를 정해서 입계하였습니다. 일찍이 선조(先朝) 때에는 입학을 한 뒤에 관례(冠禮)를 한 때도 있었고 혹은 관례를 한 뒤에 입학을 한 때도 있었는데, 모두 연석(筵席)에서의 하교를 인하여 거행하였습니다. 감히 여쭙니다."

하니, 상이 이르기를,

"관례의 시기는 언제쯤으로 하면 좋겠는가?"

하자, 좌의정 송인명(宋寅明)이 아뢰기를,

"금년의 입학을 이미 옛 전례를 근거로 하였으니, 관례 등의 일도 마땅히 선조의 옛 전례를 따르는 것이 좋겠습니다."

하고, 우의정 조현명(趙顯命)이 아뢰기를,

"신의 생각으로는 관례든 가례(嘉禮)든 모두 속히 거행하는 것이 좋을 것 같습니다."

하니, 상이 이르기를,

"봄이 되거든 다시 품지하도록 하라."

하였다.

○ 같은 달 21일

관상감(觀象監)이,

36 또 아뢰기를 《승정원일기》에는 영조 18년 1월 20일 기사에 실려 있다.

"오는 3월 26일에 있을 왕세자의 문묘(文廟) 작헌례(酌獻禮)의 길시(吉時)를 이날 묘시(卯時)로, 입학하는 길시를 이날 오시(午時)로 택하였습니다."

하니, 상이 그대로 윤허한다고 계하하였다.

예조가 아뢰기를,

"이번 3월 26일 왕세자가 입학한 다음 날 백관이 진하할 때 경외(京外)에서 봉진(封進)하는 전문(箋文)의 두사(頭辭)는 '아무 관직의 신(臣) 아무개는 삼가 건륭(乾隆) 7년 3월 26일 왕세자께서 옛 예법을 따라 학교에 들어가는 때를 만났습니다. 신은 경축하고 기뻐하는 마음을 이기지 못하여 삼가 전문을 받들어 축하를 올립니다. 신 아무개는 참으로 기쁘고 참으로 즐거워 머리를 거듭 조아리며 말씀을 올립니다. 삼가 아뢰건대 운운. 삼가 생각건대 지극한 행실과 순수한 덕성을 갖추시고 영명하시고 굳건하신〔至行純德英謨毅烈〕 주상 전하께서는, 운운. 엎드려 생각건대 신은 운운. 신은 하늘을 바라보고 성인을 우러르는 간절한 심정을 이기지 못하여 삼가 전문을 받들어 축하하며 아룁니다. 건륭 7년 3월 일. 봉진하는 날짜를 따라 써넣는다. 아무 직임 신 아무개는 삼가 전문을 올립니다.'라는 양식으로 봉진하라고 팔도 및 양도(兩都)에 통지하는 것이 어떻겠습니까?"

하니, 아뢴 대로 시행하라고 계하하였다.

○ 왕세자가 문묘에 작헌례를 시행한 뒤 입학할 때의 절목

○ 왕세자가 입학하기 하루 전에 묘사(廟司)가 묘전(廟殿) 및 학당(學堂)의 안팎을 청소하고, 전설사(典設司)가 왕세자의 편차(便次)를 묘전의 동문 바깥에 서향으로 설치하는 일을 예문(禮文)에 따라 거행한다.

○ 왕세자가 출궁하고 환궁할 때 쌍동계(雙童髻)와 공정책(空頂幘)과 곤룡포(袞龍袍)를 갖추고, 배종(陪從)하는 관원들도 평상의 복장인 흑단령(黑團領) 차림으로 참여한다.

○ 왕세자가 문묘에 갈 때 묘사는 평상의 복장인 흑단령 차림을 하고 유생(儒生)은 청금복(靑衿服)을 입고서 길의 왼쪽에 순서대로 서서 몸을 굽히고 공경히 맞이하고 전송한다.

○ 왕세자가 입학할 때 명륜당(明倫堂)에 배설하는 여러 일들 및 막차를 설치하는 등의 일을 각 해당 관사로 하여금 미리 거행하게 하고, 배석(拜席)과 강석(講席)을 아울러 동궁(東宮) 사약(司鑰)이 전담하여 점검해서 거행한다.

○ 예문에 "왕세자가 작헌례를 할 때 및 입학을 할 때에는 모두 학생복(學生服)을 입는다."라고 하였으니, 청금복, 연두건(軟頭巾), 세조대(細絛帶) 및 혜(鞋)를 상의원(尙衣院)으로 하여금 준비하게 한다.

○ 백비(帛篚)는, 저포(苧布) 3필은 제용감(濟用監)이, 광주리〔篚〕는 봉상시(奉常寺)가 담당하고, 주호(酒壺) 2말은, 술은 내자시(內資寺)가, 술단지〔壺〕는 사옹원(司饔院)이 담당하고, 수안(脩案) 5정(脡)은, 포〔脩〕는 사재감(司宰監)이, 안(案)은 선공감(繕工監)이 담당하여, 각각 해당 관사가 전례를 따라 미리 준비하여 진배한다.

○ 왕세자가 작헌례를 하고 입학할 때 삼공(三公)과 빈객(賓客)은 전례대로 흑단령 차림으로 수행한다.

○ 예문에 "왕세자가 입학할 때 박사(博士)는 성균관 지사가 맡고, 장명자(將命者)[37] 1인은 학생이 하고, 집사자(執事者) 6인은 학생이 한다."라고 되어 있다. 예문대로 거행한다. 각항의 예모(禮貌)를 성균관으로 하여금 기일 이전에 미리 연습하게 한다. 박사는 공복(公服)을 평상복〔常服〕이다. 그 나머지 집사들은 모두 학생복을 착용한다. 성균관으로 하여금 미리 통지하여 거행하게 한다.

○ 강독할 《소학(小學)》 책 및 책상은 성균관이 준비한다.

○ 왕세자가 입학할 때 출궁은 집춘문(集春門)을 통해서 나가고, 환궁할 때에는 선인문(宣仁門)을 통해서 돌아온다.

○ 신문(神門) 바깥에 여(輿)에서 내리는 곳에 배설하는 여러 일들은 각 해당 관사로 하여금 전례를 살펴서 거행하게 한다.

예조가 아뢰기를,[38]

"왕세자가 입학한 다음 날 경외(京外)에서 전문(箋文)을 올리고 진하(陳賀)하는 일과 반교(頒教)하는 일 등의 절목을 응당 마련해야 하는데, 근래에는 진하하는 일이 있을 때 왕세자가 전정(殿庭)에서 예를 행하는

37 **장명자** 명(命)을 받드는 자라는 뜻으로, 주인과 손님 사이에서 말을 전달해 주는 사람이다. 입학례에서는, 입학하는 왕세자와 박사(博士) 사이에서 말을 전하는 임무를 담당한다.

38 **또 아뢰기를** 《승정원일기》에는 영조 18년 3월 11일 기사에 실려 있다.

것은 권정례(權停例)로 하고 대내에서 단지 표리만 올렸습니다. 이번에는 어떻게 해야겠습니까? 감히 여쭙니다."

하니, 전례대로 시행하라고 전교하였다.

○ 같은 해 3월 12일

예조가 아뢰기를,

"왕세자가 문묘(文廟)에 작헌례를 한 뒤에 입학하는 의절을 연습할 길일을 일관으로 하여금 택일하게 하였더니, 1차는 오는 3월 20일이, 2차는 22일이 길하다고 하였습니다. 이 날짜에 성균관이 예를 행하라고 통지하여 거행하게 하는 것이 어떻겠습니까?"

하니, 아뢴 대로 시행하라고 계하하였다.

○ 왕세자가 입학한 다음 날 반교하고 진하할 때 시행할 절목

○ 반교하고 진하할 때 전하가 원유관(遠遊冠)과 강사포(絳紗袍)를 갖추고 인정전(仁政殿)에 나아가며, 종친과 문무백관은, 4품 이상은 조복(朝服) 차림으로, 5품 이하는 흑단령 차림으로 예를 행한다.

○ 대왕대비전과 중궁전에 하는 진하는 백관이 전례대로 예식을 행한다. 백관이 왕세자에게 축하할 때에는 흑단령 차림으로 시민당(時敏堂)에서 권정례로 예식을 행한다.

○ 반교할 때의 교서(敎書)와 진하할 때의 백관의 전문(箋文), 치사(致詞), 표리(表裏) 및 대왕대비전과 중궁전에 진하할 때의 백관의 치사, 표리와 세자궁에 진하할 때의 백관의 치사와 그것들을 담을 함(函)과 보자기〔袱〕와 향용정(香龍亭)을 준비하고 차비인(差備人)을 정하는 일과 향로(香爐), 향합(香盒), 상안(牀案), 홍주복(紅紬袱)과 전도 고취(前導鼓吹)를 배설하는 등의 일을 예문관(藝文館), 승문원(承文院), 제용감(濟用監), 장악원(掌樂院) 및 각 해당 관사로 하여금 전례를 살펴서 거행하게 한다. 각 도에서도 대전에 전문을 올리게 한다.

○ 대전에 진하할 때 전정(殿庭)에 헌가(軒架), 고취(鼓吹), 의장(儀仗), 연(輦), 여(輿)를 진열하는 등의 일을 각 해당 관사로 하여금 전례를 살펴서 거행하게 한다.

○ 대전에 진하할 때 일을 담당할 선전관(宣箋官), 전전관(展箋官), 선교관(宣敎官), 전교관(展敎官)과 팔도(八道)와 양도(兩都)에 보낼 재교관(齎敎官) 등을 이조로 하여금 차출하게 한다.
○ 왕세자가 대전과 대왕대비전과 중궁전에 대내에서 올릴 표리(表裏)는 해당 관사의 관원으로 하여금 직접 진배하게 한다.

아뢴 대로 시행하라고 계하하였다.

○ 같은 달 20일

전교하였다.

"왕세자 입학례의 습의는 비가 이렇게 내리니 정오까지 기다렸다가 개지 아니하면 내일 시행하라."

○ 같은 달 21일

전교하였다.

"오늘 날씨도 좋으니 2차 습의도 겸하여 시행하라."

성균관이 아뢰기를,

"지금 삼가 정원에 내리신 하교를 보니 '오늘 날씨도 좋으니 2차 습의도 겸하여 거행하라.'라고 명을 내리셨습니다. 습의를 이제 막 전교에 의거하여 거행할 참입니다만, 더없이 중대한 예식을 만약 한꺼번에 겸하여 거행하고자 한다면, 이것은 일의 체모를 중시하는 방도가 아닙니다. 하루 안에 습의를 두 번 거행하는 것도 전례가 없으니, 어찌해야겠습니까? 감히 여쭙니다."

하니, 전교하기를,

"3차례의 습의를 한꺼번에 시행한 전례도 있다. 하루에 두 번을 행하는 것이랴. 오늘이 2차 습의를 하는 날이기 때문에 아울러 거행하게 한 것이다. 초기(草記)가 이와 같은 것은 이상하다. 정원이 봉입(捧入)한 것도 이상한 일이다. 도로 내주라."

하였다.

39 **전교하였다** 《승정원일기》에는 영조 18년 3월 25일 기사에 실려 있다.

40 **전교하였다** 《승정원일기》에는 영조 18년 3월 25일 기사에 실려 있다.

41 **전교하였다** 《승정원일기》에는 영조 18년 3월 26일 기사에 실려 있다.

전교하였다.[39]

"내일 시각이 너무 이르고 예식을 행할 장소도 멀지 않다. 옛날에도 전례가 있었으니, 출궁할 정시(正時)는 묘초(卯初) 3각(刻)으로 하고 작헌례의 정시는 묘정(卯正) 3각으로 하라."

전교하였다.[40]

"날씨를 보니 비가 올 것 같고 무덥다. 우리나라는 일이 절차가 많고 지연되는 경우가 많다. 작헌례 때에는 미리 시강원에 분부하여 지연되지 않도록 하라."

전교하였다.[41]

"입학례를 하고 나서 이번에는 하례를 직접 받기로 하였다마는, 세자가 나이가 어리니 당(堂)에서 내려서서 맞이하는 일은 생략하라."

예조 단자에,

"이번 왕세자 입학례를 거행한 다음 날 대전에 진하할 때 각 도에서 올린 전문(箋文)은 62통입니다."

하였는데, 계하하였다.

○ 같은 달 27일

예조 판서 이덕수(李德壽) 등이 삼가 아뢰었다.

"진전(進箋)에 대한 일입니다. 이번 왕세자 입학 다음 날 대전에 진하할 때 경외(京外)에서 올린 전문(箋文)을 다음과 같이 열거하여 삼가 갖추어 계문합니다. 의정부 영의정 김재로(金在魯) 등의 전문 1통, 개성 유수(開城留守) 신만(申晩)의 전문 1통, 강화 유수(江華留守) 김시혁(金始爀)의 전문 1통, 경기 관찰사 홍경보(洪景輔) 등의 전문 10통, 공홍도 관찰사(公洪道觀察使) 김상익(金尚翼) 등의 전문 4통, 전라도 관찰사 권적(權𥛚) 등의 전문 8통, 경상도 관찰사 심성희(沈聖希) 등의 전문 12통, 강원도 관찰사 김상로(金尚魯) 등의 전문 4통, 황해도 관찰사 송수형(宋秀衡) 등의 전문 6통, 평안도 관찰사 이주진(李周鎭) 등의 전문 10통, 함경도 관찰사 윤용(尹容) 등의 전문 6통입니다."

예조가 아뢰기를,[42]

"왕세자의 입학례를 이미 거행하였습니다. 이는 나라의 더없이 큰 경사이므로 경사를 칭송하며 축하를 올리고 팔방에 교서를 반포한 뒤 과거(科擧)를 설행하여 인재(人才)를 뽑는 일을 본래 응당 시행해야 합니다. 등록(謄錄)을 가져다가 상고하였더니, 조종조로부터 입학 이후에는 여러 경사스러운 일을 합하여 혹 육백 별시(六百別試)[43]를 설행하기도 하였고 혹 대소 증광시(增廣試)를 설행하기도 하였습니다. 이번에는 무슨 과거를 설행해야 합니까? 감히 여쭙니다."

하니, 정시(庭試)로 설행하라고 전교하였다.

42 **예조가 아뢰기를** 《승정원일기》에는 영조 18년 3월 28일 기사에 실려 있다.

43 **육백 별시** 성균관(成均館) 유생에게 보이는 관시(館試)로, 문과(文科) 초시(初試)이다. 나라에 경사가 있을 경우에 성균관 생원과 진사에게 응시 기회를 주었다. 별시(別試)의 일종이므로, 600명을 선발할 경우에 육백 별시라 하였다.

계해년 관례冠禮 의절

44 **11월 25일** 《승정원일기》에는 영조 18년 11월 27일 기사에 실려 있다.

45 **차대** 매월 여섯 차례 의정(議政)·대간(臺諫)·옥당(玉堂)들이 입시(入侍)하여 중요한 정무(政務)를 아뢰는 일이다.

46 **28일** 《승정원일기》에는 영조 18년 12월 19일 기사에 실려 있다.

47 **삼가복** 관례(冠禮)는 초가(初加), 재가(再加), 삼가(三加) 세 차례에 걸쳐 행하고, 매번 의복과 관을 바꾸므로 삼가복, 삼가관이라 한다.

○ 영조 18년 임술(1742) 11월 25일[44]

예조가 아뢰기를,

"금년 봄에 경연에서 왕세자 관례를 다음 해 봄을 기다려 다시 품의하라고 명을 내리셨습니다. 이번 달 23일 차대(次對)[45] 때 대신(大臣)이 이미 다시 여쭈었습니다만, 새 달력이 이미 반포되었으니 관례 날짜를 언제쯤으로 해야겠습니까? 감히 여쭙니다."

하니, 전교하기를,

"3월 안의 날짜로 택일하여 들이라."

하였다.

○ 같은 달 26일

예조가 아뢰기를,

"왕세자 관례 길일을 즉시 일관으로 하여금 택일하게 하였더니 오는 3월 4일, 6일, 17일이 길하다고 하였습니다. 어느 날로 정해서 시행해야겠습니까? 감히 여쭙니다."

하니, 전교하기를,

"17일로 정하여 시행하라."

하였다.

○ 같은 달 28일[46]

예조가 아뢰기를,

"《오례의(五禮儀)》를 가져다 상고하였더니 '왕세자 관례 때 삼가복(三加服)[47]의 절차가 끝나면 빈(賓)은 내려와서 서쪽 계단의 서쪽에 동향하여 서고, 왕세자는 내려와서 서쪽 계단의 동쪽에 남향하여 선다. 빈이 조금 앞으로 나아가 세자에게 자(字)를 준다.' 하였습니다. 관례를 행할 길일은 이미 택일하여 계하받았습니다. 왕세자의 자를 정하는 것도 전례에 의거하여 기일 이전에 택일하여 거행하는 것이 어떻겠습니까?"
하니, 윤허한다고 전교하였다.

관상감(觀象監)의 첩정(牒呈)에,
"왕세자 관례의 습의 길일은, 1차는 오는 3월 6일, 2차는 같은 달 12일, 3차는 같은 달 15일로 택일하였습니다."
하니, 계하하였다.

예조의 계목(啓目)에,
"관례의 습의 길일은 첩정에 의거해서 시행하겠습니다만, 습의 1차와 2차는 각 해당 날짜 이른 아침에 종친과 문무백관이 흑단령 차림으로 시민당(時敏堂)에서 예식을 거행하고, 3차는 정일(正日)에 할 예식대로 백관이 또한 흑단령 차림으로 인정전(仁政殿)에서 시민당에 이르기까지 예식을 거행하라고 통지하여 거행하는 것이 어떻겠습니까?"
하니, 계사에 대해 윤허한다고 전교하였다.

예조가 아뢰기를,[48]
"왕세자 관례를 한 다음 날 경외에서 전문(箋文)을 올리고 진하를 하는 일과 교서를 반포하는 일 등에 대한 절목(節目)을 응당 마련해야 하는데, 근래에는 진하할 때 왕세자의 전정(殿庭) 행례(行禮)는 권정례(權停例)로 하고 대내에서 단지 표리(表裏)만 올렸으며, 시민당에서 축하를 받는 일은 권정례로 마련하여 거행하였습니다. 올봄에 입학을 한 뒤 진하할 때에는 왕세자의 전정 행례는 역시 권정례로 하였고 시민당에 친림하여 축하를 받는 일은 전교에 따라 거행하였습니다. 이번에 관례를 한 뒤 진하할 때에는 전례대로 마련해서 거행해야 합니까? 감히 여쭙니다."
하니, 전교하기를,
"이번에도 이대로 거행하되, 각 도가 진하할 때 북도(北道)는 이번 입학 때의 전례를 따라 단지 전문만 봉진하고 방물(方物)과 물선(物膳)은 생략하게 하라."
하였다.

48 **예조가 아뢰기를** 《승정원일기》에는 영조 18년 12월 19일 기사에 실려 있다.

예조 단자에,

"오는 3월 17일 왕세자 관례(冠禮)를 하고 난 다음 날 백관이 진하할 때 경외에서 올릴 전문(箋文)의 두사는 '아무 관직의 신(臣) 아무개는 삼가 건륭 8년 3월 17일 왕세자가 원복(元服)을 갖추 더하고 성대한 의식이 거행되는 때를 만났습니다. 신은 경사스럽고 기쁜 마음을 이기지 못하여 삼가 전문을 받들어 축하하는 말씀을 올립니다. 신 아무개는 참으로 기쁜 마음으로 머리를 거듭 조아리며 아룁니다. 엎드려 생각건대 운운. 삼가 행실이 지극하시고 덕이 순수하시며 지모가 영민하시고 공렬이 굳건하신〔至行純德英謨毅烈〕 주상 전하께서는 운운. 엎드려 생각건대 신은 운운. 신은 하늘을 바라보고 성인을 우러러 간절하고 두려운 마음을 이기지 못하여 삼가 전문을 받들어 축하하는 말씀을 올립니다. 건륭 8년 월 일. 봉진하는 날을 따라 날짜를 써넣는다. 아무 직책 신 아무개는 삼가 전문을 올립니다.'라는 양식으로 대전(大殿)에 봉진하도록 팔도(八道) 및 양도(兩都)에 통지하는 것이 어떻겠습니까?"

하니, 아뢴 대로 시행하라고 계하하였다.

예조가 아뢰기를,

"왕세자의 자(字)를 정할 길일을 일관(日官)으로 하여금 택일하게 하였더니, 오는 2월 26일이 길하다고 하였습니다. 이날 대신(大臣) 및 정부(政府) 동서벽(東西壁), 관각(館閣) 당상(堂上), 육조(六曹) 참판(參判) 이상을 명초(命招)하여 의논해 정할 일로 정원(政院)으로 하여금 상의 뜻을 여쭈어 거행하게 하는 것이 어떻겠습니까?"

하니, 아뢴 대로 시행하라고 계하하였다.

○ 왕세자 관례 때의 응행 절목

○ 관례 시각에 앞서 전하가 원유관과 강사포 차림으로 인정전에 나아간다. 종친과 문무백관은 4품 이상은 조복(朝服)을 입고 5품 이하는 흑단령을 입는다. 빈(賓) 이하 여러 집사가 조복을 입고 의식(儀式)대로 예식을 거행한다. 빈이 교서(敎書)를 받아서 채여(彩轝)에 싣는다. 세장(細仗)과 고취(鼓吹)가 앞에서 인도하고, 빈 이하가 따라간다. 예식이 끝나면 백관이

그대로 시민당으로 가서 관례를 행한다. 의장(儀仗)을 진열하는 등의 일을 병조로 하여금 거행하게 한다.

○ 관례 때에 내릴 교서를 예문관으로 하여금 지어 올리게 하고 또한 승문원의 차지(次知 담당관)로 하여금 서사(書寫)하게 해서, 하루 전에 보인(寶印)을 찍어서 안으로 들이게 한다. 다음 날 받들어 내와서 악차(幄次)에 임시로 모신다. 예조 정랑이 교서함(教書函)을 받들어 안탁(案卓)에 올려놓고 의식대로 예를 행한다.

○ 교서를 서사할 때 쓰일 자문지(咨文紙), 황필(黃筆), 진묵(眞墨)을 해당 조(曹)로 하여금 진배하게 한다. 보인을 찍을 때 쓰일 함(函)과 보자기〔袱〕와 주홍(朱紅)과 그것을 담당할 집사로 충찬위(忠贊衛) 2인과 가자(架子) 및 가자꾼(架子軍) 4명을 병조, 상의원(尙衣院), 선공감(繕工監)으로 하여금 진배하여 정하여 보내게 한다.

○ 관례 때 교서를 담을 함과 보자기와 상탁(牀卓)은 상의원이 준비한다. 채여(彩轝) 1부(部)는 선공감이 만든다. 담지꾼(擔持軍) 10명과 거느리고 갈 부장(部將) 2인은 병조로 하여금 정하여 보내게 한다.

○ 관례 때 빈(賓)과 찬(贊) 및 주인(主人), 속존 종친(屬尊宗親),[49] 교서 서사관(教書書寫官), 거안자(擧案者) 2명, 찬관(贊冠), 집관(執冠), 교서함을 받드는 관원 2명, 전교관(展教官) 2명, 집사를 맡을 충찬위 등의 실차(實差)와 예차(預差)를 모두 이조와 병조가 상고한 전례대로 차출하여 보낸다.

○ 관례 때 세 번 갈아입을 옷〔服〕, 관〔冠〕, 머리띠〔纚〕 및 이를 담고 쌀 함과 보자기, 상탁, 머리띠 상자〔纚箱〕 등을 모두 전례대로 상의원으로 하여금 준비하게 하고, 빗〔櫛〕 등의 물품들도 공조로 하여금 진배하게 한다.

○ 관례 때 속백폐(束帛幣)와 뇌작(罍勺)을 담을 광주리〔筐〕는 봉상시가, 속백폐 및 난건(攔巾)과 수건(手巾)은 제용감이, 뇌작과 놋소라〔鍮所羅〕는 공조가, 빗접〔梳貼〕은 내자시(內資寺)가 진배한다.

○ 관례 때 빈(賓)과 찬(贊)의 뇌작(罍勺), 세기(洗器), 비(篚), 놋소라, 상(牀), 건(巾) 등은 공조, 제용감, 자문감(紫門監)의 각 해당 관사로 하여금 준비하게 하고, 뇌작과 세위(洗位)의 급수비(汲水婢)는 병조로 하여금 차정하여 보내게 하되, 또한 공조의 차지로 하여금 거행하게 한다.

○ 관례 때 예주(醴酒) 및 찬(饌)을 담을 여러 물품들은 전례를 따라 사옹

49 **속존 종친** 종실(宗室)의 웃어른이 되는 종친을 말한다.

원으로 하여금 준비하게 해서 예문대로 진설하게 한다. 예문에 "관례 때 전설사(典設司)가 유악(帷幄)을 동서(東序)에 설치하고 욕석(褥席)을 유악 안에 설치하고 또 동서 밖에 장막을 치고 찬물(饌物)을 갖다 두며, 상방(尙方 상의원)이 삼가(三加)의 복식을 유악 안에 진설하여 동쪽을 머리로 하고 북쪽을 상위(上位)로 하고 아울러 사상(纚箱)과 즐상(櫛箱), 관면상(冠冕箱)을 서쪽 계단 서쪽에 북쪽을 상위로 해서 상탁(床卓)이 있다. 설치한다."라고 하였으므로, 전설사와 상의원으로 하여금 예문에 의거하여 거행하게 하고, 또한 사약(司鑰)으로 하여금 지휘하여 배설하게 한다.

○ 예문에 궁관(宮官)은 각기 해당 복장을 갖추어 입고 문관은 조복(朝服)을 입고 무관은 기복(器服)을 입는다. 사부(師傅), 이사(貳師), 빈객(賓客)은 각각 공복(公服)을 입는다고 하였으나, 또한 전례에 의거하여 조복을 갖추어 입고 예식을 행한다.

○ 예문에 관례 때 사옹원 관원이 예준탁(醴尊卓)을 서쪽 계단 위에 설치하고 점(坫)을 설치하고 작(爵)을 올려놓는다고 하였으므로, 사옹원으로 하여금 미리 준비하게 하고, 습의할 때에도 모두 예문에 의거하여 거행한다.

○ 관례를 마치고 주인(主人)과 빈(賓)과 찬(贊)이 회례(會禮)를 행할 처소는 전례를 따라 집현문(集賢門) 밖에 장막을 설치하고 거행하되, 술은 내자시가, 음식은 예빈시가 진배한다.

○ 관례를 마치고 빈과 찬이 복명(復命)하는 것은 예문에 따라 거행한다.

○ 관례 때 여러 집사 인원 및 각 차비들을 정돈시키는 일을 습의할 때에도 아울러 이조와 병조로 하여금 전담하여 검칙하여 거행하게 한다.

○ 관례를 한 뒤에는 왕세자가 으레 조알(朝謁)하는 의식을 행하니, 이번에도 전례를 따라 관례를 한 다음 날 대전, 대왕대비전, 중궁전에 조알한다.

○ 교서를 받들어 내와서 임시로 악차(幄次)에 둔다. 관례 때 빈(賓) 및 찬(贊)의 관차(冠次)를 동궁(東宮)의 문 바깥에 설치하고, 또 하나의 막차를 설치하여 빈과 찬의 모임 장소로 쓰고, 교서를 임시로 안치할 악차를 그 북쪽에 설치하는 일, 예식을 행할 때 자리를 설치하는 등의 일 및 조알 때 소차(小次)를 배설하는 여러 가지 일들을 전설사 및 사약(司鑰)으로 하여금 예문에 따라 거행하게 한다.

○ 관례 때 쓰려고 만들어서 진배하는 물품들과 그 배설에 관한 일들은 각각 해당 관사의 담당 관원들로 하여금 습의를 할 때에도 모두 직접 진배하게 하고, 또한 예모관(禮貌官)으로 하여금 지휘하여 배설하게 한다. 예식을 마친 뒤 행회례(行會禮)에 쓰일 주찬(酒饌)도 아울러 호조로 하여금 전담하여 검칙하여 거행하게 한다. 태만한 관리는 일일이 입계(入啓)하여 처벌하게 한다.

○ 왕세자 관례 다음 날 삼전(三殿)에 조알(朝謁)할 때의 절목

전하가 익선관(翼善冠)과 곤룡포(袞龍袍) 차림으로 선정전(宣政殿)에 나아간다. 승지와 사관이 흑단령(黑團領) 차림으로 예문에 의거하여 예식을 행한다. 왕세자는 면복(冕服)을 갖추고 궁관(宮官)들은 또한 조복(朝服) 차림으로 배행하여 선정문(宣政門) 밖으로 나아가 막차(幕次)로 들어가는데, 전하의 자리 뒤쪽으로 해서 뜰에 들어가 예식을 행한다. 마치고 나면 그대로 대왕대비전과 중궁전에 의식대로 예를 행한다. 산선(繖扇) 및 도로를 수선하고 청소하는 등의 일을 병조로 하여금 거행하게 한다.

○ 왕세자 관례 다음 날 반교하고 진하할 때의 절목

○ 반교하고 진하할 때 전하는 원유관(遠遊冠)과 강사포(絳紗袍) 차림으로 인정전(仁政殿)에 나아간다. 종친과 문무백관은, 4품 이상은 조복 차림으로, 5품 이하는 흑단령 차림으로 예식을 행한다. 대왕대비전과 중궁전에 진하할 때에는 백관이 복색은 앞과 같다. 예식을 행한다. 백관이 왕세자에게 축하할 때에는 모두 흑단령 차림으로 시민당에 나아가 의식대로 예를 행한다.

○ 반교할 때의 교서(教書) 및 진하할 때의 백관의 전문(箋文), 치사(致詞), 표리(表裏) 및 대왕대비전과 중궁전에 진하할 때의 백관의 치사와 표리, 세자궁에 진하할 때의 백관의 치사, 그리고 그것들을 담을 함(函)과 보자기, 향용정(香龍亭)을 준비하고 차비인(差備人)을 정하고, 향로(香爐), 향합(香盒), 상안(牀案), 홍주복(紅紬袱), 전도 고취(前導鼓吹)를 배설하는 등의 일을 예문관, 승문원, 제용감, 장악원 및 각 해당 관사로 하여금 전례를 살펴서 거행하게 한다. 각 도에서도 대전에 전문을 올린다.

○ 대전에 진하할 때 전정(殿庭)에 헌가(軒架), 고취(鼓吹), 의장(儀仗), 여연(輿輦)을 진열하는 등의 일을 각 해당 관사로 하여금 전례를 살펴서 거행하게 한다.

○ 대전에 진하할 때 선교관(宣教官), 전교관(展教官), 선전관(宣箋官), 전전관(展箋官)과 팔도(八道)와 양도(兩都)에 나갈 재교관(齎教官) 등을 이조로 하여금 차출하게 한다.

○ 왕세자가 대전, 대왕대비전, 중궁전에 대내에서 올릴 표리는 해당 관사의 관원으로 하여금 직접 진배하게 한다.

위와 같이 아뢰니, 아뢴 대로 시행하라고 계하하였다.

○ 같은 해 12월 10일

예방 승지가 입시했을 때 전교하였다.

"원량(元良)이 관례(冠禮)를 행할 장소는 시민당(時敏堂)으로 하라고 해당 조에 분부하라."

갑자년 가례嘉禮 의절

○ 영조 19년 계해(1743) 2월 21일

전교하기를,

"우리나라는 모든 일을 너무 일찍 시작한다. 얼마 전 예조에 하교한 것도 있었고, 경연에서 대신 중에 또 진달한 자도 있었다. 이 명령이 내려가면 분분한 폐단이 없지 않을 것이다. 관례(冠禮) 날짜도 머지않으니 앞으로 또한 차례대로 거행해야 할 일이 있을 것이다. 금령(禁令)을 우선 시행하지 않을 수 없다. 9세에서부터 13세에 이르기까지 혼인을 금지하도록 해당 조에 분부하라."

하니, 예조가 아뢰기를,

"오늘부터 전례대로 혼가(婚嫁)를 금지하도록 경외(京外)에 분부하겠습니다만, 국혼(國婚)과 관련된 금지 대상 이외의 혼인을 허락하는 다섯 조목을 별단으로 써서 들이겠습니다. 감히 아룁니다."

하니, 알았다고 전교하였다.

○ 예조 단자

혼인을 허락하는 다섯 조항

○ 국성(國姓)

○ 세자의 이성(異姓) 친족으로 혼기에 해당하는 자. 8촌까지 한정한다.

○ 왕비의 동성 친족. 7촌까지 한정한다. 이성 친족. 6촌까지 한정한다.

○ 본관이 다른 이씨(李氏) 성(姓)

○ 부모 두 사람 중에 한 사람이라도 생존해 있지 아니한 자

○ 같은 달 22일

대신과 비국 당상이 입시하였을 때 전교하였다.

"이번에 해당 조에서 아뢴 다섯 항목 이외에 광성(光城)[50]과 여양(驪陽)[51]의 후손들도 또한 금지하지 말아야 하니, 이 내용으로 분부하라."

50 광성 광성부원군(光城府院君) 김만기(金萬基, 1633~1687)를 말한다. 김만기는 숙종의 초비(初妃) 인경왕후(仁敬王后)의 아버지이다.

51 여양 여양부원군(驪陽府院君) 민유중(閔維重, 1630~1687)을 말한다. 민유중은 숙종의 계비(繼妃) 인현왕후(仁顯王后)의 아버지이다.

52 **7월 17일** 《승정원일기》에는 영조 19년 7월 18일 기사에 실려 있다.

53 **사조** 부(父), 조부(祖父), 증조부(曾祖父), 외조부(外祖父)를 말한다.

54 **9월 17일** 《승정원일기》에는 영조 19년 9월 19일 기사에 실려 있다.

○ 같은 해 7월 17일[52]

예조가 아뢰기를,

"세자빈(世子嬪) 간택 단자(揀擇單子)를 한결같이 금혼 나이에 의거하여 받들어 올리라고 합니까? 경중과 외방에 통지해야 합니다. 경중은 오는 8월 3일, 외방의 근도(近道)는 같은 달 11일, 중도(中道)는 같은 달 20일, 원도(遠道)는 같은 달 27일로 기한을 정하여 단자를 받들어 올려보내도록 파발을 띄워 통지하는 것이 어떻겠습니까?"

하니, 윤허한다고 전교하였다.

예조의 관문에,

"상고할 일은 다음과 같다. 간택인(揀擇人)의 생년월일시(生年月日時) 및 사조(四祖)[53]를 적은 단자를 일일이 받아서 감독하여 봉하여 올려보내되, 도내의 감사(監司), 병사(兵使), 수사(水使), 수령(守令), 변장(邊將), 각 고을의 원래 거주하던 사람 및 임시로 와서 살고 있는 사부(士夫)의 집안에 모두 성화같이 통지하여 올려보내도록 한다. 단자의 규식(規式)은, 장단자(長單子)는 첫 장 첫 줄에 경중은 '모부(某部) 모방(某坊) 모계(某契)'로 적고, 외방은 '모도(某道) 모읍(某邑)'이라 적고, 단자의 둘째 장 첫 줄에는 처녀에 대해 쓰는데 성씨와 생년월일시와 본관을 적고, 둘째 줄에는 사조(四祖)를 나열하여 적고, 셋째 장에는 가운데에 대연호(大年號)와 월일을 적고, 아래에 가장(家長)의 직책과 신(臣) 성명을 적고 서명한다. 만약 딸이 없는 사람이라면 첫 장에 '예조 낭위(郎位)의 여러 어른들께 올립니다. 살펴 주소서. 모도 모읍 모(某)는 딸이 없습니다.'라고 적는다. 이렇게 단자를 받들어 올려보내도록 상세하게 통지하여 시행한다."

하였다.

○ 같은 해 9월 17일[54]

예조가 아뢰기를,

"세자빈의 1차 간택(揀擇) 길일(吉日)을 취품하는 초기(草記)에 대해 '이달 안으로 날짜를 가려서 들이라.'라고 전교하여 명을 내리셨습니다.

1차 간택 길일을 즉시 일관(日官)으로 하여금 택일하게 하였더니, 이번 9월 27일, 28일이 길일이라고 하였습니다. 두 날짜 가운데 어느 날로 정해서 시행해야겠습니까? 감히 여쭙니다."

하니, 전교하기를,

"28일로 정해서 시행하라."

하였다.

○ 같은 달 26일

예조가 아뢰기를,

"세자빈의 1차 간택 길시(吉時)를 일관으로 하여금 정하게 하였더니, 사시(巳時)가 길하다고 하였습니다. 이 시각에 거행하는 것이 어떻겠습니까?"

하니, 아뢴 대로 시행하라고 계하하였다.

○ 같은 달 28일

세자빈 1차 간택을 할 때 대궐에 나온 처녀는 67명이었다.

○ 같은 달 29일

비망기(備忘記)에,

"2차 간택에 들어가는 인원[55] 이외에는 모두 혼인을 허락하라."

하였다.

○ 같은 해 10월 4일[56]

예조가 아뢰기를,

"왕세자빈의 1차 간택을 마쳤습니다. 2차 간택의 길일을 언제쯤으로 택일하여 거행해야겠습니까? 감히 여쭙니다."

하니, 전교하기를,

"28일에 거행하라."

하였다.

55 **2차 간택에 들어가는 인원** 《승정원일기》 영조 19년 9월 29일 기사에 의하면, 2차 간택에 들어가는 처녀는 홍봉한(洪鳳漢)의 딸, 최경홍(崔景興)의 딸, 윤현동(尹顯東)의 딸, 윤상정(尹尙靖)의 딸, 홍익빈(洪益彬)의 딸, 심성희(沈聖希)의 딸, 심악(沈鑵)의 딸, 정준일(鄭俊一)의 딸이었다.

56 **10월 4일** 《승정원일기》에는 영조 19년 10월 7일 기사에 실려 있다.

○ 같은 달 24일

예조가 아뢰기를,

"왕세자빈의 2차 간택 길시를 일관으로 하여금 가리게 하였더니, 같은 날 사시(巳時)가 길하다고 하였습니다. 이 시각에 거행하는 것이 어떻겠습니까?"

하니, 아뢴 대로 시행하라고 계하하였다.

○ 같은 달 28일

사시에 2차 간택을 할 때 대궐에 나온 처녀는 7명이었다.

전교하였다.

"3차 간택에 들어가는 인원[57] 이외에는 모두 혼인을 허락하라."

예조가 아뢰기를,[58]

"왕세자빈의 2차 간택을 이미 마쳤습니다. 3차 간택의 길일을 언제쯤으로 택일하여 거행해야겠습니까? 감히 여쭙니다."

하니, 전교하기를,

"다음 달 10일 이전의 날짜로 택일하여 들이라."

하였다.

또 아뢰기를,

"왕세자빈의 2차 간택이 이미 시행되었습니다. 가례(嘉禮) 때 시행할 여러 일들을 3차 간택 이전에 미리 계획하여 거행해야 하니, 가례도감(嘉禮都監)의 당상(堂上)과 낭청(郎廳)을 이조로 하여금 차출하게 하는 것이 어떻겠습니까?"

하니, 윤허한다고 전교하였다.

또 아뢰기를,[59]

"3차 간택의 길일을 일관으로 하여금 택일하게 하였더니, 오는 11월 10일 이전에는 단지 4일과 7일이 길하다고 하였는데, 4일에는 방물(方

57 **3차 간택에 들어가는 인원** 《승정원일기》 영조 19년 10월 28일 기사에 의하면, 3차 간택에 들어가는 처녀는 참봉 홍봉한의 딸, 도사(都事) 최경흥의 딸, 승지 정준일의 딸이었다.

58 **예조가 아뢰기를** 《승정원일기》에는 영조 19년 10월 29일 기사에 실려 있다.

59 **또 아뢰기를** 《승정원일기》에는 영조 19년 10월 29일 기사에 실려 있다.

物)을 봉과(封裹)해야 하고 7일에는 배표(拜表)와 서로 겹칩니다. 10일 이후에는 11일과 13일이 길일이라고 합니다. 어느 날로 정해서 시행해야겠습니까? 감히 여쭙니다."

하니, 전교하기를,

"13일로 정해서 시행하라."

하였다.

○ 오는 11월 13일, 3차 간택을 한 뒤 별궁(別宮)에 나아갈 때의 절목

○ 빈(嬪)이 3차 간택에 들어 그날 별궁으로 나아갈 때에 배위(陪衛)하고 결속(結束)하는 등의 일들을 병조 및 내시부(內侍府)의 각 해당 관사로 하여금 전례를 살펴 마련하여 거행하게 한다.

○ 빈이 별궁으로 갈 때 도감의 당상과 낭청이 모두 흑단령 차림으로 배진(陪進)한다.

○ 빈이 별궁으로 갈 때 도로는 한성부(漢城府)로 하여금 기일 이전에 보수하게 하고, 출궁(宮門)하는 문로(門路)는 홍화문(弘化門) 동쪽 협문으로 하여 거행한다.

○ 별궁으로 갈 때에 배위하는 등의 일을 병조 및 각 해당 관사로 하여금 전례를 상고하여 마련하여 거행하게 하고, 물시계를 살펴 시각을 아뢰는 등의 일을 관상감(觀象監)으로 하여금 전례를 살펴서 거행하게 한다.

○ 이 의절과 관련하여 시행해야 할 제반 일들은 도감이 전담하여 검칙하여 거행한다.

○ 각처의 포진(鋪陳)[60]과 장막은 응당 설치해야 할 곳에 각 해당 관사의 관원으로 하여금 직접 진배하게 하고, 사약(司鑰)이 지휘하여 거행한다.

예조의 단자에,

"오는 11월 13일 왕세자빈의 3차 간택의 시각을 일관으로 하여금 가리게 하였더니 사시(巳時)가 길하다고 하고, 3차 간택을 한 뒤 별궁으로 갈 시각은 신시(申時)가 길하다고 하였습니다. 이 시각으로 통지하여 거행하는 것이 어떻겠습니까?"

하니, 아뢴 대로 시행하라고 계하하였다.

60 **포진** 방석·요·돗자리 등 바닥에 까는 물품의 총칭이다.

61 11월 1일 《승정원일기》에는 영조 19년 11월 6일 기사에 실려 있다.

62 같은 날 《승정원일기》에는 영조 19년 10월 29일 기사에 실려 있다.

63 또 아뢰기를 《승정원일기》에는 영조 19년 11월 5일 기사에 실려 있다.

64 병자년과 무술년의 등록 병자년 등록은 단의왕후(端懿王后) 심씨(沈氏)와 경종(景宗)의 가례(嘉禮) 절차를 기록한 등록이고, 무술년 등록은 선의왕후(宣懿王后) 어씨(魚氏)와 경종의 가례 절차를 기록한 등록이다.

○ 같은 해 11월 1일[61]

예조가 아뢰기를,

"왕세자빈의 3차 간택 때 대신과 예관을 명초하여 하문하는 전례가 있습니다. 감히 이렇게 우러러 여쭙니다."

하니, 전교하기를,

"정원으로 하여금 그 날짜에 전례대로 거행하게 하라."

하였다.

○ 같은 날[62]

예조가 아뢰기를,

"등록(謄錄)을 상고해 보았더니, 3차 간택을 하여 빈(嬪)을 결정한 뒤 곧바로 별궁으로 갑니다. 별궁으로 삼기에 합당한 곳을 미리 정해야만 기일 안에 수리할 수가 있습니다. 가례도감으로 하여금 계품하여 결정하게 하는 것이 어떻겠습니까?"

하니, 윤허한다고 전교하였다.

또 아뢰기를,[63]

"3차 간택의 길일을 이미 11월 13일로 택일하였으니, 납채(納采) 등 육례(六禮)의 길일도 미리 택일하지 않을 수 없습니다. 감히 이렇게 우러러 여쭙니다."

하니, 그렇게 하라고 전교하였다.

○ 같은 달 4일

가례도감 낭청(嘉禮都監郎廳)이 도제조의 뜻으로 아뢰기를,

"이번 가례 때에 응당 들여야 할 물품들을 이제 준비를 시키려고 합니다만, 병자년(1696, 숙종 22)과 무술년(1718, 숙종 44)의 등록(謄錄)[64]을 상고해 보았더니, 물목(物目) 가운데 신묘년(1651, 효종 2)과 신해년(1671, 현종 12)에 특별히 감면했던 물품에는 주(註)를 달아 여쭈었습니다. 이제 이 물목 별단(物目別單)에 전후로 감면했던 물품에는 각각 그 명색(名色) 아래에 전례대로 하나하나 주를 달아 성상께서 열람하실 수 있도록 해

야 합니까? 감히 이렇게 우러러 여쭙니다."
하니, 그렇게 하라고 전교하였다.

○ 같은 달 5일

가례도감 낭청이 도제조의 뜻으로 아뢰기를,

"3차 간택을 한 다음 날 중미(中米) 100섬, 황두(黃豆) 100섬, 조미(糙米) 100섬, 면포(綿布) 300필, 정포(正布) 300필을 호조에서 계하받아 도감의 일방(一房) 낭청이 직접 수령하여 빈(嬪)의 부모의 집에 진배한 일이 신묘년(1651, 효종 2) 등록에 실려 있는데, 일찍이 신해년(1671, 현종 12), 병자년(1696, 숙종 22), 무술년(1718, 숙종 44)에는 모두 전교를 인하여 쌀과 콩을 각각 30섬을 줄이고, 무명〔木〕과 베〔布〕는 각각 100필을 줄였습니다. 이번에는 어느 등록을 근거로 시행해야 합니까? 감히 여쭙니다."

하니, 전교하기를,

"경연에서 이미 하교하였다."

하였다.

○ 같은 날

가례도감 낭청이 도제조의 뜻으로 아뢰기를,

"전에는 교명축(敎命軸)을 직조(織造)할 때에는 대내(大內)에 있는 교명(敎命) 체양(體樣)을 계청하여 간품(看品)한 뒤에 비로소 짰습니다. 이번에도 상의원으로 하여금 봉심(奉審)하게 하여 체양을 본받아 짤 수 있도록 하는 것이 어떻겠습니까?"

하니, 윤허한다고 전교하였다.

○ 같은 날

가례도감 낭청이 도제조의 뜻으로 아뢰기를,

"가례 때의 교명문(敎命文)과 죽책문(竹冊文)을 제술(製述)하거나 서사(書寫)할 관원은 우선 기다렸다가 3차 간택을 마친 뒤에 본 도감과 이조가 마땅히 차출해서 계하받을 것입니다만, 교명을 직조하는 일이 매우 급하니 교명이라는 두 글자의 전문(篆文)을 서사할 관원을 이조로 하여금 우선 차출하게 하는 것이 어떻겠습니까?"
하니, 윤허한다고 전교하였다.

○ 같은 날

가례도감 낭청이 도제조의 뜻으로 아뢰기를,

"이번 가례 때 죽책(竹冊)의 공역(工役)이 매우 긴급한데, 선공감에서 진배하는 대나무가 누차 퇴짜를 맞아 끝내 좋은 품질의 대나무를 얻지 못하였습니다. 근년의 책례(冊禮) 때에는 내국(內局)의 청대죽(青大竹) 가운데 합당한 것을 취하여 사용한 전례가 있습니다. 지금 날짜도 급박하고 달리 변통할 방도도 없으니, 전례대로 내국에서 갖다 쓰는 것이 어떻겠습니까?"

하니, 윤허한다고 전교하였다.

○ 같은 날

가례도감 낭청이 도제조의 뜻으로 아뢰기를,

"연(輦)과 여(輿)를 새로 만들 때 견양(見樣)이 없을 수 없습니다. 덕응방(德應房)에 있는 연 1좌(坐)를 전례대로 모셔 오겠습니다. 감히 아룁니다."

하니, 알았다고 전교하였다.

○ 같은 날

대신과 비국 당상이 입시했을 때 영의정 김재로(金在魯)가 아뢰기를,

"이번 왕세자빈이 3차 간택 이후에 곧바로 별궁(別宮)으로 가기 때문에 별궁으로 삼을 처소를 우러러 여쭈었는데, 아직 하교하지 않으셨습니다. 호조가 하는 말을 들으니, 어의궁(於義宮)을 수리하라는 하교가 있어서 지금 바야흐로 수리하고 있다고 하는데, 이는 정원에 전교하신 일이 아니기 때문에 도감에서도 별궁이 이곳으로 정해진 것을 모르고 있습니다. 그러므로 감히 아룁니다."

하니, 상이 이르기를,

"어의궁을 어찌 무단히 수리할 수 있겠는가? 모든 일을 전례에 따라 거

행하도록 하라."

하였다.

○ 같은 달 6일[65]

예조가 아뢰기를,

"가례의 납채(納采) 등 육례(六禮)를 행할 길일을 미리 택일하도록 이미 윤허하셨습니다. 친영(親迎) 길일은 언제쯤으로 택일해야 합니까? 감히 이렇게 우러러 여쭙니다."

하니, 전교하기를,

"친영은 1월에 하라고 이미 하교하였다. 이대로 거행하라."

하였다.

○ 같은 달 13일

왕세자빈 3차 간택을 할 때 대궐에 나온 처녀는 3명이었다.

정원이 아뢰었다.

"오늘 왕세자빈 3차 간택 때 시임 대신, 원임 대신 및 예조의 삼당상(三堂上)이 명패(命牌)를 받들어 빈청에 나왔습니다. 감히 아룁니다."

비망기(備忘記)의 내용은 다음과 같다.

"지난날을 생각해 보건대, 어찌 오늘날 이런 좋은 일이 있단 말인가. 세자빈은 세마(洗馬) 홍봉한(洪鳳漢) 집안 처녀로 정하고자 한다. 경들의 생각은 어떠한가?"

빈청의 행 판중추부사 김흥경(金興慶), 영의정 김재로(金在魯), 좌의정 송인명(宋寅明), 우의정 조현명(趙顯命), 예조 판서 민응수(閔應洙), 참판 이주진(李周鎭), 참의 조명리(趙命履)가 아뢰기를,

"'지난날을 생각해 보건대, 어찌 오늘날 이런 좋은 일이 있단 말인가. 세자빈은 세마 홍봉한 집안의 처녀로 정하고자 한다. 경들의 생각은 어떠한가?'라는 성상의 하교를 삼가 받으니, 참으로 신민(臣民)의 소망에

65 **6일** 《승정원일기》에는 영조 19년 11월 13일 기사에 실려 있다.

합치합니다. 실로 종묘사직의 무궁한 복입니다. 신들은 기쁘고 축하하는 마음을 이기지 못하겠습니다. 감히 아룁니다."

하니, 알았다고 전교하였다.

○ 같은 날

신시(申時)에 세자빈을 결정한 뒤 세자빈이 옥교(屋轎)를 타고 집현문(集賢門)을 나와 선인문(宣仁門) 정문을 거쳐 별궁으로 갈 때, 전사대(前射隊) 익위사(翊衛司) 관원 1명, 분병조(分兵曹) 당상과 낭청 각 2명, 분도총부(分都摠府) 당상과 낭청 각 2명, 분오위장(分五衛將) 2명이 시강원 앞 길에 동쪽과 서쪽으로 나누어 순서대로 섰다. 도감의 도제조 및 당상과 낭청 이하가 모두 흑단령 차림으로 동룡문(銅龍門) 바깥 길 왼쪽에 순서대로 섰다. 빈이 지나간 뒤에 뒤따라 별궁까지 갔다가 파하고 돌아왔다.

○ 같은 날

가례도감 낭청이 도제조의 뜻으로 아뢰기를,

"등록을 갖다 상고하였더니, 빈(嬪)의 부모에게 예물(禮物)과 빙재(聘財)를 보낸 전례가 있고, 옷감 등의 여러 물품들도 일체 마련하여 보낸 기록이 있습니다. 이번에도 전례대로 별단(別單)으로 열거해서 들이니, 각 해당 관사에 분부해서 등록에 따라 거행하도록 하는 것이 어떻겠습니까?"

하니, 윤허한다고 전교하였다.

○ 같은 달 14일

예조가 아뢰기를,

"왕세자 가례의 친영(親迎) 날짜를 취품한 초기(草記)에 대해 '친영은 1월에 하라고 이미 하교하였다. 이대로 거행하라.'라고 명을 내리셨습니다. 친영 날짜를 일관(日官)들로 하여금 반복하여 상의해서 택일하게 하였더니, 오는 1월 11일이 길일이라 하였습니다. 이날로 정해서 시행합니까? 친영 날짜를 먼저 정해야 그 뒤에 납채(納采), 납징(納徵), 고기(告期), 책빈(冊嬪) 날짜를 변통하여 정해서 아뢸 수 있습니다. 감히 이렇게 우러러 여쭙니다."

하니, 그렇게 하라고 전교하였다.

또 아뢰기를,

“이번 왕세자 친영의 예식은 응당 어의동(於義洞) 본궁(本宮)에서 시행할 것입니다만, 동뢰연(同牢宴)을 시행할 처소와 시어소(時御所)는 어느 전(殿)으로 정해서 시행해야겠습니까? 감히 여쭙니다.”

하였다.

○ 같은 날

도감 당상을 인견했을 때, 동뢰연을 시행할 처소는 통명전(通明殿)으로 정해서 시행하는 것으로 결정하였다.

○ 같은 날

입시했을 때 전교하였다.

“지난해 현빈(賢嬪)[66]의 조현례(朝見禮) 때 그 당시의 예관이 관례대로 ‘빈궁(嬪宮)이 조현할 때의 등록’을 갖다 썼는데, 그 예문 중에 빠진 것이 있었다. 오늘 대신(大臣) 이하를 입시시키라는 명을 내린 것은 대개 이 일을 의논하기 위함이다. 지금 예관이 아뢴 말을 들으니, 신유년에 하교를 인하여 이미 시행한 전례가 있다고 한다. 조현하고 집지(執贄)하는 도리는 비(妃)에 대해서거나 빈(嬪)에 대해서거나 왕공(王公)이나 서인(庶人)이나 그 예법은 동일하다. 이는 빈궁 가례의 전례만을 취하였기 때문에 처음부터 빠뜨린 것이다. 위로 자성(慈聖)을 받들고 있는데 집지하는 예식을 대전(大殿)과 곤전(坤殿)에만 시행한다면, 내 마음이 과연 편안하겠는가. 하물며 이미 지난해에 하문하여 결정한 예식이 있다. 그리고 그때에는 두 분 자전(慈殿)께 행하였기 때문에 중앙에 자리를 마련했고 이틀간 예식을 행하였지만, 이번에는 내가 내전(內殿)과 함께 좌우로 앉아 자성을 모시고 같은 날에 예식을 행하니, 어버이를 기쁘게 해 드리는 도리와 정성과 예법을 펴는 의리가 화목하다고 할 만하다. 예관으로 하여금 이와 같이 거행하게 하라. 이미 자전의 하교를 받았다. 예식을 시행할 장소는 통명전으로 정해서 거행하라. 예에 ‘예법

66 **현빈** 효장세자빈(孝章世子嬪) 조씨(趙氏)를 말한다. 1715년(숙종 41)에 탄생하여 1727년(영조 3)에 세자빈으로 책봉되고 1735년(영조 11)에 현빈이라는 칭호가 내려졌다. 1751년(영조 27)에 37세로 승하하였다.

은 인정(人情)을 따른다.'라고 하였다. 신유년에 하교로 예식을 정한 것이 이미 예문 밖에서 권도를 쓴 것인데, 이번에 이것을 준행하면 이 또한 계술(繼述)하는 것이다. 등록이 번다하여 매양 빠뜨리는 것이 많다. 두 해의 의주를 '왕비·빈궁 조현의(朝見儀)' 아래에 첨부하여 기록해 두도록 하라."

전교하였다.

"이번 조현례(朝見禮)는 이전에 비해 더욱 중요하니, 미리 연습을 해야 한다. 그 습의를 동뢰연(同牢宴) 내습의(內習儀)와 같은 날에 시행하라고 분부하라."

○ 왕세자 가례 때 및 책빈(冊嬪)할 때의 절목

납채(納采) : 정사(正使) 정1품 부사(副使) 정2품 전교관(傳敎官) 승지 전의(典儀) 통례원(通禮院) 관원 협률랑(協律郎) 장악원(掌樂院) 관원 알자(謁者) 참외(參外) 장축자(掌畜者) 장원서(掌苑署) 관원 빈자(儐者) 참외 장차자(掌次者) 전설사(典設司) 관원

납징(納徵) : 정사 정1품 부사 정2품 전교관 승지 전의 통례원 관원 협률랑 장악원 관원 거안자(擧案者) 2인 참외관 집사자(執事者) 2인 충찬위(忠贊衛) 알자 참외관 빈자 참외관 장차자 전설사 관원

고기(告期) : 납채(納采)와 같다. 다만 장축자가 없다.

책빈(冊嬪) : 정사 정1품 부사 정2품 전교관 승지 전의 통례원 관원 협률랑 장악원 관원 거안자 8인 참외관 집사자 8인 충찬위 알자 참외관 빈자 참외관 장차자 전설사 관원

임헌초계(臨軒醮戒) : 전의 통례원 관원 협률랑 장악원 관원

친영(親迎) : 장축자 장원서 관원 빈자 참외관

○ 전교관을 제외하고 정사와 부사 이하의 여러 집사를 이조와 병조로 하여금 전례를 상고하여 차출하게 하고, 그 나머지 여러 집사는 각각 해당 관사로 하여금 전례를 살펴서 차정(差定)하게 하되, 도감(都監)이 전담하여 검칙한다.

○ 납채하는 날 전하가 면복(冕服) 차림으로 인정전(仁政殿)에 나아간다.

종친과 문무백관은, 4품 이상은 조복(朝服)을 입고 5품 이하는 흑단령을 입는다. 사자(使者) 이하는 각각 조복을 입고 예식을 행한다. 헌현(軒懸), 노부 반장(鹵簿半仗), 고취(鼓吹) 진설만 하고 연주하지는 않는다. 뒤로도 이와 같다. 세장(細仗) 등의 일을 병조와 장악원으로 하여금 거행하게 한다.

○ 납징(納徵)을 할 때 전하는 원유관과 강사포 차림으로 인정전에 나아간다. 종친과 문무백관의 관복(冠服)은 위와 같다. 사자(使者) 이하는 각기 조복을 입고 예식을 행한다. 헌현, 노부 반장, 고취, 세장은 모두 납채 의절과 같다. 예문에 "예조 정랑이 채여(彩轝)를 대령하고, 속백함(束帛函)을 안탁에 올려놓는다. 사복시(司僕寺)가 길 동쪽 헌가(軒架)의 북쪽에 말 두 필을 대령한다."라고 하였으므로, 도감 및 각 해당 관사로 하여금 이에 따라 거행하게 하되, 채여와 속백은 모두 도감이 준비한다.

○ 예문에 "납채 때의 사자 및 납징 때의 사자 이하는 궐문 밖에서는 공복(公服)으로 갈아입는다."라고 하였다. 빈씨가(嬪氏家)에서 납채를 받을 때에 빈주(賓主) 및 행사자(行事者)가 모두 공복을 입는다. 뒤로도 이와 같다. 정사와 부사 이하 여러 집사 및 주인(主人)과 빈자(儐者)가 입을 공복을 도감으로 하여금 준비하게 한다.

○ 납채할 때 및 친영(親迎)할 때 쓸 생안(生雁)을 준비하는 일 및 비단으로 교차시켜 묶는 등의 일을 각 해당 관사로 하여금 거행하게 하고, 도감이 검칙한다.

○ 빈씨가에서 납채를 받는 예식을 마친 뒤 사자 이하가 복명하는 일 및 납징을 받고 고기(告期)를 받고 빈(嬪)이 책보(冊寶)를 받는 예식을 마친 뒤 빈(儐)과 사자 및 사자 이하가 복명하는 일은 예문에 따라 거행한다.

○ 빈씨가의 사자가 사용할 막차를 설치하는 일 및 전정(殿庭)의 사자가 복명할 때 사자를 위해 배설하는 여러 일들을 각 해당 관사로 하여금 거행하게 하고, 도감이 검칙한다.

○ 납채, 납징, 고기, 책빈(冊嬪), 임헌초계(臨軒醮戒) 때의 의복을 준비하는 일을 상의원(尙衣院)으로 하여금 거행하게 한다.

○ 예문에 "빈씨가에서 납징을 받을 때에는 사자의 막차를 처음처럼 설치하고 사자의 막차 북쪽에 포막(布幕)을 설치하고 속백을 막차 안에 진설하고 말 2필을 막차 남쪽에 대령한다." 하였다. 각 해당 관사로 하여금 이

대로 거행하게 하고, 도감이 검칙한다.

○ 예문에 "고기(告期)하는 날의 명사(命使)는 납채 의절과 같다. 주인이 사자의 막차를 설치한다는 구절 이하에서 출청(出請)에 이르기까지의 일은 납채 의절과 같다."라고 하였으니, 각 해당 관사로 하여금 전례를 살펴서 거행하게 하고, 도감이 점검한다.

○ 납채, 납징, 고기하는 날 빈씨가에서 주찬(酒饌)을 마련하는 등의 여러 일들은 도감이 통지하여 거행한다.

○ 교명(敎命)에 보인(寶印)을 찍은 즉시 교명과 책(冊)과 인(印)과 명복(命服)을 전례를 따라 하루 전에 안으로 들여서 어람(御覽)을 거친 뒤 받들어 내서 의절(儀節)대로 예식을 거행한다. 교명과 책과 인과 명복이 도감에서 대궐로 갈 때 도감 제조 이하 및 각 차비관이 조복 차림으로 배진한다. 전도(前導)할 세장(細仗)과 고취(鼓吹) 등의 일들 및 여러 집사와 각 차비 군인(差備軍人)을 단속하는 일과 궐내에 임시로 설치하는 악차(幄次)를 배설하는 등의 일을 모두 각 해당 관사의 관원으로 하여금 직접 왕명을 받아 거행하게 하고, 도감이 점검한다.

○ 빈(嬪)을 책봉하는 날 전하가 원유관과 강사포 차림으로 인정전에 나아간다. 종친 및 문무백관의 관복(冠服)은 위와 같다. 사자 이하는 각기 조복을 입고 예식을 행한다. 헌현(軒懸), 노부 반장(鹵簿半仗), 채여(彩轝) 오직 채여만 4채이다. 고취, 세장은 모두 납채 의절과 같다. 예문에 "예조 정랑이 교명함(敎命函), 책함(冊函), 인수(印綬) 및 명복함(命服函)을 받들어 각각 안탁에 올려놓는다."라고 하였으니, 도감으로 하여금 이대로 거행하게 하되, 채여는 도감이 준비한다.

○ 예문에 "빈(嬪)이 책보(冊寶)를 받을 때 주인이 사자의 막차 및 포막(布幕)을 처음처럼 설치하고, 궁인(宮人)의 막차를 내문(內門) 밖 동쪽에 서향으로 설치한다. 그날 사자의 자리를 대문(大門) 밖 동쪽에 서향으로 설치하고 북쪽을 상위로 한다. 부사(副使)는 조금 뒤로 물린다. 교명안(敎命案), 책안(冊案), 인안(印案)을 든 자는 남쪽에 조금 물러나 있는데 모두 서향을 한다. 주인의 자리를 대문 밖 서쪽에 동향으로 설치한다. 또 배위(拜位)를 문 남쪽에 북향으로 설치한다. 사자 이하 및 주인의 자리를 중문(中門) 밖에 설치할 때에도 또한 그와 같게 한다. 다만 배위는 설치하지 않는다. 상전

(尙傳)의 자리를 중문 밖 주인 자리의 남쪽에 설치한다. 교명, 책보, 인수를 든 자를 호위하여 의장(儀仗)을 받드는 내시(內侍)는 남쪽에 조금 물러나 동향한다. 내시가 먼저 탁상 셋을 내문(內門) 밖에 문지방 가까이 설치한다. 주인이 빈(嬪)이 책보를 받을 자리를 당(堂)의 중앙에 북향으로 설치한다. 사자가 빈씨(嬪氏)의 집 대문 밖에 이르면, 막차를 담당하는 자가 막차로 맞아들인다. 빈(賓)과 주인 및 일을 시행하는 자들은 모두 조복(朝服) 차림을 한다. 내시는 상복(常服)인 흑단령을 입는다. 궁인이 먼저 막차에 들어가 교명과 책보와 인수를 막차 안에 진열한다. 명복(命服)은 사자가 상전(尙傳)에게 주어 먼저 올린다. 사복시 첨정(司僕寺僉正)이 연(輦)을 막차 남쪽에 대령하고, 병조가 빈(嬪)의 의장을 연 앞에 좌우로 진열한다. 궁인들이 내문으로 들어가 순서대로 서되 북향하고 동쪽을 상위로 한다. 정사(正使)가 교명함, 책함, 인수를 상전(尙傳)에게 주면, 받들고 내문 밖으로 나아가 드는 것을 내시가 돕는다. 무릎 꿇고 탁상 위에 놓는다. 빈(嬪)이 명복(命服)을 입고 머리장식을 얹은 차림을 마치면, 부모(傅母)가 빈을 인도하여 책보를 받는 자리로 나아간다. 장서(掌書)가 무릎 꿇고 교명함과 책함과 인수를 취하여 일어난다. 드는 것을 여관(女官)이 돕는다. 장봉(掌縫)이 양산(陽繖)을 전해 받아 들고 장서의 동남쪽에 서향으로 선다." 하였다. 위 항목에 있는 여러 시행해야 할 일들 및 배설하는 등의 일을 전설사(典設司) 및 각 해당 관사로 하여금 살펴서 거행하게 하고, 도감이 점검한다.

○ 빈씨의 집에서 교명, 책보, 인수, 명복을 올릴 때 도와서 들어 줄 내시(內侍)는 내시부(內侍府)에서 차정하고, 책보를 받을 때 도울 여관 집사(女官執事)는 대내(大內)에서 뽑아 정하며, 의녀(醫女)는 도감에서 뽑아 정하되 의녀의 숫자가 부족하면 각 관사의 비자(婢子) 중에서 가려 정한다. 예모관(禮貌官)으로 하여금 의녀들을 거느리고 사습의(私習儀)를 미리 강습하도록 도감이 통지하고 검칙하여 거행한다.

○ 임헌초계(臨軒醮戒)하는 날 전하가 면복(冕服) 차림으로 인정전에 나아간다. 왕세자가 면복 차림을 한다. 상의원(尙衣院)이 준비한다. 종친과 문무백관은, 4품 이상은 조복을 입고 5품 이하는 흑단령을 입는다. 궁관(宮官)이 조복을 입고 예식을 거행한다. 왕세자의 막차를 인정문 바깥 길 동쪽에, 북쪽에 가깝게 서향으로 설치한다. 헌현(軒懸)을 진설하고 노부 반장

(鹵簿半仗)을 진설하고 여연(輿輦)을 대령하는 등의 일은 책빈(冊嬪) 의절과 같다. 왕세자가 전(殿)에 오르고 사옹원 부제조가 술을 따르고, 사옹원 정이 찬탁(饌卓)을 올리는 등의 일들을 병조, 장악원, 사옹원으로 하여금 거행하게 하고, 도감이 점검한다.

○ 예문에 "친영(親迎)하는 날 왕세자의 막차를 빈씨의 집 대문 밖 길 동쪽에 남향으로 설치하고, 궁관의 막차를 왕세자의 막차 동남쪽에 서향으로 설치한다. 사복시 첨정이 연(輦)을 궐문 밖 동쪽 가까이에 대령하여 서향하게 한다. 익위사(翊衛司)가 소속 인원을 거느리고 의장과 시위를 늘어세우기를 평상시와 같이 한다. 왕세자가 궐문 밖으로 나가서 연을 타고 잠시 멈춘다. 궁관들이 공복(公服)으로 갈아입는다. 도감이 준비한다. 연이 움직이면 집촉자(執燭者)가 앞장서서 배위(陪衛)하기를 법식과 같이 한다. 종친과 문무관 2품 이상의 관원이 상복(常服) 흑단령 차림으로 뒤따른다. 드디어 빈씨의 집에 이르면 왕세자가 연에서 내려 막차로 들어간다. 이에 앞서 연이 이를 때쯤 주인이 사당에 고하고 나서, 방 안에서 딸에게 예례(醴禮)를 행한다. 주찬(酒饌) 탁자를 설치한다. 찬자(贊者)가 전안위(奠雁位)를 당중(堂中)에 북향으로 설치한다. 주부(主婦)가 예의(禮衣) 차림을 한다. 부모(傅母)가 빈(嬪)을 인도하여 집촉자가 앞장선다. 배위하기를 법식대로 한다." 하였으니, 시행해야 할 여러 일들을 각 해당 관사로 하여금 거행하게 하고, 도감이 통지하여 거행한다.

○ 친영례(親迎禮)를 마치고 왕세자가 막차에서 나와서 연(輦)을 타고 환궁할 때 종친과 문무관 2품 이상의 관원은 그대로 흑단령 차림으로 동구 밖에 동서로 나뉘어 순서대로 선다. 왕세자가 이를 무렵에는 몸을 숙이고 지영(祗迎)하여 차례대로 배위하기를 모두 올 때의 의절과 같이 한다. 동뢰연(同牢宴) 및 빈(嬪)의 조현례(朝見禮) 때 주찬(酒饌), 단수(腶脩), 조율(棗栗), 반안(盤案) 등을 마련하는 여러 일들을 도감이 전담하여 검칙한다.

○ 각항의 크고 작은 예절(禮節)을 통례원으로 하여금 의녀(醫女)를 거느리고 기일 이전에 익숙하게 연습하게 하되, 도감이 전담하여 거행한다.

○ 친영하는 날 왕세자가 출궁하고 환궁할 때 종묘(宗廟) 앞길에서 연에서 내리는 절차 및 빈(嬪)이 대궐에 나올 때 연을 멈추는 절차와 배설하는 여러 일들을 각 해당 관사로 하여금 거행하게 하고, 도감이 점검하여

거행한다.

○ 시각을 아뢰는 등의 일을 관상감(觀象監)으로 하여금 거행하게 한다.

○ 백관 및 여러 집사는 복제(服制)와 식가(式暇)를 정지하고, 추고(推考) 중인 인원도 모두 참여한다.

○ 같은 달 15일[67]

예조가 아뢰기를,

"등록(謄錄)을 갖다가 상고하였더니, 이전부터 가례 때 빈(嬪)이 책보를 받는 일과 친영(親迎)에 대한 내습의(內習儀)는 3차례를 모두 별궁(別宮)에서 거행하였고, 동뢰연(同牢宴)과 조현례(朝見禮)의 내습의는 모두 대내(大內)에서 거행하되 단지 3차 습의만은 또한 별궁에서 거행하였습니다. 각항의 내습의를 이 전례대로 마련해야 합니까? 감히 여쭙니다."

하니, 그렇게 하라고 전교하였다.

또 아뢰기를,

"이번 왕세자 가례에서 빈(嬪)을 책봉할 때 교명(敎命)에 보인(寶印)을 찍는 일은 전례대로 '시명지보(施命之寶)'[68]를 찍는 것이 어떻겠습니까?"

하니, 윤허한다고 전교하였다.

또 아뢰기를,

"예전부터 왕세자 가례를 거행한 다음 날에는 으레 백관의 진하가 있었습니다. 이번 왕세자 가례 다음 날에도 백관이 대전(大殿)에 전문(箋文)을 올리고 진하하고, 그대로 대왕대비전과 중궁전에도 시행하게 하는 것이 마땅합니다. 이렇게 마련하여 거행하는 것이 어떻겠습니까?"

하니, 권정례로 하라고 전교하였다. 이번 11월 23일에 중관(中官)이 잘못하여 '권정(權停)'으로 써서 내렸다. 해당 중관을 해당 부서로 하여금 문책하게 하고, 이튿날의 진하는 전례대로 거행하였다.

또 아뢰기를,

"등록을 살펴보았더니, 가례 때의 각항의 습의는 도감에서 의녀(醫女)

67 15일 《승정원일기》에는 영조 19년 11월 20일 기사에 실려 있다. 아래의 '또 아뢰기를'도 마찬가지이다.

68 시명지보 조선 국왕이 교지(敎旨)와 교서(敎書)에 찍는 어보(御寶)이다. 세종 때에 처음 만들었고, 그뒤로 누차 고쳐 만들었다.

를 모아서 매일 연습하되, 만약 미리 여관(女官)에게 전수받아 연습하지 않는다면 의절을 시행할 때 실수할 염려가 없지 않으므로 1차 습의에서 3차 습의에 이르기까지 여관에게 전수받아 연습하였습니다. 이번에도 도감으로 하여금 이대로 거행하게 하겠습니다만, 내습의 장소는 또한 통명전(通明殿)에서 해야 합니까? 감히 여쭙니다."

하니, 그렇게 하라고 전교하였다.

또 아뢰기를,

"이번 왕세자 책빈(冊嬪) 때의 인식(印式)은 전례대로 마련하고, 도감으로 하여금 이에 따라 전각(篆刻)하게 하는 것이 어떻겠습니까? '왕세자빈지인(王世子嬪之印)'을 아룁니다."

하니, 아뢴 대로 시행하라고 계하하였다.

또 아뢰기를,

"예문에 '왕세자 가례를 마친 뒤 전하께서 백관과 회합하는 예식이 있는데, 그 예식이 정지회(正至會)[69] 의절과 같다.'라고 합니다. 정지회 의절에는 백관에게 잔치를 베푸는 예식이 있습니다. 등록을 가져다 상고하였더니, 이 예절은 예전부터 가례 때에는 모두 권정례로 행하였습니다. 이번에는 어떻게 해야겠습니까? 감히 여쭙니다."

하니, 권정례로 하라고 전교하였다.

○ 같은 달 17일[70]

예조가 아뢰기를,

"이번 왕세자 가례 때 육례(六禮)의 내외 습의(內外習儀) 각각 여섯 차례씩을 마땅히 1월 이전에 날짜를 배치해서 마련해야겠습니다만, 그 기간에는 일이 없는 날이 많지 않아서 날짜를 변통하여 분배하기가 어렵습니다. 이전부터 외습의(外習儀)는 1차와 2차를 매양 하루에 겸하여 거행한 적이 많았는데, 일이 통상적인 전례와 다르기 때문에 감히 곧바로 마련하여 들이지 못합니다. 어떻게 해야겠습니까? 감히 여쭙니다."

하니, 전교하기를,

69 **정지회** 정조(正朝)와 동지(冬至)에 임금이 백관들과 회합하는 행사이다.

70 **17일** 《승정원일기》에는 영조 19년 11월 20일 기사에 실려 있다.

“이번에도 겸하여 거행하라.”
하였다.

○ 같은 날

가례도감 낭청이 도제조의 뜻으로 아뢰기를,

“병자년(1696, 숙종 22)과 무술년(1718, 숙종 44)의 등록을 갖다 상고하였더니, 납채(納采), 납징(納徵) 등을 거행할 때 정사(正使), 부사(副使), 빈자(儐者)가 입을 공복(公服)은 도감에서 준비하고, 그 나머지 여러 집사 및 궁관(宮官)들은 모두 흑단령(黑團領) 차림으로 예식을 거행하였습니다. 이번에도 이에 의거하여 시행하라는 뜻으로 분부하는 것이 어떻겠습니까?”

하니, 윤허한다고 전교하였다.

관상감이,

“이번 왕세자 가례 때 육례 등의 길일을, 납채 길일은 오는 12월 20일 진시(辰時)로, 납징 길일은 12월 26일 진시로, 고기(告期) 길일은 12월 29일 사시(巳時)로, 책례(冊禮) 길일은 1월 9일 오시(午時)로, 친영(親迎) 길일은 1월 11일 사시로, 동뢰연 길일은 같은 날 신시(申時)로 택일하였습니다.”

하니, 그대로 윤허한다고 계하하였다.

○ 같은 달 21일

예조 단자에,

“이번 왕세자 가례의 납채, 납징, 고기 등의 습의 날짜를 일관으로 하여금 택일하게 하였더니, 1차와 2차는 오는 12월 11일이 길일이니 겸하여 거행하고, 3차는 같은 달 13일이 길일이며, 가례 때의 책빈(冊嬪), 초계(醮戒), 친영의 습의는, 1차와 2차는 오는 12월 16일이 길일이니 겸하여 거행하고, 3차는 같은 달 19일이 길일이라 하였습니다. 각 해당 날짜 이른 아침에 정사와 부사 이하 여러 집사가 모두 흑단령 차림으로 의정부에서 공조에 이르기까지 예식을 행하고, 3차는 종친과 문무백관도 흑단령 차림으로 의정부에서 예식을 행하라고 통지하여 거행하게 하는 것이 어떻겠습니까?"

하니, 아뢴 대로 시행하라고 계하하였다.

또 단자에,

"이번 왕세자 가례 때 빈(嬪)의 수책(受冊), 친영(親迎), 동뢰연(同牢宴), 조현례(朝見禮) 등의 내습의(內習儀) 길일을 일관으로 하여금 택일하게 하였더니, 빈의 수책, 친영에 대한 습의는 1차는 오는 12월 21일, 2차는 25일, 3차는 28일, 동뢰연과 조현례 습의 1차는 1월 3일, 2차는 6일, 3차는 8일이 길하다고 하였습니다. 빈의 수책, 친영의 내습의는 각 해당 날짜의 이른 아침에 별궁(別宮)에서 거행하고, 동뢰연과 조현례의 내습의는 대내(大內)에서 거행하되 3차는 또한 별궁에서 거행하도록 도감으로 하여금 이에 의거하여 거행하게 하는 것이 어떻겠습니까?"

하니, 아뢴 대로 시행하라고 계하하였다.

또 단자에,

"이번 왕세자 가례 이튿날 왕세자빈이 대전, 중궁전에 조현할 때 대왕대비전에 조현하는 예식도 같은 날에 행하라고 명을 내리셨습니다. 대왕대비전에 올릴 단수(腶脩) 등을 준비해서 거행하라는 뜻으로 도감에 분부하는 것이 어떻겠습니까?"

하니, 아뢴 대로 시행하라고 계하하였다.

○ 같은 달 23일

입시했을 때 상이 이르기를,

"가례를 거행한 이튿날 백관이 진하하는 일에 대해서 해당 조(曹)가 계품한 바가 있었는데, 중관(中官)이 잘못하여 '권정(權停)'이라고 써서 내렸다. 해당 중관을 해당 부서로 하여금 처벌하도록 하고, 이튿날 진하는 전례대로 거행하도록 하라."

하였다.

예조 단자에,

"오는 1월 11일 왕세자 가례의 친영(親迎) 이튿날 백관들이 진하할 때 경외에서 봉진하는 전문(箋文)의 두사는 '아무 관직의 신(臣) 아무개는 삼가 건륭 9년 1월 11일 왕세자께서 가례의 예식을 올리고[71] 큰 복을 일으키는 때를 만났습니다. 신은 참으로 큰 기쁨을 이기지 못하여, 삼가 전문을 받들어 축하를 올립니다. 신 아무개는 참으로 기쁘고 기뻐서 머리를 조아리며 글을 올립니다. 엎드려 생각건대 운운. 삼가 생각건대 지극한 행실과 순수한 덕성을 지니시고 훌륭한 계책과 굳센 공렬을 이루신〔至行純德英謨毅烈〕 주상 전하께서는 운운. 엎드려 생각건대 신은 운운. 신은 하늘을 우러르고 성인을 추앙함에 지극한 감격을 이기지 못하여, 삼가 전문을 받들어 축하를 올립니다. 대연호 월 일. 봉진하는 날짜를 따라 써넣는다. 아무 직책 신 아무개는 삼가 전문을 올립니다.'라는 양식으로 대전에 봉진하도록 각 도 및 양도(兩都)에 급속히 통지하여 알리는 것이 어떻겠습니까?"

하니, 아뢴 대로 시행하라고 계하하였다.

○ 같은 달 26일

입시했을 때 전교하였다.

"이번 세자 친영 때 인정전에서 임헌초계(臨軒醮戒)[72]를 한 뒤에는 전례대로 인정전 동쪽 협문으로 해서 돈화문(敦化門) 동쪽 협문을 거치는 것으로 길을 잡고, 돌아올 때에는 외문(外門)은 돈화문 동문으로 하고 진선문(進善門), 숙장문(肅章門)을 경유하여 집영문(集英門)으로 들어올 것이며, 빈궁(嬪宮)은 돈화문 동쪽 협문으로 해서 진선문과 숙장문을 경유하여 연양문(延陽門)으로 들어오도록 하라. 조현례 때에는 예현문(禮賢門)에서 집현문(集賢門)을 거치도록 길을 정해야 한다. 해당 조로 하여금 이렇게 거행하도록 하라."

○ 같은 해 12월 11일

납채(納采), 납징(納徵), 고기(告期) 등의 1차와 2차 습의를 겸하여 거행할 때 중사(中使), 승지, 사관 및 정사와 부사 이하의 여러 집사가 참여하고,

71 **가례의 예식을 올리고** 원문은 '嘉聘成禮'인데, 《고려사(高麗史)》 〈지(志) 가례(嘉禮)〉, 《문헌통고(文獻通考)》 〈황태자납비의(皇太子納妃儀)〉 등에는 '嘉聘禮成'으로 되어 있다.

72 **임헌초계** 《승정원일기》 영조 19년 11월 26일 기사에는 '臨軒醮禮'로 되어 있으나 뜻이 대동소이하므로 고치지 않고 대본대로 번역하였다.

각항의 예식을 의정부에서 거행하였는데, 헌가(軒架) 진열만 하고 연주하지는 않았다. 여연(輿輦), 시위(侍衛) 등의 일은 전례대로 거행하였다. 다만 채여(彩輿)만 사용하고 전도(前導)하는 세장(細仗)과 고취(鼓吹)를 진설만 하고 연주하지는 않았다. 세웠다.[73] 정사와 부사 이하 여러 집사, 도감의 당상과 낭청이 공조까지 수행하며 예를 거행하였다. 주인인 세마(洗馬) 홍봉한(洪鳳漢)도 또한 공조에 나아가 참여하였다. 장축관(掌畜官)은 곧바로 공조에서 대령하였다가 기러기를 전해 준 뒤에 물러났다. 도감 도제조 김재로(金在魯)는 차자에 대한 비답이 내려오지 않았다는 이유로 참여하지 않았다.

73 **다만……세웠다** 이 부분에는 누락된 문장이 있는 듯하나, 확인하지 못하였다.

○ 같은 달 14일

전교하였다.

"이때에 기후가 이와 같다. 친행을 할 때 응당 하교할 것이다. 납채는 권정례(權停例)로 시행하라."

예조 단자에,

"이번 왕세자 가례의 납채를 권정례로 시행하라고 명을 내리셨습니다. 납채하는 날 종친과 문무백관의 4품 이상은 조복 차림을 하고 5품 이하는 흑단령 차림을 하고, 사자(使者) 이하는 각기 조복을 입고서 인정전(仁政殿)에서 권정례로 예식을 거행하라고 통지하여 거행하는 것이 어떻겠습니까?"

하니, 아뢴 대로 시행하라고 계하하였다.

○ 같은 날

가례도감이 아뢰기를,

"왕세자빈 옥인전문 서사관(玉印篆文書寫官) 개성 유수(開城留守) 조명교(曺命敎)가 정본과 부본을 써서 제출하였습니다. 상께서 보시고 선택하시도록 아울러 이렇게 봉진합니다. 감히 아룁니다."

하니, 전교하기를,

"정본을 사용하라."

하였다.

○ 왕세자 가례 친영(親迎) 이튿날 백관이 진하하고 성상이 교서를 반포할 때 거행하는 예조의 절목

○ 백관이 진하하고 전하가 교서를 반포할 때 전하는 원유관(遠遊冠)과 강사포(絳紗袍) 차림으로 인정전(仁政殿)에 나아가고, 종친과 문무백관은, 4품 이상은 조복(朝服)을 입고 5품 이하는 흑단령(黑團領)을 입고 예식을 거행한다. 대왕대비전과 중궁전에 진하할 때 백관이 복색은 전례대로 갖춘다. 예식을 거행한다.

○ 대전에 진하할 때 필요한 백관의 전문(箋文), 치사(致詞), 표리(表裏), 반교서(頒敎書) 및 대왕대비전과 중궁전에 진하할 때 필요한 백관의 치사와 표리를 준비하는 일은 모두 승문원(承文院), 예문관(藝文館), 제용감(濟用監)으로 하여금 거행하게 한다.

○ 대전에 진하할 때의 선전관(宣箋官), 전전관(展箋官), 선교관(宣敎官), 전교관(展敎官) 및 팔도(八道)와 양도(兩都)에 내려갈 재교관(齎敎官)을 이조로 하여금 차출하게 한다.

○ 대전에 진하할 때 헌가(軒架), 고취(鼓吹), 의장(儀仗), 여연(輿輦)을 진열하는 등의 일 및 백관의 전문, 치사, 표리를 담을 함과 보자기를 준비하고 전도 고취(前導鼓吹)를 세우는 일, 대왕대비전과 중궁전에 진하할 때의 백관의 치사와 표리를 담을 함과 보자기, 향용정(香龍亭)을 준비하고 차비인(差備人)을 정하고, 향로(香爐), 향합(香盒), 상안(床案), 홍주복(紅紬袱)을 배설하는 등등의 여러 일들을 각 해당 관사의 관원으로 하여금 직접 진배하게 하고, 또한 사약(司鑰)으로 하여금 지휘하여 거행하게 한다.

위와 같이 아뢰니, 아뢴 대로 시행하라고 계하하였다.

○ 같은 달 29일

왕세자 고기(告期) 예식에 상이 친림했는데, 입시했을 때 예조 판서 민응수(閔應洙)가 아뢰기를,

"조현례(朝見禮) 의주(儀註)에 대해 대신들의 의견이 일치하지 않아서 아직 결정을 못 하였습니다. 대신들이 잇달아 유고가 있어 미처 입시하지 못하였습니다. 지금 영상과 좌상이 비록 반열에 들어왔지만 영상은 신병이 있어서 전(殿)에 오르기 어렵습니다. 내습의(內習儀) 날짜가

다가왔으니, 의주를 계하하는 일이 한시가 급합니다. 그러므로 신이 이렇게 우러러 아룁니다. 영상은 '높은 분에게 통속되는 의리로 말하건대, 대왕대비전에서 이미 예부(醴婦)의 의식을 행하였다면, 하루 동안에 두 번을 시행해서는 안 될 것이니, 중궁전은 시행하지 않아야 할 듯합니다.' 하였는데, 좌상의 뜻은 영상과 같았고, 우상은 '대왕대비전에서 비록 의기(義起)로 행하였다고 하더라도 중궁전에서 응행(應行)의 의절을 생략하는 것은 참으로 온당하지 않습니다.' 하였고, 원임 대신은 우상과 생각이 같았습니다. 대개 친영(親迎) 때에 방(房) 안에서 딸에게 예례(醴禮)를 행할 때에는 부모가 동쪽과 서쪽에 나뉘어 앉고 빈(嬪)의 자리를 어머니의 동북쪽에 남향으로 설치하고, 조현(朝見) 때에는 시아버지와 시어머니가 또한 동쪽과 서쪽으로 나뉘어 앉고 빈의 자리를 왕비의 자리 동북쪽에 남향으로 설치합니다. 여기에서 이 예절은 실로 부모와 시부모가 주관하여 행하는 것임을 알 수 있습니다. 대비전 조현례를 같은 날에 행하기 때문에 비록 이렇게 방해가 된다는 의견이 있기는 합니다만, 조현례에서 시부모가 중요한 것이라면 이 예절을 중궁전에는 생략하고 시행하지 않는 것은 흠결이 될 듯하기 때문에 우상의 뜻이 이와 같은 것입니다. 영상은 '시부모를 뵙고 난 이튿날에 며느리가 존장(尊長)를 뵙는 예절이 있기 때문에 또 그다음 날에 대비전 조현례를 행한 것이며, 중궁전에 이미 예부(醴婦)의 예문을 사용했기 때문에 대비전에도 또한 이 예절을 행한 것입니다. 이는 모두 의리로 변통시킨 것인데, 이틀에 나누어 행하였기 때문에 앞의 조현례가 모두 문제가 없었습니다. 이번에는 상께서 양전(兩殿)의 조현례를 반드시 같은 날 거행하고자 하셔서, 이 역시 예법의 본뜻에 또한 무방한 것이기에 이미 성상의 하교에 따라 거행하였습니다. 그렇다면 예부의 예식은 하루 안에 중첩해서 거행할 수 없고 예법에는 존장에게 통속되는 의리가 있으니, 대비전에 이미 거행했다면 중궁전에는 결코 또 거행해서는 안 되는 것입니다.' 하였습니다. 대신들의 의견이 거듭 강론을 해도 끝내 일치하지 않았습니다."

하니, 상이 이르기를,

"지난번에 하교하였다. 영상과 좌상의 뜻이 나의 뜻과 같다. 영상과 좌상의 의견대로 거행하도록 하라."

하였다. 상이 이르기를,

"초석(醮席)은 어떻게 할 것인가?"

하니, 민응수가 아뢰기를,

"이전에는 대비전이 예부(醴婦)를 할 때에는 자리를 대비의 동쪽에 서향으로 배치하였습니다. 이번에도 이대로 하는 것이 합당할 듯합니다."

하니, 상이 이르기를,

"그렇게 하라."

하였다. 민응수가 아뢰기를,

"왕비를 친영할 때의 의주(儀註)에 '상탁(床卓) 위에 기러기를 올려놓는다. 주모(主母)가 기러기 상탁을 철거한다.'라는 예문이 있는데, 〈세자가례의(世子嘉禮儀)〉에는 단지 '기러기를 올려놓는다.〔奠雁〕'라고만 하고 '상탁 위에 올려놓는다.〔奠於床上〕'라는 말은 원래 없습니다. 등록(謄錄)에 '기러기를 상에 올려놓는다.〔奠雁床〕'라는 말이 있습니다. 또한 들은 말로는 '상방(尙方)에서 대내에서 내보낸 견양(見樣)으로 만들어 올린다.'라고 합니다. 그렇다면 동궁의 가례에도 또한 전안상(奠雁床)을 사용해야겠습니까?"

하니, 상이 이르기를,

"그렇게 하라."

하였다. 민응수가 아뢰기를,

"그렇다면 주모로 하여금 상탁〔案〕을 철거하게 합니까?"

하니, 상이 이르기를,

"그렇게 하라."

하였다. 민응수가 아뢰기를,

"왕비를 친영할 때에는 내문(內門)에 도착한 뒤로는 상궁(尙宮)이 앞에서 인도하기 때문에 전안례(奠雁禮)를 마친 뒤 계단을 내려올 때에도 상궁이 또한 앞에서 인도하는데, 세자의 가례 때에는 내문에 들어온 뒤로는 주인(主人)이 앞에서 인도하여 읍양(揖讓)을 하고 들어가며, 기러기를 올린 뒤에 세자가 동쪽 계단을 통해 내려와서 나오는데 주인은 장차 딸에게 초례(醮禮)를 해야 하기 때문에 내려와 전송하는 일을 하지 않습니다. 그렇다면 그 뒤로는 인도하는 사람이 없으니, 이 한 의절은 빠뜨린 것이 있는 것 같습니다."

하니, 상이 이르기를,

"왕비 가례의 친영 때 상궁이 시행한다면, 그에 의거해서 시행하도록 하라."

하였다. 민응수가 아뢰기를,

"이것은 모두 《오례의》에는 없습니다. 이와 같은 자잘한 절목은 굳이 의주에 첨가할 필요가 없습니다. 내습의 때 이와 같이 거행하라고 직접 시키는 것이 어떻겠습니까?"

하니, 상이 그렇게 하라고 하였다.

○ 영조 20년 갑자(1744) 1월 1일

예조가 아뢰기를,

"태묘(太廟)에 세수(歲首) 전알(展謁)을 할 날짜는 언제쯤으로 택해야 합니까? 감히 여쭙니다."

하니, 전교하기를,

"가례를 마친 뒤에 세자빈(世子嬪)과 함께 전알해야 하니, 10일 이후로 택일하라."

하였다.

또 아뢰기를,

"전알을 할 길일을 일관으로 하여금 택일하게 하였더니, 이번 1월 17일이 길하다고 하였습니다. 이날로 정하여 시행하는 것이 어떻겠습니까?"

하니, 이날로 정하여 시행하라고 전교하였다.

○ 2일, 예조가 올린 단자는 이번 1월 17일 종묘, 영녕전(永寧殿), 대전에 왕세자가 전알(展謁)하는 의절 및 빈궁(嬪宮)이 묘현례(廟見禮)를 행할 때의 절목이다.

○ 하루 전날 먼저 관원을 보내어 희생을 올리고 왕세자와 세자빈이 장차 공경히 뵙겠다는 뜻으로 보고한다.

○ 기일 이전에 전설사(典設司) 및 액정서(掖庭署)가 전하, 왕세자 및 빈궁의 막차를 재전(齋殿) 안에 설치하고, 또 전하와 왕세자의 소차(小次) 및 전알위(展謁位)를 종묘의 묘정(廟庭) 및 영녕전의 전정(殿庭)에 평상시처럼 설치하고, 전하의 입위(立位)를 묘전(廟殿) 문 밖의 동쪽에 서향으로 설치하고 왕세자의 입위를 전하의 자리 서남쪽에 북향으로 설치하고 빈궁의 배위(拜位)를 묘전 문 밖의 서쪽에 남쪽으로 가까이 하여 북향으로 설치한다.

○ 출궁하고 환궁할 때 소가(小駕)[74]를 도가(導駕)할 시신(侍臣)을 절차대로 진설한다. 전부(前部)와 후부(後部) 고취(鼓吹)는 출궁할 때에는 진열만 하고 연주하지 않으며 환궁할 때에는 연주한다.

○ 전하와 왕세자가 익선관과 곤룡포 차림을 한다. 출궁할 때 종친과 문무백관은 흑단령 차림으로 초엄(初嚴) 이전에 궐문 밖에 일제히 모여 동쪽과 서쪽으로 나누어 순서대로 선다. 북을 쳐서 이엄(二嚴)을 알리면, 왕세자가 나와서 돈화문(敦化門) 밖으로 가서 막차로 들어간다. 대가(大駕)가 이를 때가 되면 세자가 막차에서 나와서 지영(祗迎)하고 그대로 대가를 수행한다. 종친과 문무백관은 대가와 왕세자가 이르면 몸을 굽히고 지영하여 차례대로 시위하여 종묘에 이른다. 전하와 왕세자가 재전으로 들어간다. 백관은 종묘의 동구 밖에서 동쪽과 서쪽으로 나누어 순서대로 선다. 빈궁이 이르면 몸을 굽혀 지영한다. 배종하며 시위하는 궁인(宮人)들은 종묘 문 밖에서 말에서 내려 걸어서 배종한다. 전하와 왕세자가 면복으로 갈아입는다. 종친과 문무백관은, 4품 이상은 조복을 입고 5품 이하는 흑단령을 입는다. 전하와 왕세자가 들어가 종묘의 뜰로 나아간다. 백관은 동문 밖에서 사배례(四拜禮)를 행한다. 마치고 나서 전하와 왕세자가 종묘 안을 봉심(奉審)할 때 단지 승지 예방 승지이다. 사관, 내시가 각각 1명씩 따라 들어간다. 봉심을 마치고 전하와 왕세자가 소차로 들어간다. 승지, 사관, 궁관, 각 위의 소속 인원 및 백관이 물러나 나간다. 그 뒤 빈궁이 수식(首飾)을 더하고 예복(禮服)을 입으면, 수규(守閨)가 앞에서 인도하여 서쪽 계단을 통해 올라가서 배위(拜位)에 이른다. 상궁(尙宮)이 전하를 인도하고 수규가 왕세자를 인도하여, 조계(阼階)를 통해 올라가서 입위(立位)에 이른다. 전찬(典贊)이 '사배(四拜)하시오.' 라고 창을 하면, 빈궁이 사

74 **소가** 국왕의 행차에 쓰이는 행차 규모의 한 가지이다. 국왕이 행행할 때의 의장(儀仗)은 3종류가 있었는데, 대가 의장(大駕儀仗)은 종묘나 사직에 행차할 때에 사용하였고, 법가 의장(法駕儀仗)은 문묘(文廟)나 영희전(永禧殿) 등에 행차할 때에 사용하였으며, 소가 의장(小駕儀仗)은 도성 내외의 소소한 행차에 사용하였다.

배례를 행한다. 예를 마치면 상궁이 전하를 인도하고 수규가 왕세자를 인도하여 소차로 들어가게 한다. 수규가 빈궁을 인도하여 돌아가서 재실(齋室)로 들어가게 한다. 전하와 왕세자가 영녕전(永寧殿)에 나아가 전알(展謁) 및 봉심을 한 뒤에 소차로 들어간다. 여러 위(衛)의 소속 인원들이 물러나 나간다. 빈궁이 전알하는 의식을 마치고 재전으로 돌아간다. 백관은 전례에 따라 남문 밖에서 예식을 행한다.

○ 전하와 왕세자가 익선관과 곤룡포로 갈아입는다. 환궁할 때 종친과 문무백관은 흑단령으로 갈아입고 종묘 동구 밖 지영위(祗迎位)로 나아가 동쪽과 서쪽으로 나누어 순서대로 선다. 북을 쳐서 이엄(二嚴)을 알리면, 왕세자가 나와서 종묘 문 밖으로 나아가 막차(幕次)로 들어갔다가, 대가(大駕)가 이르면 막차에서 나와서 지영하고 그대로 대가를 수행한다. 종친과 문무백관은 대가와 왕세자가 올 때에 몸을 굽히고 지영하고 차례대로 시위한다. 궐문 밖에 이르면 백관은 동쪽과 서쪽으로 나누어 차례대로 선다. 빈궁이 이르면 몸을 굽히고 지영한다.

○ 대소 악차(幄次) 및 묘정(廟庭)과 전정(殿庭)의 소차(小次)와 전알위(展謁位)와 신문(神門) 밖의 여(輿)에서 내리는 곳과 재실 문 밖의 빈궁이 연(輦)에서 내리는 곳과 신문 밖의 연을 멈추는 곳에 포장(布帳)을 설치하는 등의 일, 그리고 막차에 욕석(褥席)과 행보석(行步席)을 설치하는 등의 여러 일들을 모두 사약(司鑰) 및 각 해당 관사로 하여금 전례를 살펴서 거행하게 한다.

위와 같이 아뢰니, 아뢴 대로 시행하라고 계하하였다.

○ 같은 달 6일[75]

75 6일 《승정원일기》에는 영조20년 1월 5일 기사에 실려 있다.

시강원이 아뢰기를,

"삼가 해당 조에서 계하받은 초계(醮戒) 의절(儀節)을 보았더니 '왕세자가 먼저 인정문 밖의 막차(幕次)에 나아가고, 전하가 출궁할 때에는 왕세자가 막차에서 나와 서향으로 서 있다가 백관이 사배(四拜)를 마치면 들어가 배위(拜位)로 나아간다.'라고 하였습니다. 그 사이 시각이 조금 늦어지면 어린 세자가 오래도록 서 있기에 어려움이 있을 듯합니다. 본원에서 올렸던 예전의 가례 때의 일기(日記)를 갖다 상고하니, 전하께서 출궁하실 때 왕세자가 나와서 서고 잠시 뒤에 다시 막차로 들어갔다가 정시(正時)가 되면 들어와 배위로 나갔습니다. 이번에도 이에 의거하여 의절에 첨가해 넣으라고 해당 조에 분부하는 것이 어떻겠습니까?"

하니, 윤허한다고 전교하였다.

○ 같은 달 7일

예조 단자에,

"이번 1월 12일 왕세자빈이 대왕대비전, 대전, 중궁전에 조현례(朝見禮)를 행할 시각을 일관을 시켜 가리게 하였더니, 같은 날 사시(巳時)가 길하다고 하였습니다. 이 시각에 거행하는 것이 어떻겠습니까?"

하니, 아뢴 대로 시행하라고 계하하였다.

○ 같은 달 11일

왕세자 가례의 일로 입시했을 때 상이 이르기를,

"초계는 중요한 일이다. 이 뒤로는 가례 초계 때의 진찬관(進饌官)은, 관례 때 상의원 정(尙衣院正)으로 하는 사례에 의거하여, 사옹원 정(司饔院正)으로 차출하는 것을 법식으로 정하라."

하였다.

○ 같은 달 12일[76]

예조가 아뢰기를,

"왕세자 가례를 거행한 뒤에는 으레 과거(科擧)를 설행하여 인재를 뽑아서 온 나라가 경사스러운 일을 함께한다는 뜻을 나타냅니다. 등록(謄錄)을 갖다 상고해 보았더니, 이전부터 왕세자 가례 뒤의 경과(慶科)는 이어지는 경사를 통합하여 혹 증광시(增廣試)를 시행하기도 하고 혹 별시(別試)를 시행하기도 하고 혹 정시(庭試)를 시행하기도 하였습니다. 이번에는 통합할 경사가 없습니다. 무슨 과거를 시행해야 합니까? 감히 여쭙니다."

하였다. 금년(1744, 영조 20) 1월 23일 인견 때 경과 정시로 정하여 3월 안에 거행하는 것으로 결정하였다.

76 12일 《승정원일기》에는 영조 20년 1월 25일 기사에 실려 있다.

또 아뢰기를,

"이번 1월 11일 왕세자 가례를 거행한 이튿날 대전에 진하한 경외의 전문(箋文)을 다음과 같이 열거하여 삼가 갖추어 계문합니다. 의정부 영의정 김재로(金在魯) 등의 전문 1통, 개성부 유수 조명교(曺命敎)의 전문 1통, 강화부 유수 김시혁(金始㷜)의 전문 1통, 경기 관찰사 유엄(柳儼) 등의 전문 12통, 공홍도 관찰사(公洪道觀察使) 이덕중(李德重) 등의 전문 5통, 전라도 관찰사 조영국(趙榮國) 등의 전문 7통, 경상도 관찰사 김상성(金尙星) 등의 전문 9통, 강원도 관찰사 조명겸(趙明謙) 등의 전문 6통, 황해도 관찰사 서명구(徐命九) 등의 전문 4통, 평안도 관찰사 김약로(金若魯) 등의 전문 13통, 함경도 관찰사 심성희(沈聖希) 등의 전문 8통입니다."

하였다.

○ 같은 달 13일

비망기의 내용은 다음과 같다.

"납채(納采) 등을 거행할 때의 정사(正使)인 판부사 김흥경(金興慶)과 부사(副使)인 낙풍군(洛豐君) 이무(李楙)에게는 각각 안구마(鞍具馬) 1필을 하사하라. 전교관(傳敎官)인 승지 이명곤(李命坤)은 가자(加資)하라. 가례도감 도제조인 영의정 김재로(金在魯)에게는 안구마 1필을 하사하라. 제조인 판서(判書) 이병상(李秉常), 민응수(閔應洙), 조관빈(趙觀彬), 교명문 서사관(敎命文書寫官)인 낙풍군 이무, 죽책문 서사관(竹冊文書寫官)인 유수(留守) 조명교(曺命敎)에게는 각각 숙마(熟馬) 1필을 하사하라. 교명문 제술관(敎命文製述官)인 좌의정 송인명(宋寅明), 죽책문 제술관인 부호군 이덕수(李德壽), 옥인전문 서사관(玉印篆文書寫官)인 유수 조명교(曺命敎), 교명전문 서사관인 우의정 조현명(趙顯命)에게는 각각 반숙마(半熟馬) 1필을 하사하라. 제조 조상경(趙尙絅)에게는 아마(兒馬) 1필을 하사하라. 전교관인 승지 윤휘정(尹彙貞), 부제조 원평도정(原平都正) 이섭(李燮), 상례(相禮) 허옥(許沃), 도청(都廳) 이천보(李天輔)·민백행(閔百行)은 모두 가자하고, 천찬관(薦饌官)인 직장(直長) 이형중(李衡中)은 준직(準職)에 제수하라. 도감 낭청들은 모두 승진시켜 서용(敍用)하되 이미 준직에 있는 자와 근무일이 얼마 안 되는 자는 아마 1필을 하사하라. 빈자(儐者) 임과(任薖), 감조관(監造官), 수리관(修理官)은 모두 6품으로 올리라. 입시했던 승지와 사관, 시강원 관원들, 교명(敎命)·죽책(竹冊)·옥인(玉印)·명복(命服) 집사들에게는 각각 아마 1필을 하사하라. 그 나머지 거안자(擧案者) 이하의 여러 집사, 찬의(贊儀), 인의(引儀) 이하에게는 각각 한 자급을 가자하되, 자궁자(資窮者)에 해당할 경우에는 대가(代加)하라. 익위사(翊衛司) 관원, 교명의 안보(安寶)를 맡았던 관원에게는 각각 상현궁(上弦弓) 1장을 하사하라. 날짜와 시각을 정하는 일을 맡았던 관리, 계사(計士),[77] 녹사(錄事), 공장(工匠), 의녀(醫女), 하인(下人) 등에게는 미포(米布)를 등급을 나누어 지급하라. 옥인을 만든 첨사(僉使) 최천약(崔天若)과 한량(閑良) 현덕룡(玄德龍)에게는 활과 화살을 하사하라."

비망기의 내용은 다음과 같다.

"가례 때의 차지 내관(次知內官) 고봉헌(高鳳獻), 교명 차비(敎命差備) 문이욱(文以郁)·전일성(田一成), 죽책 차비(竹冊差備) 이경화(李景和)·박희채(朴熙采), 옥인 차비(玉印差備) 이세태(李世泰)·이국항(李國恒), 명복 차비(命服差備) 윤은보(尹殷輔)·홍하채(洪夏采)는 모두 가자(加資)하라. 동뢰연(同牢宴) 차지 내관 김수억(金壽億)에게는 반숙마 1필을 하사하라. 세자궁(世子宮) 장번 내관(長番內官)에게는 각각 아마(兒馬) 1필을 하사하라. 배설 차지 내관(排設次知內官) 박민채(朴敏采), 연시 내관(輦侍內官)들, 조과 설리 내관(造果薛里內官), 배설 종사관 내관(排設從事官內官), 세자궁·빈궁 설리 내관 이하에게는 각각 상현궁(上弦弓) 1장씩을 하사하라. 상전 내관(尙傳內官) 김덕겸(金德謙), 그 나머지 여러 집사 내관에게는 각각 1등급을 가자하고, 자궁(資窮)에 해당할 경우에는 대가(代加)하라. 배설 사약(排設司鑰) 장정석(張廷碩)·이석빈(李碩彬)·장세영(張世榮)은 별좌(別座)에 제수하라. 가례 차지 별감(嘉禮次知別監) 최용서(崔龍瑞), 조과 차지 별감(造果次知別監) 이동발(李東發), 배설 차지 별감(排設次知別監) 변문수(卞文壽)는 모두 서제 사약(書題司鑰)에 제수하라. 그 나머지 세자궁과 빈궁의 사약 별감(司鑰別監), 배종 별감(陪從別監), 하인들에게는 미포(米布)를 마련하여 지급하라."

77 **계사** 《승정원일기》 영조 20년 1월 13일 기사에는 산원(算員)으로 되어 있다. 정조의 이름이 산(祘)이므로 발음의 유사성을 피하여 정조 즉위년 5월에 산원(算員)을 계사(計士)로 바꾸었다.

비망기의 내용은 다음과 같다.

"보덕(輔德) 김상신(金相紳), 필선(弼善) 이광운(李光運)은 모두 가자하라."

기사년[78] 대리代理 의절

○ 영조 25년 기사(1749) 1월 23일

대신과 예관(禮官)이 입시했을 때 전교하였다.

"모든 일을 한결같이 정유년의 전례[79]를 따라 거행하라고 하교를 하였다만, 지금 그때의 절목(節目)을 보니 이번에는 조절을 아니할 수 없겠다. 그 까닭을 큰 사항만 말해 보겠다. 그때에는 다리가 편치 아니하였기 때문에 효성스러운 성상께서 사전(祀典)의 예식을 행할 수 없었지만, 지금은 내가 비록 속병을 앓고 있기는 하되 걸어다니는 것이 아주 쇠약하지는 않으며 비록 대리를 명하였되 이 자리에 그대로 있으니, 어찌 한결같이 전례대로만 따라 섭행하게 할 수 있겠는가. 다시 조절하여 적어 내려서 이대로 절목에 써넣으라고 분부하라."

○ 같은 날

입시했을 때 전교하였다.

"세자가 청정(聽政)하여 조참(朝參)하는 것을 해당 조로 하여금 즉시 택일하여 거행하게 하고, 고묘(告廟)는 새벽에 설행하고, 반교(頒教)는 이튿날에 거행하라고 분부하라."

○ 같은 날

전교하였다.

"사전(祀典)으로 하라고 이미 하교하였다만, 무릇 경외(京外)의 전알(展謁)과 전배(展拜)는 동일한 것이니, 이 일은 전례에 의거해서 하는 것으로 품지하라."

○ 같은 날, 입시했을 때 써서 내린 절목

○ 장소는 전례에 따라 거행한다.

○ 좌향(坐向)도 전례에 따른다.

78 **기사년** 1749년(영조 25) 당시 세자는 15세였다.

79 **정유년의 전례** 1717년(숙종 43)에 있었던 경종 대리청정 때의 전례를 말한다.

○ 조참(朝參)과 상참(常參)도 전례를 준용한다. 조참할 때 음악을 연주하는 것은 정유년에는 시탕(侍湯)하는 일 때문에 정지했었는데, 이번에는 예문이 소중하니 예문에 따라 거행한다.

○ 대제 헌관(大祭獻官)의 단자는 입계(入啓)하고, 일반 제관(祭官)의 단자와 제문은 입달(入達)한다.

○ 5일 비국(備局) 일차(日次) 절목은 또한 전례대로 시행하겠지만, 이러한 때에 이미 그 지위에 있으니 어찌 나랏일을 강 건너 불 보듯이 할 수 있겠는가. 그리고 6차례의 차대(次對)는 강학(講學)에 방해가 된다. 5일, 15일, 25일은 정유년의 전례대로 원량(元良)에게 입대(入對)하고, 매 10일, 20일, 30일은 나에게 입시하되, 바야흐로 조용히 조섭하는 중이니 그 진퇴는 편의에 따라 하도록 한다. 차대하여 나에게 품지하는 것은 한결같이 정유년의 절목에 있는, 사람을 쓰는 일, 죄인을 벌주는 일, 군대를 운용하는 일 등 세 가지와 변방의 일에 대한 규정에 의거하고, 소차(箚疏) 및 계사(啓辭), 지방 관찰사의 장문(狀聞), 각 관사의 계사는 또한 정유년의 절목에 의거하여 동궁(東宮)에 입달(入達)하되, 장문(狀聞) 및 각 관사의 초기(草記) 중에서 일이 중대하여 스스로 결단하기 어려워 대조(大朝)에 재결을 품의할 일들은 정원에 명령을 내려 입계하게 한다. 소계(疏啓) 중에서 재결을 품의할 것들은 정유년의 고사(故事)대로 대내(大內)에서 품의하게 한다. 양전(兩銓)의 제배(除拜), 대소 관원의 체차, 금오(金吾)와 추조(秋曹)의 일률처결(一律處決) 및 병조 군병의 상번(上番), 세초(歲抄), 숙위 체대(宿衛遞代), 군호(軍號), 생기(省記), 궁도(宮都)의 성문을 여닫는 등의 일은 정유년 고사에 의거하여 입계한다.

○ 명령은 승정원이 주관한다. 일찍이 시강원에서 거행했던 것들은 시강원이 거행한다. 전지(傳旨)는 휘지(徽旨)라 일컫고, 계의윤(啓依允)은 달의준(達依準)이라 일컫고, 계사(啓辭)는 달사(達辭)라 일컫고, 계본(啓本)은 신본(申本)이라 일컫고, 계목(啓目)은 신목(申目)이라 일컫고, 상소(上疏)는 상서(上書)라 일컫고, 백배(百拜)는 재배(再拜)라 일컫고, 상전(上前)은 세자궁(世子宮)이라 일컫는 일은 한결같이 정유년의 고사에 따라 거행한다.

○ 영패(令牌)는 청패(靑牌)를 쓴다.

○ 매달 3일차에 세자궁에 입대해서 품정(稟定)한 일은 대조에 입시했을

때 진달하고, 대조에 차대했을 때 품정한 일은 세자궁에 입대하여 진달한다.

○ 같은 달 23일

영의정 김재로(金在魯), 좌의정 조현명(趙顯命), 예조 판서 이주진(李周鎭), 예조 참판 박필균(朴弼均), 예조 참의 윤동준(尹東浚)이 빈청(賓廳)에 나아가 청정 절목(聽政節目)을 의논해 마련하여 함께 입시하였다.

○ 같은 달 24일

예조가 아뢰기를,

"왕세자 청정(聽政)의 조참(朝參)을 해당 조로 하여금 즉시 택일하여 거행하게 하라고 명을 내리셨습니다. 청정 날짜를 즉시 일관(日官)으로 하여금 택일하게 하였더니, 이번 1월 27일과 오는 2월 4일이 길하다고 하였습니다. 어느 날로 정하여 시행해야 합니까? 감히 여쭙니다."

하니, 전교하기를,

"27일로 정하여 시행하라."

하였다.

○ 같은 달 25일

대신과 비국 당상이 입시했을 때, 청정하는 왕세자가 조참을 한 이튿날에는 반교(頒教)를 하는데, 이때의 친림(親臨)과 왕세자가 예식을 거행하는 일은 권정례로 하고, 그 처소는 인정전(仁政殿)으로 정해서 시행하라고 탑전에서 하교하였다.

○ 같은 날

대신과 비국 당상이 차대(次對)로 입시했을 때 전교하였다.

"그저께 절목을 수정한 뒤 그중에 착오가 있었던 것에 대해, 그것이 옳지 못하다는 것을 크게 깨달았다. 무슨 말이냐 하면, 무릇 일이란 작은 일일지라도 규모(規模)가 있은 뒤라야 시행할 수가 있다. 하물며 나라를 다스리는 일이랴. 대리(代理)란 무엇인가? 바로 섭리(攝理)를 말한다. 한 가지 일, 한 가지 의절을 나누어 둘로 만들면, 그 명칭이 문란해질 뿐만 아니라, 또한 정유년 고사(故事)도 아니다. 그리고 나에게 품의한 것을 원량(元良)에게 보고하고 원량에게 재결받은 것을 나에게도 보고하는 일은 마치 대조(大朝)와 소조(小朝) 사이에 오가는 것과 같아서 명분이 옳지 않다. 원량이 재결하는 것은 신료들이 입시했을 때 나도 응당 하문을 해서 자연히 알 수 있고, 처리해야 할 것을 마땅히 처리할 것이다. 원량에게 품의할 때 만약 내 재결이 필요한 일이라면, 그때의 대신과 신료들이 대조에 품의해서 '이렇게 재결해야 합니다.'라고 하면 된다. 자잘한 일들까지 어찌 대조와 소조 사이에 분분히 오가면서, 문서를 줄이고자 하는 뜻을 돌아보지 아니한단 말인가. 차대(次對)라면 대신의 뜻이 또한 지나치다. 지금의 대리(代理)는 번거로움을 줄이고자 하는 뜻에서 나왔다. 이미 그 자리에 있다면 일에 대한 책무도 그곳에 있는 것이다. 어찌 나랏일을 무관심하게 볼 수 있겠는가. 3건의 중대한 사안은 사람을 쓰는 일, 죄인을 처벌하는 일, 군대를 운용하는 일이다. 이미 총섭하기로 하였다. 이러한 일에 수응하는 것은 소견(召見)하거나 구대(求對)하거나 장차 비우는 날이 없을 것이다. 그리고 나의 기품(氣稟)이 본래 그러한 일을 내맡겨 두지는 않을 것이다. 그 지위에 있으면서 결코 그 일을 무관심하게 볼 리가 없다. 절목을 다시 수정해서 비국에 내리라. 차대는 한결같이 정유년의 고사대로 거행하라. 나에게 품의해야 할 일은 대신과 신료들이 그 순차에 구애받지 말고 구대(求對)하여 주달하라. 내가 물어야 할 것이 있으면 그 또한 수시로 소견할 것이다. 비국으로 하여금 잘 알게 하라."

○ 같은 달 27일

예조가 아뢰기를,

"왕세자가 시민당(時敏堂)에서 조참(朝參)을 받을 때의 의주(儀註)는 정유년의 전례를 따라 마련하고, 복색은, 왕세자는 익선관과 곤룡포 차림을 하고 종친과 문무백관은 흑단령을 입고서 예식을 행하며, 고취(鼓吹)를 앞에 진설하는 등의 일을 통지하여 거행하게 하는 것이 어떻겠습니까?"

하니, 아뢴 대로 시행하라고 계하하였다.

○ 왕세자 청정 절목 별단

○ 처소는 정유년의 전례대로 시민당(時敏堂)으로 정한다. 조하(朝賀) 및 인접(引接) 등의 일은 모두 이 시민당에서 행한다.

○ 청정할 때의 좌향(坐向)은 정유년의 전례대로 편리성을 따라 동향(東向)한다.

○ 처음 청정할 때에 조참(朝參)은 1차를 시행하고, 상참(常參)은 전례를 따라 날마다 여쭌다. 신료들의 배례(拜禮)는 정유년의 전례대로 종친과 문무 신료들은 1품 이하는 뜰 아래에서 두 번 절하고 세자는 답배를 하지 않는다. 오직 종실의 백부와 숙부 및 사부(師傅)는 먼저 당(堂)에 올라 두 번 절하고 세자가 답배를 한다. 대신(大臣)은 사부가 아니더라도 모두 당에 올라 두 번 절을 한다. 빈객(賓客)은 조하 때에는 뜰 아래에서 절하고, 서연(書筵)에서는 이전과 같이 행한다.

○ 조참 때 및 무릇 축하를 받을 때의 음악 연주는, 정유년에는 시탕(侍湯)하고 있었기 때문에 정지했었는데, 예문이 소중하니 이번에는 예문대로 거행한다.

○ "모든 일을 한결같이 정유년의 전례에 의거하여 거행하겠지만, 사전(祀典)만큼은 어찌 같은 예로 섭행을 명하겠는가."라고 하교하였으니, 제향(祭享)은 전례를 따라 계품(啓稟)하여 거행한다.

○ "무릇 서울과 지방의 전알(展謁)과 전배(展拜)는 동일하다. 전례를 따라 품의하라."라고 하교하였으니, 이에 따라 계품하여 거행한다.

○ 대제(大祭)의 헌관(獻官) 단자(單子)와 능전(陵殿)의 헌관 단자는 입계(入啓)하고, 일반 제관(祭官) 단자는 입달(入達)한다. 축문(祝文)도 또한 이 사례를 따른다.

○ 5일 주기의 비국(備局) 일차(日次)도 정유년의 전례에 따라 시행한다. 이러한 때에 그 자리에 있으면 어찌 나랏일을 무관심하게 보겠는가. 한달에 15일과 30일 두 차례는 원량이 재신들을 거느리고 입시하여 재결한다. 조용히 조섭하는 중이니 그 진퇴는 때에 따라 조절해서 한다. 구대(求對)하여 품달하는 것과 수시로 소견하는 것은 여기에 포함하지 않는다.

○ "대조(大朝)에 품정하는 일은 한결같이 정유년의 절목을 따라 사람을 쓰는 일, 군사를 운용하는 일, 사형에 관계되는 일, 이 세 가지 및 변방의 일로 하고, 차소(箚疏) 및 계사(啓辭), 번곤(藩閫)의 장문(狀聞), 각 관사의 계사는 또한 정유년의 절목에 따라 동궁에 입달(入達)하되, 장문과 각 관사의 초기(草記) 가운데 일이 중대하여 스스로 재결하기 어려운 것은 대조에 품의할 것으로 정원에 내려 입계하게 하라. 소계(疏啓) 가운데 품의하여 재결할 것이 있으면 정유년의 고사에 의거하여 대내에서 품의하게 하라. 양전(兩銓)이 제배(除拜)하는 일, 금오(金吾)와 추조(秋曹)의 사형수 처결 및 병조 군병의 상번(上番), 경외(京外)의 전최(殿最)와 습조(習操), 양전(兩銓)의 세초(歲抄), 숙위(宿衛)의 교대, 군호(軍號), 생기(省記), 궁도(宮都) 성문의 개폐 등의 일은 모두 정유년의 고사대로 입계하라."라고 하교하였다. 이에 의거하여 거행한다.

○ 매달 3차례씩 대신과 비국 당상들이 시민당에 입대(入對)하고, 해당 방의 승지가 따라서 참여한다. 서연(書筵) 이외에 청정과 관련한 인접(引接)에는 승지도 참여하고, 한림(翰林)과 주서(注書)가 각각 한 사람씩 따라 들어간다. 춘방(春坊) 관원으로 겸춘추의 직임을 맡아 청정일(聽政日)에 당직을 하는 사람은 또한 입시하여 일을 기록한다. 이러한 일들을 정유년의 전례에 의거하여 거행한다.

○ 명령을 출납하는 일은 승정원이 주관한다. 시강원이 일찍이 거행하던 일은 시강원이 거행한다.

○ 전지(傳旨)는 휘지(徽旨)라 일컫고, 계의윤(啓依允)은 달의준(達依準)이라 일컫고, 계사(啓辭)는 달사(達辭)라 일컫고, 계본(啓本)은 신본(申本)이라 일컫고, 장계(狀啓)는 장달(狀達)이라 일컫고, 계목(啓目)은 신목(申目)이라 일컫고, 상소(上疏)는 상서(上書)라 일컫고 백배(百拜)는 재배(再拜)라 일컫고, 상전개탁(上前開坼)은 세자궁개탁(世子宮開坼)이라 일컫고, 근계(謹啓)는 근달(謹達)이라 일컫고, 계문(啓聞)은 신문(申聞)이라 일컫고, 복후교지(伏候敎旨)는 복후휘지(伏候徽旨)라 일컫고, 품지(稟旨)는 품령(稟令)이라 일컫고, 상재(上裁)는 휘재(徽裁)라 일컫는다. 소차(疏箚)의 말단의 규식(規式)은 옛 전례를 그대로 따른다.

○ 영패(令牌)는 청패(靑牌)를 쓴다.

○ 조하(朝賀) 등의 의주(儀注)는 예조로 하여금 정유년의 전례를 근거로 하여 참작하여 법식을 정하게 하고, 의장(儀仗) 및 숙위 군사(宿衛軍士)는 또한 병조로 하여금 정유년의 전례에 의거하되 숫자를 더하여 거행하게 한다.

○ 팔도(八道)와 양도(兩都)에 알린다. 한결같이 청정 절목에 따라 하기 때문에 적지 않는다.

예조가 아뢰기를,[80]

"정유년의 등록을 갖다가 상고하였더니, 그 당시에 실록(實錄)에서 상고해 낸 별단을 인하여, 본조의 초기(草記)에 '왕세자가 조참을 받을 때의 고취(鼓吹)는 요량하여 줄여서 정한다. 출궁(出宮)할 때에는 당악(唐樂) 〈오운개서조(五雲開瑞朝)〉 및 미후(尾後)를 쓰며, 신하들이 절을 할 때에는 당악 〈수룡음(水龍吟)〉을 연주하고 입궁할 때에는 당악 〈낙양춘(洛陽春)〉을 연주한다. 그 악기와 공인(工人)의 숫자는, 방향(方響), 당비파(唐琵琶), 퉁소(洞簫), 아쟁(牙箏)은 각각 둘씩 예전대로 쓰고, 필률(觱篥)은 여섯인데 둘을 줄이고, 당적(唐笛)은 넷인데 둘을 줄이고, 대금(大笒)은 넷인데 둘을 줄이고, 장고(杖鼓)는 여덟인데 넷을 줄이고, 북〔鼓〕은 하나인데 그대로 쓴다. 공인은 악기의 숫자를 따라 21명을 쓴다. 복색도 또한 이전처럼 그대로 쓴다.'라고 계품하여 요량하여 정하였습니다. 이번에도 이 전례대로 마련하여 거행하라고 장악원에 분부하는 것이 어떻겠습니까?"

하니, 윤허한다고 전교하였다.

또 아뢰기를,[81]

"등록을 갖다가 상고하였더니, 정유년 왕세자가 조참(朝參)을 받는 의식을 적은 의주에 '왕세자가 자리에 나아가면, 익위(翊衛) 2인이 검(劍)을 차고 좌우로 나누어 서고 사어(司禦) 2인이 궁시(弓矢)를 차고 자리 뒤에 나누어 서고 익찬(翊贊) 이하가 뜰의 동쪽과 서쪽에 나누어 선다.'라고 하였습니다. 《속오례의(續五禮儀)》에도 이러한 의절이 실려 있습니다. 그런데 병조의 절목을 갖다 보았더니, 익위 이하가 모두 검을 차

80 **예조가 아뢰기를** 《승정원일기》에는 영조25년 1월 26일 기사에 실려 있다.

81 **또 아뢰기를** 《승정원일기》에는 영조25년 1월 26일 기사에 실려 있다.

고 당(堂) 안에서 배위(陪衛)하는 것도 또한 정유년의 전례라고 하였습니다. 이번의 왕세자가 조참을 받는 의주는 한결같이 정유년의 본조의 등록 및 《속오례의》에 의거해서 마련하여 대전과 세자궁에 들입니다. 감히 아룁니다."

하니, 알았다고 전교하였다.

○ 같은 날

예조 판서와 병조 판서가 입시했을 때 전교하였다.

"이 뒤로는 세자가 상참(常參)을 할 때에는 모든 일에 번거로움을 줄이도록 하고, 시임 대신, 원임 대신, 육조와 한성부의 당상과 낭청, 옥당, 양사(兩司)가 들어와 참여하는 것으로 법식을 정하라."

○ 같은 날

입시했을 때 전교하였다.

"도승지가 세자의 조참과 상참에 나아가 참여하고 승지와 사관이 입시하는 것은 그 뜻이 있는 것이었다. 이전에 비록 이미 품의하였다고 하더라도 이 이후로는 상참에는 예방 승지가 입시하라. 조참과 상참 때에 승지와 사관이 춘방(春坊)의 관원과 더불어 동일하게 하여 먼저 두 번 절하고 당에 올라서 입시하되, 승지와 사관이 먼저 하라. 조참하는 날로부터 시작하여 춘방의 인원을 아울러 겸춘추로 계하받아서 2원을 갖추어 입시하게 하라. 상참을 할 때에도 이에 의거하여 시행하라. 세자가 혹 동여(動輿)할 때에는 승지, 한림, 주서가 각기 1명씩 배종하는 것으로 동일하게 법식을 정하라. 이때에는 어느 승지가 나아갈 것인지를 때에 따라 품의하라."

○ 같은 날

승지가 입시했을 때 상이 일렀다.

"접때 입시했을 때 동궁의 조참에 외조(外朝)는 대신 및 이사(貳師)가 당에 오르고 종반(宗班)은 왕자 대군(王子大君)이 아니면 당에 오를 수 없는 것으로 이미 예조 판서에게 하교하였는데, 지금 종1품의 종신(宗

臣)도 모두 대신과 더불어 함께 당에 올랐으니, 일 처리가 분명하지 않다. 오늘은 동궁이 처음으로 조회하는 의절을 거행했는데, 예모가 이와 같이 산만하다. 예조 판서를 체차하라. 통례원 하인은 일을 마친 뒤에 치죄하라."

○ 같은 날

입시했을 때 전교하였다.

"시민당이 비좁아서 여러 배위(陪衛)가 당내(堂內)에 함께 들어가기 어려울 듯하다. 익위(翊衛)와 사어(司禦) 및 병조와 총부(摠府)의 당상과 낭청은 당내에서 배위하고, 그 나머지 계방(桂坊)의 관원 및 무겸(武兼)은 장소의 상황에 따라 계단의 위아래에 나누어 서는 것으로 일체 법식을 정하라."

경모궁의궤

제4권 금제(今制)

개건改建할 때의 도감 설치에 관한 의절

본궁은 이미 《개건의궤(改建儀軌)》[1]가 있으므로, 대략 기록한다.

1 **개건의궤** 《경모궁개건도감의궤(景慕宮改建都監儀軌)》를 말한다. 경모궁의 개건은 1776년(정조 즉위년) 9월에 완공되었고 《개건도감의궤》는 1778년 2월에 완성되었다.

2 **돈장** 장인(匠人)들과 공역(工役) 전반에 대해 지휘 감독하는 일을 말한다.

3 **개기는……하고** 원문에는 없는데, 《경모궁개건도감의궤》에 "어재실 이하의 개기는〔御齋室以下開基〕"이라고 한 데에 근거하여 보충하여 번역하였다.

○ 정조 즉위년 병신(1776) 4월 8일

약방의 세 제조가 입시했을 때 전교하였다.

"경모궁 정당(正堂)은 보수하고, 봉위청(奉位廳), 재실(齋室), 향대청(香大廳), 여러 집사(執事)가 입접(入接)하는 곳, 내외 신문(神門)과 대문(大門)은 새로 조성하라. 그 나머지 부득이 새로 조성해야 하는 곳은 편의대로 묘(廟) 근처 인가를 취하되, 값을 넉넉히 지급함으로써 공사(公私)가 모두 편리하도록 호조에 분부하라. 이는 시급히 할 일은 아니니 인산(因山) 이후에 거행하고, 공역(工役)을 할 때 옮겨 봉안하는 의절은 그때 가서 품지하라."

○ 같은 달 21일

이조 판서가 입시했을 때 전교하였다.

"경모궁의 개건은 결정한 대로 하라. 구관(句管)할 사람이 없는데, 예조 참판 김화진(金華鎭)이 이미 터를 살펴보았고 또 도형(圖形)도 냈다. 돈장(敦匠)[2]의 임무는 의당 노련한 사람에게 맡겨야 하니, 호조 참판에 제수하고 그대로 개건청 당상(改建廳堂上)에 차임하라."

○ 개건 택일

어재실(御齋室)은, 개기(開基)는 5월 16일 진시(辰時)에 하고, 정초(定礎)는 같은 달 26일 미시(未時)에 하고, 입주(立柱)는 같은 달 27일 오시(午時)에 하고, 상량(上樑)은 같은 달 29일 진시에 한다.

재실(齋室)은, 개기는 5월 16일 진시에 하고,[3] 정초는 6월 15일 진시에 하고, 입주는 같은 달 18일 진시에 하고, 상량은 같은 달 20일 사시(巳時)에 한다.

정당(正堂)은, 개기는 8월 17일 사시에 하고, 정초는 같은 달 27일 오시에 하고, 입주는 9월 2일 묘시(卯時)에 하고, 상량은 같은 달 3일 신시(申

時)에 한다.

신련(神輦)은, 이봉(移奉)은 8월 17일에 하고, 환안(還安)은 9월 30일에 한다.

당저 즉위 후 휘호徽號를 추상할 때의 의궤

병신년(1776, 정조 즉위년)

○ 정조 즉위년 병신(1776) 3월 10일

전교하였다.

"아, 과인은 사도세자(思悼世子)의 아들이다. 선대왕께서 막중한 종통(宗統)을 위하여 나에게 효장세자(孝章世子)의 뒤를 이으라고 명하셨다. 아, 전일에 선대왕께 올린 글에서 근본(根本)을 둘로 할 수 없다는 나의 뜻을 잘 알 수 있었을 것이다. 예(禮)는 비록 엄격하게 하지 않을 수 없지만, 정(情)도 역시 펴지 않을 수 없다. 향사의 절차는 마땅히 대부(大夫)의 예로서 제사 지내는 예에 따라야 하고, 태묘(太廟)와 똑같이 할 수는 없다. 혜빈궁(惠嬪宮)의 경우는 마땅히 서울과 지방에서 공물을 바치는 의절이 있어야 하겠지만, 그 또한 대비(大妃)와 동등하게 할 수는 없다. 담당 관사로 하여금 대신에게 의논하여 절목(節目)을 강정(講定)해서 아뢰도록 하라. 이 전교가 내려가면 요괴 같은 불순한 무리들이 이를 빙자하여 추숭(追崇)하자는 논의가 있을 것이다. 아, 선대왕의 유교(遺敎)가 있으니, 마땅히 해당 형률로 논죄하여 선대왕의 영전에 고할 것이다. 모두 잘 알도록 하라."

○ 같은 달 20일

예조가 아뢰기를,

"사도세자를 존봉(尊奉)하는 의절들을 한결같이 송나라 복왕(濮王)[4]의 예에 의거하여 거행하라고 이미 연석(筵席)의 하교를 받들었습니다. 본묘(本墓)의 수봉관(守奉官)을 어제 차출하였으니 봉원(封園)하는 의절을 즉시 봉행하지 않을 수 없습니다. 대신 및 의정부와 관각(館閣)의 당상, 응당 참석해야 할 신하들을 명초(命招)하여 회의하게 하는 것이 어떻겠습니까?"

하니, 전교하기를,

"윤허한다. 고쳐 내린 부분은 바로 묘호(廟號)이지 시호(諡號)가 아니

4 **복왕** 송나라 영종(英宗)의 생부(生父)인 조윤양(趙允讓)이다. 복(濮)은 봉호(封號)이다. 영종이 후사 없이 죽은 인종(仁宗)을 이어 제위에 오르자 황제의 사친(私親)이 되었다. 당시 군신 간에 논의된 사친 추숭(私親追崇)에 관한 전례가 후대에 많이 인용되었다.

다. 처음에 잘 살피지 못한 해당 당상을 추고하라."
하였다.

존호(尊號) 망(望)
장공(莊恭). 소유(昭裕). 장헌(莊獻). 말망(末望)에 낙점하였다.
궁호(宮號) 망
경창궁(景昌宮). 경안궁(景安宮). 경모궁(景慕宮). 말망에 낙점하였다.
원호(園號) 망
영조원(永祚園). 영강원(永康園). 영우원(永祐園). 말망에 낙점하였다.

○ 같은 날

전교하였다.

"봉원도감(封園都監)을 역시 설치해야 하는데, 추숭도감(追崇都監)을 이미 국장도감(國葬都監)에 합설하였으니, 이 예와 달리할 것 없이 똑같이 합설하도록 분부하라." 도감을 사역원에 설치하였다.

○ 같은 날

추숭도감, 봉원도감의 죽책문 제술관(竹冊文製述官) 및 옥인전문 서사관(玉印篆文書寫官)을 차출하도록 하교하였다.

도제조
의정부 영의정 김양택(金陽澤) 병신년 3월 21일에 계하되고, 4월 22일에 사임하여 면직되었다.
의정부 좌의정 김상철(金尙喆) 병신년 4월 22일에 제수되고, 6월 25일에 파직되었다. 7월 5일에 제수되어 8월 17일 현재에 이르렀다.
의정부 우의정 정존겸(鄭存謙) 병신년 6월 26일에 제수되고, 7월 5일에 사임하여 면직되었다.
제조 3인
행 부사직 채제공(蔡濟恭) 병신년 3월 21일에 계하되고, 8월 17일 현재에 이르렀다.

행 공조 판서 김종정(金鍾正) 병신년 3월 21일에 계하되고, 같은 달 28일에 파직되었다.

병조 판서 이휘지(李徽之) 병신년 3월 21일에 계하되고, 8월 4일에 파직되었다.

행 부사직 정홍순(鄭弘淳) 병신년 3월 28일에 계하되고, 4월 4일에 파직되었다.

행 부사직 조명정(趙明鼎) 병신년 4월 4일에 계하되고, 같은 달 14일에 파직되었다.

행 예조 판서 서명선(徐命善) 병신년 6월 22일에 계하되고, 7월 6일에 감하(減下)되었다.

행 부사직 한광회(韓光會) 병신년 7월 6일에 계하되고, 같은 달 11일에 산릉 당상(山陵堂上)과 서로 바꾸어 차임되었다.

이조 판서 이중호(李重祜) 병신년 7월 11일에 서로 바꾸어 차임되어 8월 17일 현재에 이르렀다.

행 공조 판서 박종덕(朴宗德) 병신년 8월 12일에 제수되고, 같은 달 17일 현재에 이르렀다.

도청 2인

부사과 서유방(徐有防) 병신년 3월 21일에 계하되고, 8월 17일 현재에 이르렀다.

부사과 유의양(柳義養) 병신년 3월 21일에 계하되고, 6월 19일에 고신(告身)을 추탈(追奪)당하였다. 8월 12일에 제수되었다.

○ 같은 달 23일

전교하였다.

"경모궁에 시호(諡號)를 올린 뒤에는 마땅히 제주(題主)를 고쳐 쓰는 절차가 필요하다. 그러나 당초의 제주가 선조(先朝)의 어필이고 보니 감히 지우고 다시 쓸 수가 없다. 최근에 태묘(太廟)에 시호를 올린 규례에 의거하되 제주를 고쳐 쓰는 한 가지 절목은 마련하지 말라고 해조에 분부하라."

○ 같은 달 27일

영의정 김양택(金陽澤)이 아뢰기를,

"경모궁의 제기를 주성(鑄成)하는 일은 지금 하교에 따라 혼전도감에 합설하였으니, 그렇다면 영우원(永祐園)의 제기를 주성하는 일도 의당 산릉의 제기와 함께 국장도감에 합설하여야 하겠습니다. 그런데 한편 모두 본래의 제기가 있으니 혼전도감의 예에 따라 단지 그 부족한 수효만큼만 주성하는 것이 어떻겠습니까?"

하니, 상이 그렇게 하라고 하였다.

○ 같은 달 28일

춘추관 당상이 입시했을 때 전교하였다.

"양조(兩朝)의 실록을 이미 고출(考出 초록(抄錄))하였으니, 봉원도감(封園都監)으로 하여금 이것으로 규례를 살펴 거행하게 하라. 또한 예조로 하여금 절목을 만들어 계하받되, 그 가운데 혹 고금의 제도가 다른 부분은 도감의 도제조와 함께 입시하여 품처하게 하라."

○ 같은 해 4월 1일

상시도감 낭청(上諡都監郎廳)이 도제조의 뜻으로 아뢰기를,

"죽책문(竹冊文)의 제술관(製述官)과 서사관(書寫官) 및 은인전문 서사관(銀印篆文書寫官)의 실차(實差)·예차(預差)에 대한 별단을 써서 들이겠습니다. 감히 아룁니다."

하니, 전교하기를,

"알았다. 동궁의 인장은 은이 아니라 옥이다. 작년 겨울에 은으로 옥을 대신한 것은 일자가 근접하였기 때문이었다. 지금은 공역이 급하지 않으니 규례대로 옥인(玉印)으로 거행하라."

하였다.

○ 도감 별단

죽책문 제술관(竹冊文製述官) : 행 부사직(行副司直) 황경원(黃景源)

예차(預差) : 행 부사직 이의철(李宜哲)

서사관(書寫官) : 행 이조 판서 서명선(徐命善)

예차 : 병조 참판 오재순(吳載純)

옥인전문 서사관(玉印篆文書寫官) : 금성위(錦城尉) 박명원(朴明源)

예차 : 행 부사직 서유린(徐有隣)

○ 같은 달 2일

예조가 아뢰기를,

"혼전도감이 올린 초기(草記)로 인하여, 경모궁 제기 가운데 고쳐 만드는 것 외에 새로 만들어야 할 것의 수효를 해당 조로 하여금 품정하도록 명을 내리셨습니다. 경모궁의 제기는 육상궁(毓祥宮) 제기의 예에 따라 주성하되, 전궁(殿宮)에 있는 원래의 제기 외에 부족한 수효를 더 주성하게 하도록 도감에 분부하는 것이 어떻겠습니까?"

하니, 윤허한다고 전교하였다.

○ 같은 달 8일

약방이 입시했을 때 전교하였다.

"경모궁 정당(正堂)은 보수하고, 봉위청(奉位廳), 재실(齋室), 향대청(香大廳), 여러 집사가 입접(入接)하는 곳, 내외 신문(神門)과 외대문(外大門)은 새로 조성하라. 그 나머지 부득이 새로 조성해야 하는 곳은 편의대로 묘(廟) 근처 인가를 취하되, 값을 넉넉히 지급함으로써 공사(公私)가 모두 편리하도록 호조에 분부하라."

《경모궁개건도감의궤》에 자세히 보인다.

○ 같은 달 12일

전교하였다.

"경모궁에 음악을 쓰기로 이미 결정하였다. 악장문은 연복전(延福殿)[5]의 예대로 3년을 기다린 뒤에 거행하라. 경모궁의 상호(上號) 일자는 연복전을 추숭한 뒤에 날짜를 잡아서 거행하라."

○ 같은 달 17일

전교하였다.

"경모궁의 제례에 대해 이미 대신에게 문의하였으니, 합행 의절(合行儀節)을 여러 옥당 인원을 패초하여 역대의 전례(典禮)를 널리 상고한 다음 아뢰게 하라."

5 **연복전** 진종(眞宗)에 추대된 영조의 장남인 효장세자(孝章世子)와 비인 효순왕후(孝純王后)의 혼전이다.

○ 같은 달 18일

홍문관이 아뢰기를,

"경모궁의 제례는 이미 대신에게 문의하였으니, 합행 의절을 홍문관에서 널리 상고하여 아뢰라고 명을 내리셨습니다. 신등이 희생을 쓰고 음악을 쓰는 의절에 관해 상고할 만한 문헌을 가져다 살펴보니, 《두씨통전(杜氏通典)》[6]의 제태자묘시향조(諸太子廟時享條)[7]에 '태악령(太樂令)이 묘정(廟庭)에 헌현(軒懸)을 설치한다.' 하였고, 또 '재인(宰人)이 난도(鑾刀)로 희생을 벤다.' 하였으니, 이는 실제로 음악을 쓰고 희생을 쓴 아주 분명한 증거로서 대신이 이미 연석에서 아뢴 일이니, 지금 다시 개진할 것은 없습니다. 그 밖의 사적(史籍)에서는 분명하게 실려 있는 글을 비록 아직 보지 못하였습니다만, 지난 역대로부터 황조(皇朝)에 이르기까지 저군(儲君)의 음악에 모두 삼면(三面)에 헌현을 차리는 제도를 사용하였으니, 유명(幽明)의 이치가 본래부터 차이가 없고 향사(享祀)하는 예는 더욱 융숭하게 해야 마땅한 법입니다. 평일에는 쓸 수 있는데 죽은 뒤에는 유독 쓸 수 없고, 연례(宴禮)에서는 허락하면서 사전(祀典)에는 도리어 허락하지 않을 수 있겠습니까? 희생을 쓰는 일에 있어서는 《송사(宋史)》를 고찰해 보건대, 영종(英宗)이 복왕(濮王)에게 사용하였고 효종(孝宗)이 수왕(秀王)[8]에게 사용했었습니다. 생각건대 이 두 왕은 지위는 번왕(藩王)에 지나지 아니하고 관계는 선계(璿系 왕실의 계보)에서 멀었는데도 특별히 보본(報本)하는 의리에 따라 이때 사전을 높여 의절을 행하였던 것인데, 여러 현인들이 이를 그르게 여겼다는 말을 들어 보지 못했습니다. 생각건대 우리 경모궁은 지위로는 높이 이극(貳極)[9]의 자리에 임했었고 가깝기로는 성상의 몸을 낳고 기르신 분입니다. 선왕의 명을 받아 이미 온갖 정사를 맡아보셨고 선왕의 하교를 받들어 또한 헌현(軒懸)을 거행하셨습니다.[10] 성인이 죽었을 때 섬기기를 살았을 때 섬기듯이 하고 돌아간 이 섬기기를 생존한 이 섬기듯 하는 의리에 있어서도 무릇 할 수 있는 예절은 마땅히 지극하게 하지 않는 바가 없어야 합니다. 하물며 이 한두 가지의 고사처럼 근거 삼아 행할 수 있는 전례가 있는 데야 무슨 문제가 있겠습니까. 또한 신들은 우리나라의 고사로써 우러러 진달할 것이 있습니다. 옛날 우리 효종대왕

6 **두씨통전** 당나라 두우(杜佑)가 편찬한 책으로 200권으로 되어 있다. 식화(食貨)·선거(選擧)·직관(職官)·예(禮)·악(樂)·병(兵)·형(刑)·변방(邊防)의 8문(門)으로 나누어 황우(黃虞) 시대에서 당나라 천보(天寶) 연간에 이르기까지 정전(政典)을 기록하였다. 제태자묘시향조는 권121에 실려 있고 인용된 글은 '진설(陳設)' 항목에 들어 있다.

7 **제태자묘시향조** 원문은 '태자묘시향(太子廟時享)'으로 되어 있는데, 《두씨통전》에 근거하여 보충하여 번역하였다.

8 **수왕** 송나라 효종(孝宗)의 생부인 조자칭(趙子偁)을 말한다. 고종(高宗)의 뒤를 이어 효종이 즉위한 뒤 존숭하여 수왕으로 봉하였다.

9 **이극** 왕세자를 지칭한다. 임금의 자리를 극(極)이라 하고, 이(貳)는 부(副)의 뜻이다.

10 **헌현을 거행하셨습니다.** 대리청정한 일을 가리킨다. 헌현은 악기(樂器)를 방의 3면, 곧 남쪽을 제외한 동·서·북쪽에 거는 것으로, 제후왕(諸侯王)의 궁정 의례(宮廷儀禮)에 쓰는 음악을 말한다.

께서 장차 소현세자(昭顯世子)의 묘에 임하려 할 적에 예관이 의절에 있어서 어렵게 여겼습니다. 이때 상신 민정중(閔鼎重)이 한(漢)나라 명제(明帝)가 동평왕(東平王)[11]의 능에 대뢰(大牢)로 제사한 일을 들어 행전(行殿)에 차자(箚子)를 진달했었는데 말은 명쾌하고 의리가 정당한 것이었습니다. 만일 우리나라에서도 일찍이 대뢰로 원묘(園墓)에 제사한 사례가 있었다면, 상신이 반드시 주청(奏請)했을 것이고, 성조(聖祖)께서도 반드시 거행했을 것입니다. 동평왕과 한나라 명제의 관계와 소현세자와 성조의 관계가 친분으로 말하면 형이요, 제부(諸父)[12]였지만, 공경을 다하고 예를 극진히 하기를 오히려 또한 이렇게 했는데, 하물며 관계가 더욱 가깝고 예를 더욱 높여야 할 분에 있어서이겠습니까.

이어 삼가 생각건대, 제사의 예절은 희생과 음악보다 더 중요한 것은 없으니, 대개 강림하여 흠향하는 이치와 와서 다다르는 효험을 분명히 볼 수 있기 때문입니다. 한번 주(周)나라 때의 《시경》〈소아(小雅)〉 초자편(楚茨篇)을 보면, 그 주인은 곧 공경(公卿)으로서 땅과 녹(祿)이 있는 사람이었는데, 그 시에 '너의 소와 양을 정갈히 마련하여 나아가 증(烝) 제사를 지내며 상(嘗) 제사를 지내니〔絜爾牛羊 以往烝嘗〕'[13]라고 하였고, 또 '악기를 모두 들여와 연주하여 훗날 녹을 편안히 누리도다.〔樂具入奏 以綏後祿〕'라고 하였습니다. 이로 미루어 본다면 유독 천자와 제후만이 쓰게 된 것이 아닙니다. 비록 고금의 사정이 다르다고는 하지만, 오늘날의 제례에 있어 천리로 헤아려 보고 인정에 근본해 볼 적에 불가할 것이 없을 듯싶습니다. 그러나 관계가 지중할 뿐 아니라, 신들의 하찮고 부족한 재주와 식견으로는 이미 널리 탐문하고 멀리까지 전고를 인용하지 못하였습니다. 돌아보건대 어찌 감히 경솔히 생각하여 단정해서 말할 수 있겠습니까. 삼가 바라건대 다시 더 재야의 유신(儒臣)들에게 널리 물어 처리하시는 것이 사의에 합당할 듯합니다. 감히 아룁니다."

하니, 전교하기를,

"알았다. 시원임 대신 및 지방의 유신에게 예관(禮官)을 보내 이러한 내용으로 초기하여 문의한 뒤에 아뢰라."

하였다.

11 **동평왕** 후한 광무제(後漢光武帝)의 제8자(子)인 유창(劉蒼)의 봉호이다. 명제의 아우이다.

12 **제부** 고대에 천자가 동성(同姓) 제후에 대해, 또는 제후가 동성 대부에 대해 부르는 호칭이다.

13 **증 제사를……지내니** 겨울에 지내는 제사를 증이라 하고, 가을에 지내는 제사를 상이라 하는데, 여기서는 제사를 통틀어 지칭하였다.

예조가 아뢰기를,

“시원임 대신 및 지방의 유신에게 예관을 보내 문의한 뒤에 아뢰라고 명을 내리셨습니다. 본조 낭청을 파견하여 시원임 대신 및 지방의 유신에게 문의하였더니, 영의정 김양택(金陽澤), 좌의정 김상철(金尙喆), 우의정 정존겸(鄭存謙) 등은 ‘경모궁 제례에 희생을 쓰고 음악을 쓰는 일은 신등이 이미 입시했을 때에 고거(考據)하여 진달한 바가 있었고, 이어 널리 자문을 구하기를 청하였습니다. 그런데 유신들이 헌의(獻議)를 이처럼 자세하게 다 하였으니, 신등은 더 이상 진달할 것이 없습니다.’ 하였습니다. 판부사 이은(李溵)은 ‘삼대신(三大臣)이 전의 연석에서 이미 갖추어 진달하였고, 여러 유신도 또다시 널리 상고하여 아뢰었으니, 신은 별달리 의논드릴 것이 없습니다.’ 하였습니다. 대신들의 뜻이 이와 같으니 상께서 재결하시는 것이 어떻겠습니까?”

하니, 전교하기를,

“지방 유신들의 수의(收議)가 다 도착하면 다시 품처하라.”

하였다.

예조가 아뢰기를,

“경모궁 제향에 희생을 쓰고 음악을 쓰는 사안에 대해 전교로 인하여 본조 낭청을 파견하여 지방에 있는 유신들에게 문의하였더니, 부호군 김양행(金亮行)은 ‘신은 어리석고 비천한 자질로 아는 것이 없는데 나라의 전례에 대한 자문에 참여하게 되었으니, 개인의 분수로나 공적인 체모에 있어서나 모두 매우 온당치 않습니다. 그러므로 전에 선조(先朝 영조)께서 누차 문의하시는 명을 받고도 한 번도 앙대(仰對)하지 못하였던 것입니다. 더구나 신이 지난해 망언을 하여 큰 죄를 자초하였습니다. 비록 삼가 선대왕의 관대한 은전을 입어 경미한 처벌을 받고 바로 용서받았지만, 신은 두문불출하고 잘못을 반성하면서 감히 죄 없는 일반 사람 축에 끼일 수가 없게 된 지 10여 년이 되었습니다. 그런데 뜻밖에 성상께서 이 깨끗하지 못한 하찮은 자를 버리지 않으시고 다시 문의하는 대열에 두셨습니다. 월전에 왕인(王人)[14]이 두 번 왔고 지금 다시 궁묘(宮廟)의 중대한 예전에 대하여 하문하시니, 신의 구구한 정세에서

14 **왕인** 왕명을 받고 지방관에게 가는 사신(使臣)의 별칭이다. 왕명을 받든 사람을 통칭하기도 한다.

여기에 이르도록 끝내 침묵하고 있을 수 없기에 그 외람됨을 잊고 조금이나마 이렇게 속마음을 털어놓게 되었습니다. 그렇긴 해도 헌의할 수는 없어서 땅에 엎드려 두려워 떨고 있으니, 죽을죄만 더욱 커집니다.' 하였습니다. 전 별제 김종후(金鍾厚)는 '신이 지난달에 거듭 성상의 하문을 받았는데 번번이 몸을 이끌고 나간 적이 없어 감히 말씀드릴 수 없다는 뜻으로 대답하였습니다. 이에 명을 어기고 달아나는 죄가 쌓여 큰 죄를 지은 듯하였습니다. 그런데도 뜻하지 않게 성상께서 너그러이 용서해 주시고 하문하시기를 귀찮아하지 않으시어 또다시 막중한 궁묘의 전례를 물으셨습니다. 신은 이에 더욱 두렵고 황공하여 몸 둘 바를 모르겠습니다만, 어리석은 생각은 예전 그대로이니 변동할 길이 없습니다. 이번에도 감히 헌의할 수가 없으니, 땅에 엎드려 두려워 떨고 있습니다. 바라건대 속히 엄한 견책을 내리시고 이어 문의하는 반열에서 삭제하도록 명을 내리시어 공적인 체모도 더럽히지 않고 사적인 분수도 편안하게 해 주소서.' 하였습니다. 유신의 뜻이 이러하니 상께서 재결하시는 것이 어떻겠습니까?"

하니, 전교하기를,

"헌의가 다 도착하였으니, 영상이 조정에 나오고 좌상이 복명(復命)하거든 시원임 대신이 예관(禮官)과 소상하게 살피고 입시하여 내게 물어 처리하라."

하였다.

○ 같은 달 23일

전교하였다.

"경모궁을 개건할 때에 임시로 연복전(延福殿)에 봉안하는데, 전에 봉안했던 곳의 상탁(床卓), 포진(鋪陳), 의장(儀仗), 기명(器皿)은 당연히 옮겨 쓰고, 또한 그대로 쓰라. 이번 도감에서는 일절 새로 만들지 말도록 분부하라."

○ 같은 해 5월 1일

전교하였다.

"경모궁에 옮겨 봉안할 때 연(輦)과 여(轝)는 평상시 타던 것으로 쓰고, 교자(轎子)는 외시(外寺 외사복시(外司僕寺))에 보관된 것 중에서 동궁의 교자를 가져다 쓰라. 주렴은 새로 만들 것 없이 보관해 둔 여러 개 가운데 빛이 바래지 않은 것을 변통해서 쓰라."

○ 같은 달 3일

내국(內局 내의원(內醫院))이 입시했을 때 전교하였다.

"경모궁과 영우원(永祐園)의 축문과 악장문은 내일 대제학을 패초하여 지어 올리게 하라."

○ 같은 날

상시도감 낭청(上諡都監郞廳)이 도제조 좌의정 김상철(金尙喆)의 뜻으로 아뢰기를,

"장헌세자의 옥인 전문을 서사관 금성위(錦城尉) 박명원(朴明源)으로 하여금 정본·부본 2본을 써내어 들이게 하여, 예람(睿覽)하시고 선택하시는 데에 우러러 대비하도록 하였습니다. 감히 아뢥니다."

하니, 알았다고 전교하였다.

○ 같은 날

상시도감 낭청이 도제조의 뜻으로 아뢰기를,

"경모궁을 옮겨 봉안할 때 연과 여는 평상시 타던 것으로 쓰고, 교자는 외시에 보관된 것 가운데 가져다 쓰도록 명을 내리셨습니다. 혹 보수할 곳이 있으면 미리 받들고 와서 봉심하겠습니다. 감히 아뢥니다."

하니, 알았다고 전교하였다.

○ 같은 달 11일

도청이 입시했을 때 예조 판서 정상순(鄭尙淳)이 아뢰기를,

"경모궁을 창의궁(彰義宮)에 옮겨 봉안한 뒤 의당 봉안제가 있어야 할 듯합니다. 그런데 창의궁에 옮겨 봉안하는 것을 이미 임시로 봉안하였으므로, 감히 전례에 따라 마련하지 못하였습니다. 어떻게 해야겠습니

까? 감히 여쭙니다."

하니, 상이 이르기를,

"일체 거행하라."

하였다. 또 아뢰기를,

"경모궁을 창의궁에 옮겨 봉안할 때 의장(儀仗)은 어떻게 거행해야겠습니까? 감히 여쭙니다."

하니, 상이 이르기를,

"대리청정 때의 도가 의장(導駕儀仗)으로 거행하라."

하였다.

○ 같은 달 13일

상시도감 낭청이 도제조의 뜻으로 아뢰기를,

"죽책문(竹冊文)의 초도서(草圖書)를 상께서 열람하신 뒤에야 비로소 정서(正書)하여 새길 수 있습니다. 따라서 서사관인 행 이조 판서 서명선(徐命善)으로 하여금 먼저 베껴서 들이게 하겠습니다. 감히 아룁니다."

하니, 알았다고 전교하였다.

○ 같은 해 6월 12일

전교하였다.

"8월 16일에 경모궁에 나아가 친제를 지내는데, 이미 제주(題主)를 고쳐 쓰는 절차가 없으니, 제사 지낼 때 근래의 전례에 의거하여 거행하라. 17일에 경모궁의 신련(神輦)을 받들고 창의궁에 나아가 친제를 지내고 환궁한 뒤에 교서(教書)를 반포할 것이니, 이러한 내용을 의조(儀曹 예조)는 잘 알라."

○ 같은 날

전교하였다.

"이미 예조 판서에게 물었더니, 경모궁에 시호를 올리는 것은 8월 17일로 택일하였다고 하였다. 이날로 거행하도록 분부하라."

○ **같은 달 17일**

예조가 아뢰기를,

"경모궁에 책인(冊印)을 올릴 때의 길일을 이미 물려 행하기로 하였으니, 습의(習儀) 및 각항의 길일에 대해 차례차례 물려 정하여야 합니다. 따라서 일관(日官)으로 하여금 다시 길일을 택하게 하여 원래의 점목(粘目) 및 단자에 부표(付標)하여 들이겠습니다. 감히 아룁니다."

하니, 알았다고 전교하였다.

○ **같은 해 7월 30일**

전교하였다.

"경모궁의 책인을 대내에 들이는 것은 초열흘께 하기로 되어 있으니, 12일에 본궁(本宮)으로 모시고 나아가서 임시로 악차(幄次)에 봉안한다면 여러 날을 임시로 모시게 되어 일이 매우 온편하지 못하다. 그리고 12일 이후에는 창덕궁으로 나아가야 하는데 이 또한 시어소(時御所)이다. 그러니 16일 이전의 어느 날로 길일을 택하여 대내에 들인 뒤 도로 인정전(仁政殿)에 봉안하였다가, 동가하는 날 예문(禮文)의 정한 바에 따라 모시고 나아가서 임시로 봉안하라고 분부하라."

○ **같은 날**

홍문관이 아뢰기를,

"이번에 경모궁에 시호를 올릴 때의 복색을 널리 상고하여 아뢰도록 명하셨습니다. 신등이 여러 서책을 가져다 살폈으나 근거할 만한 전례를 찾지 못하였기에 상고하여 우러러 밝은 명을 받들 길이 없습니다. 그리고 저 의문(儀文)을 참작하여 힘써 예절에 합당하도록 하는 일이라면 학식이 없고 혼미한 신들이 감히 가벼이 의논드릴 수가 없습니다. 오직 널리 물어 행하는 것이 어떻겠습니까?"

하고, 예조가 아뢰기를,

"판서 이휘지(李徽之), 참판 심이지(沈履之)는 '경모궁에 시호를 올릴 때의 복색을 예관과 유신이 널리 상고하여 아뢰도록 명하셨습니다. 국휼(國恤) 3년 내에 차길(借吉)[15]을 행하는 일은 오직 종묘사직의 대례 외에

15 **차길** 상제의 몸으로서 상중(喪中)인데도 길례(吉禮) 때에 임시로 길복(吉服)을 입던 일이다.

는 실로 근거할 만한 전례가 없습니다. 그런즉 이번에 시호를 올릴 때 전배(展拜) 시의 복색을 하는 것이 합당할 듯합니다만, 신등의 부족하고 하찮은 지식으로는 감히 경솔히 의논드릴 수 없으니, 오직 성상께서 예의(禮意)를 참작하여 힘써 결정하시는 것이 지당합니다. 바라건대 상께서 재결하는 것이 어떻겠습니까?' 하였습니다."

하니, 전교하기를,

"이런 내용으로 대신들에게 문의하라."

하였다. 예조가 아뢰기를,[16]

"좌의정 김상철(金尙喆)과 우의정 정존겸(鄭存謙), 행 판중추부사 이은(李溵)은 '경모궁에 시호를 올릴 때의 복색은 예관과 유신의 헌의(獻議)로 인하여 대신에게 문의하라는 명을 내리셨습니다. 일이 막중한 예에 관계되는데 원용할 전거가 없으니, 신등의 몽매함으로 어찌 감히 억측으로 대답할 수 있겠습니까. 그런데 예관의 헌의에 근거할 점이 있는 듯하니, 미욱한 신들의 견해도 이것에서 벗어나지 않습니다. 이는 오직 밝으신 성상께서 예의를 참고하여 처리하시는 것이 지당합니다. 바라건대 성상께서 재결해 주소서.' 하였습니다."

하니, 알았다고 전교하였다.

16 예조가 아뢰기를 원문에는 없는데, 문맥을 살펴 보충하여 번역하였다.

○ 같은 해 8월 7일

원임 대신이 입시했을 때, 연복전(延福殿)에 책보(冊寶)를 올리고 경모궁에 책인(冊印)을 올리는 습의(習儀)를 같은 날 거행하도록 탑전(榻前)에서 하교하였다.

○ 같은 날

예조가 아뢰기를,

"책인을 올리는 습의는 8월 7일에 하고, 창의궁(彰義宮)에 옮겨 봉안하는 습의는 같은 달 같은 날에 하고, 시책인(諡冊印)을 궐내(闕內)에 들이는 것은 같은 달 9일 진시(辰時)에 하고, 궐내에서 내오는 것은 같은 달 12일 진시에 하고 같은 달 15일로 물려 정하였다. 시책인을 올리는 것은 같은 달 17일 축시에 하고, 창의궁에 옮겨 봉안하는 것은 같은 달 같은 날에 하되, 수시로 고쳐 부표하겠습니다."

하니, 계하하였다.

○ 시책인(諡冊印)을 도감에서 궐내에 들이고 궐내에서 내올 때의 절목

○ 시책인을 도감에서 궐내에 들일 때 도감의 당상과 낭청, 봉책관(捧冊官), 봉인관(捧印官)은 포단령(布團領)과 모대(帽帶)를 갖추고 시책인을 받들어 각각 채여(彩轝)에 모셔 놓고, 궐내에 모시고 나아간다. 승지도 포단령과 모대 차림으로 전달받아 받들어 들인 다음, 상이 열람한 뒤에 바로 인정전에 임시 봉안한다. 궐에 나아갈 때와 궐내에서 나와 경모궁에 나아갈 때 세장(細仗), 전도(前導), 지로치(指路赤), 고훤 군사(考喧軍士), 금도부장(禁導部將) 및 궐내 및 경모궁에 임시 봉안할 악차(幄次), 함(函)과 보자기[袱], 상안(床案) 배설 등의 일을 모두 각 해당 관사로 하여금 규례를 살펴 거행하도록 하고, 도감이 검칙한다.

○ 시책인을 도감에서 궐내에 모시고 나아갈 때와 경모궁에 나아갈 때의 도로는 한성부로 하여금 검칙하여 깨끗이 청소하여 청결하게 한 다음 황토를 깔게 한다.

○ 시책인을 올릴 때의 독책관(讀冊官)과 독인관(讀印官) 각 1원(員) 문신 3품 봉책관 2원, 봉인관 2원 5품 거책안자(擧冊案者) 2원, 거인안자(擧印案者) 2원, 거독책공안자(擧讀冊空案者) 2원, 거독인공안자(擧讀印空案者) 2원 참외(參外) 집사(執事)인 충찬위 12원을 실차(實差)와 예차(預差) 모두 포함하여 이조와 병조로 하여금 기일에 앞서 차정(差定)하도록 한다.

○ 시책인을 올리는 습의 때 도감의 당상·낭청 이하 여러 집사 및 제관은 포단령과 모대 차림으로 일제히 의정부에 모여, 시책인을 궐내에 들이고 내오고 경모궁에서 창의궁으로 나아가는 절차를 아울러 습의한다.

○ 응당 행해야 할 기구(器具)와 장막(帳幕) 배설, 함과 보자기 등의 일을 각 해당 관사로 하여금 정돈하여 대령하게 하고, 도감이 검칙한다. 소용되는 가책인(假冊印)은 도감이 만들어 배설한다.

○ 시책인을 궐내에 들이고 내올 때 인정전 안 및 경모궁 신문 밖과 창의궁 묘문 밖에 임시로 둘 악차를 설치하고, 아울러 책인안을 서쪽 계단 아래에 설치한다. 각처에 배설할 포진(鋪陳), 욕석(褥席) 등의 물품을 각 해

당 관사로 하여금 진배(進排)하게 하고, 도감이 검칙한다.

○ 시책인을 올리고 창의궁(彰義宮)에 옮겨 봉안할 때 응당 행할 여러 집사 차출 인원

신련(神輦)을 배위(陪衛)할 섭사복시 첨정(攝司僕寺僉正), 섭상례(攝相禮), 분시강원(分侍講院) 관원 2원, 분익위사(分翊衛司) 관원 2원.
죽책 집사(竹冊執事) 2원, 거안 집사(擧案執事) 2원.
옥인 집사(玉印執事) 2원, 거안 집사 2원.
교명 집사(敎命執事) 2원, 거안 집사 2원.
시책 집사(諡冊執事) 2원, 거안 집사 2원.
시인 집사(諡印執事) 2원, 거안 집사 2원.
추상시책 집사(追上諡冊執事) 2원, 거안 집사 2원.
추상시인 집사(追上諡印執事) 2원, 거안 집사 2원.
충찬위 14원, 신주 출납 대축(神主出納大祝) 1원, 상차비(箱差備) 1원, 첩차비(帕差備) 1원, 궤차비(几差備) 2원, 대차비(臺差備) 2원, 봉향로 차비(奉香爐差備)와 봉향합 차비(奉香盒差備) 각각 1원 이상은 참외(參外)이다. 충찬위 20원, 묘상 담배 내시(廟上擔陪內侍) 20원, 좌우 시위(左右侍衛).

○ 임금이 친히 책인을 올린 뒤 친제와 겸하여 고유제를 행한 다음 창의궁에 옮겨 봉안하고 봉안제를 행할 때의 응행 절목

○ 전하는 포과익선관(布裹翼善冠), 포포(布袍), 포과오서대(布裹烏犀帶)를 갖추고 경모궁에 나아간다. 이때 종친과 문무백관은 생포단령(生布團領)과 모대(帽帶) 차림으로 돈화문(敦化門) 밖에 동서로 나뉘어 차례로 선다. 대가가 이르면 몸을 굽혀 지영(祗迎)하고 차례로 시위(侍衛)한다. 대가가 경모궁에 이르면 먼저 전배례(展拜禮)를 행한다. 전하가 대차(大次)에 들어가면 백관이 각각 자리에 나아간다.

○ 같은 달 17일, 친히 책인을 올린 다음 제사와 겸하여 고유제를 행하고 난 뒤 신련(神輦)이 창의궁에 나아갈 때, 신련 앞에 법가(法駕)와 도가(導駕)를 두고, 다음에 전사대(前射隊), 다음에 법가 노부(法駕鹵簿), 다음에 책인을 실은 요채여(腰彩轝), 다음에 신련, 다음에 분시강원(分侍講院)·분

익위사(分翊衛司) 반열, 다음에 도감 반열, 다음에 후사대(後射隊), 다음에 대가 전사대(大駕前射隊), 다음에 대가 노부(大駕鹵簿), 다음에 시신(侍臣), 다음에 어련(御輦), 다음에 백관, 다음에 후사대를 둔다. 신련에 속한 의물은 모두 길색(吉色)[17]을 쓰고 그 나머지는 모두 흰색을 쓴다. 도로는 한성부로 하여금 검칙하여 깨끗이 정돈하게 한다.

○ 책인을 올리는 제사와 겸하여 고유제를 행한 다음 전하는 그대로 포과익선관, 포포, 포과오서대 차림으로 나가서 궁 대문 밖 지영위(祗迎位) 악차에 나아간다. 종친과 문무백관은 그대로 포단령과 모대 차림으로 먼저 대문 밖에 나아가 동서로 나뉘어 차례로 선다. 신련이 창의궁으로 나아갈 때 전하가 악차를 나와 지영하고 그대로 수가(隨駕)한다. 종친과 문무백관은 신련 및 대가가 이르게 되면 몸을 굽혀 지영하고 차례로 시위한다. 창의궁 대문 밖에 이르면 신련이 연에서 내려 여를 타고 남문(南門) 밖 남문은 바로 묘문(廟門) 밖이다. 악차에 들어간다. 묘문 밖 신주가 여를 내리는 곳에 휘장[圍幔]을 설치하는 일 등은 도감으로 하여금 검칙해서 거행하게 한다. 전하가 대차에 들어가면 백관이 각각 자리에 나아간다.

○ 신련이 창의궁으로 나아갈 때 분승지(分承旨), 사관(史官), 병조, 도총부, 시위, 장사(將士) 및 주장 내시(朱杖內侍), 전사대와 후사대, 각 차비는 각 해당 관사로 하여금 전례를 참고해서 마련하여 거행하도록 한다.

○ 신련 시위(神輦侍衛), 분승지, 사관, 도감 당상·낭청, 감조관, 각 차비관은 모두 포단령과 모대를 착용하고, 차비관은 이조로 하여금 차출하게 한다.

○ 섭사복시 첨정, 어마(御馬) 모시는 사복시 관원은 포융복(布戎服)을 입고 검을 차며, 연배(輦陪), 집장(執杖), 내시는 포포(布袍)를 입는다.

○ 신주를 봉안할 때 전하는 그대로 포과익선관, 포포, 포과오서대를 갖추고, 종친과 문무백관은 그대로 포단령과 모대 차림으로 예를 행하고 제사를 모신다.

○ 신련이 창의궁에 나아갈 때와 책인을 받들고 나가 요채여에 안치할 때 및 경모궁에서 묘호(廟戶) 밖에 이르러 봉안할 때에는 십분 근신하여 어긋나고 빠뜨리는 병통이 없게 한다. 여러 집사 인원은 도감으로 하여금 정돈하여 거행하게 한다.

17 **길색** 평시에 쓰는 복색 또는 길사(吉事)에 쓰는 빛깔을 말한다.

○ 옮겨 봉안할 때 제반사는 규례에 의거하고 도감으로 하여금 정돈하여 거행하게 한다. 위 항목의 각양 절목 외에 등록에 첨부된 제반사 또한 도감으로 하여금 규례를 살펴 거행하도록 한다.

○ 이번 대례 때의 백관 및 여러 집사는 모두 복제(服制), 식가(式暇)를 정지하고,[18] 추고(推考) 중인 인원도 아울러 참여한다.

○ 신주는 경모궁 문 밖에서 연(輦)을 타고 종묘 앞길에 이르러 짐을 내려놓는다. 창의궁 대문 밖으로 나아가 연에서 내려 여(輿)를 타고 묘문(廟門) 밖에 이르러 악차에 들어간다. 이때 각처에 배설할 포진(鋪陳), 장막(帳幕) 및 묘문 밖의 책인(冊印)과 각양 의물(儀物)을 임시로 막차에 배설하는 제반사를 각 해당 관사의 담당 관원으로 하여금 직접 대령하여 사약(司鑰)과 함께 기일에 앞서 정돈하게 하고 도감으로 하여금 검칙하여 거행하도록 한다.

○ 묘내(廟內)에 배설할 제반사에 응당 쓸 제기 등의 물품은 또한 본궁 관원으로 하여금 도감에 보고하여 마련하게 하고 기일에 앞서 받아 간다.

○ 신주를 봉안한 뒤에 제사를 행하고, 마치면 전하는 그대로 포과익선관, 포포, 포과오서대를 갖추고 환궁한다. 이때 종친과 문무백관은 그대로 포단령과 모대 차림으로 육조의 앞길로 나아가 동서로 나누어 차례로 선다. 대가가 이르면 몸을 굽혀 지영하고 차례로 시위한다.

○ 전하가 경모궁에 나아갈 때와 창의궁에 나아갈 때와 환궁할 때의 대가를 도가(導駕)할 시신(侍臣)과 절차, 종묘 앞길에서 연과 여를 타고 내리는 절차를 통례원으로 하여금 거행하게 한다.

예조가 아뢰기를,

> "이번 경모궁 시책인을 궐내에 들이는 일자를 물려 정하도록 명을 내리셨습니다. 일관으로 하여금 날짜를 택하도록 하니, 오는 8월 13일과 14일이 모두 기일(忌日)에 구애되고 15일 진시(辰時)가 길하다고 하였습니다. 이 일시에 거행하는 것이 어떻겠습니까?"

하니, 그대로 윤허한다고 계하하였다.

18 **모두……정지하고** 복제는 관원이 친척의 상을 당한 경우에 주는 휴가이고, 식가는 정규 휴가를 말한다. 대례 기간 동안 규정된 휴가를 허락하지 않고 정상 근무하도록 한다는 말이다.

○ 시책인을 궐내에 들이는 의절

당일 전설사가 임시로 책인을 둘 휘장 및 안(案)을 인정전 안에 설치하고, 또 인정전 계단 위에 휘장 및 안을 설치한다. 책은 북쪽에, 인은 남쪽에 둔다. 승전(承傳)의 자리는 만안문(萬安門) 밖 길 동쪽에 서쪽을 향하여 설치하고, 도감 도제조 이하 및 봉책인관 이하 여러 집사는 각각 포단령과 모대 차림으로 책인을 받들어 각각 요채여(腰彩轝)에 안치하고, 의장(儀仗)이 앞에서 인도하고 도감 도제조 이하가 따른다. 궐에 나아가 정문을 지나 인정전에 나아가 도감 도제조 이하는 동쪽을 향하여 서고 봉책인관은 각각 책과 인을 받들고 안에 안치한다. 때가 되면 근시와 승지는 포단령과 모대 차림으로 만안문 밖에 나아가고 봉책인관은 각각 책과 인을 받들고 들어와 만안문에 나아간다. 도감 도제조 이하가 따라간다. 승전이 나와 자리에 나아간다. 봉책인관이 각각 책과 인을 받들고 차례로 무릎 꿇고 도감 도제조에게 주면 도감 도제조가 무릎 꿇고 받아서 근시 예방 승지 에게 준다. 근시가 무릎 꿇고 받아서 승전에게 주면 승전이 무릎 꿇고 받아서 내시가 함께 든다. 들어간다. 대내에서 어람한 뒤에 승전이 도로 받들고 나와 근시에게 준다. 근시가 무릎 꿇고 받아서 도감 도제조에게 주면, 도감 도제조가 무릎 꿇고 받아서 봉책인관에게 준다. 봉책인관은 각각 책과 인을 받들어 임시로 전내(殿內)의 악차에 모신다. 근시 및 도감 도제조 이하는 물러나 머무르고, 예조 정랑은 숙위(宿衛)한다.

○ 시책인을 받들고 경모궁에 나아가 임시로 봉안하는 의절

기일 전에 전설사가 경모궁 신문 밖에 악차를 설치하는데 북쪽 가까이에 남쪽을 향하게 한다. 당일 도감 도제조 이하 및 봉책인관 이하 여러 집사는 각각 포단령과 모대 차림으로 인정전 계단 위에 나아간다. 때가 되면 근시가 포단령과 모대 차림으로 인정전 계단 위에 나아가고 승전이 나와 자리에 나아가 책인을 받들어 내시가 함께 든다. 무릎 꿇고 근시에게 준다. 근시가 무릎 꿇고 받아서 도감 도제조에게 주면, 도감 도제조가 무릎 꿇고 받아서 봉책인관에게 준다. 봉책인관이 무릎 꿇고 받아서 각각 요채여에 봉안한다. 의장이 앞에서 인도하고 도감 도제조 이하가 따라 가서 경모궁에 나아가 정문을 거쳐 들어가 악차 앞에 나아간다. 도감 도제조

이하는 북쪽을 향하여 선다. 봉책인관은 각각 책과 인을 받들어 악차 안에 봉안한다. 책은 서쪽에 인은 동쪽에 둔다. 도감 도제조 이하는 물러나 머무르고, 예조 정랑은 숙위한다.

○ 임금이 친히 책인을 올리는 의절

1일 전에 전의(典儀)가 임시로 책인을 봉안할 자리를 묘 남쪽 계단 아래 욕석을 깔아 놓는다. 에 북향으로 설치하고, 전하의 판위를 북쪽 계단 아래에 서향으로 설치하고, 또 욕위를 계단 위에 서향으로 설치한다. 도감 도제조 이하 독책관(讀冊官), 독인관(讀印官), 봉책관(捧冊官), 봉인관(捧印官), 거책인안자(擧冊印案者)의 자리는 북쪽 계단 아래에 설치하되, 동쪽 가까이에 자리를 달리하여 두 줄로 남쪽을 향하게 하고 서쪽을 상위로 한다. 전의, 대치사관(代致詞官), 찬의, 인의의 자리는 북쪽 계단 아래에 설치하되, 서쪽 가까이에 남쪽을 향하게 한다. 종친과 문무백관의 자리는 묘정(廟庭)의 좌우 신문 밖 에 설치한다. 외위(外位)는 외신문(外神門) 밖 좌우에 평상시와 같이 설치한다.

때가 되면 궁사(宮司)가 그 소속 인원을 거느리고 실(室)을 연다. 종친과 문무백관은 각각 포단령과 모대를 착용하고, 도감 도제조 이하도 또한 포단령과 모대 차림으로 먼저 손을 씻는다. 함께 외위에 나아가 책인을 올린다. 때가 되면 전의, 찬의, 인의, 대치사관이 먼저 들어와 자리에 나아가 재배한다. 인의가 종친과 문무백관을 나누어 인도하여 들어가 자리에 나아가게 한다. 인의의 인도로 봉책관, 봉인관, 거책인안자가 신문 밖 책인안 앞에 나아가 각각 책과 인 및 안을 받들고 정문을 거쳐 들어가고, 도감 도제조 이하가 따라가서 남쪽 계단의 욕위에 이른다. 거안자(擧案者)가 안을 각각 욕위에 놓고, 봉책관과 봉인관은 각각 책과 인을 안에 놓는다. 책은 서쪽에, 인은 동쪽에 놓는다.

인의의 인도로 도감 도제조 이하가 자리로 나아가고, 또 인의의 인도로 대축이 묘정(廟庭) 안에 나아가 서쪽을 향하고 재배한다. 이어 관세위(盥洗位)에 나아가 손을 씻고 수건에 닦는다. 북쪽 계단으로 올라가 들어가서 신좌(神座) 앞에 나아가 궤(匱)를 열고 신주를 받들어 내어 와서 좌(座)에 배설한 다음 수건으로 덮는다. 좌통례가 소차 앞에 나아가 무릎 꿇고 중엄(中嚴)을 아뢰고, 조금 있다가 또 외판(外辦)을 아뢴다. 전하가 포과익선관, 포포, 포과오서대를 갖추고, 손을 씻고 수건에 닦은 다음 나오면, 좌우 통례가 앞에서 인도하여 판위로 나아가 서쪽을 향하여 서게 한다. 전의가 "재배하시오." 하고, 좌통례가 무릎 꿇고, 몸을 굽혀 재배하고 일어나 몸을 펴기를 계청하면, 전하가 몸을 굽혀 재배하고 일어나 몸을 펴고, 도감 도제조 이하 및 종친과 문무백관이 몸을 굽혀 재배하고 일어나 몸을 편다. 찬의도 또한 창(唱)한다. 좌우 통례의 인도로 전하가 계단 위 욕위로 나아가 서쪽을 향하여 서고, 대치사관은 북쪽 계단으로 올라가 들어가 신좌 앞에 나아가 서쪽을 향하여 무릎을 꿇는다. 좌통례가 무릎 꿇고, 무릎 꿇기를 계청하면 전하가 무릎을 꿇고, 도감 도제조 이하 및 종친과 문무백관이 무릎을 꿇는다. 대치사관이 치사(致詞)하기를 "종자(從子)인 국왕 어휘(御諱) 은 삼가 추시죽책옥인(追諡竹冊玉印)을 올립니다." 한다. 진달하기를 마치면 대치사관이 부복하였다가 일어나 내려와 자리에 돌아간다. 좌통례가 무릎 꿇고, 부복하였다가 일어나 몸을 펴기를 아뢰면 전하가 부복하였다가 일어나 몸을 펴고, 도감 도제조 이하 및 종친과 문무백관이 부복하였다가 일어나 몸을 편다. 찬의도 또한 창한다. 좌우 통례의 인도로 전하가 도로 자리에 돌아간다. 전의가 "재배하시오." 하고, 좌통례가 무릎 꿇고, 몸을 굽혀 재배하고 일어나 몸을 펴기를 계청하면 전하가 몸을 굽혀 재배하고 일어나 몸을 펴고, 도감 도제조 이하 및 종친과 문무백관이 몸을 굽혀 재배하고 일어나 몸을 편다. 찬의도 또한 창한다. 인의의 인도로 봉책관과 봉인관이 모두 남쪽 계단 아래 책인안 앞에 나아가 남쪽을 향하여 무릎을 꿇고, 각각 책과 인을 받들고 일어나 차례로 나아간다. 거책인안자는 각각 책안과 인안을 받들고 따라간다.

책인이 거의 다 이르렀을 때 좌통례가 무릎 꿇고, 몸을 굽히기를 계청하면 전하가 몸을 굽히고, 도감 도제조 이하 및 종친과 문무백관이 몸을 굽힌다. 찬의도 또한 창한다. 지나가면 좌통례가 무릎 꿇고, 몸을 펴기를 계청하면 전하가 몸을 펴고, 도감 도제조 이하 및 종친과 문무백관이 몸을 편다. 찬의도 또한 창한다. 인의의 인도로 도감 도제조가 북쪽 계단으로 올라가고, 독책관과 독인관이 따라 올라간다. 좌우 통례의 인도로 전하가 계단 위 욕위로 나아가 서쪽을 향하여 선다. 좌통례가 무릎 꿇고, 무릎 꿇기를 계청하면 전하가 무릎을 꿇고, 도감 도제조 이하 및 종친과 문무백관이 무릎을 꿇는다. 찬의도 또한 창한다. 거안자가 각각 책안과 인안을 받들어 향안 앞에 놓아둔다. 책은 남쪽에, 인은 북쪽에 놓는다.

욕석을 깔아 놓고, 봉책관과 봉인관이 각각 책함과 인함을 받들고 차례로 무릎 꿇고 도감 도제조에게 주면, 도감 도제조가 차례로 무릎 꿇고 책함과 인함을 받아서 무릎 꿇고 올린다. 전하가 받아서 도승지에게 주면 예방승지가 마주 든다. 도승지가 무릎 꿇고 받아서 봉책인관에게 주고, 봉책인관은 무릎 꿇고 받아서 묘내(廟內)로 나아간다. 도승지 및 예방 승지가 책함과 인함을 받들어 차례로 안(案)에 놓는다. 거독책인안자가 임시에 독책인안을 향안(香案) 앞에 설치한다. 좌통례가 무릎 꿇고, 부복하였다가 일어나서 조금 물러나 서쪽을 향하여 무릎 꿇기를 계청하면 전하가 부복하였다가 일어나서 조금 물러나 서쪽을 향하여 무릎을 꿇는다. 봉책관이 나아가 무릎 꿇고 함을 열고 책을 펴면 독책관이 나아가 서쪽을 향하여 무릎 꿇고 책을 읽는다. 읽기를 마치면 부복하였다가 일어나 도로 자리로 돌아온다. 봉책관이 책을 도로 함에다 넣고 함을 받들고 일어나면 거책안자가 무릎 꿇고 안을 신좌(神座) 앞에 두고 부복하였다가 일어난다. 봉책관이 무릎 꿇고 책함을 안에 두고 부복하였다가 일어난다. 봉책관 및 거안자가 모두 내려와 자리로 돌아간다.

봉인관이 나아가 무릎 꿇고 인(印)을 받들어 안에 놓은 다음 녹(盝)을 열고 인을 들어올린다. 독인관이 나아가 서쪽을 향하여 무릎 꿇고 인을 읽는다. 읽기를 마치면 부복하였다가 일어나 다시 자리로 돌아간다. 봉인관이 인을 도로 녹에 넣고 녹을 들고 일어난다. 거인안자가 무릎 꿇고 안을 신좌 앞에 두고 책은 북쪽에, 인은 남쪽에 둔다. 부복하였다가 일어난다. 봉인관이 무릎 꿇고 인록(印盝)을 안에 놓고 봉인관 및 거인안자가 부복하였다가 일어나 내려와 자리로 돌아간다. 인의의 인도로 도감 도제조 이하가 다시 자리로 돌아간다. 좌통례가 무릎 꿇고, 부복하였다가 일어나 몸을 펴기를 계청하면 전하가 부복하였다가 일어나 몸을 펴고, 종친과 문무백관이 부복하였다가 일어나 몸을 편다. 찬의도 또한 창한다. 좌우통례의 인도로 전하가 다시 자리로 돌아간다. 전의가 "재배하시오." 한다. 좌통례가 무릎 꿇고, 몸을 굽혀 재배하고 일어나 몸을 펴기를 계청하면 전하가 몸을 굽혀 재배하고 일어나 몸을 펴고, 도감 도제조 이하 및 종친과 문무백관이 몸을 굽혀 재배하고 일어나 몸을 편다. 찬의도 또한 창한다. 대축이 신주를 들이기를 평상시의 의절대로 한다. 전의가 "예가 끝났습니다." 한다. 찬의도 또한 창한다. 좌통례가 무릎 꿇고 예가 끝났음을 아뢴다. 좌우 통례의 인도로 전하가 다시 대차(大次)에 들어간다. 인의의 인도로 도감 도제조 이하 및 종친과 문무백관이 나간다.

○ 임금이 친히 책인을 올린 뒤 친제와 겸하여 고유제를 행하고, 창의궁으로 모시고 나아가 봉안한 다음 또 친제를 행할 때에 출궁하고 환궁하는 의절

1일 전 액정서가 대차를 본궁 재전(齋殿)에 설치하고, 전배 판위(展拜版位)를 내신문 밖에 설치하되 동쪽에 가깝게 하여 서쪽을 향하게 한다. 또 소차(小次)를 길 북쪽에 남쪽을 향하여 설치한다. 지형의 편의에 따른다. 대축 이하 여러 집사의 자리를 판위의 뒤쪽에 서향으로 설치한다. 종친과 문무백관의 자리를 외신문 안에 설치하되 모두 서쪽을 향하게 하고, 외위를 평상시와 같이 설치한다.

당일 초엄(初嚴)을 알리는 북소리가 나면 종친과 문무백관은 그대로 포단령(布團領)과 모대(帽帶) 차림으로 먼저 돈화문 밖에 나아가 동서로 나뉘어 차례로 선다. 이엄(二嚴)을 알리는 북소리가 나면 좌통례가 무릎 꿇고 중엄(中嚴)을 아뢴다. 삼엄(三嚴)을 알리는 북소리가 나고, 또 외판(外辦)을 아뢰면 전하가 그대로 포과익선관(布裹翼善冠), 포포(布袍), 포과오서대(布裹烏犀帶), 백피화(白皮靴)를 갖추고 나간다. 좌통례가 무릎 꿇고, 여(輿)를 타기를 계청하면 전하가 여를 탄다. 좌우 통례가 앞에서 인도하여 인정문 밖 강여소(降輿所)에 이르면, 좌통례가 무릎 꿇고, 여에서 내려 연을 타기를 계청하고, 전하가 여에서 내려 연을 탄다. 좌통례가 무릎 꿇고, 출발하기를 계청한다. 어가가 움직이면 종친과 문무백관이 몸을 굽혔다가 지나가면 몸을 펴고 차례로 시위한다. 종묘 앞길에 이르면 연에서 내려 걸어가도록 계청한다. 연을 탈 때도 그와 같이 한다.

경모궁 대문 밖에 이르러 백관은 뒤에 남는다. 전배할 때에 입참하는 것은 평상시와 같다. 좌통례가 무릎 꿇고, 연에서 내려 여를 타기를 계청하면 전하가 연에서 내려 여를 탄다. 좌우 통례가 앞에서 인도하여 들어간다. 먼저 나아간 향관(享官)이 대문 안 길의 좌측에서 몸을 굽혀 지영(祗迎)하기를 평상시와 같이 한다. 강여소에 이르러 좌통례가 무릎 꿇고, 여에서 내리기를 계청하면 전하가 여에서 내린다. 좌우 통례가 앞에서 인도하여 대차로 들어간다. 전배할 때가 되면 인의가 종친과 문무백관을 나누어 인도하여 그대로 포단령, 모대 차림이다. 자리에 나아가 좌우로 나뉘어 자리를 달리하고 두 줄로 서쪽을 향하게 한다. 좌통례가 대차 앞에 나아가 무릎 꿇고 중엄을 아뢴다. 조금 있다가 또 외판을 아뢰면 전하가 그대로 포과익선관, 포포, 포과오서대, 백피화를 갖추고 나간다. 좌우 통례가 앞에서 인도하여 전배판위에 나아가 서쪽을 향하여 서게 한다. 좌통례가 무릎 꿇고, 몸을 굽혀 재배하고 일어나 몸을 펴기를 계청하면 전하가 몸을 굽혀 재배하고 일어나 몸을 펴고, 종친과 문무백관이 몸을 굽혀 재배하고 일어나 몸을 편다. 찬의도 또한 창한다.

좌우 통례의 인도로 전하가 묘내로 나아가 봉심한다. 좌우 통례의 인도로 전하가 성기위(省器位)로 나아가 제기를 살피기를 의절대로 한다. 좌통례가 무릎 꿇고, 여에서 내리기를 계청하면 전하가 여에서 내린다. 좌우 통례가 앞에서 인도하여 전하가 대차로 들어가고, 인의가 나누어 인도하여 종친과 문무백관이 대차의 남쪽에 나아가 무릎을 꿇는다. 찬의가 품지하여 군신들로 하여금 각각 자리에 나아가게 하고 숙위(宿衛)를 평상시와 같이 하게 한다. 다음 날 책인을 올리는 때가 되면 친히 책인을 올린 뒤에 친제와 겸하여 고유제를 행한다. 친히 책인을 올리는 의절 및 친향하는 의절에 있다. 신련을 창의궁에 모시고 나아갈 때 초엄을 알리는 북이 울리면 병조가 제위(諸衛)를 거느리고 신련, 법가 노부(法駕鹵簿)를 신문 밖에 진열한다. 종친과 문무백관이 그대로 포단령과 모대 차림으로 먼저 동구 밖에 나아가 동서로 나뉘어 차례로 선다. 이엄을 알리는 북이 울리면 섭사복시 첨정이 신련 및 교명과 책인을 싣는 요채여(腰彩轝)를 신문 밖에 내오고, 신여(神轝)을 묘정에 내온다. 좌통례가 대차 앞에 나아가 무릎 꿇고 중엄을 아뢴다. 조금 있다가 또 외판을 아뢰면 전하가 그대로 포과익선관, 포포, 포과오서대, 백피화를 갖추고 나온다. 좌통례가 무릎 꿇고, 여를 타기를 계청하면 전하가 여를 탄다.

좌우 통례가 앞에서 인도하여 전하가 대문 밖 지영위(祗迎位)의 악차 앞에 나아가게 한다. 미리 대문 밖에 악차를 배설하는데, 지형의 편의에 따른다. 좌통례가 무릎 꿇고, 여에서 내리기를 계청하면 전하가 여에서 내린다. 좌우 통례가 앞에서 인도하여 전하가 악차에 들어가게 한다. 섭상례(攝相禮)가 신문 밖에 나아가 무릎 꿇고 중엄을 아뢴다. 삼엄을 알리는 북이 울리면 또 외비(外備)를 아뢴다. 대축 및 봉교명관, 봉책인관이 들어와 자리에 나아간다. 봉교명관과 봉책인관이 먼저 올라가 묘내에 나아가 교명 및 책인을 받들고 나와 요채여에 안치한다. 섭상례가 신좌(神座) 앞에 나아가 무릎 꿇고, 좌에서 내려와 여를 타기를 찬청(贊請)한다. 대축이 묘내에 나아가 신주궤(神主櫃)를 받들고 나와 여에 안치한다. 섭상례가 앞에서 인도하여 신문 밖 강여소에 이르면, 여에서 내려 연을 타기를 찬청한다. 대축이 신주궤를 받들고 나가 연에 안치한다. 좌통례가 악차 앞에 나아가 무릎 꿇고, 악차에서 나오기를 아뢰면 전하가 악차에서 나온다. 좌우 통례가 앞에서 인도하여 지영위에 나아가 남쪽을 향하여 선다. 섭상례가 신련 앞에 나아가 무릎 꿇고 출발을 아뢴다. 산선(繖扇)과 시위(侍衛)는 평상시와 같다. 신련의 맨 앞에는 대가와 도가가 있고, 다음은 전사대(前射隊), 다음은 법가 노부(法駕鹵簿), 다음은 교명과 책인을 실은 요채여, 다음은 병조·도총부의 시위 장사(侍衛將士) 및 주장 내시(朱杖內侍), 다음은 신련, 다음은 분승지(分承旨)와 사관(史官), 다음은 분시강원(分侍講院)과 분익위사(分翊衛司), 다음은 도감(都監) 반열, 다음은 후사대(後射隊), 다음은 대가 전사대(大駕前射隊), 다음은 대가 노부(大駕鹵簿), 다음은 시신(侍臣), 다음은 어련(御輦), 다음은 백관(百官), 다음은 후사대가 있다. 신련의 소속 의물은 모두 길색(吉色)을 쓰고, 그 나머지는 모두 흰색을 쓴다.

신련이 장차 이르면, 좌통례가 무릎 꿇고, 몸을 굽히기를 계청하고 전하가 몸을 굽힌다. 지나가면 몸을 펴기를 계청하고, 전하가 몸을 편다. 좌우 통례의 인도로 전하가 승련소(乘輦所)에 이른다. 좌통례가 무릎 꿇고, 연을 타기를 계청하면 전하가 연을 탄다. 좌통례가 무릎 꿇고, 출발하기를 아뢴다. 종친과 문무백관은 신련 및 대가가 장차 이르면 몸을 굽혀 지영하고, 지나가면 몸을 펴고 차례로 시위한다. 신련이 종묘 앞길에 이르면 짐을 풀고서 지나간다. 창의궁 대문 밖에 이르면 백관은 뒤에 남는다. 봉안제 때 입참하는 것은 평상시와 같다. 섭상례가 신련 앞에 나아가 무릎 꿇고, 연에서 내려 여를 타기를 찬청한다. 대축이 신주궤를 받들고 나와 여에 안치한다. 섭상례가 앞에서 인도하여 신문 밖 악차 앞에 이르면 미리 악차를 길 서쪽에 동향으로 배설해 놓는다. 무릎 꿇고, 여에서 내리기를 찬청한다. 대축이 신주궤를 받들고 나와 악좌(幄座)에 임시로 안치한다. 봉교명관, 봉책인관이 교명 및 책인을 받들어 안에다 임시로 안치한다. 대가가 창의궁 대문 밖 강련소(降輦所)에 이르면, 좌통례가 무릎 꿇고, 연에서 내려 여를 타기를 계청하고, 전하가 연에서 내려 여를 탄다. 좌우 통례가 앞에서 인도하여 소차(小次) 앞에 이르면, 좌통례가 무릎 꿇고, 여에서 내리기를 계청하고, 전하가 여에서 내린다. 좌우 통례가 앞에서 인도하여 소차에 들어가게 한다.

봉안할 때가 이르면, 섭상례가 악차 앞에 나아가 무릎 꿇고, 좌(座)에서 내려와 여를 타기를 찬청한다. 대축이 신주궤를 받들어 여에 안치한다. 교명 및 책인은 신여(神轝) 앞에 둔다. 좌통례가 소차 앞에 나아가 무릎 꿇고, 소차에서 나오기를 계청하면 전하가 소차에서 나와 서쪽을 향하여 선다. 섭상례가 신여 앞에 나아가 무릎 꿇고, 출발하기를 아뢴다. 신여가 장차 이르면 좌통례가 무릎 꿇고, 몸을 굽히기를 계청하고, 전하가 몸을 굽힌다. 지나가면 몸을 펴기를 아뢰고 전하가 몸을 편다. 좌우 통례가 앞에서 인도하여 전하가 소차로 들어가게 한다. 섭상례의 인도로 신여가 묘문 밖에 나아가면, 섭상례가 무릎 꿇고, 여에서 내려 좌에 오르기를 찬청한다. 대축이 신주궤를 받들고 나와 묘내에 나아가 좌에 안치한다. 봉교명관 및 봉책인관이 교명 및 책인을 받들고 각각 안에 안치한다. 전하가 소차에서 나와 올라가 묘내(廟內)에 나아가 봉심한다. 봉심을 마치면 도로 소차에 들어가기를 평상시와 같이 한다.

봉안제를 의절대로 한다. 친향하는 의절에 있다. 환궁할 때가 되어 북을 쳐서 초엄을 알리면 병조가 의장(儀仗)과 시위(侍衛)를 돌아가는 길로 돌려 놓는다. 이엄을 알리는 북소리가 나면 종친과 문무백관이 포단령과 모대 차림이다. 동구 밖에 나아가 동서로 나뉘어 차례로 선다. 좌통례가 무릎 꿇고 중엄을 아뢴다. 삼엄을 알리는 북소리가 나고 또 외판을 아뢰면, 전하가 그대로 포과익선관, 포포, 포과오서대, 백피화를 갖추고 나간다. 좌통례가 무릎 꿇고, 여를 타기를 계청하면 전하가 여를 탄다. 좌우 통례가 앞에서 인도하여 대문 밖 강여소에 이르게 한다. 좌통례가 무릎 꿇고, 여에서 내려 연을 타기를 계청하면 전하가 여에서 내려 연을 탄다. 좌통례가 무릎 꿇고 출발하기를 아뢰면, 대가가 움직이고 종친과 문무백관이 몸을 굽힌다. 지나가면 몸을 펴고 차례로 시위한다. 궁으로 돌아갈 때는 모두 올 때의 의절과 같이 한다. 좌통례가 무릎 꿇고 해엄(解嚴)을 아뢰고, 병조가 하교를 받아 의장(儀仗)을 해제한다.

○ 같은 해 8월 17일

전교하였다.

"도감 당상과 낭청의 별단을 써서 들이라."

○ 같은 날

전교하였다.

"추숭상시도감 도제조(追崇上諡都監都提調)인 의정부 좌의정 김상철(金尙喆)은 지난번에 삼도감(三都監)에 이미 말을 하사하는 은전을 베풀었으니,[19] 아들, 사위, 동생, 조카 가운데 적절한 자를 관직에 등용하라. 제조인 겸 한성부 판윤 채제공(蔡濟恭), 행 공조 판서 박종덕(朴宗德), 행 이조 판서 이중호(李重祜)에게는 숙마(熟馬) 1필을 사급하라. 도청인 우부승지 서유방(徐有防)에게는 반숙마(半熟馬) 1필을 사급하라. 부사과 유의양(柳義養)은 가자(加資)하라. 낭청인 공조 좌랑 구응(具膺), 사복시 주부 이헌태(李憲泰), 예조 정랑 이석제(李奭濟), 부사과 이득로(李得老), 형조 정랑 성덕우(成德雨), 형조 좌랑 정창기(鄭昌期), 감조관(監造官)인 부사용 이관성(李觀城)·정철순(鄭喆淳), 장흥고 주부 송약흠(宋約欽), 금부 도사 남인로(南寅老)에게는 각각 아마(兒馬) 1필을 사급하라. 감조관인 봉상시 봉사 전좌천(全佐天), 별공작(別工作)인 선공감 가감역 홍면호(洪冕浩)는 모두 6품에 천전(遷轉)하라. 별간역(別看役) 김이신(金履信)·최운흥(崔雲興), 변장(邊將), 승전(承傳), 사자관(寫字官), 화원(畫員)은 본아문으로 하여금 고품(高品)에 부료(付料)[20]하게 하고, 원역(員役)·공장(工匠) 등은 전례(前例)를 참고하여 균등하게 나누어 시상하라."

19 **삼도감에……베풀었으니** 삼도감(三都監)은 국상(國喪) 때 설치하는 세 도감으로 국장도감, 빈전·혼전도감, 산릉도감을 말한다. 《승정원일기》 정조 즉위년 7월 28일 기사에 삼도감 총호사 의정부 좌의정 김상철(金尙喆)에게 각각 안구마(鞍具馬) 1필을 사급한다는 기사가 실려 있다.

20 **부료** 급료가 있는 직임에 임명하는 것이다.

원자의 위호를 정한 뒤 휘호를 가상할 때의 의궤

계묘년(1783, 정조 7)

○ 정조 7년 계묘(1783) 3월 8일

전교하였다.

"나 소자(小子)가 근심을 품고 아픔을 참으며 구차하게 목숨을 부지한 지가 지금 여러 해가 지났다. 내가 근본에 보답하고 선조를 선양하는 정성을 펼 도리가 없었으니, 하늘을 우러러보고 땅을 굽어보건대 이 어떤 사람인가. 매우 다행히도 선조의 음덕을 돈독히 입어서 원자를 두게 되었다. 아, 경사와 상서를 주어 우리 후손을 도와주시니, 이로부터 국세(國勢)가 억만년토록 태산(泰山)과 반석(盤石)처럼 견고하게 되었다. 소자의 구구한 사정(私情)으로는 속히 휘호를 올림으로써 조금이나마 아름다움을 선양하는 정성을 표하기를 간절히 원한다. 그런데 작년 겨울 연석(筵席)에서 약간 말만 꺼내 놓고 지금까지 머뭇거린 이유는 진실로 전례(典禮)가 매우 중대하여 나 한 사람이 감히 경솔하게 결정할 수 없었기 때문이다. 그러나 이제 보첩(譜牒)의 편수(編修)가 거의 끝나서 진정(進呈)하는 날짜가 임박했는데, 또다시 감정을 누르고 참는다면 죽어도 눈을 감지 못할 한이 될 듯하다. 빈대(賓對)를 오늘로 앞당겨 정한 것은 진실로 이 일 때문이다. 이에 대신과 여러 재신에게 하문하니, 모두 의견이 일치하였다. 경모궁에 존호를 가상하는 예를 이달 그믐께 길일을 잡아 거행하라. 이어서 정원에서 시원임 대신과 관각(館閣), 구경(九卿)[21]과 아경(亞卿), 삼사(三司)의 신하를 명초(命招)하여 빈청(賓廳)에서 회의하여 존호를 정하여 올리게 하라."

21 **구경** 의정부의 좌우 참찬(左右參贊), 육조(六曹)의 판서, 한성부 판윤을 일컫는다.

도제조 : 행 판중추부사 서명선(徐命善)

제조 4인

행 예조 판서 김화진(金華鎭) 3월 16일에 체차되었다.

공조 판서 서유경(徐有慶) 3월 17일에 파직되었다.

호조 판서 이성원(李性源) 3월 9일에 평안 감사에 옮겨 제수되었다.

행 부사직 정민시(鄭民始) 3월 16일에 체차되었다.

호조 판서 서유린(徐有隣)

한성부 판윤 정창성(鄭昌聖) 3월 17일에 파직되었다.

예조 판서 정일상(鄭一祥)

형조 판서 이재협(李在協)

공조 판서 이갑(李坤)

도청 2인

부사과 윤동만(尹東晩)

병조 정랑 이철모(李喆模)

○ 같은 날

대신과 비국 당상을 인견했을 때 입시한 행 예조 판서 김화진(金華鎭)이 아뢰기를,

"경모궁에 존호를 가상할 때 종묘, 사직, 경모궁에 고유하는 절차는 어떻게 해야겠습니까?"

하니, 상이 이르기를,

"해당 궁에만 고유하라."

하였다. 김화진이 아뢰기를,

"이번에 존호를 올릴 때 반교(頒敎)와 진하(陳賀)의 절차는 규례대로 마련합니까?"

하니, 상이 이르기를,

"규례대로 마련하라."

하였다. 김화진이 아뢰기를,

"이번 위호를 정하는 날에 전문(箋文)을 올려야 마땅한데, 어떻게 해야겠습니까?"

하니, 상이 이르기를,

"위호를 정한 뒤 그날 전문을 올리는 것이 응당 행할 일이다. 그러나 오늘과 내일은 마침 재일(齊日)을 만났으니, 모레로 물려 정하라."

하였다.

○ **빈청(賓廳)의 의호(議號)**

수덕돈경(綏德敦慶)

○ **같은 날**

전교하였다.

"이번 존숭도감(尊崇都監)의 거의 모든 거행은 일체 무술년의 의궤(儀軌)[22]대로 하도록 분부하라."

○ **같은 날**

예조의 단자에,

"이번 경모궁에 존호를 가상할 때의 인식(印式)을 마련하였으니, 도감으로 하여금 이대로 전각(篆刻)하게 하는 것이 어떻겠습니까?"

하니, 아뢴 대로 시행하라고 계하하였다.

○ **인식(印式)**

사도수덕돈경장헌세자지인(思悼綏德敦慶莊獻世子之印)

○ **같은 날**

존호도감 낭청이 도제조의 뜻으로 아뢰기를,

"옥책문·죽책문 제술관과 서사관 및 악장문 제술관, 옥보·옥인 서사관의 실차(實差)·예차(預差) 별단을 써서 들이겠습니다. 감히 아룁니다."

하니, 알았다고 전교하였다.

○ **도감 별단**

죽책문 제술관 : 대제학 황경원(黃景源)

예차(預差) : 행 사직 김종수(金鍾秀)

서사관(書寫官) : 개성부 유수 서유방(徐有防)

예차 : 이조 참판 김이소(金履素)

악장문 제술관 : 지중추부사 정민시(鄭民始)

예차 : 이조 판서 유언호(兪彥鎬)

22 **무술년의 의궤** 무술년은 1778년(정조 2)이다. 이해 영조, 정성왕후, 진종, 효순왕후를 태묘에 부묘(祔廟)하였고, 정성왕후는 휘호(徽號)를 추상(追上)하며, 왕대비전은 존숭(尊崇)하고, 혜경궁은 진호(進號)하며, 중궁전의 책례 및 연호궁(延祜宮)에 시호를 올리고 봉원(封園)하였는데, 《정조실록》 이해 3월 5일 조에, 부묘와 존숭과 책례와 진호를, 도감을 합설(合設)하여 거행하라는 명을 내린 기사가 실려 있다. 이때 거행된 일련의 규범을 지칭하는 듯하다.

옥인전문 서사관(玉印篆文書寫官) : 의정부 우참찬 윤동섬(尹東暹)
예차 : 지돈녕부사 정일상(鄭一祥)

○ 같은 날

예조가 아뢰기를,

"경모궁에 존호를 가상할 일자는 오는 4월 1일 묘시(卯時)와 4일 묘시가 모두 길하다고 합니다. 어느 날에 거행합니까? 감히 여쭙니다."

하니, 전교하기를,

"오는 1일에 하는 것이 이미 근거할 만한 전례가 있다. 1일 날이 밝은 뒤에 공경히 궁에 나아가 제사를 행하고, 이어 친히 올리는 예를 행하라. 사유를 고하는 것은 전례에 따를 것 없이 기일 전에 날을 택하여 행하라."

하였다.

○ 같은 달 9일

전교하였다.

"습의(習儀)는 무술년(1778, 정조 2)의 예대로 하고, 처소도 무술년의 예대로 하라. 존호를 올리기 위한 이의(肄儀)와 습의는 함인정(涵仁亭) 뜰에서 거행하라."

○ 같은 날

예조가 아뢰기를,

"경모궁에 존호를 올리기 위한 이의와 3차 습의도 21일에 함인정 뜰에서 거행하는 것이 어떻겠습니까?"

하니, 그대로 윤허한다고 계하하였다.

또 아뢰기를,

"이의와 습의의 길시(吉時)를 일관으로 하여금 택하게 하였더니, 그날 오시(午時)가 길하다고 하였습니다. 이 시각에 거행하는 것이 어떻겠습니까?"

하니, 아뢴 대로 시행하라고 계하하였다.

또 아뢰기를,

"책인을 궐내에 들일 길일은 이달 21일로 이미 계하하셨습니다. 무술년의 예대로 책인을 어람한 후에 임시로 궐내 별전(別殿)에 봉안하였다가 당일에 도감이 내가기를 청하여 예를 행하는 것이 어떻겠습니까?"

하니, 아뢴 대로 시행하라고 계하하였다.

○ 같은 날

상호도감 도제조가 입시하였다. 이때 도제조 서명선(徐命善)이 아뢰기를,

"의장(儀仗), 연(輦)과 여(輿)는 새로 마련해야 하는데, 무술년(1778, 정조 2)의 의궤에 일체 기묘년(1759, 영조 35)의 수교(受教)대로 거행하라는 하교가 있으니, 이번에는 어떻게 해야겠습니까?"

하니, 상이 이르기를,

"연과 여는 보수하지 말고, 의장은 대략 보수하라."

하였다. 서명선이 아뢰기를,

"호갑(護匣)과 외궤(外樻)는 전날 도로 내린 것을 색칠을 해서 사용합니까?"

하니, 상이 그렇게 하라고 하였다. 제조 김화진(金華鎭)이 아뢰기를,

"경모궁에 책인을 올릴 때 친히 올리는 것으로 마련합니까?"

하니, 상이 그렇게 하라고 하였다. 김화진이 아뢰기를,

"경모궁에 존호를 올릴 때 종묘, 영녕전(永寧殿), 사직, 경모궁의 고유제 일자를 택하여 마련해야 하는데 이달 27일이 길하다고 합니다. 존호를 올릴 일자는 비록 선후가 있더라도 고유제는 같은 날에 설행하는 것이 어떻겠습니까?"

하니, 상이 그렇게 하라고 하였다. 김화진이 아뢰기를,

"종묘, 영녕전, 사직의 고유제 헌관(獻官)은 규례대로 1품으로 마련하는데, 경모궁에도 똑같이 마련하는 것이 어떻겠습니까?"

하니, 상이 그렇게 하라고 하였다.

○ 같은 달 10일

경모궁에 전배(展拜)하는 일로 입시했을 때 행 예조 판서 김화진이 아뢰기를,

"정당(正堂) 내의 책인장(冊印欌) 및 선개(扇蓋)[23]를 개비하여 봉안하도록 명을 내리셨습니다. 이달 27일의 고유제 축문 가운데 이런 내용으로 말을 만들어 첨입하는 것이 어떻겠습니까?"

하니, 상이 그렇게 하라고 하였다.

○ 같은 달 11일

비망기(備忘記)의 내용은 다음과 같다.

"근래 비록 경비를 조달하기 어렵다고는 하나 이번 도감에서 어찌 인색하고 아끼는 일이 있겠는가. 바로 내가 정성을 다해야 하는 일이니, 의당 특례로 시행해야 할 것이다. 원역(員役)과 공장(工匠) 등의 요포(料布)와 상전(賞典)은 간략하게 내린 전례를 따르지 말고, 모두 가장 후하게 내린 전례대로 하라. 비록 저들처럼 미천한 무리라도 각자 비망기의 내용을 알아서 정성을 다해 일에 임하게 해야 할 것이니, 도감 당상과 낭청은 잘 알라. 경모궁의 죽책과 옥인 및 묘내(廟內)의 선개 등의 규격을 전식(前式)에 비하여 과연 모두 조금 크게 하는가? 묘내의 봉안장(奉安欌)도 봉심한 뒤에 비로소 새로 만드는 작업에 들어가는가? 인록(印盝)은 외갑(外匣)과 함께 새것으로 사용하는가? 모두 도감으로 하여금 사유를 갖추어 초기하게 하라."

○ 같은 날

상호도감이 아뢰기를,

"하교하신 대로 원역과 공장을 일제히 모아 놓고 전교의 내용을 상세하게 알리고, 요포는 가장 후하게 내린 전례대로 마련하여 지급하여, 전심전력하여 착실하게 역사에 임하도록 하겠습니다. 감히 아룁니다."

하니, 알았다고 전교하였다.

또 아뢰기를,

23 선개 의장(儀仗)에 속하는 물품으로 부채와 일산을 가리킨다.

"인록과 외갑은 호조가 애초에 미리 준비한 것이 없으므로 지금 모두 아울러서 새로 만들고 있으며, 봉안장의 재목은 이미 마련하였습니다. 그리고 호조 판서와 예조 판서가 어제 삼가 함께 봉심하라는 하교를 받들었습니다만, 호조 판서 서유린(徐有隣)이 상소에 대한 비답이 아직 내리지 않아 사진(仕進)하지 못했으므로 아직 미처 봉심하지 못하였습니다. 견본이 나오기를 기다렸다가 작업을 시작할 계획입니다. 선개(扇蓋)의 규격은 전에 비해 높고 크게 만든다는 뜻으로 이미 해당 방(房)에 통지하였습니다. 죽책(竹冊)은 옥책(玉冊)에 비해 길이와 너비가 원래 차이가 없으며, 옥인(玉印)은 옥보(玉寶)에 비해 길이와 너비를 7푼(分) 줄이는 것이 바로 식례(式例)입니다. 그러므로 호조에 있는 옥보 3과(顆) 가운데 2과를 어제 이미 줄였으나 아직 다듬지 못하였습니다. 현재 척수(尺數)가 3치(寸) 7푼으로 식례에 비해 2푼 더 크지만, 옥보에 비하면 오히려 5푼이 더 작은 것입니다. 호조에 이미 다른 옥보가 있으니, 다시 옥보의 길이와 너비대로 만드는 것이 어떻겠습니까?"

하니, 전교하기를,

"알았다. 초기에서 말한 식례는 《궁원의(宮園儀)》[24]를 가리키는 것인지, 무술년(1778, 정조 2)의 의궤를 가리키는 것인지를 다시 별도로 명확하게 초기하라. 이미 다듬었다면 고칠 필요 없다. 식례에 비해 2푼 정도 크다고 한다면 또한 별 의미가 없으니, 식례의 규격대로 하라."

하였다.

24 궁원의 사도세자(思悼世子)의 사당인 경모궁(景慕宮)과 그 원인 영우원(永祐園)에서 행하는 의식 절차를 정한 책으로, 1776년(정조 즉위년) 처음 편성되었고, 이후 내용이 수정되어 1785년(정조 9) 증수되었다.

25 보부 제보부(祭報府)로, 제관(祭官)으로 충원된 사람의 성명을 사헌부에 보고하는 것 또는 그 보고 단자를 말한다.

○ 같은 날

전교하였다.

"의궤를 가져다 상고해 보니, 존호를 올릴 때 신주(神主)를 출납하는 대축(大祝) 1인이 있고, 또 친제(親祭) 때의 대축 1인이 있다. 신주를 출납하는 대축은 망단(望單)을 독책보관(讀冊寶官) 위에 써서 들이고, 친제 때의 대축은 보부(報府)[25]하는 것으로 쓰라."

○ 같은 날

전교하였다.

"이번 경모궁에 존호를 올릴 때 제주(題主)를 고쳐 쓰는 한 가지 일은 다시 병신년 전교[26]를 참고하면 결국 같은 하교를 가리킨다. 습의(習儀) 때 가보(假寶) 등의 일은 일체 무술년 전교[27]대로 하고 일절 마련하지 말라."

○ 같은 달 12일

도감 도제조 서명선(徐命善)이 아뢰기를,

"죽책의 공역이 한시가 급하니, 며칠 내에 베껴 써내야 기일에 미칠 수 있습니다. 서사관인 개성 유수 서유방(徐有防)을 각별히 재촉하여 밤새 올라오도록 분부하는 것이 어떻겠습니까?"

하니, 상이 이르기를,

"그렇게 하라. 내일 안에 올라와 써서 올리도록 하라."

하였다.

○ 같은 달 13일

전교하였다.

"경모궁에 존호를 올리는 의절 가운데, 제주를 고치는 절목을 마련해야 한다. 그런데 병신년에 이미 선대왕의 어필이므로 감히 고칠 수 없다고 하교하였다. 이번에 존호를 올리는 의주 가운데에도 제주를 고치는 절목은 마련하지 말고 단지 신주를 출납하는 절목만 마련하도록 분부하라."

○ 같은 날

예조가 아뢰기를,

"경모궁에 존호를 올리는 의식의 이의(肄儀)와 3차 습의를 21일 함인정(涵仁亭) 뜰에서 거행하는 것이 어떻겠습니까?"

하니, 윤허한다고 전교하였다.

○ 같은 달 14일

차비관 복색에 대하여 예조가 마련한 단자를 올리니, 전교하였다.

26 **병신년 전교** 병신년(1776, 정조 즉위년) 3월 23일에 정조가 "경모궁에 시호를 올린 후에 의당 제주(題主)를 고쳐 쓰는 절차가 있어야 마땅한데, 당초의 제주가 선대왕의 친필이므로 감히 고칠 수 없다. 근래 태실(太室)의 상시(上諡) 예에 따르고 제주를 고쳐 쓰는 한 가지 절목은 마련하지 말도록 해당 조에 분부하라.〔景慕宮上諡後宜有改題主之節 而當初題主 既是先朝御筆 則不敢洗改 依近年太室上諡例 改題主一節節目 勿爲磨鍊事 分付該曹〕"라고 전교하였다.《承政院日記 正祖 卽位年 3月 23日》

27 **무술년 전교** 무술년(1778, 정조 2) 3월 20일에 정조가 "이번에 효명전, 휘령전, 연복전의 부묘 및 휘령전의 제주를 고쳐 쓰는 절목을 습의할 때 1차, 2차, 3차를 막론하고 가주와 가보를 조성하는 절목은 하나같이 선대왕의 전교에 따라 일절 거행하지 말라.〔今番孝明殿徽寧殿延福殿祔廟及徽寧殿改題主習儀時 勿論初二度及三度 假主假寶造成一節 一依先朝傳教 切勿擧行〕"라고 전교하였다.《承政院日記 正祖 2年 3月 20日》

"무술년(1778, 정조 2)에는 각 조(朝)의 책보 수가 많았으므로 임시로 편의한 제도를 쓰긴 하였다. 이번에 존호를 올릴 때는 집사의 인원수가 많지 않고, 더구나 같은 날 예를 행하는 것과는 차이가 있지 않은가. 임진년(1772, 영조 48)과 병신년(1776, 정조 즉위년)에 집사의 조복(朝服)에 대해서도 모두 신칙하였으니, 예문(禮文)대로 집사관은 모두 조복을 착용하라고 통지하라."

○ 같은 달 15일

상호도감이 아뢰기를,

"경모궁에 존호를 올릴 때의 옥인전문 서사관인 의정부 우참찬 윤동섬(尹東暹)이 정본(正本)과 부본(副本)을 써내었기에 삼가 이렇게 봉하여 올림으로써 예람(睿覽)하시어 채택하시도록 하였습니다. 감히 아룁니다."

하니, 알았다고 전교하였다.

○ 같은 날

전교하였다.

"지금 이후로 존숭도감은 책보를 베껴서 새긴 뒤에 2건(件)씩 인출(印出)하여 책과 보를 같이 1첩(貼)으로 장첩한 뒤 옆에다 서사관(書寫官)과 제술관(製述官)의 성명을 써서 입계하는 일을 정식을 삼아 시행해야 할 것이니, 이러한 내용을 호조와 예조 및 도감에 분부하라. 죽책의 경우는 만일 인출하기 어렵다면 모사(模寫)하여 첩을 만든 뒤 입계하라고 분부하라."

○ 같은 달 17일

입시했을 때 예조 판서 정일상(鄭一祥)이 아뢰기를,

"오는 1일, 경모궁에 존호를 가상하고 책인을 올릴 때 음악을 연주하는 한 절목을 작년 태묘에 친히 《국조보감》을 올린 때의 예[28]대로 마련합니까? 감히 여쭙니다."

하니, 상이 이르기를,

"일이 중대한 사안이니, 예조에서 낭관을 파견하여 시원임 대신에게

28 작년……예 1782년(정조 6) 11월 26일에 종묘에 친히 올리는 예를 행하였다. 이때 정조가 "친히 올리는 의절은 제향의 의식과 다르므로, 묘정에서의 음악은 여민락(與民樂)을 연주하고 배례할 때의 음악은 헌가를 사용하며, 책(冊)을 올릴 때에는 초헌례에 따라 그대로 등가를 연주하라.〔親上儀節 與祭享儀有異 廟庭樂奏以與民樂 拜禮樂用以軒架 上冊時 依初獻禮 仍作登歌可也〕"라고 하교하였다. 《承政院日記 正祖 6年 11月 26日》

문의한 다음 초기하여 품처하라."
하였다.

○ 같은 달 19일

책인을 봉과(封裹)하는 것은 도감에서 택일하여 거행하고, 도감 당상과 낭청은 날짜별로 돌아가며 개좌(開坐)[29]하고, 감조관은 날짜별로 돌아가며 직숙(直宿)하기로 하였다.[30]

○ 같은 날

예조가 아뢰기를,

"'오는 4월 1일 경모궁에 존호를 가상하고 책인을 올릴 때 음악을 연주하는 한 절목을 작년 태묘(太廟)에 친히 《국조보감》을 올린 때의 예대로 마련합니까? 감히 여쭙니다.' 하니, 전교하기를 '일이 중대한 사안이니, 예조에서 낭관을 파견하여 시원임 대신에게 문의한 다음 초기하여 품처하라.'라고 명을 내리셨습니다. 즉시 낭청을 보내 시원임 대신에게 문의하였더니, 의정부 좌의정 홍낙성(洪樂性)은 '이번 경모궁에 존호를 올릴 때 음악을 사용하는 것이 타당한지에 대해 하문하라고 명하셨습니다. 삼가 생각건대, 작년에 태묘에 《국조보감》을 친히 올렸을 때 이미 의식을 갖추고 음악도 사용하였으니, 이번 경모궁에 존호를 올릴 때도 이를 따라서 음악을 사용해야 합니다. 다만 《예조등록(禮曹謄錄)》을 가져다 살펴보니, 숙묘조(肅廟朝) 계해년(1683, 숙종 9)에 태조대왕(太祖大王)과 태종대왕(太宗大王)께 존호를 추상(追上)하였을 때의 의주(儀註)에도 음악을 사용한 절목이 없습니다. 압존(壓尊)의 혐의 때문이 아니라는 것은 분명하나 과연 그 당시에 무슨 근거가 있어서 그랬는지는 모르겠습니다. 신이 평소 전례(典禮)에 어두워서 감히 억측하여 대답할 수 없으니 상께서 재결하소서.' 하였습니다. 의정부 우의정 김익(金熤)은 병으로 헌의(獻議)하지 못한다고 하였습니다.

영중추부사 김상철(金尙喆)은 '지금 경모궁에 존호를 가상할 때 음악을 사용하는 한 절목에 대해 수의(收儀)하라고 명하셨습니다. 태묘에 책보(冊寶)를 올리는 예가 만일 압존되어야 할 위치에 있다면 전에부터

29 **개좌** 관사에 출근하여 업무를 보는 것을 말한다.

30 **책인을……하였다** 상호도감 낭청인 임석철(林錫喆)이 도제조의 뜻으로 아뢴 계사로서 임금의 재가를 받았다. 다만 이 계사의 앞에는 각 방의 공역이 완전히 끝났으므로 책보인을 오늘 봉과하고 장수(匠手)들을 모두 풀어 보낸다는 내용이 실려 있다.《承政院日記 正祖 7年 3月 19日》

음악을 사용하지 않았습니다. 그러나 이번 본궁(本宮)에 존호를 올리는 것은 이미 압존의 혐의가 없고, 또한 병신년(1776, 정조 즉위년) 존호를 올릴 때와는 다르니, 예관(禮官)이 청한, 태묘에 《국조보감》을 올렸을 때의 예(例)를 사용해야 한다고 한 것이 진실로 근거가 있습니다. 길사(吉事)에 음악을 사용하는 것이 예(禮)로 보아도 당연합니다만, 일이 매우 중요하니, 신이 어찌 감히 억측하여 대답할 수 있겠습니까. 삼가 상께서 재결하시기 바랍니다.' 하였습니다. 판중추부사 서명선(徐命善)은 '신은 전례(典禮)에 대해 아는 것이 전혀 없어서 두루 하문하라는 명이 내렸지만 감히 억측으로 대답할 수 없습니다. 다만 생각건대, 태묘에 책보를 올리는 것은 이미 그동안에 행해진 의절(儀節)이 있는데, 계해년(1743, 영조 19) 제1실(室)에 책보를 올릴 때도 음악을 사용한 일이 없으니 책보를 올릴 때 음악을 사용하지 않은 것은 근거가 있는 듯합니다. 《국조보감》을 친히 올리신 경우는 국조(國朝) 이래로 처음 있은 일이니, 이를 끌어다가 전례로 삼아서는 안 될 듯합니다. 오직 널리 하문하시어 조처하시기에 달려 있습니다. 삼가 바라건대 상께서 재결하소서.' 하였습니다.

판중추부사 정홍순(鄭弘淳)은 '전에 태묘에 존호를 추상할 때 음악을 연주하지 않은 것은 압존해야 할 곳이 있어서였습니다. 이번 책인을 올릴 때는 이미 압존의 혐의가 없으니 의식을 갖추어 음악을 사용해야 할 듯합니다만, 신은 본래 노둔하여 감히 단정하여 말할 수 없습니다. 오직 널리 하문하시어 조처하시기에 달려 있으니, 삼가 상께서 재결하소서.' 하였습니다. 판중추부사 이휘지(李徽之)는 '지금 경모궁에 존호를 올릴 때 음악을 사용하는 것이 타당한지에 대해 하문하라는 명이 있게 되었습니다. 신이 전례(典禮)에 대해 본래 잘 모르니 막중한 일에 대해 억측하여 대답하기 어렵습니다. 다만 생각건대, 태묘에 존호를 올릴 때 음악을 묘문(廟門) 밖에서 그친 것은 압존의 혐의가 있어서가 아니었겠습니까. 만일 그렇다면 이번 경모궁에 존호를 올릴 때에는 이미 압존의 혐의가 없고 또 제향에 쓰는 음악이 있으니, 의식을 갖추어 음악을 쓰는 것이 마땅할 듯합니다. 그러나 신이 감히 단정하여 대답할 수 없으니, 오직 널리 하문하시어 잘 살펴 조처하시기에 달려 있습니다. 삼가 바라건대 상께서 재결하소서.' 하였습니다.

판중추부사 이복원(李福源)은 '이번 경모궁에 책보를 올리는 의절은 한결같이 태묘에 책보를 올리는 예를 따라야 합니다. 그런데 예조 당상이 《국조보감》을 올릴 때의 예를 사용해야 한다고 아뢴 것은 이미 압존의 혐의가 없으니 마땅히 음악을 사용하는 절목이 있어야 한다는 것입니다. 그 말이 근거가 있는 듯합니다만, 삼가 전전번 계해년(1683, 숙종 9) 태조대왕 세실(世室)에 책보를 올리는 의주(儀註)를 상고해 보니, 채여(彩轝) 앞에 있는 고취(鼓吹)가 묘문 밖에서 멈추고 묘(廟)에서 책보를 올릴 때 음악을 연주한 일이 없었습니다. 이것으로 살펴보면 비록 압존되어야 할 처지가 아니더라도 음악을 사용한 일이 없었습니다. 그러니 지금 그동안 책보를 올린 때의 의절을 버리고 작년에 《국조보감》을 올린 때의 예를 따를 필요는 없습니다. 그러나 신은 본래 고루하고 전례에 어두워 막중한 의절에 대해 감히 억측하여 아뢸 수 없습니다. 오직 널리 하문하시어 조처하시기에 달려 있으니, 삼가 바라건대 상께서 재결하소서.' 하였습니다. 시원임 대신의 의견이 이와 같습니다. 감히 아룁니다."

하니, 전교하기를,

"알았다. 영부사 및 정홍순·이휘지 두 판부사의 의견이 매우 좋다. 전전번 계해년의 경우 제1실에 책보를 올릴 때 채여 앞에 있는 고취가 묘문 밖에서 멈춘 것은 혹시 단지 열조(列朝)에 책보를 올릴 때의 의절을 사용하여 그러한 것이 아니겠는가. 또 생각해 보면, 예에는 육칙(六則)이 있는데 책보를 올리는 것은 가례(嘉禮)에 속한다. 본조(本朝)의 예를 살펴보면 가례에 음악을 사용하지 않은 예는 없었고 더구나 향사(享祀)는 길례(吉禮)에 속하는데도 오히려 음악을 사용하였다. 본궁(本宮)의 사체는 또한 태묘와 차이가 있다. 이처럼 행해도 되는지 행하면 안 되는지 의심이 가는 의절의 경우에는 의장(儀章)을 극진히 한 뒤에야 선조를 추모하는 나의 정성에 위안이 될 것이니, 의주에 음악을 사용하는 것으로 마련하라."

하였다.

31 **찬홀** 의식(儀式)이 있을 때 홀기(笏記)를 맡아 읽는 일을 말한다.

32 **전전번……때** 태조와 태종에게 존호를 추상한 것을 말한다.《肅宗實錄 9年 6月 12日》

○ 같은 날

전교하였다.

"책인을 올릴 때 음악을 사용하기로 정하였으니, 집례가 찬홀(贊笏)[31]을 담당해야 한다. 비록 제례(祭禮)는 아니더라도 신주를 출납하는 데 대축(大祝)을 두니, 찬홀을 담당할 집례를 마련하는 것이 불가할 것이 없을 것이다. 이러한 뜻으로 예조와 이조에 분부하라. 또 전도(前導)로 말하면 예의사가 전도하는 경우가 제향에서만 있는 것이 아니니, 예의사로 마련하는 것도 불가하지 않을 것이다. 이런 뜻도 예조와 이조로 하여금 잘 알게 하라."

○ 같은 달 20일

전교하였다.

"어제 경모궁에 존호를 올릴 때 음악을 연주하는 것에 대한 타당성 여부를 수의(收議)한 것으로 인하여 이미 비답에서 대략 말하였다. 그런데 다시 생각해 보니, 전전번 계해년(1683, 숙종 9) 존호를 올릴 때[32] 묘문(廟門) 안에서 음악을 연주하지 않은 것은 시호를 올리는 것이 존호를 올리는 것과 차이가 있기 때문에 그렇게 한 것인가? 그렇지 않다면 처음으로 행하는 의식이기 때문에 담당 관사가 미처 다 상고하지 못한 결과인가? 친히 올리는 예는 선조(先朝) 임진년(1772, 영조 48)부터 시작하였는데, 해당 조(曹)가 단지 사신(使臣)을 보내 대신 올릴 때의 의주(儀註)만을 사용하였으니, 음악 연주가 소루했던 것은 이상한 일일 뿐이 아니다. 더구나 존호를 올리는 데 대한 도감을 설치한 뒤에는 으레 도감에서 제술관(製述官)을 차출하여 악장(樂章)을 지어 올리니, 그 법의(法意)는 대개 관현악(管絃樂)으로 연주하게 하려는 것이다. 그런데 근래에는 쓸모없는 형식이 되어 버렸으니, 크게 흠이 되는 일이다. 경모궁에 존호를 올릴 때 이미 음악을 연주하기로 했으면 어찌 악가(樂歌)가 없을 수 있겠는가. 지어 놓은 악장문(樂章文)인 〈이명곡(离明曲)〉은 당상(堂上)과 당하(堂下)의 음악에 통용되니, 의주에 헌가(軒架)는 〈이명지악(离明之樂)〉의 악을 연주하고, 등가(登歌)는 〈이명지악〉을 연주하는 것으로 첨서(添書)하라고 분부하라. 묘정(廟庭)에서 음악을 사용하는 한 조항은 압존(壓尊)의 혐의가 없지 않으니, 다시 널리 하문하여 모든 의견이 하나로 귀결되기를 기다려 결정하겠다. 또 찬홀을 담당할 집례를 차출하지 않고 전도(前導)하는 일을 통례(通禮)에게만 미루는 것은 사체로 볼 때 너무 구차하다. 의논하는 자들이 만일 '제례(祭禮)가 아니므로 재관(齊官)을 쓰는 것은 불가하다.'라고 한다면 이 또한 그렇지 않은 점이 있다. 관경(觀耕)하거나 관예(觀刈)하는 때에도 예의사가 전도하는 경우가 있으니, 참조할 단서가 되기에 충분하다. 지금 이후로 태묘에 책보를 올릴 때는 집례가 찬홀을 담당하고, 예의사가 전도하는 것으로 정식을 삼아 시행하라."

○ **악장(樂章) 〈이명곡(离明曲)〉**

이명[33]이 널리 비추어	离明普照
동방이 크게 받았으니	丕冒震方
훌륭한 명성과 명망이 있어	令聞令望
아름답게 빛이 났었네	休有烈光
후손에 길을 열어 놓으니	克開厥後
높이 보답하며 크게 선양하고	崇報顯揚
궁원은 엄숙하고	宮園肅肅
종고 소리 우렁차다	鍾鼓喤喤
근원이 깊고 원대하여	根深源遠
길이 상서로움을 발하였고	長發其祥
둥근 달과 빛나는 별이	月輪星輝
치성하고 번창하게 하였네	俾熾而昌
근본을 더듬어서 미덕을 천양하니	溯本闡徽
보책이 이에 빛나고	寶冊斯煌
우리 임금 효성을 빌려	假我王孝
무궁히 인도하고 도우시리라	啓佑無疆

제술관 지중추부사 정민시(鄭民始)

33 이명 해를 말한다. 《주역(周易)》 〈설괘전(說卦傳)〉에 "이는 불이 되고 해가 된다.〔离爲火爲日〕" 하였다. 군왕의 밝은 통찰력을 말하기도 하고, 왕위를 계승할 세자를 지칭하기도 한다.

○ 같은 날

전교하였다.

“책보를 올린 뒤에, 책보를 내고(內庫)로 옮겨 두었다가 심도(沁都 강화)로 내려보내는 것이 사체로 볼 때 너무 소홀하기 때문에 작년부터 내각(內閣)이 주장하여 거행하는 것으로 이미 정식을 삼았다. 다만 심도로 옮겨 봉안(奉安)할 때 받들어 내가는 의절만을 정하였으니, 이번에 거행할 때 반드시 제약이 많을 것이다. 이제부터 존호를 올린 뒤에는 의당 일정한 규식이 있어야 할 것이니, 내각은 이렇게 잘 알고 있으라. 이후로 책보를 올린 다음 날 각신(閣臣)이 정전(正殿) 월대(月臺)에 나아가 전궁(殿宮)의 책보와 책인을 내가겠다고 청하여 임시로 규장각에 봉안했다가 길일을 잡아 받들고 심도로 나가라. 현재 기전(畿甸)이 민력(民力)을 동원하기에 어려움이 있으니, 추수가 끝나기를 기다리거나 혹은 이후 포쇄(曝晒)할 연차에 미품(微稟)한 뒤 길일을 잡아 거행하도록 일체 알게 하라.”

○ 같은 달 28일

전교하였다.

“모레 경모궁에 책인을 올릴 때 책인을 실은 요채여(腰彩轝)는 연(輦) 앞에서 받들고 나아가고, 운검(雲劍)과 보검(寶劍) 이상의 시위는 책인 앞에서 전도(前導)하며, 가전(駕前) 전부 고취(前部鼓吹)도 책인 앞에 진열하며, 향축은 요채여 앞에 받들고 나아가라고 미리 분부하라. 태묘에 책보를 올릴 때에도 이미 행해진 전례가 있는데, 제물의 진설을 만일 책인을 올린 뒤에 한다면 반드시 군색함이 많을 것이니, 당일 이른 아침에 미리 찬구(饌具)를 들여 진설하라. 이와 같다면 제기를 살피는 일은 형편상 몸소 행하기 어렵겠으니, 종헌관이 섭행하는 일을 잘 알게 하라.”

○ 같은 달 29일

전교하였다.

“내일 출궁할 때에 명정전(明政殿) 뜰의 대차(大次)에 나가 있다가, 책인을 받들고 나아갈 때에 뒤따라 모시고 갈 것이니, 이렇게 분부하라."

○ 같은 날

전교하였다.

"경모궁의 책인을 연(輦) 앞에서 모시고 나아가겠다고 방금 하교하였고, 어제도 가전 시위(駕前侍衛)를 책인 앞에 진열시키도록 이미 하교하였다. 그렇다면 요채여 뒤에 차비관 및 도감 당상·낭청이 반열을 지어 모시고 따라가게 되니, 그렇다면 필시 혼잡한 폐단이 많을 것이다. 도감 도제조 이하부터 감조관 및 봉안·독안·욕석 집사 등은 모두 연 앞에서 반열을 지어 전도(前導)하고, 책여와 인여의 뒤에는 단지 독책인관, 봉책인관만 모시고 나아가도록 미리 분부하라. 도감이 이와 같이 기일에 앞서 분부한 뒤에 만에 하나라도 어그러지는 일이 있다면 도감의 당상과 낭청은 제대로 검칙하지 못한 책임을 면하기 어려울 것이니, 각자 깊이 유념하고 거행하게 하라."

○ 존호를 가상할 때의 응행 절목

○ 책인을 도감에서 궐에 내올 때 도감 도제조 이하 및 예조의 당상과 낭청은 모두 조복(朝服) 차림으로 배진(陪進)한다. 책인을 싣는 채여는 도감이 마련하고, 궐에 나아갈 때 및 궐내에 들였다가 궐내에서 내와 경모궁에 나아갈 때 세장(細仗), 고취(鼓吹), 전도(前導), 지로치(指路赤), 고훤 군사(考喧軍士), 금도 부장(禁導部將) 및 궐내에 경모궁을 임시 봉안할 악차, 함·보자기, 상(牀)·안(案) 등의 일을 모두 각 해당 관사로 하여금 전례를 상고하여 거행하게 하고 도감이 검칙한다.

○ 책인을 도감에서 궐내로 배진할 때 및 경모궁에 나아갈 때 도로는 한성부로 하여금 청소를 검칙하게 하는데, 깨끗이 치우고 황토를 깔게 한다.

○ 책인을 맡는 여러 집사는 이조에서 이미 입계하여 충찬위 12인에 해당하는 실차와 예차를 모두 병조로 하여금 미리 차출하여 정하도록 하였으니, 습의 때와 당일에 모두 참석하게 한다. 이 밖에 각 차비도 도감으로 하여금 각 해당 색장에 분부하여 일일이 차송하게 하고, 각 차비는 책인을 도감에서 궐내에 들이고 내갈 때 및 경모궁에 나아갈 때 그대로 행한다.

○ 책인 습의 때 도감 도제조 이하 여러 집사가 조복을 입고 일제히 도감에 모인다. 책인을 궐내에 들이고 내간 다음 경모궁에 나아가는 절차는 습의할 때 응당 행할 기구·장막 배설, 함(函)·보자기〔袱〕 등의 일과 아울러 각 해당 관사로 하여금 정돈하고 대령하게 하고, 도감이 검칙한다. 소용되는 가보(假寶) 등의 조성은 전교에 의거하여 마련하지 않는다.

○ 책인을 궐에 나아가 궐내로 들이고 내갈 때 임시로 안치할 악차를 명정전 안과 경모궁 신문 밖에 설치하고, 각처에 배설할 포진(鋪陳)·욕석(褥席) 등의 물품은 각 해당 관사로 하여금 진배하게 하고, 도감이 검칙한다.

○ 존숭하는 성대한 예에는 으레 악장문(樂章文)이 있어야 하니, 규례대로 도감으로 하여금 지어 올리도록 한다.

○ 이번 대례 때에 백관 및 여러 집사는 모두 복제(服制), 식가(式暇)를 정지하고, 추고(推考) 중인 인원도 아울러 참여한다.

○ 추상 존호 책인을 궐내에서 내오는 의절

기일에 앞서 전설사가 책인을 임시로 안치할 악차를 명정전 동쪽 계단 위 동쪽 가까이에 서향으로 설치한다. 당일 도감 도제조 이하, 예조의 당상과 낭청 및 봉책인관은 각각 조복(朝服)을 갖추어 입는다. 인의의 인도를 받아 도제조 이하가 악차 앞에 나아가 무릎을 꿇는다. 근시 또한 조복 차림으로 악차 앞에 나아가 무릎 꿇고, 책인을 내오기를 계청한다. 내시가 책인을 받들고 나와 근시에게 주고 근시는 무릎 꿇고 받아 무릎 꿇고 도제조 앞에 올린다. 도제조는 무릎 꿇고 받아 봉책인관에게 주고, 봉책인관은 각각 차례로 무릎 꿇고 받아 악차 내에 임시로 봉안한다. 도제조 이하 및 근시는 이에 물러나 머무르고, 예조 낭청은 숙위(宿衛)한다.

○ 추상 존호 책인을 받들어 내올 때 전하가 지영(祗迎)하는 의절

당일 액정서(掖庭署)가 전하의 지영위(祗迎位)를 명정전 뜰에 동쪽 가까이에 적당한 지형을 따른다. 설치하고, 소차(小次)를 그 뒤에 설치한다. 받들어 내올 때, 거의 이르면 전하가 원유관(遠遊冠)과 강사포(絳紗袍)를 갖추고 여(輿)를 타고 나온다. 좌우 통례가 앞에서 인도하여 소차 앞에 이르면, 좌통례가 무릎 꿇고, 여에서 내리기를 계청한다. 전하가 여에서 내려 소차에 들어간다. 도감 도제조 이하, 예조 당상과 낭청, 봉책인관이 각각 조복(朝服)을 갖추어 입고 들어와 명정전에 나아가 책인을 받들어 내와 요채여(腰彩轝)에 안치한다. 세장(細仗), 고취(鼓吹)가 앞에서 인도하여 명정전 뜰에 거의 이르면 좌통례가 무릎 꿇고, 소차에서 나오기를 계청한다. 전하가 소차에서 나온다. 좌통례가 무릎 꿇고, 규(圭)를 잡기를 아뢰고, 근시가 무릎 꿇고 규를 올리면, 전하가 규를 잡는다. 좌우 통례의 인도로 전하가 지영위에 나아가 서쪽을 향하여 선다. 좌통례가 무릎 꿇고, 몸을 굽히기를 아뢰면, 전하가 몸을 굽힌다. 지나가면 몸을 펴기를 계청하고, 전하가 몸을 편다. 좌통례가 무릎 꿇고, 규를 놓기를 아뢰면, 전하가 규를 놓고, 근시가 무릎 꿇고 규를 받는다. 전하가 뒤를 따라 궁을 나가기를 의식대로 한다. 출궁하고 환궁하는 의절(出還宮儀)에 있다. 도감 도제조 이하가 뒤따라 홍화문(弘化門) 밖에 이른다. 종친과 문무백관은 평상시와 같이 지영한다. 이어 가전(駕前)에서 모시고 나아가는 전도(前導)가 경모궁에 이르러 악차 신문(神門) 밖에 있다. 에 안치한다.

○ 추상 존호 책인을 경모궁에 나아가 임시로 봉안하는 의절

기일에 앞서 전설사가 악차를 경모궁 신문 밖 북쪽 가까이에 남향으로 설치한다. 당일 도감 도제조 이하, 예조 당상과 낭청, 봉책인관이 각각 조복(朝服)을 입고 명정전 계단 위에 나아간다. 때가 되면 근시도 조복 차림으로 명정전 계단 위로 나아간다. 승전(承傳)이 나와 자리에 나아가 책인을 받들어 내시가 함께 든다. 무릎 꿇고 근시에게 준다. 근시가 무릎 꿇고 받아서 도감 도제조에게 주면 도제조가 무릎 꿇고 받아서 봉책인관에게 주고, 봉책인관이 차례로 무릎 꿇고 받아서 각각 요채여에 안치한다. 세장과 고취가 앞에서 인도하고, 도감 도제조 이하, 예조 당상·낭청이 뒤따라 경모궁에 나아가 정문을 거쳐 들어가 악차 앞에 나아간다. 도감 도제조 이하가 북쪽을 향하여 서고, 봉책인관은 각각 책과 인을 받들어 악차 내에 안치한다. 도감 도제조 이하는 물러나 머무르고 예조 정랑은 숙위(宿衛)한다.

○ 추상 존호 책인을 친히 올리는 의절

1일 전에 전의(典儀)가 임시로 봉안할 책인위(冊印位)를 묘(廟) 서쪽 계단 아래에 욕석(褥席)을 깔아 놓는다. 동향으로 설치한다. 전악(典樂)이 소속 인원을 거느리고 등가(登歌)의 악을 당 위의 앞쪽 기둥 사이에, 헌현(軒懸)은 앞뜰에 모두 북향으로 설치한다. 전하의 판위는 동쪽 계단 아래에 북향으로 설치하고, 또 욕위를 계단 위에 북향으로 설치한다. 도감 도제조 이하, 독책관, 독인관, 봉책관, 봉인관, 거책인안자(擧冊印案者)의 자리는 동쪽 계단 아래에 자리를 달리하여 설치하되, 모두 두 줄로 북쪽을 향하게 하고 서쪽을 상위로 한다. 계단 위 집례의 자리는 동쪽 계단 위에, 좌우 통례와 계단 아래 집례, 대치사관(代致詞官), 찬의, 인의의 자리는 동쪽 계단 아래에 모두 서향으로 설치한다. 종친과 문무백관의 자리는 묘정(廟庭)의 좌우에 설치한다. 외위(外位)는 신문(神門) 밖 좌우에 평상시와 같이 설치한다. 때가 되면 궁사(宮司)가 소속 인원을 거느리고 실(室)을 연다. 종친과 문무백관은 각각 조복(朝服)을 입고 4품 이상은 조복, 5품 이하는 흑단령(黑團領)을 입는다. 도감 도제조 이하도 조복을 입고 먼저 손을 씻는다. 모두 외위에 나아간다.

친히 책인을 올릴 때가 되면 집례, 찬의, 인의, 대치사관이 먼저 들어가 자리에 나아가 재배한다. 인의가 나누어 인도하여 종친과 문무백관이 들어가 자리에 나아가게 한다. 인의의 인도로 봉책관, 봉인관, 거책인안자가 신문 밖 책인안 앞에 나아가 각각 책과 인 및 안을 받들고 정문을 경유하여 들어간다. 헌가(軒架)가 〈이명지악(离明之樂)〉을 연주한다. 도감 도제조 이하가 따라가 서쪽 계단 욕위(褥位)에 이른다. 거안자가 안을 각각 욕위에 두고, 봉책관, 봉인관은 각각 책과 인을 안에 안치한다. 음악이 그친다. 책은 북쪽에 두고, 인은 남쪽에 둔다. 각각 위(位)를 설치하는 것도 그와 같다. 인의의 인도로 도감 도제조 이하가 자리에 나아간다. 또 인의의 인도로 대축이 묘정 가운데로 나아가 북쪽을 향하여 재배한다. 이어 관세위에 나아가 손을 씻고 수건에 닦는다. 동쪽 계단으로 올라가 들어가 신좌(神座) 앞에 나아간다. 궤를 열고 신주를 받들고 나와 좌(座)에 설치하고 보(巾)로 덮는다. 좌통례가 소차(小次) 앞으로 나아가 무릎 꿇고 중엄(中嚴)을 아뢴다. 조금 있다가 또 외판(外辦)을 아뢴다. 전하가 면복을 갖추고 손을 씻고 수건에 닦은 다음 규를 잡고 나온다. 예의사가 앞에서 인도하여 전하가 판위에 나아가 북쪽을 향하여 서게 한다. 집례가 "재배하시오." 하면, 예의사가 무릎 꿇고, 몸을 굽혀 재배하고 일어나 몸을 펴기를 계청하고, 전하가 몸을 굽혀 재배하고 일어나 몸을 편다. 도감 도제조 이하 및 종친과 문무백관도 똑같이 한다. 찬의도 창한다. 예의사의 인도로 전하가 계단 위 욕위로 나아가 북쪽을 향하여 선다. 예의사가 무릎 꿇고, 무릎 꿇기를 계청하면, 전하가 무릎을 꿇는다. 도감 도제조 이하 및 종친과 문무백관이 무릎을 꿇는다. 대치사관이 동쪽 계단으로 올라가 들어가 신좌 앞에 나아가 북쪽을 향하여 무릎을 꿇는다.

치사(致詞)에 "종자(從者)인 국왕 어휘(御諱) 은 삼가 존호를 추상하고 죽책과 옥인을 받들어 올립니다." 하고, 고하기를 마치면 대치사관이 부복하였다가 일어나 내려와 자리로 돌아온다. 예의사가 무릎 꿇고, 부복하였다가 일어나 몸을 펴기를 계청한다. 전하가 부복하였다가 일어나 몸을 펴고, 도감 도제조 이하 및 종친과 문무백관이 부복하였다가 일어나 몸을 편다. 찬의도 창한다. 예의사의 인도로 전하가 다시 자리로 돌아온다. 집례가 "재배하시오." 하면, 예의사가 무릎 꿇고, 몸을 굽혀 재배하고 일어나 몸을 펴기를 계청하고, 전하가 몸을 굽혀 재배하고 일어나 몸을 편다. 도감 도제조 이하 및 종친과 문무백관도 똑같이 한다. 찬의도 창한다. 예의사의 인도로 전하가 조금 동쪽에 서쪽을 향하여 선다. 인의의 인도로 봉책관과 봉인관이 모두 서쪽 계단 아래 책인안 앞에 나아가 서쪽을 향하여 무릎을 꿇고 각각 책과 인을 받들고 일어나 등가가 〈이명지악〉을 연주한다. 차례로 나아간다. 거책인안자가 각각 책안, 인안을 받들고 따라간다. 책인이 거의 이르면, 예의사가 무릎 꿇고, 몸을 굽히기를 아뢰고, 전하가 몸을 굽힌다. 지나가면 무릎 꿇고, 몸을 펴기를 아뢰고, 전하가 몸을 편다. 도감 도제조 이하 및 종친과 문무백관도 똑같이 한다. 찬의도 창한다.

인의의 인도로 도감 도제조가 동쪽 계단으로 올라가고, 독책관과 독인관이 따라서 올라간다. 예의사의 인도로 전하가 계단 위 욕위로 나아가 북쪽을 향하여 선다. 예의사가 무릎 꿇고, 무릎 꿇고 규를 꽂기를 계청하고, 전하가 무릎 꿇고 규를 꽂는다. 만일 꽂기가 불편하면 근시가 받아 든다. 도감 도제조 이하 및 종친과 문무백관도 똑같이 한다. 찬의도 창한다. 거안자가 각각 책안과 인안을 받들어 향안(香案) 앞에 안치한다. 책안은 동쪽에, 인안은 서쪽에 두되, 먼저 욕석(褥席)을 깔아 놓는다. 봉책관과 봉인관이 각각 책함과 인함을 받들어 무릎 꿇고 도감 도제조에게 주면 도제조가 차례로 무릎 꿇고 책함과 인함을 받아 무릎 꿇고 전하에게 올린다. 전하가 받아서 도승지에게 준다. 예방 승지가 마주 든다. 도승지가 무릎 꿇고 받아서 봉책인관에게 주면 봉책인관이 무릎 꿇고 받아서 묘내(廟內)에 나아간다. 도승지 및 예방 승지가 책함과 인함을 전해 받아서 차례로 안(案)에 안치한다. 음악이 그친다.

거독책인안자가 임시로 독책인안을 향안 앞에 설치한다. 예의사가 무릎 꿇고, 규를 잡고 부복하였다가 일어나 조금 물러나 북쪽을 향하여 무릎 꿇기를 계청한다. 전하가 규를 잡고 부복하였다가 일어나 조금 물러나 북쪽을 향하여 무릎을 꿇는다. 봉책관이 나아가 무릎 꿇고 함을 열고 책을 펼친다. 등가가 음악을 연주한다. 독책관이 나아가 북쪽을 향하여 무릎을 꿇는다. 음악이 그친다. 책을 읽기를 마치고 등가가 음악을 연주한다. 부복하였다가 일어나 다시 자리로 돌아간다. 봉책관이 책을 다시 함에 안치하고 함을 받들고 일어난다. 거책안자가 무릎 꿇고 안(案)을 신좌 앞에 두고 부복하였다가 일어난다. 봉책관이 무릎 꿇고 책함을 안에 두고 음악이 그친다. 부복하였다가 일어난다. 봉책관 및 거안자는 모두 내려와 자리로 돌아간다. 봉인관이 나아가 무릎 꿇고 인록(印盝)을 받들고 등가가 음악을 연주한다. 안에 안치하고 인록을 열어 인을 든다. 독인관이 나아가 북쪽을 향하여 무릎을 꿇는다. 음악이 그친다. 인을 읽기를 마치고 등가가 음악을 연주한다. 부복하였다가 일어나 다시 자리로 돌아간다.

봉인관이 인을 도로 녹(盝)에 안치하고 녹을 들고 일어난다. 거인안자가 무릎 꿇고 안을 신좌 앞에 두고 책은 동쪽에, 인은 서쪽에 둔다. 부복하였다가 일어난다. 봉인관이 무릎 꿇고 인록을 안에 올려 둔다. 음악이 그친다. 봉인관 및 거인안자가 부복하였다가 일어나 내려와 다시 자리로 돌아간다. 인의의 인도로 도감 도제조 이하가 다시 자리로 돌아간다. 예의사가 무릎 꿇고, 부복하였다가 일어나 몸을 펴기를 계청한다. 전하가 부복하였다가 일어나 몸을 펴고, 종친과 문무백관도 똑같이 한다. 찬의도 창한다. 예의사의 인도로 전하가 다시 자리로 돌아간다. 집례가 "재배하시오."

하면, 예의사가 무릎 꿇고, 몸을 굽혀 재배하고 일어나 몸을 펴기를 계청하고, 전하가 몸을 굽혀 음악이 연주된다. 재배하고 일어나 몸을 편다. 음악이 그친다. 도감 도제조 이하 및 종친과 문무백관도 똑같이 한다. 찬의도 창한다. 대축이 신주를 들이기를 평상시와 같이 한다. 집례가 "예가 끝났습니다." 하면 찬의도 창한다. 좌통례가 무릎 꿇고 예가 끝났음을 아뢴다. 예의사의 인도로 전하가 다시 재전(齋殿)에 들어간다. 인의의 인도로 도감 도제조 이하 및 종친과 문무백관이 나간다.

○ 같은 해 4월 1일

전교하였다.

"경모궁에 존호를 추상(追上)할 때의 죽책문 제술관(竹冊文製述冠)인 대제학 황경원(黃景源), 옥인전문 서사관(玉印篆文書寫官)인 좌참찬 윤동섬(尹東暹)은 모두 가자(加資)하고, 죽책문 서사관(竹冊文書寫官)인 개성유수(開城留守) 서유방(徐有防)에게는 숙마(熟馬) 1필(匹)을 면급(面給)하고, 악장문 제술관(樂章文製述官)인 우참찬 정민시(鄭民始)에게는 반숙마(半熟馬) 1필을 사급(賜給)하고, 책인 대거 승지(冊印對擧承旨) 윤숙(尹塾)·박우원(朴祐源)과 신주 출납 대축(神主出納大祝)인 규장각 직각 정동준(鄭東浚), 독책관(讀冊官)인 부사과 엄사만(嚴思晩), 독인관(讀印官)인 부교리 이정규(李鼎揆)는 모두 가자하고, 봉책 집사(捧冊執事)인 사복시 정 조흥진(趙興鎭)·이조 좌랑 이집두(李集斗), 봉인 집사(捧印執事)인 부교리 이노춘(李魯春)·겸 규장각 대교 이곤수(李崑秀)에게는 각각 반숙마 1필을 사급하고, 거책안 집사(擧冊案執事)인 사복시 첨정 이정모(李正模)·군자감 주부 이기양(李基讓), 욕석 집사(褥席執事)인 부사과 홍병은(洪秉殷), 거독안 집사(擧讀案執事)인 부사과 이구영(李耈永), 욕석 집사인 공조 정랑 윤달동(尹達東), 거인안 집사(擧印案執事)인 형조 정랑 이두원(李斗源)·내섬시 직장 남인구(南麟耈), 욕석 집사인 호조 정랑 한대유(韓大裕), 거독안 집사인 공조 좌랑 정동교(鄭東敎)에게는 각각 아마(兒馬) 1필을 사급하라. 욕석 집사인 사릉 참봉(思陵參奉) 임성운(林性運)은 별도로 상전을 시행하였으니 논하지 말라. 통례원 좌통례 이중복(李重馥), 우통례 유영진(柳榮鎭)은 모두 가자하고, 대치사관(代

致詞官)인 인의 최정(崔珽)은 그에 상당하는 관직에 자리가 나기를 기다려 즉시 조용(調用)하고, 진치사관(進致詞官)인 부정자(副正字) 조제로(趙濟魯)는 6품으로 올리고, 찬홀(贊笏)인 찬의 박종해(朴宗海), 노창(臚唱)인 인의 김동람(金東覽)·최정(崔珽)은 모두 찰방에 제수하되 그중에 이미 지낸 사람은 모두 그에 상당하는 관직에 제수하라. 인접(引接)인 인의 김광적(金光績) 등 5인에게는 각각 아마 1필을 사급하고, 사지(事知)인 통례원 서원 김익화(金益和)에게는 첩가(帖加)를 만들어 주라."

○ 같은 날

전교하였다.

"경모궁에 존호를 추상하고 나서 친제할 때의 아헌관인 행 판중추부사 서명선(徐命善)과 종헌관인 의정부 좌의정 홍낙성(洪樂性)은 아들, 사위, 아우, 조카 중에서 관직을 제수하라. 진폐찬작관인 이조 판서 유언호(兪彦鎬), 전폐찬작관인 이조 참의 김희(金憙), 천조관인 호조 판서 서유린(徐有隣), 예의사인 예조 판서 서호수(徐浩修)에게는 각각 숙마 1필을 사급하라. 전사관(典祀官)인 봉상시 정 김익휴(金翊休), 궁사(宮司)인 본궁의 영(令) 김희채(金熙采)에게는 각각 아마 1필을 사급하라. 당상 집례(堂上執禮)인 행 부사직 이시수(李時秀)에게는 반숙마 1필을 사급하라. 대축(大祝)인 부사과 김재찬(金載瓚)은 가자하라. 당하 집례(堂下執禮)인 이조 좌랑 이집두(李集斗), 집준(執樽)인 부교리 이노춘(李魯春), 축사(祝史)인 사복시 정 조흥진(趙興鎭), 재랑(齋郞)인 수찬 임도호(林道浩), 협률랑(協律郞)인 장악원 정 김화중(金和中), 장생령(掌牲令)인 전생서 주부 김화검(金華儉)에게는 각각 아마 1필을 사급하라. 봉조관(捧俎官)인 호조 정랑 한대유(韓大裕)·부사과 김정진(金鼎鎭)·공조 좌랑 정동교(鄭東敎), 관세위(盥洗位)인 병조 좌랑 이민채(李敏采)·예조 정랑 이경유(李敬裕), 작세위(爵洗位)인 병조 좌랑 이현도(李顯道)·전적 심갱(沈鏗), 아헌과 종헌의 관세위인 전적 김희섭(金禧燮)은 각각 한 자급을 더하되, 자궁(資窮)에 해당할 경우에는 대가(代加)하라. 찬자(贊者)인 인의 김동람(金東覽)·최정(崔珽), 알자(謁者)인 겸인의(兼引儀) 권임형(權任衡)·인의 김언국(金彦國), 찬인(贊引)인 겸인의 김재수(金載遂)·정우(鄭

瑀)에게는 각각 상현궁(上弦弓) 1장(張)을 사급하라. 제감(祭監)인 감찰 임희일(任希一)과 김이순(金履淳)에게는 각각 아마 1필을 사급하라. 향축(香祝)을 배행(陪行)한 향실 관원(香室官員)[34]인 교서관 박사 서승수(徐昇修)는 승진시켜 서용(敍用)하고, 충의(忠義) 남헌명(南獻明)은 해당 아문으로 하여금 고품(高品)에 부료(付料)하게 하라. 주시관(奏時官) 김이의(金履義) 등 3인에게도 해당 아문으로 하여금 고품에 부료하게 하라. 종묘 사지 수복(宗廟事知守僕) 박창언(朴昌彦)과 김상례(金尙禮)에게는 첩가를 만들어 주고, 그 나머지 거행한 수복들에게는 해당 조로 하여금 미포(米布)를 넉넉히 제급(題給)하게 하라."

○ 같은 날

전교하였다.

"경모궁 제조인 호조 판서 서유린(徐有隣)과 예조 판서 서호수(徐浩修)에게는 각각 숙마 1필을 사급하라. 궁사인 본궁의 영 김희채(金熙采)는 승진시켜 서용하라. 본궁 관원인 직장(直長) 박종경(朴宗敬), 봉사(奉事) 박경규(朴敬圭)는 모두 특별히 6품으로 올리라. 오늘 정사에서 직위를 올려 천전(遷轉)시킨 본궁의 행수 수복(行首守僕)들에게는 이름을 물어서 첩가를 만들어 주고, 그 나머지 수복 및 본궁에 입역(立役)한 하속(下屬)들은 모두 해당 조로 하여금 미포를 가장 넉넉하게 조처하는 예로 제급하게 하라. 본궁에 입직한 부장(部將) 원광후(元光厚)는 6품으로 올리되, 이미 6품에 올랐으면 승진시켜 서용하라. 수문군(守門軍)도 해당 조로 하여금 미두(米斗)를 분급하게 하라. 궁 아래에 새로 모집하여 들어온 민호는 2년에 한하여 역(役)을 면제해 주고, 원래부터 거주한 민호는 1년에 한하여 역을 면제해 주고, 새로 옮겨 와 살게 된 반민(泮民)은 현방속(懸房贖)[35]을 1년에 한하여 다시 면제해 주도록 하라."

○ 같은 날

전교하였다.

"경모궁에 존호를 추상할 때와 친제할 때에 입시한 승지인 행 도승지 윤숙(尹塾), 좌승지 박우원(朴祐源), 우승지 김우진(金宇鎭), 좌부승지

34 향실 관원 향실(香室)에 소속된 관원이다. 향실은 조선조 때 교서관(校書館) 소속으로, 나라의 크고 작은 제사에 쓰는 향(香)과 축문(祝文)을 맡았던 직소(職所)이다.

35 현방속 현방(懸房)은 육류를 판매하는 푸줏간이다. 반인(泮人)이 그 파는 일을 맡았는데, 고기를 걸어 놓고 파는 까닭에 현방이라 부른다.《국역 신증동국여지승람 제3권 한성부 포사(庖肆)》 현방속은 곧 푸줏간에서 내는 속전(贖錢)이다.

36 **본 도감 의궤** 정순왕후(貞純王后), 혜경궁(惠慶宮), 경모궁(景慕宮)에 존호를 올린 《상호도감의궤(上號都監儀軌)》를 말한다. 이때 왕대비전 가상존호도감(王大妃殿加上尊號都監), 경모궁 추상존호도감(景慕宮追上尊號都監), 혜경궁 가상존호도감(惠慶宮加上尊號都監)을 설치하여 각각 존호를 올리는 예를 같은 날에 행하였는데, 이를 합하여 편성한 의궤이다.

37 **장황** 배접한 표지를 대고 책을 꾸며 만드는 일이다.

조정진(趙鼎鎭), 우부승지 서정수(徐鼎修), 동부승지 김노순(金魯淳)과 각신인 제학 김종수(金鍾秀)·유언호(兪彥鎬), 검교직제학 정민시(鄭民始)·서호수(徐浩修), 직제학 정지검(鄭志儉)·서유방(徐有防), 검교직각 김희(金憙)·김재찬(金載瓚)·서용보(徐龍輔), 직각 정동준(鄭東浚), 대교 이곤수(李崑秀)에게는 각각 반숙마 1필을 사급하라. 주서 조연덕(趙衍德)과 가주서 정경조(鄭景祚)는 모두 6품으로 올리라. 사관(史官) 윤행임(尹行任)과 겸춘추 김건수(金健修)에게는 각각 아마 1필을 사급하라. 본 도감 의궤[36] 6건을 수정하고 장황(粧䌙)[37]해서 1건은 예조에 남겨 두고, 1건은 춘추관에 보내 남겨 두고, 4건은 강화부, 태백산, 오대산, 적상산성(赤裳山城) 등지에 나누어 보내라."

어제御製

○ 영우원표석음기(永祐園表石陰記)

사도장헌세자(思悼莊獻世子)는 숭정(崇禎) 기원후(紀元後) 108년 을묘년(1735, 영조 11) 1월 21일에 탄생하였다. 처음에는 원자(元子)에 봉해지고 병진년(1736, 영조 12) 왕세자에 책봉되었으며, 기사년(1749, 영조 25) 대리청정(代理聽政)의 명을 받았다. 임오년(1762, 영조 38) 윤5월 21일에 홍서(薨逝)하였으니, 수(壽)가 28세였다. '사도(思悼)'라는 시호를 받고 7월 23일 양주(楊州) 남쪽 중량포(中梁浦) 배봉산(拜峯山) 갑좌(甲坐)의 언덕에 안장되었다.

이 소자(小子)가 즉위하던 해인 병신년(1776) 8월[38] 시호를 '장헌(莊獻)'으로 추상(追上)했으며, 원(園)은 '영우(永祐)', 궁(宮)은 '경모(景慕)'라 하였다.

빈(嬪)은 풍산 홍씨(豐山洪氏)로 의정부 영의정 홍봉한(洪鳳漢)의 따님이다. 2남 2녀를 두셨는데, 맏이 휘(諱) 는 의소세손(懿昭世孫)이고 다음 어휘(御諱) 이 바로 이 소자이다. 청연군주(淸衍郡主)는 광은부위(光恩副尉) 김두성(金斗性)에게 시집가고, 청선군주(淸璿郡主)는 흥은부위(興恩副尉) 정재화(鄭在和)에게 시집갔으며, 그 밖에 또 서남(庶男) 3명과 서녀(庶女) 1명이 있다.

숭정 기원후 149년(1776, 정조 즉위년) 7월 16일, 소자는 피눈물 흘리며 글을 짓고 아울러 새긴다.

○ 궁원의인(宮園儀引)

너무도 슬프면 말이 길어지지 않고, 너무도 괴로우면 마음에 아무런 느낌이 없다. 소자가 지금 15년을 죽지 않고 살고 있는데, 죽을 줄 몰라서가 아니라 선왕의 은혜를 입어 대기(大基)를 이어받고 있기 때문이다.

이제 선친께 시호를 '장헌(莊獻)'으로 올리고 궁(宮)은 '경모(景慕)', 원(園)은 '영우(永祐)'로 하여 종백신(宗伯臣 예조 판서)으로 하여금 모든 의식

38 8월 《승정원일기》 정조 즉위년 3월 20일 기사에 시호, 원호, 궁호를 정한 내용이 나오고, 8월 17일 기사에 추시(追諡)하는 예를 행하고 교서를 반포한 내용이 실려 있다. 이 기문 말미에 이해 7월 16일에 쓰고 새겼다고 명기되어 있는 것을 보면, 3월의 오기인 듯하다.

을 그에 맞게 정하도록 하였다. 그리고 이에 수반하는 준뢰(尊罍 제기용 술잔)의 가짓수와 일무(佾舞)의 배열은 종묘(宗廟)보다 한 등급 낮게 정하였다. 이렇게 하는 소자의 마음을 아버님의 영령(英靈)께서 알아주시기를 바랄 뿐이다.

숭정 이후 세 번째 병신년(1776) 피눈물로 삼가 인(引)을 쓴다.

어필御筆

영종대왕의 어필은 구(舊) 정당(正堂) 정문 위 현판 글씨이다.
당저(當宁 정조) 어필은 본궁 대문 위 현판 글씨이다.

전교 傳教

여러 신하가 상주(上奏)한 말도 첨부하였다.

○ 정조 즉위년 병신(1776) 6월 5일

대신, 도감 당상, 호조 판서가 함께 입시했을 때 혼전도감 당상(魂殿都監堂上) 정상순(鄭尙淳)이 아뢰기를,

"경모궁 제기를 지금 이미 주조하였는데, 한데에 쌓아 두고 있으니 일이 매우 허술합니다. 만약 창경궁의 빈 관서 안에 두어 칸 되는 방사(房舍)를 얻어 우선 보관해 둔다면 좋을 듯합니다."

하니, 상이 이르기를,

"개건 당상으로 하여금 방안을 강구해서 경모궁에 모셔 두게 하라."

하였다. 정상순이 아뢰기를,

"그렇다면 효명전(孝明殿)[39]의 제기도 모셔 와야 합니다."

하니, 상이 그렇게 하라고 하였다.

○ 같은 해 12월 20일

대신과 비국 당상이 인견(引見)에 입시했을 때 겸 예조 판서 채제공(蔡濟恭)이 아뢰기를,

"경모궁의 전배(展拜)는 정식에 따라 봄·가을로 의당 품지하여 택일해야 합니다. 그런데 봄의 전배는 맹춘(孟春)이든 중춘(仲春)이든 정해진 하교가 아직 없으므로 감히 이렇게 우러러 여쭙니다."

하니, 상이 이르기를,

"세수(歲首)에 취품하라."

하였다. 채제공이 아뢰기를,

"봄 전배를 이미 맹춘으로 품정하였다면 가을 전배는 의당 맹추로 품정해야 합니다."

하니, 상이 그렇게 하라고 하였다.

39 효명전 영조(英祖)의 혼전(魂殿)으로, 경희궁(慶熙宮) 안에 있었다. 《增補文獻備考 卷60 禮考 魂殿》

○ 정조 1년 정유(1777) 1월 1일

예조가 아뢰기를,

"경모궁의 전배(展拜)를 매년 맹춘과 맹추에 취품하는 것으로 정식을 삼았습니다. 올봄 전배는 언제쯤으로 택일합니까? 감히 여쭙니다."

하니, 전교하기를,

"10일 전으로 택일하여 들이고, 선원전(璿源殿)의 전배도 함께 마련하라."

하였다.

○ 같은 날

예조가 아뢰기를,

"세수에 드릴 경모궁 전배는 10일 전으로 택일하여 들이도록 명을 내리셨습니다. 전알(展謁)하고 전배할 길일을 바로 일관(日官)에게 택하도록 하였더니, 오는 1월 6일과 8일이 모두 길하다고 합니다. 어느 날에 거행합니까? 감히 여쭙니다."

하니, 전교하기를,

"6일에 거행하라."

하였다.

○ 같은 해 3월 15일

도승지 홍국영(洪國榮)이 입시했을 때, 영우원(永祐園)의 새로 사들인 전답을 우선 수호군(守護軍)에게 경작을 허가하도록 탑전에서 하교하였다. 경모궁 동산지기(東山直)는 요과(料窠)[40]를 임시로 설치하고, 본궁의 속관(屬官)에 빈자리가 나면 종신토록 영구히 차정(差定)하도록 탑전에서 하교하였다.

40 **요과** 급료를 주는 하급 직책을 말한다.

○ 같은 해 4월 21일

창덕궁에 동가할 때 전교하기를,

"삼엄(三嚴) 후 소여(小輿)를 타고 일첨문(日瞻門)을 통해 들어가 경모궁에 전배하고, 돈화문(敦化門)으로 환궁할 것이니, 해당 방은 잘 알라."

하고, 전교하기를,

"경모궁에 전배할 때 백관(百官)에 대해서는 마련하지 말라."
하였다.

○ 같은 해 9월 2일

차대(次對)에 입시했을 때 전교하였다.

"동가(動駕)하는 횟수가 잦아서 가을 전알은 하교를 기다리라고 명하였다. 이 궐로 다시 옮긴 뒤에[41] 또한 즉시 전배해야 하는데 국옥(鞫獄) 때문에 하지 못하였다. 일첨문을 경유하여 경모궁에 전배할 것이니, 예조는 이렇게 잘 알고 가까운 날로 택일하여 초기(草記)하라."

○ 같은 달 3일

본궁에 동가하였다. 궁사(宮司) 이헌호(李獻祜)와 윤창윤(尹昌胤)이 입시하였을 때, 수복이 진설도(陳設圖)와 홀기(笏記)를 강습하도록 하교하였다.

○ 같은 날

환궁할 때, 본궁의 동산에 있는 수목들 사이에 있는 풀을 뽑도록 구전으로 하교하였다. 승지 정민시(鄭民始)가 담당하였다.

○ 정조 2년 무술(1778) 1월 3일

전교하였다.

"경모궁에 전배하고, 다음에 경희궁 태령전(泰寧殿)[42]에 나아가 전내에서 전배하고, 다음에 연복전(延福殿)[43]에 나아가 전알하고, 다음에 육상궁(毓祥宮)[44]에 나아가 전배하고, 다음에 의열궁(義烈宮)[45]에 나아가 전배할 것이니, 해당 방은 잘 알라."

○ 같은 달 18일

문신(文臣)의 전강(殿講)에 입시했을 때, 경모궁 작헌례의 제문을 지어 올리도록 탑전에서 결정하였다.

전교하였다.

41 이 궐로……뒤에 이 궐은 창덕궁(昌德宮)을 말한다. 경희궁(慶熙宮)에서 이해 8월 6일에 창덕궁으로 옮겼다.

42 태령전 영조의 혼전(魂殿)이다.

43 연복전 진종(眞宗)과 효순왕후(孝純王后)의 혼전이다.

44 육상궁 영조의 생모 숙빈(淑嬪) 최씨(崔氏)의 혼전이다.

45 의열궁 영조의 후궁이며 사도세자의 생모인 영빈(暎嬪) 이씨(李氏)의 혼전으로, 정조 12년에 선희궁(宣禧宮)으로 개명하였다.

"21일은 바로 경모궁 생신이니, 의당 전배하고 작헌례를 행해야 한다. 예조는 잘 알라."

○ 같은 달 21일

경모궁의 동가에 입시했을 때 전교하였다.

"본궁의 원역 가운데 급료가 있으나 포(布)가 없는 사람은 해당 조로 하여금 참작하여 마련하게 하라."

○ 같은 해 5월 14일

예조 판서 이경호(李景祜)가 입시했을 때 전교하였다.

"내일 태령전(泰寧殿)에 나아갈 때는 의당 돈화문(敦化門)을 경유하고, 경모궁에 나아갈 때는 의당 홍화문(弘化門)으로 나갈 것이다. 병방은 이렇게 잘 알라. 대제학 서명응(徐命膺)을 패초하여 경모궁 하향 친제(夏享親祭)의 축문을 지어 올리게 하라."

○ 같은 달 16일

경모궁 하향제의 수압 단자(受押單子)와 관련하여, 대압(代押)[46] 하라고 전교하였다.

예조가 경모궁 하향제에 친림하는 데 대해 여쭈었는데, 삼가 그렇게 하라는 하교를 받들었다.

○ 같은 날

비망기(備忘記)의 내용은 다음과 같다.

"어제 영종대왕의 영정을 옮겨 모실 때의 선원전 수복 4인 및 영희전(永禧殿)의 사지 수복(事知守僕)에게 미포(米布)를 참작해서 마련하여 제급하라. 경모궁 하향제는 길복을 입은 뒤에 처음 있는 일이니, 본궁의 수복 및 종묘의 사지 수복에게 각각 미포를 마련하여 제급하라. 대보단(大報壇)에 전배한 것도 길복을 입은 뒤에 처음 있는 일이니, 본단의 수복에게도 똑같이 제급하라고 분부하라."

46 **대압** 임금 대신 3품관 이상이 서류에 서압(署押)하는 것을 말한다.

○ 같은 해 윤 6월 2일

비망기의 내용은 다음과 같다.

"무릇 대사(大事)가 있으면 고하는 의식을 거행해야 한다. 더구나 나는 어려서 아버지를 여의었으니 어찌 대신 고하는 의식을 이미 행하였다고 하여 매우 가까운 묘우(廟宇)에 몸소 정성과 예(禮)를 펴지 않을 수 있겠는가. 아주 가까운 곳이므로 또한 군사를 수고롭게 하고 백성들을 부역시키는 폐단도 없다고 하겠다. 내일 일첨문(日瞻門)에서 소여(小輿)를 타고 경모궁에 나아가 전배할 것이니, 예방(禮房)은 잘 알라."

○ 같은 해 10월 17일

승지가 입시했을 때 전교하였다.

"이전에 일첨문에서 동가(動駕)할 때 백관이 참여하는 절차를 생략했으나, 작헌례는 전배와는 차이가 있으니 규례대로 배참(陪參)하라는 뜻으로 통지하라고 예조에 분부하라."

○ 정조 3년 기해(1779) 7월 23일

전교하였다.

"가을이 이미 깊었고 또 멀리 있는 능에 동가하게 되었으니 예의상 공경히 전알해야 된다. 내일 일첨문을 거쳐 경모궁에 전배할 것이니, 예방은 잘 알라."

○ 같은 해 10월 10일

승지가 입시했을 때 전교하였다.

"일찍이 내가 동궁에 있을 때 실록(實錄)을 보면서 생각해 온 것은, 옛날 영묘조(英廟朝)에 종묘의 북장(北墻)과 궁성의 남장(南墻)이 교차되는 지점에 문 하나를 새로 세워서 매달 초하루와 보름에 소여(小輿)를 타고 위사(衛士)도 없이 문득 전배례(展拜禮)를 행하곤 하신 것이었다. 나 소자가 이 일을 듣고 나서는 마음속으로 엄숙하게 암송하면서 감히 잠시도 잊지 못하였다. 일첨문을 새로 세운 것은 성조(聖祖)의 자취를 뒤따르려는 뜻이었는데, 그때 궁궐 담장을 고쳐 쌓는 공사가 막 시작되었기 때문에 공사를 끝낸 뒤 일첨문에서 가깝고 편리한 곳에 문을 세우도록 하교하려고 하였다. 지금은 궁성 공사를 허물어지는 대로 쌓기로 정하였는데, 만일 다 쌓을 때까지 기다린다면 몇십 년 뒤가 될지 모르니, 실로 뜻만 품었지 일은 이루지 못한다는 한탄이 있게 되었다. 마침 장신(將臣)이 입시하였기에 그 형편과 공사에 대해 물어보니, 반드시 쉬울 것이라고 하였다. 나 소자의 입장에서는 혹시 조금이라도 정리(情理)와 예법을 펴는 길이 될 수 있으니, 어찌 매우 다행한 일이 아니겠는가. 훈련대장은 전에 일첨문 도로 공사를 처음부터 끝까지 감독했으니, 오늘 간심(看審)하여 정한 곳에 문 하나를 세우되 한결같이 종묘 북문의 전례대로 조성하라. 문이 완성된 뒤에 나는 마땅히 본래의 뜻대로 의위(儀衛) 없이 다만 승지, 사관, 입직한 총부(摠府), 병조 당상과 낭청이 수가(隨駕)하게 하고 이 문으로 한 달에 한 번, 혹은 두 달에 한 번 전배하여 부모를 그리워하는 나의 애통한 마음을 펼 것이니, 이렇게 잘 알라. 날짜를 잡아서 공사를 시작하고, 문의 자물쇠는 또한 종묘 북문 자물쇠의 규례대로 수직 중관(守直中官)이 맡게 하지 말고, 정원에 보관해 두어 수시로 열고 닫을 수 있게 할 것도 아울러 잘 알게 하라."

○ 같은 달 12일

예방 승지가 입시했을 때 전교하였다.

"새로 세우는 문우(門宇)가 이미 묘문(廟門)과 매우 가깝다. 또 이는 전배하러 다니기에 편리하게 하려는 것이니 고유가 없어서는 안 된다. 망향(望享)이 얼마 안 남았으니, 오는 15일 경모궁 망제(望祭) 때 이 일을 겸하여 고하도록 분부하라."

○ 같은 달 22일

예조가 단자를 올려서 오는 11월 6일 경모궁 동향 대제를 친제(親祭)로 하는 데 대해 취품하였는데, 삼가 그렇게 하라는 하교를 받들었다.

○ 같은 달 30일[47]

비망기의 내용은 다음과 같다.

47 30일 《승정원일기》와 《일성록》에는 정조 3년 10월 29일 기사에 실려 있다.

"내가 정을 펴고 사모하는 마음을 붙일 방도가 오직 이 향사하는 일 한 가지뿐인데, 마침 감기에 걸려 지금 조섭 중에 있다. 또한 재계일이 내일이니 정결하게 하기에 방해가 된다. 경모궁의 동향 대제는 섭의(攝儀)로 고쳐 쓰라."

○ 같은 해 11월 6일

예방·병방 승지가 입시했을 때 전교하였다.

"글피가 동향제의 수향일(受香日)이다. 지금은 병세가 조금 나아졌으니, 그날 친압(親押)한 다음 향축을 전한 뒤에 월근문(月覲門)을 통해 들어가 경모궁에 전배하겠다. 이어 또 직접 제기와 희생을 살피는 예식을 행하고 의식을 익히는 자리에 나가 참관하고 돌아올 것이다. 해당 방은 잘 알라."

○ 같은 날

전교하였다.

"글피 전배할 때의 복색은 이미 월근문에서 의당 새 정식에 따라 거행하기로 하였다. 그런데 희생과 제기를 살필 때는 체면상 차이가 있으니 원유관(遠遊冠)과 강사포(絳紗袍) 차림으로 하고, 의식을 익힐 때 다시 곤포(袞袍) 차림을 하고 참관할 것이다. 의주(儀注)는 이대로 잘 알아서 마련하라."

○ 같은 해 12월 6일

비망기의 내용은 다음과 같다.

"날씨가 이와 같이 추워서 친향(親享)한다는 명을 비록 정지하라고 명을 내렸지만, 정성을 펴는 도리가 없을 수 없다. 8일 종묘에 나아가 봉심한 뒤 바로 희생과 제기를 살피는 의절을 행하고, 이어 경모궁에 나아가 예를 행할 것이다. 해당 방은 잘 알라."

○ 정조 4년 경자(1780) 1월 4일

전교하였다.

"세초 전알(展謁)을 10일쯤으로 정한 것은 동가가 너무 빈번한 것이 아닌가 염려해서인데, 말끝에 예방이 '선조(先朝) 50년 동안 먼저 전알을 행한 다음에 조참(朝參)을 행하였고, 조참을 먼저 행한 전례는 극히 드물다'고 하는 말을 들었다. 내가 당초에 그와 같이 날을 배정하였으니 매우 송구스럽다. 봄 전알 일자는 처음 택일한 일자대로 6일에 행하고, 5일의 조참은 7일로 물려 정하라."

○ **같은 달 6일**

비망기의 내용은 다음과 같다.

"이미 정한 일자를 물려 정하는 것은 참으로 매우 송구스럽다. 그러나 군민(軍民)의 고단함을 염려하지 않을 수 없으니, 전알은 내일 하고 군병은 물러가도록 하라."[48]

○ **같은 달 19일**

예방 승지가 입시했을 때 전교하였다.

"21일 경모궁에 나아가 전배한 다음 이어 작헌례를 행하여 망극한 슬픔을 조금 펼 것이다. 길은 월근문(月覲門)을 경유할 것이다. 백관의 행례는 그만두라."

○ **같은 해 5월 3일**

전교하였다.

"5일에 월근문을 거쳐서 경모궁에 나아가 전배하고 이어 희생과 제기를 살필 것이니, 이렇게 잘 알라."

○ **같은 해 8월 1일**[49]

전교하였다.

"그놈을 우선 엄히 조사해서 아뢰라. 지난 수향(受香)하는 때에 일어난 일인데, 헌관이 태만하여 초기하지 않은 것도 놀라운 일이다. 그 곡절을 정원에서 문계(問啓)하라."

48 **이미……하라** 이날 이 기사 앞에 정원(政院)이 의계(議啓)하여 묘(廟), 전(殿), 궁(宮)에 전알(展謁)하겠다는 명을 철회하기를 청한 기사가 나온다. 눈이 많이 오고 바람이 세차게 부는 등 기후가 좋지 않으므로 전알을 뒤로 미루기를 청하는 내용에 대해 이와 같이 하교한 것이다. 《承政院日記 正祖 4年 1月 6日》

49 **8월 1일** 《승정원일기》, 《일성록》에는 모두 정조 4년 8월 2일 기사에 실려 있다. 《승정원일기》 이날 형조가 올린 계사에 "동부(東部)의 첩정(牒呈)에 '경모궁 삭제(朔祭)에 앞서 수향(受香)을 할 때 용차산(龍次山)이라는 사람이 궁 안으로 난입하여 미친 듯이 크게 소리를 지르고 제멋대로 소동을 일으켰으므로 궁사(宮司)가 그놈을 잡아다가 해당 부(部)에 넘겼습니다.' 하였습니다." 한 데 대해 이와 같이 전교한 것이다.

○ 같은 달 2일

전교하였다.

"헌관은 알지 못했다고 하니 대죄하지 말게 하라. 감찰이 즉시 정과(呈課)[50]하지 않은 것과 부장이 난입을 금하지 못한 것은 모두 경계하고 문책할 만한 일이니, 부관(部官)[51]과 아울러 이들에 대해서도 전지(傳旨)를 봉입하되, 즉시 개좌(開坐)하여 거행하라."

○ 같은 달 5일

전교하였다.

"정성을 펴고 사모하는 마음을 붙일 방도로는 향사(享祀)하는 일 한 가지뿐이니, 어찌 남에게 대신시키고 싶겠는가. 마침 일이 생겨서 봄과 여름의 대향(大享)을 태묘(太廟)에 직접 행하지 못했기 때문에 이번 경모궁 추향 대제를 섭의(攝儀)로 지내라는 명이 있었던 것이니, 이는 어쩔 수 없는 데에서 나온 것이었다. 그러나 내가 어찌 '마치 제사 지내지 않은 것과 같다.'[52]라는 탄식만 하고 말겠는가. 문로(門路)가 이미 매우 편리하고 가까우며 시위(侍衛)도 대열을 갖추지 않으니, 미시(未時) 이후에 희생을 살필 때 월근문을 통해 나가서 직접 행한 다음 이어 제기를 살피고 의식 익히는 절차를 다 보고 난 뒤에 대내로 돌아올 것이다. 해당 방은 이렇게 잘 알라."

○ 같은 해 10월 13일

전교하였다.

"모레 경모궁에 나아가 전배할 때 월근문(月覲門)을 거쳐 갈 것이니 해당 방은 잘 알라. 매번 하교하려다가 하지 못한 일이 있다. 제반 거행은 모두 편전(便殿)에 전좌(殿座)하는 예(例)에 의거하는데, 유독 문서(文書)에만 '동가(動駕)'라고 적으니 또한 생략하는 뜻에 어긋난다. 이후로는 '전배'라고만 칭하도록 분부하라."

○ 정조 5년 신축(1781) 10월 17일

전교하였다.

50 **정과** 일종의 적발 실적 보고와 같은 것으로, 사헌부 감찰이 불법적인 행위 또는 조의(朝儀)에 어긋난 행위를 한 관원이나 금령(禁令)을 위반한 도성의 사민(士民)에 대해 직접 또는 금패(禁牌)를 받고 나간 금리(禁吏)를 통해 적발하여 주로 다시(茶時)에 대간(臺諫)에게 고하는 일이다.

51 **부관** 동부(東部) 관원을 말한다. 앞서 형조의 계사에, 관할하는 동부가 보고를 지체한 데 대해 나문하여 처리하라는 내용이 있다.

52 **마치……같다** 공자(孔子)가 "내가 제사에 참여하지 않으면 마치 제사 지내지 않은 것과 같다."라고 한 말을 인용한 것이다.《論語 八佾》

"태묘에 이미 친향(親享)하지 못하여 본궁에 향사하는 일도 직접 행하기가 곤란하다. 섭행으로 마련하되 향사일 1일 전에 먼저 전알을 행하고 다음에 희생과 제기를 살피는 의절을 행할 것이다. 해당 방은 잘 알라."

○ 같은 해 11월 28일

전교하였다.

"태묘에 한 번 친향하지 못한 까닭에 본궁의 향사(享祀)를 매번 섭의하도록 명하였다. 그러나 남전(南殿)[53]에 이미 작헌례를 행하였거니와 또한 대향과는 차이가 있으니, 본궁의 작헌례는 의당 세전(歲前)에 날을 잡아서 해야 한다. 해당 방도 또한 잘 알라."

○ 정조 6년 임인(1782) 1월 19일

전교하였다.

"21일에 경모궁의 작헌례를 행할 것이니, 해당 방은 잘 알라."

○ 같은 날

전교하였다.

"매년 이날 예를 펴지 않을 수 없다. 그런데 이달에 동가가 잦으니 군사를 수고롭게 하고 길을 닦는 등의 폐해는 모두 진념해야 할 일이다. 수가할 군병은 모두 내외영(內外營)의 입직 군병으로 마련하라는 뜻으로 방금 전에 하교하였다. 백관도 수가하지 말고 다만 본궁의 동구 밖 광장에서 지영(祗迎)하고, 이어 향사하는 반열에 참여하도록 분부하라."

○ 같은 달 23일

비망기의 내용은 다음과 같다.

"요사이 감찰이 신칙하기를 어떻게 했기에 사헌부의 이례(吏隷)들이 이렇게 훔치는 일이 발생했는가. 앞으로 다른 향소(享所)에 이와 같은 폐단이 없을 줄 어찌 알겠는가. 또 재관(齋官)이 데리고 간 이례들이 저지르는 범행도 또 이와 같이 낭자할 것은 또한 미루어 짐작할 수 있는 부분이다. 이러한 뜻으로 예조에 분부하여 안으로 묘, 사, 전, 궁과 밖으

53 **남전** 남부(南部) 훈도방(薰陶坊)에 있던 남별전(南別殿)으로, 조선조 태조·세조·원종·숙종의 어진(御眞)을 봉안하였고 뒤에는 영조·순조의 어진도 함께 봉안하였다. 1690년(숙종 16)에 영희전(永禧殿)으로 개칭하였다.《東國輿地備考 卷1 壇廟 永禧殿》

로 단, 능, 원, 묘의 제향 후의 제기에 대해서, 헌관(獻官)과 전사관(典祀官)과 제감(祭監)과 감찰이 그곳의 관원들과 함께 일일이 대조하여 탈의 유무를 문서로 만들어 내어 이름을 나열하고 서명을 하고서 보관해 두어 후일 증빙할 자료로 삼게 하라. 대체로 어리석은 백성들은 무식해서 쉽게 법을 어기지만 처벌받게 되면 그 형률이 일률(一律 사형)에 해당된다. 신어(神御)의 기물을 훔친 죄가 어찌 일찍이 부대시(不待時)에 이르지 않은 경우가 있었는가. 비망기 내의 말뜻을 일일이 들어 이치에 맞게 말을 만들어 사목(事目)을 완성하여 각처의 재소(齋所)에 써서 붙이라. 예조 판서는 잘 알고 거행하라."

○ 같은 해 8월 3일

전배 후 궁문에 친림했을 때 궁의 속관(屬官)의 요포(料布)가 너무 야박하다는 것을 알고 매우 진념하고 불쌍히 여기는 뜻을 보였다. 궁 아래에 사는 백성들을 불러 만나서 생업을 경영하고 백성을 편안히 하는 도리를 하문하고, 이어 전교하였다.

"본궁 방계(坊契)에 새로 들어온 백성은 반드시 별반의 도와주는 혜택을 주어 오래 안접할 수 있기를 기약해야 한다. 묘당은 함께 의논하여 아뢰라."

비변사가 새로 들어온 어물전(魚物廛) 백성이 고한 바, 양주(楊州) 누원(樓院)[54] 점막(店幕)을 모두 독점하고 있는 '건방(乾房)'이라는 곳을 일체 혁파할 것으로 초기(草記)를 올렸다.[55]

전교하였다.[56]

"윤허한다. 난전(亂廛)의 폐단은 시민(市民)들이 견디기 어려운 단서가 된다는 것을 조정에서 들은 뒤로 엄한 법으로 중하게 다스리지 않을 수 없었다. 그런데 누원 점막에서 독점하여 강제로 이익을 빼앗는 등 갖가지 범행을 저지르는 것으로 말하자면 또 더욱 불량한 무리들의 극히 무엄한 버릇이다. 이러한데도 예사롭게 처분한다면 나중의 폐해를 어찌 이루 다 말할 수 있겠는가. 하물며 본전을 설립한 것이 가장 오래

54 누원 양주에 속한 지명이다. 이곳은 서울로 물품이 들어가는 요지이므로 시장이 발달하여 상권이 성행하였고 특히 어물전이 밀집되어 있었다.

55 새로……올렸다 《승정원일기》 정조 6년 8월 7일 기사에 나온다. 비변사의 계사에 "새로 들어온 어물전(魚物廛)의 백성들을 불러 원하는 바를 물어보니 백성들이 '누원 점막은 바로 어상(魚商)들이 왕래하는 요지에 있는데 본전(本廛)에 들어오는 어물을 누원점 놈들이 한꺼번에 독점해 버립니다. 이를 '건방(乾房)'이라고 하는데 중도아(中都兒)들과 결탁하여 본전의 백성들로 하여금 국역(國役)에 응하여 생업을 유지하는 것을 할 수 없게 하니, 경기 감영에 분부하여 엄히 금하게 하소서.' 하였습니다." 하였다.

56 전교하였다 《승정원일기》에는 정조 6년 8월 7일 기사에 실려 있다.

되었고 응역(應役)이 번다하여 조정에서 돌봐 주는 것이 비단 다른 곳과 자별(自別)할 뿐만이 아닌 데야 더 말할 나위가 있겠는가. 이번에 백성들을 모아들인 뒤로는 특별히 든든하게 보존하는 정사를 시행한 뒤에야 생업을 가지고 안접하기를 기약할 수 있겠다. 게다가 근래 본전의 물종(物種)이 공사(公私)의 수용(需用)을 가릴 것 없이 점차 물건이 끊겨 없어지는 지경이 되어 간다고 하니, 참으로 작은 일이 아니다. 그런데 조정에서는 누원 점막에서 이미 어물(魚物)의 이익을 독차지하였는데도 도리어 농단(壟斷)하는 버릇을 열어 주고 어물전 백성들의 고통에 대해서는 마치 월(越)나라 사람이 진(秦)나라 사람 여윈 것을 보듯이 모른 척하니, 그러고도 백성을 사랑한다고 말할 수 있겠는가.

선조(先朝) 을미년(1775, 영조 51) 처분 뒤에 있었던 본사(本司)의 관문 내용을 가지고 살피면 거듭 엄하게 칙교를 내리신 것을 볼 수가 있는데, 지금에 와서 특별히 정비하여 밝히지 않는다면 얼마 가지 않아서 장차 유명무실한 결과에 이를 것이다. 오늘 이전은 영을 내리기 전의 일에 붙여서, 이른바 누원에서 소동을 일으킨 백성들에 대해서는 우선 처분하지 않는다. 법을 벗어나는 명색은 바로 혁파하게 하고, 그 뒤 다시 법을 어기는 일이 있으면, 신칙하지 않은 감사와 두둔하여 비호한 지방관은 엄한 처벌을 면하기 어려울 것이다. 이러한 내용의 엄중한 관문을 기영(畿營)에 알려 거행한 전말을 장계(狀啓)로 보고하게 하라. 비록 그들이 그들 입장에서 말한 것이더라도, 만일 참으로 들은 바가 있었다면 또한 어찌 굳이 전례를 고집하면서 살피고 붙잡아서 관(官)에 알리지 않았단 말인가. 그러나 그들 또한 백성이니, 어찌 이를 빙자하여 소란을 일으키는 단서가 되게끔 할 수 있겠는가. 이는 공시 당상(貢市堂上)[57]이 대신에게 품의(稟議)하여 참작하고 조절하여 획일적으로 제도를 정한 다음 그들에게 분부하고, 이어 또 해당 부(府)와 해당 관서에 공문을 보내어 이를 준용하게 하라."

57 공시 당상 공계(貢契)와 시전(市廛)의 감독 사무를 맡아보는 당상관이다. 1752년(영조 28)에 처음 비변사 소속으로 설치되었고 공시의 폐단을 바로잡는 데 주력하였다.

○ 같은 해 10월 26일

총재 대신(摠裁大臣) 및 시원임 대신과 행 예조 판서가 함께 입시했을 때 행 예조 판서 정상순(鄭尙淳)이 아뢰기를,

"이번에 태묘에 《국조보감(國朝寶鑑)》을 올리는 것은 전에 없었던 성대한 거사이니, 사직과 경모궁에도 고유제를 일체 거행합니까?"

하니, 상이 이르기를,

"일체 거행하라."

하였다. 정상순이 아뢰기를,

"전부터 태묘의 모든 고유제는 혹 기일 3일 전이나 혹 당일에 설행하였습니다. 이번에는 당일 새벽에 거행합니까?"

하니, 상이 그렇게 하라고 하였다.

○ 정조 7년 계묘(1783) 2월 8일

도승지 윤숙(尹塾) 예방(禮房)이 입시했을 때 전교하였다.

"옷이 젖어 의용(儀容)을 잃는 것은 옛사람들이 경계했던 일이다. 매양 제사 전례를 보면 혹 비가 내릴 경우에는 바로 물려서 행하거나 섭의(攝儀)로 하게 했으니, 이는 백관과 군병들의 폐단 때문에 그런 것만이 아니다. 참으로 공경과 정성이 부족하게 될 것을 염려해서였다. 그러나 제사 지내지 않은 것과 마찬가지라는 탄식을 실로 스스로 금할 수 없으니, 예방 승지는 향소(享所)로 나아가 나의 이러한 뜻을 헌관에게 전하라. 이미 친향(親享)과는 크게 다르고 또 집사(執事)의 수도 적으니 예를 행할 때에 처마 기둥 안쪽에서 충분히 비를 피할 수 있을 것이다. 반드시 의식대로 제사를 행하고 혹시라도 대충 하는 일이 없게 하라는 뜻으로 직접 신칙하라. 그리고 그대로 향소에 남아 제사가 끝나기를 기다렸다가 돌아와 아뢰라."

○ 같은 해 5월 1일

전교하였다.

"태묘(太廟) 하향 대제를, 존호책(尊號冊)을 올리는 예(禮)와 상치되기 때문에 직접 지내지 못하였고[58] 이 때문에 경모궁의 제향도 어쩔 수 없이 섭의로 거행하도록 하였으니, 정리로나 예의에 있어서 매우 부족하다. 방금 전 이미 전향(傳香)하고 이어 우선 희생(犧牲)을 살피게 하였으니, 오늘 신시(申時) 후에 월근문을 통해 나아가 전배하고 이어 제기(祭

58 태묘……못하였고 전달인 4월 1일에 경모궁과 혜경궁에 존호책을 올리는 예를 행하였고, 4월 7일에 종묘 하향 대제를 섭의로 행하였다.

器)를 살필 것이다. 이렇게 잘 알라."

○ 같은 해 7월 28일

전교하였다.

"어제 경모궁을 봉심한 뒤에 돌아와 아뢴 말을 들으니, 대문 안에 흰옷 입은 자가 출입하였는데 애초 금지시키지 못하였다고 한다. 해당 부장은 의금부로 잡아다 처리하고, 병조 판서는 추고하라. 각처의 부장들도 이후 다시 이와 같은 일이 있으면 엄하게 처벌할 것이니, 이렇게 엄히 신칙하라."

○ 같은 해 8월 14일[59]

전교하였다.

"지난번에 엄히 신칙하였는데, 잡인(雜人)이 중신문(中神門) 안으로 들어와도 애당초 살펴 금하지 않았고, 심지어 부장(部將)은 멋대로 직차(直次)를 옮겨 점호에 빠졌으니 하는 짓마다 놀랍고 통탄스럽다. 이것뿐만이 아니다. 봉명(奉命)하는 일은 사체가 얼마나 지중한가. 그런데 부장을 찾아내어 거안(擧案)을 봉입하려고 하자 도리어 봉명관이 데리고 간 하례(下隷)를 결박지어 놓았으니 모두 전에 듣지 못한 행동이다. 해당 부장을 우선 태거(汰去)하고 재계(齋戒)가 끝난 뒤에 병조로 하여금 엄하게 곤(棍)을 치게 하라. 칙교(飭敎)를 만일 십분 준수하였다면 20일도 되지 않아 어찌 이렇게 적발되어 붙잡히는 일이 있었겠는가. 자주 체차하는 것을 고려해야 하는 만큼 우선은 가볍게 감처(勘處)하겠으니, 병조 판서 이갑(李坤)을 우선 월봉(越俸) 5등[60]에 처하라. 본궁(本宮)의 체모는 태묘(太廟)에 다음가니 모든 수호하는 일에 관계된 것은 의당 삼가고 유념해야 하는데, 제조 등이 원래 검칙(檢飭)하지 않아 매번 이런 일이 있다. 정경(正卿)의 지위에 이른 자가 공무를 수행하는 것이 이와 같으니 어찌 수문 부장(守門部將)을 책할 것이 있겠는가. 모두가 나의 감동(監董)하고 신칙하는 성의가 신하들에게 믿음을 받지 못하여 그런 것이니, 지금 절실히 자책하고 있다. 그러나 어찌 전연 경책이 없을 수 있겠는가. 본궁 제조는 우선 추고하라."

59 **8월 14일** 《승정원일기》, 《일성록》에는 정조 7년 8월 13일 기사에 실려 있다.

60 **월봉 5등** 여기서 등(等)은 1개월로, 녹봉 5개월분을 건너뛰고 지급하지 않도록 하는 벌이다. 《典律通補 戶典 解由》

○ **같은 달 16일**

예조가 아뢰기를,

"모든 하룻밤을 지내는 능행(陵幸) 때에는 종묘에 고하는 일을 2일 전에 하는 것으로 의문(儀文)에 실려 있습니다. 이번 원릉(元陵)에 행차할 때에는 종묘에 고하는 일을 이달 8월 23일에 설행하도록 통지하는 것이 어떻겠습니까?"

하니, 계하하기를,

"아뢴 대로 시행하라. 경모궁에도 똑같이 고유하고, 이것으로 정식을 삼으라."

하였다.

○ **정조 8년 갑진(1784) 1월 19일**

전교하였다.

"모레 경모궁에 나아가 전배(展拜)한 뒤에 이어 작헌례를 행할 것이니, 해당 방은 잘 알라."

○ **같은 날**

전교하였다.

"모레 경모궁의 작헌례 때 출궁할 문로는 빈양문(賓陽門)을 지나고, 길은 관현(館峴)을 지나며, 수가(隨駕)할 군병은 근례(近例)에 따라 입직한 군병으로 마련하도록 분부하라."

○ **같은 해 2월 3일**

전교하였다.

"비가 이렇게 오니 제사 지내는 중에 의용(儀容)을 잃기 십상이다. 백관과 군병이 밤새도록 비에 젖는 노고를 또한 염려하지 않을 수 없다. 오늘 전배 뒤에 의당 희생과 제기를 살피는 예를 행하고 올 것이니, 이렇게 분부하라. 백관은 흑단령(黑團領) 차림으로 수가하였다가 전배한 뒤에 먼저 바로 물러가고, 시위(侍衛)는 운검(雲劍)과 보검(寶劍) 외에는 모두 입직한 인원으로 수가하도록 분부하라. 이의(肄儀)가 끝난 뒤에는 월근문을 경유하여 궁에 돌아올 것이니, 해당 방은 잘 알라."

○ 같은 해 4월 3일

전교하였다.

"내일 월근문을 경유하여 전배할 것이다. 해당 방은 잘 알라."

○ 같은 날

전교하였다.

"내일 월근문 밖에 유사 당상과 본궁 도제조와 제조는 궁 아래에 사는 백성들을 거느리고 와서 대령하라."

봉심奉審 규제規制

○ 정조 1년 정유(1777) 4월 24일

예조 판서 홍낙성(洪樂性)이 아뢰기를,

"종묘의 일차 봉심(日次奉審)은 5일마다 거행하고, 경모궁의 봉심은 3일마다 거행한다고 합니다. 지금은 사체가 전과는 자연 달라졌으니, 또한 종묘의 예대로 5일마다 봉심하는 것이 사리에 합당할 듯합니다. 그러므로 감히 여쭙니다."

하니, 상이 그렇게 하라고 하였다.

○ 같은 날

입시했을 때, 일차 봉심은 독(櫝)[61]을 열지 않는 것으로 예조 판서 홍낙성이 탑전(榻前)에서 결정하였다.

61 **독** 신주를 넣어 두는 함, 궤를 말한다.

62 **중삭** 계절의 중간 달을 말한다. 즉 사중삭은 음력 2월, 5월, 8월, 11월이고, 2월과 8월이 봄·가을 중삭이다.

63 **계삭** 계절의 끝 달을 말한다. 즉 사계삭은 음력 3월, 6월, 9월, 12월이고, 3월과 12월이 봄·가을 계삭이다.

○ 5일마다 입직관이 흑단령 차림으로 정당(正堂) 안에 들어가 봉심한다.

○ 대소 향사 후 초차(初次)를 행한 날 감실(龕室) 안을 봉심한다.

○ 일차 봉심은 치재 1일 뒤에 한다. 만약 일이 있으면 당일 봉심한다.

○ 매년 봄·가을 중삭(仲朔)[62] 예조가 초기를 올려 본궁 제조와 호조·예조 당상이 정당 안팎 및 제기를 봉심하고, 탈이 있는 곳은 개수하고 정비한다.

○ 매해 봄·가을 계삭(季朔)[63] 본궁의 제조와 병조·공조 판서와 한성부 판윤이 궁의 외장(外墻)을 순심(巡審)한다.

○ 정당 안에 혹 새는 곳이 있으면 본궁 제조와 예조 당상이 봉심한 뒤에 초기한다.

수개修改 규식規式

○ 매년 봄·가을 중삭(仲朔) 본궁 제조와 호조·예조 당상이 봉심한 뒤에 탈이 있는 곳을 수개한다. 정당(正堂) 안의 수개는 기일에 앞서 고유제를 행하는데, 그날 새벽에 본궁 제조와 호조·예조·공조 당상이 함께 간심한 다음 역사를 시작한다. 역사가 끝난 뒤 본궁 낭청이 정원에 나아가 고한다.

○ 궁 안에 혹 뜻밖의 탈이 생긴다면 입직관은 먼저 도제조·제조에게 품의하고, 한편으로는 예조에 보고하고 한편으로는 정원에 달려가 고한다.

○ 내삼문 안에 혹 담장이 무너지거나 지붕이 손상되는 일이 있으면 날을 가리지 않고 바로 위안제(慰安祭)를 행한 뒤에 날을 택하여 수개한다.

○ 내삼문 밖의 각 장소에 탈이 있는 곳은 관장하는 영선소(營繕所) 관원이 훼손되는 대로 모두 수개한다. 고유제는 행하지 않는다.

○ 정조 즉위년 병신(1776) 6월 11일

예조가 아뢰기를,

"지금 경모궁 수직 관원의 보고를 보니 '연일 큰 비가 내려 본궁 신문(神門) 삼문(三門) 내의 북쪽 내장(內墻) 1칸쯤이 허물어졌으니, 지금 속히 수개해야 합니다.' 하였습니다. 탈이 난 곳은 의당 즉시 수개해야 할 일이지만, 지금 이미 토왕(土旺)이 용사(用事)하는 때[64]라 규례상 거행할 수 없습니다. 우선 입추(立秋)를 기다렸다가 그 뒤에 날을 잡아 수개하되 우선 위배(圍排)[65]하도록 분부하는 것이 어떻겠습니까?"

하니, 윤허한다고 전교하였다.

○ 정조 1년 정유(1777) 4월 21일

창덕궁에 동가(動駕)하였다가 환궁하였다. 이때 입시한 공조 판서 구윤옥(具允鈺)이 아뢰기를,

"경모궁 정당의 좌우 전석(磚石 벽돌) 및 제정(祭井), 곡장(曲墻), 홍살문

64 **토왕이 용사하는 때** 음양오행(陰陽五行)에서 토기(土氣)가 왕성한 때를 말한다. 음력 6월로서 대개 입추(立秋) 전 18일 동안을 토왕일이라고 한다.

65 **위배** 바자나 이엉으로 빙 둘러쳐서 작업을 하거나 물건을 간수하는 등의 용도로 사용한다. 사용되는 바자나 이엉의 수효에 따라 크기를 구분한다.

(紅箭門)은 지난겨울 혹한으로 인하여 배축(排築)하지 못하였습니다. 지금은 의당 호조에서 거행하므로 감히 이렇게 우러러 진달합니다."

하니, 상이 그렇게 하라고 하였다.

○ 같은 날

예조가 아뢰기를,

"경모궁의 좌우 전석 및 제정, 축장(築墻), 홍살문을 배축하도록 계하하셨습니다. 전에 배축한 전례는 5월 1일 삭제(朔祭) 때 의당 겸하여 고한 다음 거행하고, 축문 중에 말을 만들어 첨부하여 넣었습니다. 역사를 시작할 길시는 같은 날 인시가 길하다고 하니 이때 거행하고, 소용되는 여러 물품은 각 해당 관사로 하여금 마련하여 진배하게 하며, 또한 선공감으로 하여금 별도로 감역관을 정하여 속히 나와 거행하도록 분부하는 것이 어떻겠습니까?"

하니, 윤허한다고 전교하였다.

○ 같은 달 24일

예조 판서 홍낙성(洪樂性)이 아뢰기를,

"종묘의 독(櫝) 씻는 수건은 춘추로 봉심할 때 탈이 발견되는 대로 개비하고, 의자(椅子) 터는 수건은 매년 사맹삭(四孟朔)[66]에 정식으로 개비합니다. 경모궁의 독 씻는 수건 및 의자 터는 수건을 개비하는 일도 태묘의 예대로 거행하는 것이 사의에 합당할 듯하므로 감히 여쭙니다."

하니, 상이 그렇게 하라고 하였다.

○ 같은 해 5월 6일

하향 대제 때 예조 판서 홍낙성(洪樂性)이 초헌관으로 나아가 정당 내의 전배(前排)[67]인 작선(雀扇)과 청개(青蓋) 각 2기(機)와 상보〔床巾〕를 갖춘 교의(交椅), 신평상(神平床), 신답장(神踏掌) 각 1개, 답장(踏掌)[68] 2개, 홍초면장(紅綃面帳)[69]과 포진(鋪陳)을 불태우는 것을 간심하였다.

66 **사맹삭** 봄·여름·가을·겨울 사계절의 각 첫 달로, 음력 1월, 4월, 7월, 10월을 말한다.

67 **전배** 임금이 거둥할 때에 어가(御駕) 앞에 늘어세우는 궁속(宮屬) 또는 물품을 말한다.

68 **답장** 오르내리거나 앉거나 할 때에 받침대로 사용하는 평상이다.

69 **홍초면장** 붉은 비단으로 만든, 앞에 늘어뜨리는 휘장이다.

○ **정조 2년 무술**(1778) **5월 13일**

경모궁 수봉관(景慕宮守奉官)이 예조에 첩보한 내용은, 봉심한 결과 감실(龕室) 내 신위독(神位櫝) 좌식(坐式)[70] 오른쪽 가장자리에 흰색 자국의 약간의 생채기가 난 곳이 있는데, 그 크기는 흡사 흰쌀 모양 정도 되었으니 너무 놀랍고 두려움을 이기지 못하겠다고 운운한 것이었다.

70 **좌식** 한 위(位)의 신주를 모셔 두는 좌대(坐臺)이다. 좌자(坐子)라고도 한다.

○ **같은 달 14일**

예조 판서 이경호(李景祜)가 본궁 수복을 불러들여,

"이는 이미 오래된 일이니 보장(報狀)에는 제사(題辭)를 달지 않고, 후일 입시할 때 품처할 것이다.……"

하였다. 전임 수복 김용삼(金龍三)에게 아래 수복들이 물었더니, 7, 8년 전 봉심할 때에 이와 같았으므로 수직 내관이 세손궁에 여쭈었다고 대답하였다고 한다.

○ **정조 5년 신축**(1781) **5월 27일**

좌승지가 입시했을 때 전교하였다.

"이 예조의 초기를 보니, 묘관(廟官)의 보고가 지극히 애매하다. 단지 북쪽 계단[北階]이라고 말했으니, 이것이 첨계(簷階 댓돌)인가, 북원(北苑)의 계단인가? 또 언제 무너졌는지를 말하지 않았으니 더욱 소홀하다. 이미 어제 비가 오고 나서라고 하였으니 어제 탈이 난 것인데, 오늘 식후(食後)에야 비로소 들을 수 있었다. 입직관이 만일 정성을 다해 부지런히 힘썼다면 어찌 이런 일이 있었겠는가. 해당 관원을 나처하라. 이 일에 대해 매번 하교하려다가 하지 못하였는데, 묘(廟), 전(殿), 궁(宮)에 이와 같이 탈이 나는 곳이 있으면, 앞으로는 한편으로는 해당 조에 보고하고 한편으로는 입직관이 해당 방(房)에 와서 고하여 대신 품달하게 하여, 수개할 때에 묘관(廟官)이 와서 고하도록 한 수교(受敎)를 삼가 준행하도록 분부하라."

○ **정조 7년 계묘**(1783) **4월 5일**

예조 판서 서호수(徐浩修)가 아뢰기를,

"방금 경모궁 직장 권이경(權以經)의 첩보를 보니, 이달 5일 일차 봉심

71 **등자쇠** 'ㅁ' 자 형의 고리가 달린 들쇠 종류의 철물로 분합문을 올려 거는 연결고리 등의 용도로 사용되었다. 혹은 걸쇠라고도 한다.

때에 정당의 정문 안 서쪽 편에 있는 등자쇠(鐙子金)[71]가 부러졌다고 하였습니다. 신이 호조 당상 서유린(徐有隣)과 함께 나아가 같이 봉심한 뒤에 품처하는 것이 어떻겠습니까?"

하니, 전교하기를,

"묘내(廟內)에 탈 난 곳이 있는 것과는 다르니 군이 나아가 봉심할 것 없다. 내일 제조 1원이 나아가서 수개하되 또한 군이 사유(事由)를 고할 것은 없다."

하였다.

각 처소의 현판懸板

어필(御筆) 현판 2건 앞의 어필에 보인다.

망묘루(望廟樓) 각신 정지검(鄭志儉)이 교명(敎命)을 받들어 쓰다.

일첨문(日瞻門) 훈련대장 구선복(具善復)이 교명을 받들어 다시 쓰다.

유근문(逌覲門) 영부사 김상철(金尙喆)이 교명을 받들어 쓰다.

유첨문(逌瞻門) 병조 판서 채제공(蔡濟恭)이 교명을 받들어 쓰다.

좌액문(左掖門) 훈련대장 구선복이 교명을 받들어 쓰다.

우액문(右掖門) 호조 판서 김화진(金華鎭)이 교명을 받들어 쓰다.

궁문 개폐

궁문을 새벽과 저녁에 열고 닫는 일은 궐문과 같다. 밤중에 왕명을 받고 승지와 사관 혹은 선전관 문밖에 이르면 성상의 교지에 의거하여 선전관이 받든 개문 표신(開門標信)을 궁사와 부장이 함께 공경히 받은 뒤에 문을 열 것이며, 단지 적간패(摘奸牌)만 증빙 자료로 삼아 문을 열고 들여서는 안 된다.

본궁 관원

도제조 1원 시원임 대신 가운데 의망(擬望)하여 낙점을 받는다.

제조 1원 정2품 이상 가운데 의망하여 낙점을 받는다.

영(令) 1원 5품 문신이다.

직장(直長) 1원 7품이다.

봉사(奉事) 1원 8품이다. 직장과 봉사는 모두 음관(蔭官)으로서 근무일을 계산하여 올려 부직(付職)한다.

○ 정조 즉위년 병신(1776) 5월 26일

시원임 대신이 입시했을 때 전교하였다.

"이미 대신에게 물어보았으니, 전관(銓官)에게 경모궁 수봉관 2원을 특별히 더 뽑아 의망하라고 분부하라. 이미 수봉관을 두기로 정하였는데, 외문(外門)에도 부장(部將)이 없어서야 되겠는가. 이는 다른 곳의 예에 따라[72] 새로 차임하지 말고 본청 인원 중에서 변통하여 입직하도록 일체 분부하라."

72 이는……따라 종묘와 사직의 규례에 따르라는 말이다. 《일성록》 이날 기사에 "또 외문 부장을 두되 종묘와 사직의 규례대로 하라고 명하였다.〔又命置外門部將 依廟社例〕" 하였다. 《日省錄 正祖 卽位年 5月 26日》

○ 정조 3년 기해(1779) 8월 30일

승지가 입시했을 때 전교하였다.

"경모궁 수봉관에 관한 일을 한번 하교하고자 하였지만 지금까지 하지 못하였다. 비록 태묘(太廟)의 다음에 위치한다는 의리로 묘서(廟署)를 설치하지는 않았지만, 수봉관의 호칭에 있어서는 순강원(順康園)이나 소령원(昭寧園) 등의 제도를 본뜬다고 해도 외원(外園)과 내궁(內宮)은 제도가 본래 다르니, 궁에서 원의 규례를 쓰는 것은 타당하지 못할 듯하다. 또 봄·가을 봉심할 때를 들어 말하자면 궁에 제거(提擧 제조)가 없어 더욱 매우 구차스럽다. 대략 영희전(永禧殿)과 장생전(長生殿)의 규례를 따라 도제조는 영의정이 예겸(例兼)하고, 제조는 예조 판서와 호조 판서가 예겸하며, 낭관은 직장과 봉사로 칭하되 문음(文蔭)의 참외

73 **문음의 참외관** 7품 이하의 음관이다. 문음은 과거시험을 통하지 않고 조상의 음덕(蔭德)으로 문관이 된 자를 말하며, 참외관은 참하관(參下官)으로서 7품 이하의 관원 혹은 그에 해당하는 관직을 말한다.

관(參外官)[73] 중에서 각별히 가려 차임함으로써 체모를 중히 하고, 겸하여 내가 태묘보다는 한 등급 아래에 두고 다른 궁보다는 높이는 뜻을 보이도록 하라."

○ 정조 6년 임인(1782) 8월 10일

대신과 비국 당상이 입시했을 때 영의정 서명선(徐命善)이 아뢰기를,

"묘·궁의 사체(事體)는 지극히 중대합니다. 종묘의 관원은 4원을 두고, 사직의 관원은 3원을 두는데, 지금 경모궁의 관원은 단지 2원뿐으로 번차(番次)가 모자라서 일이 생기면 변통할 수가 없습니다. 혹 궁사(宮司)가 갖추어지지 못할 걱정이 있고 혹 임시 관원을 차출하는 폐단이 있기도 하니, 체면으로 헤아려 보건대 지극히 미안합니다. 신의 생각은 영(令) 1원을 문관으로 더 차출하고 직장은 음관(蔭官)으로 차출하는 것이 좋을 듯합니다."

하니, 상이 그렇게 하라고 하였다. 서명선이 아뢰기를,

"직장은 이미 음관으로 변통하였으니, 시임(時任) 직장에 대해 처리하는 방도가 있어야 마땅합니다."

하니, 상이 이르기를,

"6품으로 올리라."

하였다.

○ 정조 8년 갑진(1784) 1월 21일

영의정 정존겸(鄭存謙)의 차자(箚子)에,

"삼가 아룁니다. 비궁(閟宮 종묘)에서 예를 행하시고 어가가 안온하게 돌아오시니, 성상의 효성이 더욱 빛나고 옥체가 더욱 강건하시어, 저희 아래 사람들이 흠송하며 감축하는 마음을 이기지 못합니다. 신은 병상에 있으면서 삼가 어리석은 소견이 있기에 대략이나마 말미에 이렇게 진달합니다. 본궁의 전례(典禮)가 얼마나 지중합니까. 그런데 도제거와 제거를 영상과 호조·예조 판서가 예겸(例兼)하고 있으니, 만일 실직에 일이 있게 되면 인원을 갖출 수가 없어서 사체로 보아 끝내 허술하게 됩니다. 지금부터 도제조와 제조를 비망(備望)하여 낙점을 받는 것으로

정식을 삼는 것이 체면으로 헤아려 볼 때 매우 합당한 일입니다. 아울러 적절히 재결하여 조처해 주시기를 청합니다. 어떻게 할지 여쭙니다."

하니, 답하기를,

"차자를 보고 경의 간절한 마음을 잘 알았다. 이날 예를 행하고 부모를 그리워하는 마음이 더욱 다시 사무친다. 차자에서 진달한 일은 실로 사체를 중히 여기는 뜻에 부합하니, 그대로 시행하겠다. 정원으로 하여금 정관(政官)을 패초하여 정사를 열어서 비망(備望)하고 낙점을 받도록 하겠다."

하였다.

인신 印信

인(印) 1과(顆) 두석(豆錫 놋쇠) ○구곡전(九曲篆)[74]으로 '경모궁인(景慕宮印)'이라 새겼다.

○ 정조 6년 임인(1782) 8월 14일

이문원(摛文院)에 재숙할 때 입시하였다. 이때 도제조 서명선(徐命善)이 아뢰기를,

"관원이 있는 아문에 모두 인신이 있는데 경모궁 관원은 아직 인신이 없습니다. 모든 문서가 모두 백문(白文)[75]을 쓰니 사체에 있어 미안합니다. 인신 1과를 즉시 만들어 보내도록 해당 조에 분부하는 것이 어떻겠습니까?"

하니, 상이 그렇게 하라고 하였다.

74 **구곡전** 인문(印文)의 서체로 많이 쓰이는 구첩전(九疊篆)을 말하는 듯하다. 상방대전(上方大篆)이라고도 하는데, 여러 번 글자를 구부려서 인장에 글씨가 꽉 차도록 새겨 넣는 것을 말한다.

75 **백문** 관인이 찍히지 않은 문서를 말한다. 백첩(白牒)이라고도 한다.

솔속 率屬과 노비

수복(守僕) 8인. 번을 나누어 수직한다. 예전에는 2인을 두었는데, 병신년(1776, 영조 52) 1월 당저(當宁 정조)가 춘궁(春宮)으로 있을 때 2인을 더 차출하였고, 5월에 전교로 인하여 태묘(太廟)의 수복 2인을 옮겨 차임하였으며, 임인년(1782, 정조 6) 8월에 2인을 더 차출하였다. 요미(料米) 매달 12말(斗), 포(布) 1필(疋)이고, 본궁에서 1필을 더 지급한다. 봄·가을 옷감[衣資]으로 병조가 각각 2필씩 지급하고 본궁이 각각 1필씩 지급한다.

서원(書員), 고지기(庫直), 방지기(房直) 각 1명. 요미 매달 6말, 포 1필이고, 본궁에서 1필을 더 지급한다. 방지기는 포만 있고 요미는 없다.

동산지기(東山直) 1명. 요미 매달 6말, 포 1필이다. 봄·가을 옷감으로 본궁에서 각각 1필씩 지급한다.

안산지기(案山直), 연지기(蓮直) 각 1명. 어영청에서 본래의 요미 외에 3말을 더 지급하고, 본역에서 면제한다.

사령(使令) 4명. 요미 매달 9말, 포 2필이다. 봄·가을 옷감으로 본궁에서 각각 1필씩 지급한다.

수직군(守直軍) 12명. 향군(鄕軍) 9명, 고군(雇軍) 3명으로, 정당(正堂) 수직 2명, 제기고(祭器庫) 수직 1명, 어재전(御齋殿) 수직 1명, 내삼문(內三門) 1명, 향대청(香大廳) 1명, 전사청(典祀廳) 1명, 외대문(外大門) 2명, 중삼문(中三門) 1명, 궁사직방(宮司直房) 및 수복방(守僕房) 고군 각 1명이다.

노비 200구(口). 호조에서 떼어 주면 균역청이 이송하고 급대전(給代錢)[76]으로 매년 500냥씩 지급한다.

○ 정조 즉위년 병신(1776) 5월 27일

개건도감 당상(改建都監堂上)이 입시했을 때 김화진(金華鎭)이 아뢰기를,

"경모궁의 수직군을 경군(京軍)으로 고립(雇立)[77]하는 것이 폐단이 있어서 영희전의 예대로 향군(鄕軍) 12명으로 분정(分定)하였습니다. 그리고 수봉관(守奉官)이 이미 입직하였다면 일을 부릴 사람이 없으면 안 됩니

76 **급대전** 급대는 값을 쳐서 다른 물건으로 대신 주는 것을 말한다. 급대전은 돈으로 대신 주는 것이다.

77 **고립** 돈을 주고 공역(公役)을 대신 치르게 하는 것을 말한다

다. 서원, 고지기, 방지기 각 1인을 영희전의 예대로 차정(差定)하는 것이 어떻겠습니까?"

하니, 상이 그렇게 하라고 하였다. 또 아뢰기를,

"경모궁 수복을 차대(差代)하는 일은 예조가 의망하여 입계하였습니다. 그 요포(料布) 또한 태묘 수복의 예에 따라 더 지급하는 것이 어떻겠습니까?"

하니, 상이 그렇게 하라고 하였다.

○ 정조 6년 임인(1782) 8월 10일

대신과 비국 당상이 인견(引見)에 입시했을 때 도제조 서명선(徐命善)이 아뢰기를,

"경모궁의 원역(員役)은 약간의 수복 외에는 다른 하속(下屬)이 없으므로 제반 거행이 자못 모양을 이루지 못하고 있습니다. 수복은 의열궁(義烈宮)의 수복이 다른 묘궁(廟宮)에 비하여 인원수가 지나치게 많으니, 그중 2인을 본궁에 이속시키고, 사령(使令) 4명을 병포(兵布), 호료(戶料)[78]로 차정하여 일을 부릴 수 있게 해야 합니다. 종묘와 사직에는 각각 노비가 있어 급대(給代)하여 관서 내에서 공적으로 쓸 수요를 채운다고 합니다. 그런데 본궁은 아직까지 구획이 없습니다. 호조의 노비 중 각 100구를 떼어 주되 균역청의 급대조(給代條)를 취하여 곧바로 수송하라는 뜻으로 정식을 삼아 시행하는 것이 어떻겠습니까?"

하니, 상이 그렇게 하라고 하였다.

78 **호료** 대개 요(料)·포(布)가 있는 자는 쌀이면 호조에서 관장하고, 포면 병조에서 지급하기 때문에 호료(戶料)·병포(兵布)라고 한다.《萬機要覽 財用編2 料祿》

내외 장원墻垣에 대한 설명

병신년(1776, 정조 즉위년) 개건(改建)할 때 삼군문(三軍門)[79]으로 하여금 내외 장원을 담당하게 하였는데, 둘레가 340칸이고 동쪽 54칸, 서쪽 73칸, 남쪽 104칸, 북쪽 109칸이다. 내장(內墻)의 둘레는 93칸이다. 남북쪽의 담은 각 30칸, 중삼문(中三門)과 월랑(月廊) 좌우의 담 각 5칸, 북쪽 담 23칸이다. 어재전(御齋殿), 재실(齋室), 향대청(香大廳) 및 각처 장원은 모두 합해 109칸이다.

79 **삼군문** 훈련도감·금위영·어영청이다.

○ 정조 4년 경자(1780) 10월 18일

대신과 비국 당상이 인견에 입시했을 때 병조 판서 이연상(李衍祥)이 아뢰기를,

"함춘원(含春苑)에 전에는 수직 고군(守直雇軍) 1명이 있었는데, 신묘년(1771, 영조 47)에 없애 버리고 원 아래에 거주하는 백성을 임시로 정해서 수직하게 하였습니다. 지금은 수호하는 일이 매우 중하여 임시로 수직하는 것은 사체가 허술합니다. 예전 전례에 따라 고립(雇立)하게 하는 것이 어떻겠습니까?"

하니, 상이 이르기를,

"그렇게 하라. 궁원을 수호하는 일을 매양 하교하고자 하였으나 하지 못하였다. 본궁 도제조의 뜻은 어떠한가?"

하니, 영의정 김상철(金尙喆)이 아뢰기를,

"궁원을 수호하는 일은 병조 판서가 이미 품정(稟定)하였거니와 궁원의 장원을 훼손되는 대로 개축하는 일에 대해서도 한결같이 궁궐 장원의 예와 같이 각 군문에서 분담하여 거행하는 것이 합당할 듯합니다."

하니, 상이 그렇게 하라고 하였다. 이연상이 아뢰기를,

"경모궁의 궁장(宮墻)은 병조 판서가 본궁 제조와 함께 봄·가을로 순심(巡審)하는 일로 지금 막 결정하였습니다. 그런데 가을 절기가 이미 지났으니 이달부터 순심하는 것이 어떻겠습니까?"

하니, 상이 그렇게 하라고 하였다.

함춘원(含春苑)은 일첨문(日瞻門) 담 밖에 있는데, 올해 경자년 4월 훈련대장 구선복(具善復)이 왕명을 받고 담장을 쌓고 유근문(逌覲門), 유첨문(逌瞻門) 및 좌우 액문(左右掖門)을 설치하였다. 원 내에는 예전에 있었던 소나무 외에 새로 꽃과 과실나무, 잡목을 심었다. 병신년 이후에는 해마다 심었다.

매년 봄·가을 계삭(季朔)에 본궁 제조가 병조·공조 판서, 한성부 판윤과 함께 담장 안쪽을 순심(巡審)하고 이어 궁 밖의 담장을 살폈다.

나무 심은 데 대한 설명

궁 안에 예전에는 꽃과 과실나무, 잡목 1076그루가 있었고 갑신년, 병신년 이후에 심은 것이다. 정유년(1777, 정조 1) 3월 동산지기 박봉상(朴鳳尙) 를 정하여 수호하게 하고 또 별도로 훈국 장교(訓局將校) 2인 김덕채(金德采), 정도행(鄭道行) 을 정하여 나무 심는 일을 전적으로 관장하게 하여 꽃과 과실나무, 잡목 합하여 1220그루를 새로 심었다. 매년 봄·가을에 나무를 심을 때 준천사 도청(濬川司都廳)으로 하여금 감동(監董)하게 하고 궁사(宮司)가 검칙한다. 이미 심은 뒤에는 수복, 원역, 동산지기가 간검하고 수호한다. 살아 있거나 말라 죽은 나무 수효는 본궁의 식목안(植木案)에 자세히 적혀 있다. 궁 밖 오른쪽 산록에는 예전에 꽃과 과실나무, 잡목 591그루가 있었고 병신년(1776) 이후에 심은 것이다. 정유년 2월 호조에서 밭을 사서 나무를 심어 임인년(1782, 정조 6)부터 심은 것이 2617그루가 되었다. 훈련도감과 금위영의 교졸(校卒)이 심은 것이다.

외안산(外案山)에는 예전에 잡목 38그루가 있었고, 임인년부터 심은 나무가 9738그루이다. 훈련도감, 어영청, 금위영의 교졸 등이 심은 것이다. 어영청 아병(牙兵) 1명을 안산지기(案山直)로 정하여 수호하게 하였다.

함춘원(含春苑)에는 경자년(1780)부터 심은 나무가 2014그루이다. 훈련도감과 어영청의 교졸 등이 심은 것이다.

유근문(逌覲門) 밖에는 임인년부터 심은 나무가 1286그루이다. 어영청 장교가 심은 것이다.

○ 정조 6년 임인(1782) 11월

4일, 전배(展拜) 후에 본궁의 세 제조가 입시했을 때 전교하기를,

"궁 안과 여러 곳에 심은 나무의 수효를 첩자(帖子)를 만들어 현록(懸

錄)해서 들이라."

하였다. 10일, 하교한 대로 첩자를 만들어 기록하여 입계하였다. 12일, 정원에서 도로 내어준 뒤에 사알을 통해 구전(口傳)으로 하교하기를,

"제조가 서문(序文)을 지어 그 일을 기록하고, 또 한 첩자를 만들어 아무개가 심은 것, 몇 그루라고 현록하여 입계한 뒤에 각 군문이 작성하는 회계안(會計案)의 예에 따라 사계삭(四季朔)에 수정하도록 하라."

하였다. 21일, 도제조 서명선(徐命善)이 전교를 받들어 서문을 짓고, 다시 식목안 및 식목인 성명안을 만들어 입계하였다. 이로부터 매년 사계삭에 궁사 1원이 정원에 나아가 안책(案冊)을 내주기를 청하여 해당 연도에 심은 나무 수효 및 살았거나 말라 죽은 실태를 수정하여 첨지를 붙여 들였다.

주맥主脈에 전석磚石을 깐 데 대한 설명

관현(館峴)은 본궁의 주맥에 해당되는데, 고개를 끊어서 길을 만들었다. 무술년(1778, 정조 2) 3월 어영청 대장 구선복(具善復)이 명을 받아 주맥을 간심하여 파손된 곳을 보토(補土)하고 전석을 깔았는데, 높이 1장 남짓, 길이 100자, 너비 36자 4치였다. 영조척(營造尺)을 썼다.

하마비 下馬碑

하마비는 정유년(1777, 정조 1) 5월 26일 태묘와 육상궁(毓祥宮)의 하마비와의 거리에 준하여 동구(洞口) 안에 세웠다. 병신년(1776) 동구 밖에 세웠다가 이때 이르러 여기에 옮겨 세웠다.

궁로宮路와 교량橋梁

관기교(觀旂橋) 서반수(西泮水)[80]에 있다. 길이가 17자, 너비가 23자이다.

광례교(廣禮橋) 관기교 동쪽에 있다. 동반수(東泮水)가 이 다리 서북쪽에서 서반수와 합쳐진다. 다리의 길이는 15자, 너비는 21자이다.

응란교(凝鑾橋) 광례교 남쪽에 있으니 바로 궁원(宮苑)에서 흘러나온 도랑이 반천(泮川)에 유입되는 곳이다. 다리 길이는 3자, 너비는 21자이다. 이상 세 다리는 임인년(1782, 정조 6) 봄에 훈련대장 구선복(具善復)이 감독하여 조성한 것이다.

장경교(長慶橋) 응란교 남쪽에 있다. 반수가 여기에 이르러 어의동천(於義洞川)이 된다. 다리의 길이는 34자, 너비는 20자이다. 병신년(1776, 정조 즉위년) 여름에 조성되었다.

조양교(朝陽橋) 장경교 남쪽에 있다. 속명은 신교(新橋)이고, 길이는 29자, 너비는 19자이다. 다섯 다리의 이름은 좌상 이복원(李福源)이 하교를 받들어 지었고, 훈련대장 구선복이 하교를 받들어 쓰고 새겼다.

본궁에 동가할 때 길이 어의동(於義洞) 입구를 경유하면 조양교가 제1교, 장경교가 제2교가 되고, 길이 관현(館峴)을 경유하면 관기교가 제1교, 광례교가 제2교, 응란교가 제3교가 된다.

80 **서반수** 반수의 서쪽 부분을 지칭한다. 동쪽 부분은 동반수이다. 반수는 태학(太學) 전반(前半)에 빙 둘러 흐르는 내를 지칭한다. 반수가 있는 곳이라는 뜻으로 태학을 반궁(泮宮)이라고도 하며, 반수가 바로 태학을 지칭하기도 한다. 《국역신증동국여지승람》 제3권 〈한성부 개천(開川)〉에 "동반수(東泮水)는 성균관 앞 다리와 식당교(食堂橋)와 비각교(碑閣橋)를 경유하고, 서반수(西泮水)는 집춘문(集春門) 앞 다리를 경유하여 대성전(大成殿) 남문 밖에서 합하며, 남쪽으로 흘러서 관기교(觀旂橋)가 되고, 동쪽으로 흘러서 충락교(忠樂橋)가 되며, 광례교(廣禮橋)에 이르러 홍덕동(興德洞) 물과 합하고, 또 남쪽으로 흘러 오른쪽 응란교(凝鑾橋) 물을 지나서 경모궁(景慕宮) 앞에 있는 장경교(長慶橋)가 되고, 어의동 본궁(於義洞本宮) 앞을 지나고 신교(新橋)를 지나와서 오간수문(五間水門)으로 들어간다." 하였다.

부록

직방直房을 설치한 일 이 이하는 부록이다.

궁 대문 밖 좌측에 병조 직방 7칸과 호조 직방 7칸이 있고, 우측에 선혜청 직방 7칸과 훈련도감 직방 11칸 반이 있다. 임인년(1782, 정조 6) 1월 훈련대장 구선복(具善復)이 명을 받들어 역사를 감독하고, 금위영, 어영청이 역사를 도와 조성되었다.

궁 아래에 민가를 모집하여 들인 일

본동(本洞)에는 전에 인가가 매우 적었다. 사방이 모두 전포(田圃)였으므로 방민(坊民)이 채소를 심어 생업으로 삼았다. 본궁이 개건된 뒤에 상이 궁 주위가 비어 허전함을 민망히 여기고 호조, 병조, 선혜청 및 훈련도감으로 하여금 궁문 밖 좌우에 직방을 설치하도록 하였다. 또 민가 10호를 모집하여 궁문 좌우 및 각소 직방 남북에 주거하도록 명하였다. 담장 밖 및 응란교(凝鑾橋), 장경교(長慶橋) 상하좌우에는 연초(煙草 담배), 초물(草物 나물), 승혜(繩鞋 미투리), 도성 안팎의 어물(魚物), 동·북쪽의 생어(生魚 생선) 등의 여점(旅店 점포) 및 현방(懸房 푸줏간), 우방전(牛肪廛) 등을 하는 백성들이 응모하여 거접(居接)하게 된 자가 107호였다.

○ 정조 6년 임인(1782) 8월 6일

전교하였다.

"일전에 궁문에 가마를 멈추고 안주하는 방도를 물어보았다. 왕의 말은 미덥지 않으면 안 되는데, 하물며 본궁 동구 안의 민가를 모집하여 안접하게 하는 일임에랴. 내 뜻은 대개 묘전(廟殿) 문 밖의 인가가 길을 끼고 있는 제도를 본뜬 것이다. 지금은 새로 민호(民戶)를 들였으니 반드시 특별히 돌보아 주어 영구히 안주하기를 기약해야 한다. 이미 묘당에 명하여 갖가지 논의를 계문하게 하였으니 어찌 꼭 차대(次對)할 때를 천천히 기다리겠는가. 내일 아침 경모궁 도제조와 제조 및 비국(備局) 유사 당상(有司堂上), 역처(役處)의 감동 당상(監董堂上), 공시 당상(貢市堂上)으로 하여금 와서 대명(待命)한 다음 근처에 머물면서 반드시 사실을 알아내고, 영부사를 입시하도록 전유하게 하라."

○ 같은 달 10일

대신과 비국 당상이 인견(引見)에 입시했을 때 영의정 서명선(徐命善)이 아뢰기를,

"지난번 경모궁 아래에 거주하는 백성을 돌보아 주는 일로 궁문에서 하문하심이 간곡하고 진지하였으니, 우러러 받드는 도리에 있어서 의당 진념하여 구호해 주는 조치가 있어야 할 것입니다. 그리고 그들이 청한 여러 조항 중에 근각(筋角)[81] 등의 일은 가장 폐단이 없고 족히 생계를 의지할 방도가 될 만하다고 하겠습니다. 비국에서 이것으로 절목을 만들어 궁 아래에 거주하는 인가 등처에 내주어 매매하면서 안정된 생업을 갖도록 하는 것이 어떻겠습니까?"

하니, 상이 그렇게 하라고 하였다.

81 근각 동물의 힘줄과 뿔로, 활을 만드는 데 사용된다.

82 완문 관에서 향교, 서원 등 단체 또는 개인에게 발급하는 문서로서, 어떠한 사실의 확인 또는 권리나 특전의 인정을 위한 인정서, 확인서이다.

각 전廛을 설치한 일

연초(煙草) 여점(旅店) 17호 : 장경교(長慶橋) 아래 대로변 동서쪽에 있다. 임인년(1782, 정조 6) 1월에 전교로 인하여 모집하여 들였다. 4월에 한성부에서 완문(完文)[82]을 지급하여, 동·북쪽에서 온 연초 상인들이 머물러 안접하였다.

승혜(繩鞋) 여점 2호 : 장경교 아래에 있다. 임인년 1월에 전교로 인하여 모집하여 들였다. 동·북쪽에서 온 승혜 상인들이 머물러 안접하였다.

초물(草物) 여점 1호 : 장경교 아래에 있다. 임인년 1월에 전교로 인하여 모집하여 들였다. 동·북쪽에서 온 초물 상인들이 머물러 안접하였다.

83 도가 동업자들이 모여서 계(契)나 장사에 대한 의논을 하는 집이다.

84 계묘년……때 계묘년(1783, 정조7) 4월 1일에 경모궁에 존호를 가상하였다.

내건어(內乾魚) 여점 기와집 3호 : 궁 연못 남쪽 전계비(廛界碑) 아래에 있다.

외건어(外乾魚) 여점 기와집 3호 : 궁 안 오른쪽 산록 앞에 있다. 내외전이 모두 6호이다. 임인년 1월에 전교로 인하여 모집하여 들였다. 양주의 누원(樓院) 사람들과 서로 소송하였는데 승소(勝訴)로 판결이 났다. 일의 시말은 전교(傳敎) 조에 자세히 보인다.

생선전(生鮮廛) 도가(都家)[83] 기와집 : 장경교 남쪽에 있고 점주(店主)가 40호로 다리 위아래에 흩어져 있다. 임인년 1월에 전교로 인하여 모집하여 들였다. 누원 점포 사람들과 서로 소송하였는데 승소로 판결이 났고, 내외 어물전과 같다.

현방(懸房) : 응란교천(凝鑾橋川) 동쪽에 있고 반민(泮民)이 63호이다. 궁 연못 북쪽의 반계비(泮界碑) 이북에 있다. 임인년 1월에 전교로 인하여 모집하여 들였고, 2년까지 속(贖)을 면제해 주었다. 계묘년(1783, 정조 7) 휘호를 가상할 때[84] 1년까지 또 속을 면제해 주었다.

○ 정조 8년 갑진(1784) 1월

궁 아래 백성들이 격쟁(擊錚)한 일을 형조에 내려 형조 판서 윤숙(尹塾)이 회계(回啓)한 데 대해 전교하였다.

"경은 이미 본궁 제조를 겸하고 있으니, 궁 아래에 거주하는 백성들의 폐막과 질고를 자주 순문(詢問)하여 본궁 도제조에게 나아가 의논하고 품처할 만한 것은 품처하고 처결할 만한 것은 처결하라."

○ 같은 해 2월 28일

동부승지가 입시했을 때 경모궁 제조 윤숙(尹塾)이 아뢰기를,

"저번에 삼가 궁 아래 거주하는 백성들의 폐막과 질고를 자주 순문하라는 성교(聖敎)를 받들었기에, 신이 과연 봉심한 뒤에 거주하는 백성들을 불러 물어보았더니, 생어(生魚) 여객 주인 등이 고하기를 '한번 여점을 처음 낸 뒤로 본전 시장 사람들이 시기하는 마음이 없지 않고, 동쪽과 북쪽에서 온 생어 가운데 귀한 것은 한 바리[駄]에 1냥 혹 1냥 20문(文)의 세금을 거두고 아무리 천한 것이라도 세금이 4, 5전(錢)을 밑돌지 않습니다. 어상(魚商)이 그 무거운 세금을 괴롭게 여겨 서울 안

에 들어오지 않으므로 저희들이 이 때문에 이익을 얻지 못하여 장차 뿔뿔이 흩어질 지경에 이르게 되었습니다……' 하였습니다. 신은 물건으로 쌀보다 귀한 것이 없다고 여기는데, 한 바리에 세금 10문을 거두는 것은 도성 문 안팎 싸전에서 통행하는 규례입니다. 어물이 아무리 귀하더라도 쌀에 비해 세금이 10배 혹은 몇십 배가 된다는 것은 참으로 너무 말이 안 됩니다. 지금부터는 일체 쌀 세금의 예에 따라 어물 한 바리에 세금 10문으로 정식을 삼고, 여객 주인에게도 분명하게 밝혀 분부하여, 본전이 전에 함부로 거두던 수치대로 더는 어상을 침탈하지 말고 단지 그 연세(煙稅 숙박비)만을 받도록 함으로써, 어물을 유통시키고 거주민들을 안접하게 하는 것이 어떻겠습니까?"

하니, 상이 이르기를,

"궁 아래에 거주하는 백성들이 생업을 잃는 것만이 근심스러울 뿐 아니라 이로 인해 어상들이 서울 안에 들어오지 못하므로 어물 1마리 값이 거의 10문에 이르렀다. 이처럼 흉년이고 전황(錢荒)[85]인 때에 특별히 두루 주선하는 일이 없어서는 안 된다. 경은 이미 비국 당상을 겸하고 있으니, 오늘 아뢴 바로 거조(擧條)를 내 공시 당상과 함께 충분히 상의하여 하나로 귀결한 다음 초기로 품처하라."

하였다.

○ **같은 해 3월 21일**

비변사가 아뢰기를,[86]

"공시인(貢市人)[87]의 폐막에 대해 올린 초기에 대한 비지(批旨)에 '생선전 및 여객 주인이 서로 소송한 일은 그 세액을 감해 주어 전세(廛稅)와 연세(煙稅)가 과중하게 조종되기에 이르지 않게 한다면 어상이 서울에 오는 것을 즐거워할 뿐이 아니라 서울의 생선값도 덕분에 조금 헐하게 될 것이니, 이것이 바로 일거양득이라 할 만하다. 또한 연세가 과중하게 됨은 오로지 전세의 조종에 말미암은 것이다. 그러나 굳이 이쪽을 지지하고 저쪽을 억제할 것은 없고 다만 양쪽에 나아가 분란을 해소하여 일정한 규례로 공평하게 조정하는 방도는 경들에게 달려 있으니 다시 십분 상의하여 좋은 쪽으로 품처하라.'라고 명을 내리셨습니

85 **전황** 화폐의 폐해, 즉 화폐 유통량의 부족 현상을 말한다.

86 **비변사가 아뢰기를** 《승정원일기》 이날 기사에는 "홍인호가 비변사의 말로 아뢰기를(洪仁浩 以備邊司言啓曰)"이라고 되어 있다.

87 **공시인** 공계원(貢契員)과 시전(市廛)의 상인을 말한다. 공계란 나라에 공물을 먼저 바치고 나중에 값을 타 내는 계이며, 시전은 시장의 가게이다.

다. 신등이 본궁 제조와 일제히 본사에 모여 다시 생선전 사람 및 여객 주인을 불러들여 양쪽이 나와 상대하여 변론하게 하였습니다. 그런데 대체로 서울 안의 생선값이 뛰고 귀해지는 것은 대부분 전세와 연세가 과다하게 높아진 데서 말미암은 것입니다. 그러므로 제조가 전에 진달하고 헤아려 줄인 적이 있었는데도 여전히 정도에 지나치다는 탄식이 없지 않았습니다. 앞으로는 양세(兩稅)를 합하여 7전 5푼으로 배정해서 전의 1냥 5푼에 비하여 3전을 줄여 어상(魚商)들이 기꺼이 서울로 들어올 길을 열게 해야 합니다. 공평하게 조정하는 한 조목에 대해서는, 전인(廛人)은 자릿세〔坐稅〕만 받고 달리 내는 것이 없고 여객 주인은 원래 접대로 인해 쓰는 비용이 있으니, 맞추어서 같게 할 수는 없습니다. 거두는 7전 5푼 중에 1전을 떼 내어 전인에게 부가하되, 이같이 판정한 후 혹 서로 싸우는 폐단이 있거나 또 혹 어상을 조종하는 일이 있으면 모두 적발되는 대로 법사(法司)에 넘겨 무거운 쪽으로 엄히 처벌한다는 뜻을 거듭 밝혀 분부하는 것이 어떻겠습니까?"

하니, 하교하기를,

"그렇다면 초기에 따라 결정해 주어 다시 호소하는 폐단이 없게 하라."

하였다.

우방전(牛肪廛)은 임인년(1782, 정조 6) 8월 처음 설치되었다. '궁 아래에 민가를 모집하여 들인 일' 조항에 자세히 보인다. 본궁 남·북쪽 담장 밖에 신구 거주민 42호가 함께 하나의 전(廛)을 이루도록 비국에서 절목을 만들어서 주었는데, 갑진년(1784) 2월 반민(泮民)의 작폐가 있어 전교로 인하여 특별히 혁파하였다.

찾아보기

ㄱ

ㄴ

ㄷ

ㅂ

ㅅ

ㅇ

ㅈ

ㅊ

ㅌ

옮긴이

오세옥 1958년 충남 대전에서 태어났다. 성신여자대학교 국어교육과를 졸업하고, 연세대학교 대학원 국문과에서 석사 학위를 받았다. 민족문화추진회 국역연수원 상임연구부를 졸업하고, 한국고전번역원에 재직 중이다. 《한국문집총간 해제》를 집필하였고, 번역서로 《명재유고》 《사직서의궤》 《성호전집》 《승정원일기》 (이상 공역) 등이 있다.

박헌순 1957년 경남 거창에서 태어났다. 한국외국어대학교 한국어교육과를 졸업하고, 고려대학교 대학원 고전번역협동과정 박사과정을 수료하였다. 민족문화추진회 국역연수원 상임연구부를 졸업하고, 한국고전번역원에 재직 중이다. 역주서로 《기재기이》 《남화경주해산보》 《논어집주》가 있고, 번역서로 《광해군일기》 《효종실록》 《정조실록》 《갈암집》 《매천집》 《미수기언》 《사가집》 《승정원일기》 《홍재전서》 (이상 공역) 등이 있다.

사업실무

연구총괄 김진옥 | 연구평가 박재영 | 연구기획 남지만 | 자문 조창래·오규근

경모궁의궤

오세옥·박헌순 옮김

2013년 8월 30일 초판 1쇄 발행 값 30,000원

편집·발행 한국고전번역원 | **등록** 2008. 3. 12. 제300-2008-22호
주소 (110-011) 서울시 종로구 구기동 비봉길 1
전화 02-6263-0464 | **팩스** 02-6339-0724 | **홈페이지** www.itkc.or.kr

책임편집 강옥순 | **편집진행** 박정열·정진라 | **편집교정** 박현진
제　　작 김형석
디 자 인 황재성 | **인쇄** ㈜태신미디어

ISBN 978-89-284-0183-3 94910
978-89-284-0182-6 (세트)

* 이 책은 2013년도 교육부 고전번역사업비로 출간한 것임.